中央高校基本科研业务费专项资金资助

阿富汗症结与中亚安全问题

〔哈萨克斯坦〕苏·马·阿基姆别科夫 著

汪金国 杨恕 译

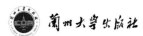

兰州大学出版社

图书在版编目(CIP)数据

阿富汗症结与中亚安全问题/(哈)阿基姆别科夫著;
汪金国,杨恕译.—兰州:兰州大学出版社,2010.8
(中亚与西北边疆研究系列/汪金国主编)
ISBN 978-7-311-03585-3

Ⅰ.①阿… Ⅱ.①阿… ②汪… ③杨… Ⅲ.①阿富汗
问题—研究②国家安全—研究—中亚 Ⅳ.①
D815.4②D736.035

中国版本图书馆 CIP 数据核字(2010)第 151938 号

责任编辑　马继萌
封面设计　张友乾

书　　名	阿富汗症结与中亚安全问题
作　　者	〔哈萨克斯坦〕苏·马·阿基姆别科夫　著
	汪金国　杨　恕　译
出版发行	兰州大学出版社　(地址:兰州市天水南路 222 号　730000)
电　　话	0931-8912613(总编办公室)　　0931-8617156(营销中心)
	0931-8914298(读者服务部)
网　　址	http://www.onbook.com.cn
电子信箱	press@lzu.edu.cn
印　　刷	兰州残联福利印刷厂
开　　本	710×1020　1/16
印　　张	17　(插页 8)
字　　数	313 千
版　　次	2010 年 12 月第 1 版
印　　次	2010 年 12 月第 1 次印刷
书　　号	ISBN 978-7-311-03585-3
定　　价	38.00 元

谨以美好的记忆将此书献给我的母亲
阿布德拉希莫娃·迪娜·耶尔加兹耶娃

苏·马·阿基姆别科夫

Султан Акимбеков

Афганский узел и проблемы безопасности Центральной Азии

Издание 2-е, исправленное и дополненное

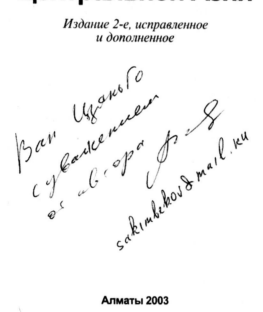

Алматы 2003

原书扉页及作者授权

　　阿卜杜尔·拉什德·杜斯图姆，父亲是乌兹别克族，母亲是土库曼族，1953 年出生于希比尔甘省。1979 年加入阿富汗人民民主党。自 1988 年始担任第 53"乌兹别克"领土师师长。1992 年 4 月倒戈白沙瓦联盟。1992 年 5 月创建阿富汗伊斯兰民族运动，成为该党领袖。在布·拉巴尼政府中任国防部副部长，从 1994 年开始参加反对该政府的斗争。自 1996 年始担任阿富汗反塔利班最高国防委员会主席。1997 年 5 月阿·马利克发动叛乱，他被颠覆。2001 年春结束流亡生涯回到国内。2001年 12 月被委任为哈·卡尔扎伊政府国防部副部长。

　　阿赫迈德·沙·马苏德,塔吉克族,1954年出生于潘杰希尔,2001年9月9日被谋杀。自1978年始成为布·拉巴尼领导的阿富汗伊斯兰促进会成员。自1979年始在潘杰希尔及邻近地区领导阿富汗伊斯兰促进会部队。从1992年4月起担任布·拉巴尼领导的阿富汗政府、阿富汗伊斯兰国家国防部部长。直至2001年9月9日,他一直是北方反塔利班联盟最有威信的领导人。

　　布尔汉努丁·拉巴尼,塔吉克族,1941 年出生于巴达赫尚的法伊扎巴德市。阿富汗伊斯兰促进会领导人,白沙瓦联盟成员。1993 年 1 月当选为阿富汗伊斯兰国家为期两年的总统。1994 年 12 月理应进行总统选举,然而由于阿富汗各政治派别之间爆发第一轮武装冲突,选举遂告吹。2001 年 12 月 22 日他将全部权力移交给哈·卡尔扎伊。

　　古尔布丁·希克马蒂亚尔，普什图吉尔扎伊部族哈鲁提家族，1937 年出生于昆都士。自 1975 年始担任自己创建的阿富汗伊斯兰党领导人。自 1985 年始加入白沙瓦联盟，在联盟内担任领导职务。在 1992 年 4 月分割纳吉布拉政府遗产时，他未能占据喀布尔，他采取了反对布·拉巴尼政府的武装行动。1993 年和 1996 年他在该政府中任总理。塔利班占领阿富汗大部分领土之后，他流亡伊朗。2002 年他宣布发动圣战，反对哈·卡尔扎伊政府和调解阿富汗争端。

哈米德·卡尔扎伊，普什图杜兰尼(阿布达利)部族波波尔扎伊家族。在反苏战争年代加入西·穆贾迪迪领导的阿富汗民族拯救阵线党。1992年到1994年任布·拉巴尼政府外交部副部长。1996年被委任为塔利班运动驻联合国代表。2001年开始任阿富汗过渡政府首脑。2002年6月在大支尔格会议上当选为国家总统。

　　穆罕默德·查希尔·沙阿，普什图杜兰尼(阿布达利)部族穆罕默德扎伊家族，1914年出生。自1933年至1973年底一直是阿富汗埃米尔。1973年他被堂(表)兄弟达乌德解除权力。他支持选举哈·卡尔扎伊为阿富汗总统。

穆罕默德·卡西姆·法希姆，塔吉克族。1992年之前在纳吉布拉政府安全系统任职。1992年4月倒向布·拉巴尼和阿·马苏德一边，在布·拉巴尼政府和阿富汗伊斯兰促进会安全部门担任领导职务。2001年9月9日阿·马苏德遇刺后接任北方联盟武装力量领导人。在哈·卡尔扎伊政府中任国防部部长。

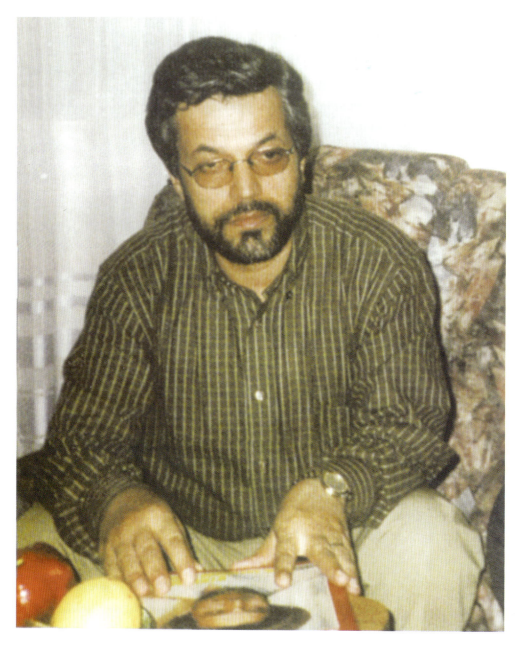

　　尤努斯·卡努尼,塔吉克族,出生于潘杰希尔。2001年秋他领导反塔利班联盟代表团同查希尔·沙阿举行了谈判。2002年6月之前他担任哈·卡尔扎伊临时政府内政部长。从2002年6月始任教育部部长和总统安全问题顾问。

2001 年 9·11 事件。

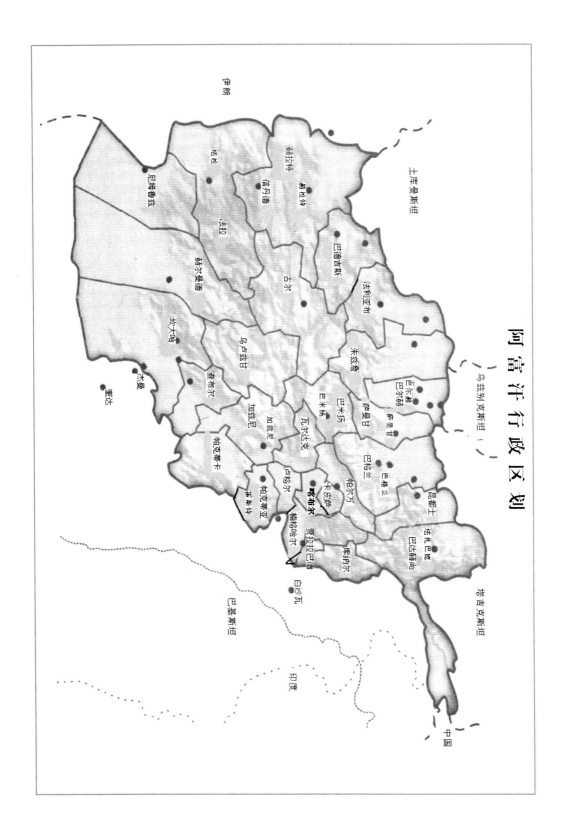

阿富汗行政区划

喀布尔及其周边地区

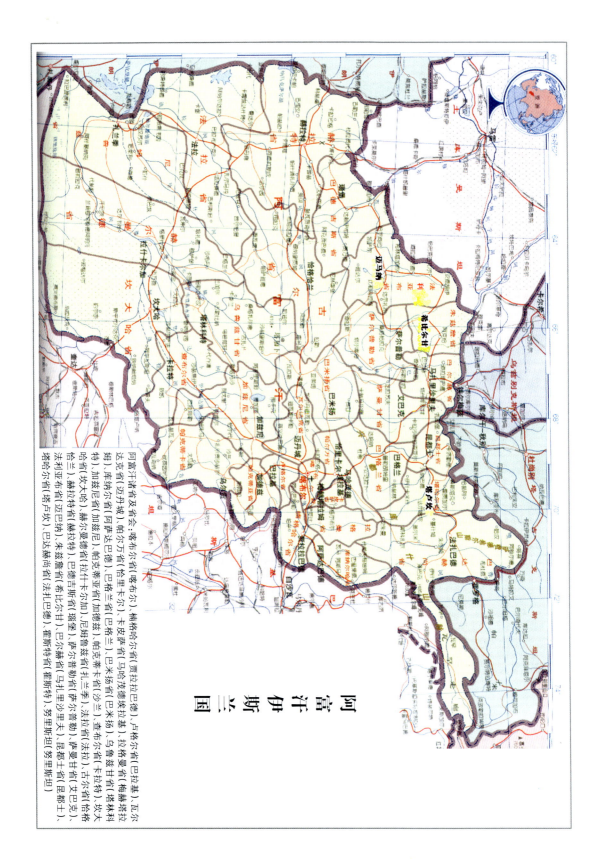

阿富汗伊斯兰国

阿富汗诸省及省会：喀布尔省（喀布尔），梅格哈尔省（贾拉拉巴德），卢格尔省（巴拉基），瓦尔达克省（迈丹城），帕克蒂亚省（加尔代兹），帕克蒂卡省（沙兰），喀斯特省（阿萨达巴德），楠格哈尔省（贾拉拉巴德），洛曼省（梅赫塔尔拉姆），库纳尔省（阿萨达巴德），巴格兰省（巴格兰），昆都士省（昆都士），卡皮萨省（马哈茂德），巴尔克省（马扎里沙里夫），巴米扬省（巴米扬），喜布尔省（喀拉特），加兹尼省（加兹尼），帕克蒂亚省（加尔代兹），帕克蒂卡省（沙兰），法拉省（法拉），古尔省（卡拉特），坎大哈省（坎大哈），尼姆鲁兹省（扎兰季），萨曼甘省（萨曼甘），萨布勒省（萨曼甘），朱兹詹省（希比尔甘），赫拉特省（赫拉特），巴德吉斯省（盖莱瑙），巴德赫尚省（法扎巴德），霍斯特省（霍斯特），努里斯坦省（努里斯坦），洛加尔省（巴拉基），赫尔曼德省（拉什卡尔加），努尔斯坦省（努里斯坦），昆都士省（昆都士），萨曼甘省（艾巴克，塔哈尔省（塔卢坎），巴达赫尚省（法扎巴德），努里斯坦省（努里斯坦），古尔省（支巴克），法利亚布省（迈纳），帕尔万省（查里卡尔）

目　录

序言 ……………………………………………………………………… 1

第一版序言 ……………………………………………………………… 1

译者序——兼论阿富汗问题的由来及其演变过程 ………………… 1

第一章　阿富汗历史 ………………………………………………… 1

　　阿富汗问题形成的历史前提 ……………………………………… 1

　　俄罗斯革命与新"博弈"的开始 ………………………………… 14

　　英帝国的崩溃 ……………………………………………………… 20

第二章　伊斯兰社会的现代化进程 ………………………………… 25

　　伊斯兰社会的世俗与宗教原则 …………………………………… 25

　　西方和伊斯兰社会的现代化 ……………………………………… 26

　　现代化进程发展的条件 …………………………………………… 29

　　近东冲突和现代化进程 …………………………………………… 31

　　"纯伊斯兰教"支持者运动 ……………………………………… 37

　　现代化与阿富汗 …………………………………………………… 46

第三章　动荡时期的开始 …………………………………………… 51

　　开端 ………………………………………………………………… 51

　　苏联与期待转变的阿富汗 ………………………………………… 56

　　平衡的破坏 ………………………………………………………… 61

第四章　苏联解体与新中亚 ………………………………………… 82

　　结束和重新开始 …………………………………………………… 82

　　塔吉克牌局 ………………………………………………………… 89

寻求更佳方案 ·· 103

相对稳定时期 ·· 105

第五章　塔利班运动 ·· 111

开始走向巩固 ·· 111

决定性转变 ·· 129

1997 年 5 月乌兹别克族将军马利克的两次叛乱 ········· 145

塔利班的北方进攻 ·· 166

第六章　根本转变？ ·· 175

根本转变之年 ·· 175

经受考验 ·· 188

寻求阿富汗问题的解决 ······································ 202

第七章　9·11 事件之后 ······································ 210

"持久自由"行动 ··· 213

阿富汗的断裂 ·· 224

结尾 ·· 234

专有名词俄中文对照 ··· 238

序 言

1998 年，《阿富汗症结与中亚安全问题》第一版出版发行。自该书面世以来，无论是阿富汗本身还是其周边国家，都发生了许许多多的变化。自 2001 年底开始，美国和国际联军便在俄罗斯、伊朗和阿富汗北方反塔利班联盟的支持下共同发动了反塔军事行动，塔利班运动被彻底摧毁。到 2003 年初的时候，塔利班运动已不复存在。2002 年 6 月，喀布尔举行了大国民会议（大支尔格），大会确定阿富汗为总统制共和国，哈米德·卡尔扎伊担任国家元首。1998—2003 年期间，该地区发生了许多非同寻常的大事。无论是对阿富汗的前途还是对中亚各国的命运而言，这些事件都具有重要意义。

本书第一版以 1998 年夏秋之际的一些事件结尾。当时，塔利班运动即将发动对阿富汗北方的决定性攻击行动。后来证实，1998 年是当代阿富汗冲突史上的一个转折之年。这一年既是阿富汗塔利班运动的成功之年，也是塔利班历史终结的发端之年。此后，1999 年巴特肯事件发生；2000 年联合国安理会通过决议，塔利班发起最新进攻；2001 年北方反塔利班联盟重新组建；2001 年 9 月 9 日阿赫迈德·沙·马苏德在恐怖事件中被打死；紧接着 2001 年 9 月 11 日美国悲剧事件发生；2001 年 10 月 7 日，美国发动了反对塔利班运动的军事行动；2001 年 11 月，塔利班运动被摧毁，塔利班从阿富汗政治版图上消失了。

无疑，我们是这一复杂博弈过程的见证者。这场博弈活动不仅一直在阿富汗政治版图上延续着，而且，自 1998 年开始它便直接在中亚政治版图上展开了。这是近五年来各国在我们这一地区不断展开利益斗争的一个最重要的后果。饱受了 20 多年战乱的阿富汗和亲历了苏联坍塌的中亚，两者彼此非常相似。昔日世界强国曾为了让阿富汗充当它们在这一地区的利益缓冲带而不断进行斗争。最早就是俄罗斯帝国和英帝国。英帝国离开政治舞台之后，苏联和美国继续在此进行利益争斗。现在，我们可以确信，大国之间的利益斗争将逐渐转移到中亚新独立的国家领土之上。这里除了昔日的博弈者俄罗斯和美国之外，还将出现许多博弈者，如伊朗、中国和巴基斯坦等。今日阿富汗和中亚将成为各种利益斗争的一个大缓冲带。对俄罗斯、伊朗和中国而言,这块领土尤为重要。这些国家担心,中亚这片领土将有可能被人利用,从而对其战略最薄弱点构成利益威胁。总而言之,"大博弈"将继续进行下去。而最让人忧虑的是,博弈已经在我们的领土上展开了。

因此,对于生活在中亚国家的我们而言,很自然会对阿富汗的历史产生兴趣。如果说我们可以将 20 世纪 90 年代前半期的阿富汗事件置身事外的话,那么对于今天的我们来说阿富汗的教训就显得尤为重要。而最为重要的则是,如何才能够保持我们业已习惯了的文明和现代化水平。因此,我们认为,理解阿富汗冲突发展的内部逻辑非常重要,由此我们也许可能得出一些结论。

20 世纪初,俄国将军斯涅萨列夫曾写道:"阿富汗无法经受长久而巨大的战争,很快它将分裂成相互攻讦和互不信任的几个阵营。阿富汗人不喜欢乌兹别克人,乌兹别克人和哈扎拉人讨厌阿富汗人,塔吉克人不相信所有的人,而且也没有人喜欢他们。由此,我们可以得出结论,只要通过一些明确的有计划的政策,无需大费周折就可以将这个国家分割成几块。"①

这里还有一个重要的情况是,2001 年的美国 9·11 事件及随之而来的反塔军事行动,同样引发了世界对这个国家的兴趣。今天,作者可以利用在写作第一本书时无法获得的与当代阿富汗问题相关的许多新资料,因此,奉献给诸位的第二版将会有实质性的变化。

---

① A. E. 斯涅萨列夫:《阿富汗》,莫斯科 2002 年版,第 126 页。(Снесарев А. Е. Афганистан. М., 2002. С. 126.)

第一版序言

阿富汗现状是前苏联遗留给中亚新独立国家最复杂的国际政治问题之一。苏联解体后,中亚新独立国家上层不得不对两个世界超级大国之一的前苏联在其南部战略方针中的对外政策和安全体系承担责任。1979年底以后,苏联对阿富汗事务的积极插手和阿富汗在保证前苏联南方安全体系方面所占有的独特地位,决定了中亚新独立国家要承受来自阿富汗冲突地带一切正在增长的潜在危机所带来的压力。

1991年之后,中亚新独立国家遇到的首要问题是,必须使前苏联时期的安全体系适应新的历史条件。如果说在前苏联"东方联盟"的西欧地区"铁幕"的坍塌引发了国家和集团之间经济交流和政治互动的急剧增长的话,那么在南线,作为前苏联领土组成部分的中亚,仍然保持着与外界隔绝的体系。这种体系的形成首先是由两种情势促成的。一方面,阿富汗内战的事实继续存在;另一方面,中亚地区在苏联统治年代所形成的各种体制与周边穆斯林国家有极大差别。

基本说来,因俄罗斯自由化进程的发展而获得独立的中亚新独立国家上层缺乏必要的从事对外政策的经验,因此,很自然便出现了自动断绝继承前苏联对阿富汗外交政策关系的倾向。

20世纪90年代前半叶,中亚新独立国家受在塔吉克斯坦仍然保持着影响的俄罗斯的支持,为了达到同阿富汗冲突地带保持隔离之目的,同阿富汗许多军事政治派别建立了密切联系,从而在阿富汗北方构筑起一个准国家式的缓冲集团体系。这样就能以最低的代价保证阿富汗冲突地带同中亚新独立国家领土的隔绝状况。直至1998年夏秋该体系崩溃前,它一直对顺利解决中亚新独立国家所面临的主要对外政策问题发挥着积极作用。

在某种程度上,1992年初期至1998年中期可以看做是前苏联——这个曾在阿富汗局部政治舞台和整个地区发挥过重要而又独立作用的超级大国——的安全体系过渡到了中亚新独立国家的地区安全体系阶段。由于中亚地区在当代世界政治中的地缘政治意义,其地区安全体系的形成和阿富汗内部冲突形势的发展,都是在美国和俄罗斯这样的世界超级大国,以及伊朗、巴基斯坦及其他类似的地区领袖的参与和相互斗争下进行的。由于围绕阿富汗和中亚而产生的地缘政治构成及其布局的复杂性,以及中亚国家摆脱外部影响所要求的独立性,给该地区安全体系提出了一个共同的要求——保证新独立国家在新建立的政治制度下保持已取得的现代化水平与稳定。因此,正在发生着的阿富汗冲突和与之密切相关地区的地缘政治角逐,在今后很长一段时间,仍将是中亚新独立国家稳定的主要外部威胁。

认清阿富汗冲突的特征和导致阿富汗现状的进程的基本规律,是长期处在同其他穆斯林世界进程相隔绝的中亚新独立国家进行国家建设最重要的因素之一。无疑,20世纪70年代以来,苏联中亚地区作为苏联统一体制组成部分的事实,必定将影响到中亚新独立国家体制的性质。因此,中亚新独立国家的统治上层,无论怎样都应该在实践中重新审视其他穆斯林世界特有的社会基本进程和规律,建立自己的国际关系体系。

阿富汗冲突,尤其是冲突所带来的后果,是穆斯林社会现代化进程的一种极端形式,也就是说,这种现代化是在苏联关于传统的穆斯林社会应加速实现现代化和社会主义改造的背景口号下进行的。当前的中亚新独立国家集团就曾是这种改造的参与者。鉴于此,这就要求新型的中亚国家要对阿富汗形势发展的基本规律予以特别的关注。

译 者 序
——兼论阿富汗问题的由来及其演变过程

哈萨克斯坦《大陆》杂志主编苏尔坦·马格鲁波维奇·阿基姆别科夫所著《阿富汗症结与中亚安全问题》一书,是近年来研究阿富汗问题和中亚地区地缘政治关系方面的重要著作之一。作者以一位战略研究者的敏锐,从地缘政治角度及时而又深入地对阿富汗问题及其对中亚安全的影响进行了探索。在本版中,作者大量引用了先前无法得到的资料,更加深入细致地对阿富汗问题的由来、症结及9·11事件前后阿富汗周边地缘政治形势的变化进行了研究。为了帮助读者更加深入地了解作者所要表达的意图和传达的信息,译者按苏军入侵前后就阿富汗问题的由来及其演变过程,以及苏联解体前后阿富汗及其周边地缘政治的变化作一较为详细的论述。在论述之前,首先有必要把阿富汗基本的地理环境和历史背景给读者交代一下。

阿富汗地处中亚、南亚和西亚结合部,是古代东西方陆路交通枢纽,被誉为古代东西方"文明十字路口"。今日之阿富汗是一个内陆国家,领土总面积约为652300平方公里。东北部有一条名为瓦罕的狭长走廊(长约241公里)与中国相连,南部和东南部同巴基斯坦接壤,西部与伊朗相接,北部与土库曼斯坦、乌兹别克斯坦和塔吉克斯坦相邻。苏联入侵之前,阿富汗的人口总数达到了2200万;由于多年战争,大量难民逃离国境,致使国内人口急剧下降,2001年始估计约为1600万左右。阿富汗境内民族成分复杂,大约有近三十个民族,其中主要包括普什图(约占阿富汗人口的一半左右)①、塔吉克、乌兹别克、哈扎拉、土库曼、俾路支和努里斯坦等民族。阿富汗官方语言为普什图语和达利语(波斯语之古名),皆属印欧语系;其中大约有一半人口讲普什图语,三分之一讲达利语(主要包括塔吉克人和哈扎拉人等)。属阿尔泰语系突厥语族的乌兹别克语和

---

① 关于阿富汗普什图族的数量,历来说法不一。有的认为占60%左右(参阅彭树智、黄杨文著:《中东国家史·阿富汗卷》,商务印书馆2003年版,第8页),有的认为占40%左右(参阅星球地图出版社编:《世界分国地图集》,星球地图出版社2004年版,第64页)。

土库曼语流行于阿富汗北部。阿富汗绝大多数人口信仰伊斯兰教,其中约有四分之三是逊尼派穆斯林,四分之一为什叶派穆斯林。

阿富汗经济十分落后,主要以维持基本生活的农业生产为基础,是世界上人均国民收入最低的国家之一。国民生产以农牧业为主,余则包括矿业、制造业、公用事业和商业等。另外,多年来阿富汗的毒品生产和交易也成为其国内经济活动的重要内容之一。阿富汗大多数可耕地主要用于种植谷类作物,如小麦、玉米、水稻、大麦、蔬菜、水果、坚果和棉花等,但是近年来由于阿富汗国内形势的不稳定和国际毒品交易的日益猖獗,致使阿富汗土地上的罂粟种植越来越多。

阿富汗地处中亚、南亚和西亚之间的交通要道,是各种不同文化的战略交汇点,地理位置十分重要,是历代兵家的必争之地。

据史料记载,阿富汗有文字可考的历史始于公元前6世纪波斯居鲁士的阿契美尼德王朝,公元前4世纪亚历山大大帝征服了它。亚历山大死后,这一地区被塞琉古王朝控制,部分版图并入印度北部的孔雀帝国。塞琉古王朝的帕克特里亚总督自立王国,创造了希腊和印度文化相结合的独特产物,即中国史称之大夏。公元前2世纪,阿富汗成为贵霜王朝迦腻色迦(约公元78—144年)帝国的一部分。印度教通过哌哒人和萨珊人传入阿富汗。大约在870年左右,也就是在阿拔斯王朝时期的独立王国萨法尔王国统治时期,伊斯兰教的影响在阿富汗牢固地树立了起来。1220年,蒙古西征军占领中亚,乘胜侵入阿富汗。成吉思汗帝国解体后,这里崛起了若干独立公国。直到18世纪,阿富汗始终有一部分在印度莫卧儿帝国和波斯萨法维(萨非)帝国的统治之下。18世纪初叶,波斯领袖纳第尔沙从莫卧儿人手里夺取了阿富汗。1747年,纳第尔沙被人阴谋杀死。于是,西部普什图人便有了从伊朗萨法维王朝东部退出建立自己国家的机会。同年,普什图阿布达利部族集团波波尔扎伊部族萨多扎伊家族的阿赫马德汗被推举为坎大哈的沙。在加冕仪式上,阿赫马德沙赐予阿布达利普什图人新称谓杜兰尼(普什图语,意为"奇珍")。阿赫马德沙本人则得名"杜尔-依-杜兰"(意为"奇珍之奇珍")的称号。自此,杜兰尼王朝形成,也就是后来的阿富汗国家。

19世纪,阿富汗成为英国和沙俄的角逐场所。沙俄一向觊觎阿富汗,将其看成是南下印度洋的必经之路。英国视其为维护英属印度统治的北方屏障。1838—1842年,英国发动第一次侵阿战争失败。1878年,英国发动第二次侵阿战争,阿英签订甘达马克条约,阿丧失了外交自主权。1885年,沙俄强占阿领地彭迪绿洲。1893年,阿富汗国王阿卜杜尔·拉赫曼同英国莫蒂默·杜兰勋爵签订了阿富汗和英属印度之间的"杜兰线"新国界协定。1895年,英俄缔结协定,私分帕米尔地区,并将瓦罕地区划为英俄的缓冲地区。

1919 年,阿国王阿曼努拉宣布阿富汗独立。1919 年 5 月第三次英阿战争爆发,8 月英国承认阿富汗独立。1929 年 1 月,英国唆使阿富汗右翼宗教势力和部族武装暴动,推翻了阿曼努拉王朝。同年,出身王族的纳第尔从法国返回,击败部族武装,自立为王。1933 年,纳第尔遇刺,其子查希尔继位。20 世纪 30 年代到 70 年代,阿富汗在查希尔君主政体之下基本保持了国家的政治稳定。1973年,在苏联的支持下,阿富汗王室成员达乌德发动宫廷政变,推翻了查希尔君主政体,查希尔流亡国外。

一、苏军入侵前阿富汗地缘政治状况的演变

1.十月革命前沙俄对阿富汗的扩张

从历史上看,沙俄觊觎阿富汗地区由来已久。18 世纪初的时候,彼得大帝就已拟定了征服中亚乃至印度洋的宏伟计划。1717 年,彼得派遣俄军挺进中亚,欲占领希瓦汗国,尽管此次远征以失败告终,但是沙俄并未放弃南下野心。19 世纪初,沙皇保罗一世联合法国,准备共同对英作战,南下印度。但是,由于当时俄国不具备向英国挑战的实力,取道阿富汗进军印度的行动在保罗一世驾崩后被取消。19 世纪 60 年代,沙俄征服整个哈萨克草原。此后,它又相继征服浩罕、布哈拉、希瓦三汗国和土库曼诸部落,把整个中亚揽入自己的怀抱。至此,沙俄在南线已推进到了阿富汗的东北部,同时也对英属印度构成了极大的威胁。俄英交手阿富汗已不可避免。

沙俄向南线推进势必引起英国的不满和对抗。1837 年,沙俄纵容波斯军队攻打阿富汗东北重镇赫拉特,从而引发了沙俄向阿富汗扩张企图下的第一次赫拉特危机。1856 年,波斯在沙俄的支持下再次攻打赫拉特并将其占领,英国立即出兵予以对抗。当时,俄国力量仍然不敌英国,它不得不败退而归。因此,俄国对阿富汗的扩张在英国的干涉下暂时缩了回去。1873 年,俄英两国就阿富汗问题进行谈判并签署了协议。协议规定,两国均承认阿富汗现有之疆界,英国保证阿富汗不对外扩张,俄国保证布哈拉汗国不侵犯阿富汗领土;俄国承认阿富汗处于俄国势力范围之外,也就是说英俄两国以协议的方式确定阿富汗属于英国势力范围。

但是,由于当时阿富汗没有明确的边界线,因此俄英两国想在阿富汗边界划定之前为自己抢占尽可能多的阿富汗领土。如上所述,俄国于 1884 年征服了紧靠阿富汗东北的麦尔夫城,1885 年又强占了彭迪绿洲和库什卡;英国于 1878 年发动第二次侵阿战争,攫取了阿富汗的外交权,阿富汗成为英国的保护国。俄英

在阿富汗的争夺导致两国于 1885 年 9 月签订条约,条约划定了俄阿边界线,承认俄国夺取的包括麦尔夫在内的大片领土。1895 年两国又签订补充协定,私分帕米尔地区,把瓦罕走廊作为英俄在帕米尔地区的缓冲区划给了阿富汗。1907年,英俄双方就有关阿富汗问题在彼得堡签署协定重申,俄国承认阿富汗不属于它的势力范围,俄国同阿富汗的所有政治关系都将通过英国这一中介来完成。

十月革命前,尽管俄国有染指阿富汗并对其加以控制的强烈愿望,但是由于它迎面遇到了比它更为强大的英国的干涉,这使得它在阿富汗的企图无法实现。总之,在这一时期,俄国在争夺阿富汗的斗争中始终处于劣势,而阿富汗地区则主要受制于英国。但是,很明显,阿富汗在同俄国接壤之后,它的命运就注定要受到俄国人的深远影响。

2. 十月革命后至 1979 年苏联对阿富汗的渗透

十月革命胜利后,苏维埃政权宣布废除沙皇政府强加于阿富汗的一切不平等条约,公布了 1907 年俄英关于在阿富汗划分势力范围的秘密条约。1919 年 5月,苏维埃政府与阿富汗建立正式外交关系。1919 年 6 月,阿富汗特别使团抵达莫斯科,双方就缔结友好条约事宜进行了磋商。1921 年 2 月,苏俄与阿富汗签署友好条约,巩固了两国间的友好关系,维护了阿富汗的独立。苏阿友好条约的签署,对苏维埃政权打破帝国主义的严密封锁,同别国发展政治经济关系起到了重要的作用。总而言之,列宁时代的苏维埃政权基本上保持了同阿富汗友好健康的合作关系。

斯大林担任领导后,苏联一方面促使阿富汗在政治上保持中立,一方面在经济上加强与它的合作。促使阿富汗保持中立实际上是让其在苏联南部形成一个天然缓冲带,避免了敌对者在其南部进行反苏活动;加强同阿富汗的经济合作既有利于苏联经济力量的增强,同时还可以提高苏联在阿富汗的影响。1926 年,苏阿签署中立和互不侵犯条约。1931 年,苏阿两国在 1926 年条约的基础上签订了新的中立和互不侵犯条约,进一步巩固了苏阿两国关系的基础。在此期间,苏阿经贸往来频繁,两国贸易额逐年恢复并有所增长。

第二次世界大战期间,苏联为了防止德国利用阿富汗在其南部边境进行破坏活动,遂敦促阿富汗驱逐在阿的德国人。阿富汗为了保持中立地位,命令所有交战国在阿非外交人员离境。二战期间和二战后初期,苏联一直同阿富汗保持着正常的国家关系和经贸往来。

战后,苏美两国关系由盟国转向对抗,苏联对阿富汗的渗透遇到了美国的抵制。我们知道,美国是在 1942 年同阿富汗建立外交关系的。二战期间,美国通过提供经济援助和武器装备等手段逐步扩大了它在这里的影响。二战后,美国继续以经济和军事援助为后盾,企图把阿富汗揽入自己控制的军事联盟之中。阿富汗政府坚持中立的外交政策令美国极为不满,加之阿富汗在美国的中东政策中不占十分重要的地位,于是美国开始减少对阿富汗的各种援助。1955年,阿富汗和巴基斯坦发生了"普什图斯坦争端"①,巴基斯坦封锁两国边界,阿富汗经济因此而遭受严重损失。阿富汗政府请求美国予以援助,美国却明确表示,它愿意对巴基斯坦而不愿意对阿富汗承担义务。这一事件为阿富汗投靠苏联并最终受制于苏联提供了契机。

赫鲁晓夫执政后,苏联适时地抓住时机,极力扩大对阿富汗的影响,以期在同美国的争夺中取得绝对优势。1954年,苏联向阿富汗提供了700万美元的贷款。1955年,阿巴争端发生后,苏阿签订了为期五年的边境转运协定。与此同时,苏联还增加了购买阿富汗商品的数量。苏联的政策给阿富汗以极大的帮助,同时也扩大了它在阿富汗已有的影响,这给日后两国关系的进一步发展奠定了基础。

1955年,苏联领导人赫鲁晓夫对阿富汗进行了正式访问,双方发表了联合声明。赫鲁晓夫宣布向阿富汗提供1亿美元为期30年的长期贷款,并且公开表示支持阿富汗在"普什图斯坦"问题上的立场。同时,苏阿签订议定书把两国于1931年签订的中立和互不侵犯条约的有效期延长十年。1956年10月和1957年7月,阿富汗达乌德首相和查希尔国王分别访问了苏联。1958年8月,苏联最高苏维埃主席团主席伏罗希洛夫访问阿富汗。1959年5月,达乌德再次访问苏联。1960年3月,赫鲁晓夫再次访问阿富汗,访问期间,他答应向阿富汗赠送小麦5万吨。

赫鲁晓夫首次访问阿富汗之后,苏联遂加大了对阿富汗的经济援助力度。据统计,1954—1962年,苏联向阿富汗提供了约5.07亿美元的经济援助,占苏联同期对亚非拉国家经济援助的14.7%,仅次于对印度(9.68亿)和埃及(5.36亿)的援助。在此期间,苏阿之间的贸易也得到长足的发展。1951—1952年,阿

---

① "普什图斯坦争端"是阿富汗达乌德首相时期(1953—1963年)最为棘手的外交问题之一。普什图斯坦是今天巴基斯坦和阿富汗交界地带普什图族居住的地区,这里生活着约1500万普什图居民。历史上,普什图斯坦归阿富汗王国管辖。1893年,英国迫使阿富汗签订所谓的"杜兰线"新国界,这条国界割裂了阿富汗同普什图部族的领土关系,使后者身处杜兰线之外,成为英属印度领土的一部分。尽管这一点最后挑起了所谓的"普什图问题",但是所有这一切却为解决19世纪下半叶摆在英国面前的策略任务——保证英属印度的安全提供了条件。1947年,印巴分治,普什图斯坦划归巴基斯坦,阿富汗政府对此不予承认。1949年,普什图族在阿富汗的支持下宣布建立自己的独立国家普什图斯坦。1955年,巴基斯坦进行行政区域划分,全国分为东巴基斯坦和西巴基斯坦两省,普什图斯坦划归西巴基斯坦。阿富汗政府表示坚决反对,宣称巴基斯坦的决定违反了普什图族自决的意愿,而巴基斯坦则指责阿富汗干涉了它的内政。双方互相指责,甚至于兵戎相见。1961年,巴阿两国因此而宣布断绝外交关系。

富汗进口的苏联商品仅占阿富汗进口总额的 15.5%,向苏联出口的商品仅占出口总额的 18.3%,而到了 1961—1962 年则分别上升到 53% 和 31%。与此同时,由于阿富汗同巴基斯坦的关系恶化,阿富汗向苏联提出了有关军事援助的要求。1955—1960 年,苏联总共向阿富汗提供了 2 亿多美元的军事援助。1961—1964 年的军事援助份额有所下降,但总体仍然保持在 1 亿美元以上。苏联还派遣大量军事顾问帮助阿富汗训练军队,同时每年还接受百名以上的阿富汗青年军官前往苏联受训。在提供军事援助的同时,苏联还积极帮助阿富汗修建公路、桥梁、港口和机场等,使苏联深入阿富汗内地的交通畅通无阻,这极大地便利了苏联对阿富汗的经济和军事渗透。

在此期间,尽管美国也想加强对阿富汗的经济和军事援助,但实际上却因未能满足阿富汗提出的要求而使自己在其受援中所占的比例逐渐下降。到了赫鲁晓夫执政末期,苏联在同美国争夺阿富汗的角逐中明显占了上风。

勃列日涅夫执政时期,苏联进一步加大对阿富汗的经济和军事援助,加强两国在政治和外交等方面的联系和交往,并进而干涉阿富汗内政,扶植亲苏势力执掌阿富汗政权。20 世纪 60 年代末,苏联援助已在阿富汗所有外援中占到高达 60% 的份额。1966—1976 年,苏联向阿富汗提供的援助总额达到了 7.5 亿美元,而美国给阿富汗的援助仅为 1.5 亿美元。1973 年 7 月,阿富汗前首相达乌德在苏联的支持下发动军事政变,掌握了国家政权。苏联立即承认达乌德政权并扩大了对新政府的援助规模。与此同时,苏联还帮助阿富汗建立了一支近 10 万人的现代化军队,培训了 4000 名军官和技术人员。此时,尽管美国仍然继续向阿富汗提供着各种援助,但是产生的影响却很小。很明显,苏联的影响已在阿富汗占据了绝对优势。

达乌德同苏联发展关系的目的旨在得到苏联的经济和军事援助,但是苏联却趁提供经济和军事援助的机会对阿富汗进行渗透和控制,这引起了达乌德对苏联的警惕和不安。从 1975 年开始,达乌德便开始调整外交政策,欲通过扩大对外关系来平衡苏联在阿富汗的影响。为此,他改善了同伊朗、巴基斯坦和中国的关系,特别加强了同中东穆斯林国家的关系,并开始逐渐减少对苏联的依赖。达乌德甚至还宣布将前往华盛顿拜访美国总统卡特。他公开表示,在即将举行的不结盟运动会议上,阿富汗与东道国古巴不同,将实行"真正的不结盟"。同样,达乌德巩固政权之后,在疏远苏联的同时着手清除国内的亲苏势力——阿富汗人民民主党①,该党由塔拉基和卡尔迈勒等人创立于1965年初,并于1967年分裂为以塔拉基为首的人民派和以卡尔迈勒为首的旗帜派。达乌德的这些做法引起了苏联的强烈不满,苏联决定推翻达乌德政权。

在苏联的参与下,分裂的阿富汗人民民主党重新统一到了一起,由塔拉基担任党的总书记,并着手准备推翻达乌德政府。1978年4月26日,达乌德逮捕了塔拉基、阿明和卡尔迈勒等阿富汗人民民主党领导人。在阿富汗亲苏势力遭受打击的这一关键时刻,苏联直接支持阿富汗人民民主党推翻了达乌德的统治。1978年4月27日,阿富汗人民民主党和阿富汗亲苏军人发动军事政变(即"四月革命"),杀死达乌德全家,建立了阿富汗民主共和国。苏联立即予以承认。塔拉基任革命委员会主席兼总理,卡尔迈勒任革命委员会副主席,阿明任副总理兼外交部长。塔拉基对外主要依靠的是苏联,很快大批苏联"顾问"、"专家"把持了阿富汗所有重要部门和机关。1978年12月5日,苏阿签订了为期二十年的"友好睦邻合作条约",重申了1921年和1931年签订的苏阿条约的宗旨和原则。苏阿睦邻友好条约的签订标志着两国关系发生了质的变化,阿富汗终于成了苏联势力范围内的一个成员国,苏联塔斯社把它列入"社会主义大家庭"的一员。

在苏联顾问们的"指导"下,塔拉基政府开始按照苏联模式改造阿富汗。塔拉基的改革措施包括土地和水利改革、废除高利贷、教育改革、世俗化、社会保障和妇女解放等等,但是由于改革脱离了阿富汗的基本国情,违背了阿富汗人民的风俗习惯,打乱了社会传统、宗教和经济秩序,带有明显的苏联烙印,激起了阿富汗民众的普遍不满和强烈反对。塔拉基政府成立仅三个月就受到了部分宗教上层、王宫贵族、前政府官员和部分下层群众组成的"圣战"力量的武装反抗。很快,抵抗运动在全阿富汗境内蔓延开来,军队的叛乱也骤然增多。

这时,执政的阿富汗人民民主党内部也发生了激烈的争权斗争。1978年7月,阿富汗人民民主党再次分裂。旗帜派在斗争中失势,其力量遭到削弱。人民派领导人之一阿明逐渐掌握了人民民主党和政府大权。权力斗争也随之转移到了人民派内部。阿明不满苏联对阿富汗内政的干涉,极力主张奉行一条较为独立的民族主义路线。1979年8月,阿明担任阿富汗政府总理,其权力进一步得到加强,塔拉基则逐渐被剥夺了实权。塔拉基和阿明之间的矛盾日益尖锐化。

苏联领导人反对把旗帜派成员和亲苏军官从政府中清除出去,同时要求阿

---

① 阿富汗人民民主党——1965年1月1日由塔拉基、卡尔迈勒等人创立。阿富汗人民民主党党章宣布,该党是工人阶级和所有劳工的先锋队,意识形态是马克思列宁主义。该党成立伊始便同苏联保持着密切关系。1967年该党分裂为以塔拉基为首的人民派(因出版《人民报》而得名)和以卡尔迈勒为首的旗帜派(因出版《旗帜报》而得名)。

明政府不要推行过激的社会改革,但却遭到阿明的坚决拒绝。1979 年 7 月,阿明把国防大权抓到自己手中,基本控制了政府。1979 年 9 月,塔拉基在参加完不结盟国家首脑会议后,途经莫斯科并同勃列日涅夫进行了会谈。勃列日涅夫在会谈中授意塔拉基除掉阿明,但在他回国后仅三天却被阿明杀死,阿明跃升为党的总书记和革命委员会主席。尽管阿明除掉了苏联支持的塔拉基,但是阿明掌握政权之后,苏联还是立即予以承认。自此,苏阿双方虽然表面上保持着友好合作的关系,但实际上互相之间却充满了敌意和猜忌。苏联多次邀请阿明前往莫斯科访问,均遭拒绝,因为阿明担心苏联会在自己离开阿富汗时策动政变。与此同时,阿明加紧了对包括塔拉基余党和旗帜派成员等亲苏势力的清除行动,其目的就是为了防止苏联通过阿富汗人民民主党操纵阿富汗政权。在准备摆脱苏联对阿富汗控制的同时,阿明着手改善同美国、巴基斯坦和伊朗的关系,无疑阿明的这种做法引起了苏联的极大不满。

在国内,阿明激烈的社会改革引起了更大的反对和抵抗,阿富汗形势进一步恶化。阿富汗国内的反政府武装迅猛发展,政府军处于骚乱和瓦解状态。1979年 11 月,反政府武装切断了通向喀布尔的南北大道,声称要在冬季来临前攻下喀布尔。阿明的统治仅局限于首都喀布尔地区,阿富汗国内政局十分混乱。阿富汗的这种严峻形势直接威胁到了苏联在阿富汗的利益。苏联领导人认为,如果苏联不参与干涉的话,阿富汗可能将出现以下两种情况:第一,阿富汗人民民主党政权被推翻,反苏伊斯兰政权得势;第二,阿明平息国内叛乱并倒向美国。也就是说,无论出现那种情况,苏联都将失去它在阿富汗苦心经营了几十年的成果,为此,苏联当局认为,只有清除阿明并保持执政的阿富汗人民民主党的团结才有可能挽救危局。基于这种考虑,苏联领导人作出了出兵阿富汗的选择,对阿富汗进行直接军事干涉。

纵观十月革命前后至 1979 年苏军入侵阿富汗期间沙俄和苏联对阿富汗政策的演进过程,我们不难发现,沙俄和苏联对阿富汗奉行的政策有异曲同工的作用,即始终欲保持对阿富汗的控制。1979 年苏军入侵阿富汗便是这种政策演进的必然结果。

二、苏军入侵阿富汗始末

1. 苏军入侵期间的阿富汗形势

苏军入侵阿富汗长达近十年,其侵略活动一般可划分为三个主要阶段:第一阶段从 1979 年 11 月到 1980 年 1 月;第二阶段从 1980 年 1 月到 1982 年 6 月;第三阶段从 1982 年 6 月到 1989 年 2 月。下面我们将按这三个阶段详细加以讨论。

第一阶段(1979 年 11 月至 1980 年 1 月),苏联以帮助阿明政府镇压反政府武装为由,加紧向阿富汗增派兵力和输送武器,控制阿富汗大型机场和通向喀布尔的军事要道。尽管一般认为苏联军队是从 1979 年 12 月 27 日正式开始入侵行动的,但是事实上苏军的入侵活动在 1979 年 11 月底就已经开始了。苏联在控制了巴格拉姆和贾拉拉巴德等大型机场和喀布尔周边地区的军事要道之后,又以各种理由把阿富汗军队调出喀布尔,代之以大批苏军。与此同时,苏联还在苏阿边境苏联一侧秘密集结了 6 个师,为军事占领喀布尔做好准备。1979 年 12 月 27 日晚 7 时许,苏军正式开始了入侵行动。部署在喀布尔的苏军迅速占领各个战略要点,击毙阿明。苏军随即宣布成立以卡尔迈勒为首的新政府。

与此同时,秘密集结在苏联边境一侧的苏军分两路向阿富汗境内挺进。东路苏军经过阿富汗北部城市马扎里沙里夫和萨曼甘,直捣喀布尔,并于 12 月 30 日挺进阿富汗东部重镇贾拉拉巴德;西路苏军于 12 月 29 日攻占阿富汗西部重镇赫拉特,并沿库什卡—赫拉特—坎大哈公路向西南挺进。1980 年 1 月 2 日,两路苏军会师于阿富汗西南重镇坎大哈。至此,苏军第一阶段的军事入侵顺利结束。

显然,苏军在第一阶段的入侵行动中,事先秘密调集和部署了优势兵力,突袭了阿富汗首都喀布尔,并进而从苏联一侧迅速出兵,运用东西钳型战术占领了阿富汗各战略交通线和大中城市。在这一阶段,苏军几乎没有遇到什么强有力的抵抗就达到了预期的目的。

第二阶段(1980 年 1 月至 1982 年 6 月)的开始以卡尔迈勒回国组织阿富汗政府为标志。在这一阶段,苏联为了稳定首都局势,对喀布尔实行了严格控制,禁止阿富汗人在公共场合集合。1980 年 2 月和 4 月,苏军两次出动军队镇压了在喀布尔举行的大规模示威游行和罢工罢市的群众和学生,打死打伤数百人。1980 年 3 月,苏阿签订了苏军暂时驻留阿富汗的有关条件的协议,苏军因此有了进驻阿富汗的"法律"依据。与此同时,苏联还增派 3000 多名政治顾问前往阿富汗,控制卡尔迈勒政权的党政军警特等 40 万左右的亲苏力量。卡尔迈勒政权成了名副其实的苏联傀儡政权。

苏军在扶植起卡尔迈勒傀儡政权之后,于 1980 年 1 月下旬开始对阿富汗抵抗运动发起全面扫荡行动。在日后的 9 年多时间里,苏军经常对游击队根据地和活动基地发动规模不等的清剿和扫荡。

我们可以看到,苏军在入侵阿富汗第二阶段的主要特点就是,扶持卡尔迈勒傀儡政权,进一步加强对阿富汗的控制力度,伴之以镇压和消灭各地区的反苏反政府武装活动。

第三阶段(1982 年 6 月至 1989 年 2 月)以苏联被迫接受政治解决阿富汗问题开始直至苏军撤离阿富汗为止。苏军入侵阿富汗之后,国际社会立即作出了强烈反应,要求苏联从阿富汗撤军。尽管苏联于 1980 年 5 月通过其驻法大使首次提出了(1)承认卡尔迈勒政府;(2)举行卡尔迈勒政府与巴基斯坦、伊朗政府之间的谈判;(3)停止任何"外来干涉"并保证日后不再进行干涉等撤军三项条件,但是苏联根本无意从阿富汗撤出自己的军队。直至 1982 年 6 月,在联合国的推动下,卡尔迈勒政府和巴基斯坦政府代表在日内瓦开始进行间接谈判,这才标志着苏联真正迈开了政治解决阿富汗问题的步伐。勃列日涅夫时期,由于苏联坚持必须满足上述撤军条件,巴阿之间的谈判始终无果而终。

安德罗波夫上台后曾表示过政治解决阿富汗问题并从阿富汗脱身的某种愿望,但由于他任期太短而未能付诸实施。契尔年科任职期间,苏联对政治解决阿富汗问题的态度又趋强硬。

阿富汗撤军问题久拖不决,这一方面加重了苏联的经济负担,另一方面也使苏联在国际社会中陷入孤立。因此,戈尔巴乔夫上台后面临的迫切需要解决的难题,就是如何使苏联尽快从阿富汗脱身并摆脱孤立困境。至此,苏联一改以往的强硬态度,同意将撤军时间缩短至 18 个月。为了表示诚意,苏联于 1986 年10 月象征性地从阿富汗撤走了 6 个团的兵力。同时,苏联也加紧了在阿富汗的政治、军事和外交活动,以图改变阿富汗政府的形象。1986 年 5 月,苏联把阿富汗人民民主党政权领导人改换为纳吉布拉。

纳吉布拉上台伊始便摆出了民族和解姿态,他频频会见全国一些部族首领、宗教界人士和社会名流,拉拢他们参加"民族和解政府",同时对抵抗力量也进行多方拉拢和分化,表示愿意吸收他们参加政府。但是另一方面,苏军和阿富汗政府军加强了对阿富汗游击队的进攻,而且规模之大前所未有。苏联此举的目的是想在苏军撤离之前最大限度地削弱阿富汗抵抗力量,巩固纳吉布拉政权。

1986 年 7 月,戈尔巴乔夫在海参崴的一次讲话中表示,苏联将分阶段从阿富汗撤出少量军队。同年 11 月,苏共中央政治局最终决定从阿富汗撤军。1987年,戈尔巴乔夫再次公开表示要尽快从阿富汗撤军。同年 12 月,苏联外长谢瓦尔德纳泽重申了苏联的这一立场。1988 年 2 月,苏联再次作出让步,宣布苏联撤军时间将缩短为 10 个月。同年 4 月 14 日,由联合国主持的日内瓦谈判终于达成了关于政治解决阿富汗问题的四项协议,其中包括苏联在 9 个月内从阿富汗撤离的协议。苏联、美国、巴基斯坦和阿富汗政府的代表正式签署了日内瓦协议。协议规定,苏联分两个阶段从阿富汗撤离全部军队:第一阶段(1988 年 5 月15 日至 8 月 15 日)苏联撤出侵阿半数军队;第二阶段(1988 年 8 月 16 日至

1989年2月15日)苏联撤出侵阿全部军队。至此,政治解决阿富汗问题迈出了实质性的一步。但是,阿富汗抵抗力量拒绝在日内瓦协议上签字,表示不对协议承担任何义务,这就为阿富汗在苏联撤军后爆发内战留下了隐患。

1988年5月15日,侵阿苏军开始分阶段从阿富汗撤离。至8月15日苏联已按协议从阿富汗撤出其入侵军队的半数(约5万人)。在此期间,苏联外交部副部长沃龙佐夫与阿富汗七党联盟领导人就喀布尔政权的未来和撤军后的苏阿关系等问题进行了谈判,但没有取得任何结果。1989年2月15日,苏联如约撤出全部侵阿苏军共计11.5万人。至此,长达近十年的苏联侵略阿富汗战争以苏联的彻底失败而告终。

2. 苏军撤离后的阿富汗状况

苏联入侵阿富汗给阿富汗国家和人民带来了巨大的灾难。尽管苏联于1989年撤出了入侵军队,但是阿富汗国内仍然战事频仍,硝烟不息。苏联入侵阿富汗造成阿富汗大约150万人死亡,500多万人逃往国外,沦为难民。阿富汗三分之二的农村遭到严重破坏,30多万间房屋被毁,半数以上的农田荒芜废弃,70%的水利灌溉设施毁于战火。战争没有因苏军的撤离而宣告结束,相反却使国内局势更加动荡不安,战火愈烈。

1989年苏军撤离阿富汗的后期,苏联一方面要保持苏联本土与阿富汗最大可能的隔绝,另一方面还得全面支持仰仗苏联的纳吉布拉政府。因为纳吉布拉政权仍然执行着旨在使苏联中亚免受外来影响的缓冲国功能。在这种功能的作用下,苏联加紧向喀布尔当局输送大批军火,并帮助纳吉布拉政府扩大军队的数量,使其达到12.7万之众。苏军撤离时,把价值10亿美元的军事装备和设施留给了纳吉布拉政府,同时还保留了相当数量的军事顾问。苏联从阿富汗撤军后,继续向纳吉布拉政权提供巨额援助。正是在这种强大的支持下,亲苏的纳吉布拉政权才得以顺利地支撑到1992年4月,最后被游击队打垮。

阿富汗抵抗力量接管政权之后,于1992年4月组建了由阿富汗伊斯兰促进会①领导人拉巴尼为首的临时政府。但是很快,以古尔布丁·希克马蒂亚尔为首的阿富汗伊斯兰党②游击队向拉巴尼政府发起了进攻,拉开了阿富汗内战的序幕。在这种纷繁复杂的情势下,1994年在巴基斯坦领土上诞生了阿富汗新的

---

① 阿富汗伊斯兰促进会——1972年成立。伊斯兰教温和派,成员多为阿富汗塔吉克族人,属逊尼派。主要领导人是前总统布尔汉努丁·拉巴尼。该党派原军事领导人是阿赫迈德·沙·马苏德。马苏德于2001年9月9日遇刺身亡,其副手法希姆接任此职。

② 阿富汗伊斯兰党——1974年成立。原教旨主义派,成员以普什图族为主,信奉伊斯兰教,属逊尼派。主要领导人是古尔布丁·希克马蒂亚尔。

政治势力"塔利班"运动①。塔利班运动开始对拉巴尼政府和希克马蒂亚尔的阿富汗伊斯兰党武装发起进攻。俄罗斯和中亚各国为了隔绝阿富汗冲突可能给独联体南部边境带来不良的影响,在阿富汗北方支持建立了拉巴尼政府和希克马蒂亚尔阿富汗伊斯兰党组成的准国家联合体——反塔联盟。但是,塔利班运动有巴基斯坦、沙特和阿拉伯联合酋长国等国的支持,很快便在内战中占据了上风。1996年9月,塔利班攻占了阿富汗首都喀布尔。1998年夏季,塔利班又接连攻占了反塔联盟在北方的主要阵地。塔利班控制了全国绝大多数(90%以上)的领土,而反塔联盟的武装力量则所剩无几。但是在俄罗斯和中亚等国的支持下,反塔联盟为了争取本民族权力一直没有放弃自己的斗争。

阿富汗内乱状况的出现是由阿富汗各部族、各民族和各派别之间的权力斗争引发的,而这在很大程度上则是由苏联势力的渗透直至最后入侵造成的。我们知道,普什图族一直是阿富汗的主要民族,它始终在阿富汗的政治、经济和文化方面占据着主导地位。苏联入侵之前,普什图族自然一直是这个国家的统治民族。苏联入侵之后,由于在阿富汗推行奖励和鼓励各部族和各民族保持自己文化和传统的政策,阿富汗的乌兹别克、土库曼和哈扎拉等少数民族的语言得到正式承认,文化受到保护。纳吉布拉政府还收买了普什图各部族的首领,赋予他们各种特权,组成亲苏政府的不同部族集团,同时还利用各部族和各民族之间固有的矛盾,挑拨离间,进一步促成他们之间的不和与敌对。由此,阿富汗独立统一国家的概念在人们心目中日渐淡漠,代之而起的是各部族、各民族和各派别的利益至上观念,从而导致国内矛盾日趋激化。面对苏联的入侵,他们暂时可以为了共同的利益联合起来对付共同的敌人,可是一旦失去共同的敌人,他们各自的权力欲求和利益热望便立即突显出来。

长期战乱使阿富汗经济崩溃、政治混乱,人民生活陷入极度贫困。民众痛恨战争,但也习惯了战争,战争甚至成了他们生活的主要内容。许多人不仅丧失了正常的生活,同时也丧失了生活的目标,更糟糕的是连起码的生活技能也丧失了。维系一个社会所必需的精神、道德、物质、文化等基础和一切现代化成果均已被战争摧毁,丧失殆尽。可以想见,在这样一个国家,要恢复秩序和找回生活需要经过何等艰巨和漫长的道路!

---

① "塔利班"运动——全名"阿富汗伊斯兰宗教学生运动"。塔利班(Taliban)一词是阿拉伯语塔利普(Talib)的波斯语复数形式,意为宗教学校的学生。在阿富汗和巴基斯坦等地,宗教学校非常普遍,进入这类学校学习是日后成为专职神职人员毛拉的必备条件。该运动于1994年成立,成员多为普什图族,信奉伊斯兰教,属逊尼派,为原教旨主义派别。主张在阿富汗建立真正的伊斯兰国家,推行严格的伊斯兰教法。主要领导人是穆罕默德·奥马尔。

三、苏联解体后的阿富汗及其周边
地缘政治状况

1. 苏联解体至反恐战争期间的阿富汗及其周边地缘政治状况

苏联解体急剧地改变了阿富汗的地缘政治状况,结束了昔日始终存在两种势力博弈的局面,阿富汗的地缘政治形势进入了全新的更加复杂的历史发展阶段。

以上已经述及,亲苏的纳吉布拉政府垮台后,阿富汗抵抗力量接管政权。1992 年 4 月组建了由阿富汗伊斯兰促进会领导人拉巴尼为首的临时政府,但是很快,以希克马蒂亚尔为首的伊斯兰党游击队开始向拉巴尼政府发起进攻,拉开了阿富汗内战的序幕。

苏联撤军后,纳吉布拉政府一直发挥着把苏联中亚地区和阿富汗战乱地带相隔离的作用。在此期间,新俄罗斯联邦始终认为中亚地区是其发展和靠拢西方的"包袱",欲弃之而后快,所以它对中亚地区,尤其是塔吉克斯坦的动乱和阿富汗内战基本持不理不睬的态度。因此,在这段时间内的阿富汗及其周边地缘政治的发展中没有或少有俄罗斯的参与。但是,牵一而动百,塔吉克斯坦和阿富汗的动荡不安影响到了整个中亚地区乃至独联体的安全和稳定。

在这种复杂的情势下,阿富汗新的政治势力"塔利班"运动于 1994 年在巴基斯坦的阿富汗难民营中诞生了。塔利班运动在巴基斯坦、沙特和阿拉伯联合酋长国等国的支持下,很快在阿富汗内战中崛起。1996 年 9 月,塔利班攻占阿富汗首都喀布尔。1998 年夏季,塔利班又接连攻占反塔利班联盟在北方的主要阵地。塔利班运动成为向阿富汗周边地区输出动乱和恐怖的主要来源,这时,俄罗斯联邦开始放弃先前的"不管"政策,转而主动地参与到阿富汗及其周边的地缘政治调整中来。

中亚各国在俄罗斯的支持下,在阿富汗北方建立起一个类似于国家形式的缓冲体系——阿富汗北方反塔联盟。在此期间,阿富汗的地缘政治形势基本上就是围绕这样一种格局发展的。

在某种程度上,从纳吉布拉政府垮台到 1998 年,北方反塔联盟遭受重创几近崩溃阶段,阿富汗地区的地缘政治形势已由昔日的苏联参与阶段转变为由阿富汗周边地区,尤其是中亚各国独立参与的阶段。

苏联解体至反恐战争期间,阿富汗地区的地缘政治状况尽管复杂多变,但是却很少受到外来大国因素的影响,因此在复杂动荡中显得悄无声息。这段时间内的地缘政治调整主要是围绕着阿富汗塔利班运动的崛起和发展展开的。俄罗斯尽管从放弃走向了介入,但是它并不过多地直接参与其中,完全没有了沙俄、苏俄和苏联时期的那种主动出击态势。由于阿富汗始终没有处在大国利益争夺的焦点地带,因此代表西方势力最为强大的美国对其境内发生的毒品泛滥、恐怖主义和极端主义等等一系列问题漠不关心,而且美国也无意在阿富汗"倾注"过多的"心血"。尽管美国一直想介入中亚地区,但是在9·11恐怖袭击事件发生前它似乎没有想过要从阿富汗打开一个缺口,因为它不想重蹈前苏联在阿富汗的覆辙。简言之,苏联解体至反恐战争期间的阿富汗地缘政治形势是在没有或少有大国参与和干涉的情况下,由阿富汗及其周边地区诸国通过自身的努力进行的。

2. 反恐战争后的阿富汗及其周边地缘政治形势

苏联解体后,蕴藏着丰富油气资源的里海地区和潜藏着巨大商机的中亚地区成为全球各种力量聚焦的地方。以美国为首的西方世界最初想通过巴尔干—高加索—中亚一线进入中亚,但是它们的种种努力收效不大。美国通过9·11事件对阿富汗塔利班采取报复性打击并控制了阿富汗局势,那么它的行动便具有一箭双雕的作用,即一方面狠狠打击了国际恐怖主义,另一方面又顺水推舟进入中亚地区,同时还可以在中国和俄罗斯两个大国的"背后"插上一足。

苏联解体后,中亚地区成立了五个新独立国家——哈萨克斯坦、乌兹别克斯坦、吉尔吉斯斯坦、塔吉克斯坦和土库曼斯坦。其中土库曼斯坦、乌兹别克斯坦和塔吉克斯坦和战乱频仍的阿富汗相接,阿富汗国内的一举一动无疑都会对中亚各国的社会政治经济和文化造成巨大的影响。因此,保持同阿富汗的隔绝政策一直是苏联解体后独联体各国(首先是中亚各国)一贯奉行的对外政策。为此,中亚各国和俄罗斯在对待塔利班政权和反塔联盟的立场上是倾向于后者并支持后者的。作为阿富汗邻国的巴基斯坦同阿富汗塔利班政权一贯保持着友好关系,伊朗则基本保持着同塔利班隔绝的政策,但是与阿富汗北方反塔联盟中的亲伊朗派别保持着联系。

阿富汗塔利班和反塔联盟之间的拉锯式战斗,使得中亚各国(除塔吉克斯坦之外)可以在这种相对平衡的地缘政治状况下建设国家和发展经济。尽管在此期间塔利班不时向周边地区输出自己的恐怖主义活动,制造混乱和恐怖,但是它的实力还无法打破已有的地缘政治平衡。

美国在9·11恐怖主义袭击事件之后介入阿富汗,阿富汗地区的地缘政治形势发生了相当大的变化,原有的地缘政治平衡无疑会在这种介入下被打破。以美国为首的西方势力的介入将对俄罗斯原有势力范围内的中亚造成争夺之势,这是俄罗斯所不愿看到的。另外,美国势力介入阿富汗乃至进一步进入中亚,势必对中国也造成一种压迫之势,迫使中国不得不面对将变得更加复杂的西部周边形势。美国在阿富汗战争之后进入中亚,第一,可以继续打击国际恐怖主义,第二,可以形成对中国由东—东南—西南—西的压迫之势,形成对俄罗斯由西北—西—西南—南的包围之势。

随着美国势力进一步进入中亚,阿富汗及其周边地区经过十多年来自主调整业已形成的地缘政治平衡将被打破,中、俄两国将直面西方势力,新一轮的地缘政治调整将不可避免在此展开,各种冲突和各种矛盾将成为该地区的焦点。

我们认为,在阿富汗地区新一轮的地缘政治调整中,将会出现如下几对对地缘政治发展具有重要影响的矛盾:第一,俄罗斯同美国之间的矛盾;第二,伊斯兰势力同以美国为代表的西方势力之间的矛盾;第三,伊斯兰势力同伊斯兰势力之间的矛盾;第四,靠拢西方的中亚国家同靠拢俄罗斯的中亚国家之间的矛盾。这几对矛盾将在阿富汗国家未来的发展及其周边地缘政治的调整中逐渐明朗起来,并将起到非常重要的作用,这是需要我们予以关注的地方。

总之,9·11事件之后,就阿富汗国内而言,由于美国和多国部队的直接军事打击,塔利班运动很快被摧垮。但是,由于长期战乱,阿富汗国内各部族之间的力量配置已经发生了严重改变,这使得由普什图族占据国内优势统治地位的时代已经成为了过去。各部族或民族(包括普什图、塔吉克、乌兹别克、哈扎拉等等)分权的时代已经开始了。如果说昔日的阿富汗民族国家指的就是普什图一个部族或民族的国家的话,那么经过20多年战争后的阿富汗国家事实上已经真正变成了一个由多部族或民族共同分享国家权力的国家了,而阿富汗问题的症结也就在这里。就阿富汗周边地缘政治状况而言,9·11恐怖主义袭击事件使阿富汗周边自苏联解体以来基本形成的相对稳定的地缘政治平衡被打破,阿富汗及其周边地区地缘政治的新一轮调整随之已经开始。在这新一轮的地缘政治调整中,将不可避免的有大国或地区大国,诸如美国、俄罗斯、伊朗、巴基斯坦、中国和印度等国家(有被迫的成分也有主动的成分)参与其中。

第一章　阿富汗历史

阿富汗问题形成的历史前提

阿富汗历史既有趣又复杂。然而,对我们而言,最重要的则是那些可以帮助我们分析当代阿富汗冲突实质和中亚新独立国家可资借鉴问题的时段。

阿富汗国家的正史始于 1747 年。这一年,普什图阿布达利部族集团波波尔扎伊部族萨多扎伊家族①的阿赫马德汗被推举为坎大哈的沙。阿布达利部族集团 9 个部族代表组成的国民会议(支尔格)宣布他为沙。在加冕仪式上,阿赫马德沙赐予阿布达利普什图人新称谓杜兰尼(普什图语,意为"奇珍")。阿赫马德沙本人则得名"杜尔 - 依 - 杜兰"("奇珍之奇珍")的称号。自此,杜兰尼王朝遂形成,也就是后来的阿富汗国家。

在推选为国王之前,阿赫马德汗在伊朗统治者纳第尔沙的近卫队服役。纳第尔沙本人出身于克孜尔巴什部族②的阿夫沙尔家族。最初,他是伊朗萨法维(萨非)王朝最后一位国王塔赫马斯普(1722—1732 年)统治时期的实际统治者,而后(自 1732 年始)开始独立统治伊朗。在纳第尔沙取得伊朗政权之前,萨法维王朝国家经历了最严重的危机。其中,对萨法维王朝最严重的一次打击来自西部普什图人。1709 年,普什图吉尔扎伊部族在吉尔扎伊霍特克部族③米尔·瓦伊斯的领导下发动了对萨法维王朝的起义。1717 年,在萨多扎伊人阿卜

---

① 在萨法维王朝伊朗国王阿拔斯一世统治的 1597 年,阿布达利部族集团波波尔扎伊部族首领马里克·萨多获得"阿富汗人首领"的称号。萨多及其民众被委以保卫赫拉特与坎大哈之间道路的任务,其家族成员,即萨多扎依,获得特权并开始掌握了推举整个阿布达利部族首领的权力。资料来源:《东方史》,莫斯科 1999 年版,第 133 页(История Востока. М. ,1999. C. 133.)。

② 克孜尔巴什人——长期统治伊朗的突厥语族部族,因缠头上的 12 条红带而得名,意思是他们尊崇伊斯兰教什叶派伊玛目教派。16 世纪初,伊朗依靠强大的克孜尔巴什部族建立了萨法维王朝。克孜尔巴什最大的一些部族被称为阿夫沙尔、贾拉伊尔、沙姆鲁、卢姆鲁和乌斯塔支鲁等等。

③ 马丁·伊温斯:《阿富汗新史》,伦敦—纽约劳特利奇 - 寇松出版社 2002 年版,第 20 页。(Martin Ewans. Afghanistan, a new history. Routlege Curson. London-NY. 2002. P. 20.)

1

杜拉汗的领导下,赫拉特爆发了来自阿布达利部族普什图人的起义。① 结果出现了两个在政治上独立的西部普什图人领地:一个是吉尔扎伊部族领地,中心在坎大哈;另一个是阿布达利部族领地,中心在赫拉特。

在萨法维王朝国家总体崩溃的背景下,米尔·瓦伊斯之子米尔·马赫穆德领导吉尔扎伊人于 1722 年发动了对伊斯法罕的进攻,而后占领克尔曼、法尔斯和波斯统治下的伊拉克。② 然而,几年之后,在萨法维王朝复辟过程中,纳第尔沙于 1727 年摧毁了吉尔扎伊人并将他们赶回到坎大哈地区。1732 年,在经过长期的围攻之后,阿布达利人将赫拉特还给了纳第尔沙的部队。1738 年,纳第尔沙在彻底摧垮吉尔扎伊人之后,占领了坎大哈。我们在这里必须指出的是,纳第尔沙在赫拉特和坎大哈获胜的性质具有重大而本质的区别,正是这一点对日后诸多事件的发展进程产生了明显影响。

赫拉特受制于当时的情势而自愿归降纳第尔沙,阿布达利部族上层承认了其政权。纳第尔沙在攻击坎大哈并摧毁它的同时,随之亦采取了镇压吉尔扎伊人的措施。"许多吉尔扎伊部族,包括霍特克人,被迁往呼罗珊,即今日之阿塞拜疆领土上的穆甘草原,他们的土地被宣布为国有并分配给阿布达利人。后者在纳第尔沙军中居特权地位:他们获得高于他人的报酬。"③出身阿布达利部族集团波波尔扎伊部族萨多扎伊家族的阿赫马德汗就是其中的一位。大家都明白,纳第尔沙想让阿布达利人同吉尔扎伊人相对抗,并以此加强自己在国家东部地区的统治。同样也就非常清楚,阿布达利人为什么受到特别优待。人们对萨法维王朝国家衰落时期米尔·马赫穆德领导吉尔扎伊人取得对伊朗领土军事行动胜利的纪念仍然引人注目。总之,纳第尔沙的镇压实质上削弱了吉尔扎伊部族的力量,阿布达利人借此夺取了西部普什图人的领导权,他们以纳第尔沙的名义对伊朗所有东部省份,包括赫拉特和坎大哈实行政治统治。

然而,1747 年,纳第尔沙被克孜尔巴什人阴谋杀死。此后,阿赫马德汗同部分阿布达利人组成的纳第尔沙的近卫军一道被迫离开伊朗阵营。阿赫马德汗率领纳第尔沙的近卫军旧部现身坎大哈,这促使阿布达利显贵结成有组织的独立政治组织。阿布达利人想利用纳第尔沙死后伊朗东部诸省出现的政治真空,宣布阿赫马德汗为自己的沙。让我们最感兴趣的是,第一届国民会议推选首任沙的机制,"阿布达利诸沙,首先是巴拉克扎伊部族(巴拉克扎伊是当时阿布达利 9 个部族中人数最多、影响最大的一个部族——作者注)的哈吉·贾马尔汗表示

---

① 《东方书》,莫斯科 1999 年版,第 3 卷,第 139 页。(История Востока. M. 1999. T. 3. C. 139.)

② 马丁·伊温斯,《阿富汗新史》,第 21 页。

③ 《东方史》,第 143 页。(История Востока. C. 143.)

同意阿赫马德汗进行统治,这是因为萨多扎伊民众在阿布达利部族中仅占极少数。诸汗知道,如果阿赫马德汗进行统治,那他就不得不考虑他们的意见,而如果一旦他表现出固执己见、独断专行和高傲自大的情绪,那么阿布达利部族就会毫不费力地推翻其政权并将他打倒"①。与此同时,"他(阿赫马德汗——作者注)的对手吉尔扎伊人因攻击波斯而被削弱,从而屈服于他,归他统治"②。自此直至 1978 年四月革命,阿富汗政权一直由阿布达利(杜兰尼)部族的普什图人掌握。但是,在这个新国家内部的普什图居民中,吉尔扎伊部族的人占了大多数。

可见,阿富汗独立国家的形成要归因于 18 世纪中期伊朗政治的削弱。西部普什图人从伊朗萨法维王朝东部退出建立了自己的国家。这是由下面几种非常重要的情势促使而成的。

重要的是,18 世纪中期普什图人国家的形成同亚洲地区游牧国家与社会组织的传统军事政治体制的危机密切相关。这些国家和社会指的就是伊朗、小亚细亚、今日之阿塞拜疆,即我们今天称之为中亚和印度东北部的地区。这些地区的国家军事力量主要由突厥和伊朗出身的各个不同部族组成的骑兵构成。部族组织使得国家统治者有条件获得事实上训练有素的军队。部族在从事游牧经济的同时,仍然保持着自身组织的高度统一。这既可以满足他们最小的需求,同时还可以随时准备战斗。然而,其余的需求则必须由国家来满足,要知道国家的军事力量是由这样那样的部族组成的。

部族和国家彼此需要。只有国家才能给部族提供崇高的社会地位和最重要的东西,即稳定的收入来源。国家有许多能够保证服兵役的游牧部族增加收入的手段,而最通行的方法之一就是,掠取战利品。然而,这种收入来源极其不稳定,因此可以使用其他方法,如国库直接发放薪酬等。然而,这就要求必须得有发达的纳税制度,而这种制度的筹建又常常非常复杂。比较通用的一种方法是,向各部族提供一定的役酬或赐予食邑领地,或赋予其征收赋税的权利,如在赫拉特和坎大哈之间的商道上征收赋税等。萨多扎伊家族的奠基者马里克·萨多就从萨法维王朝那里获得了这种权利。

还有一个例子就是,萨法维王朝时期的俸地制也是一种比较通行的方式。"大多数游牧和半游牧部族的埃米尔由这些地区的统治者委任,同时赐予他们这一方区域作为提乌尔(俸地或禄田——译者注)。俸地实际上由部族显贵掌

---

① 《杜兰尼强国的形成与崩溃》,莫斯科 1951 年版。援引自:C. 舒莫夫、A. 安德烈耶夫:《阿富汗史》,莫斯科 2002 年版,第 53 页。(Возникновение и распад Дурранийской державы. М. 1951. Цит. по: С. Шумов, А. Андреев. История Афганистана. М. 2002. С.53.)

② 马丁·伊温斯,《阿富汗新史》,第 23 页。

握,他们支配着取自于居民和土地本身的收入。"①此处非常重要的一点是,各部族既可以保持昔日的生活方式,同时还可以从某个农村或城市领土上得到收益。"在萨法维王朝时期,克孜尔巴什的乌斯塔支鲁部族首领成为埃里温汗国的世袭统治者。"②乌斯塔支鲁部族在伊朗东部为萨法维王朝国家服役。蒙古帝国同样也有着这种相类似的有条件的土地所有制,它被称为"扎吉尔"(军事采邑——译者注)。例如,17世纪中期的时候,东部普什图哈塔克部族首领胡什哈尔汗从蒙古帝王那里获得巨大的扎吉尔,外加年俸15万卢比,为此他得提供一支1500名士兵的部队。③在这里我还想特别指出的是,不能硬性对照西欧封建时代的状况。在游牧显贵经济和政治整体非常强大的情况下,扎吉尔或提乌尔的占有者并不是部族首领,而是整个部族本身,即一个军事政治单位,对于定居居民来说它相当于一个"集体封建主"。

这种状况在后蒙古时代的伊尔汗国、哲拉伊尔王朝、伊朗领土上的萨法维王朝、帖木儿帝国和帖木儿王朝各国、中亚的昔班王朝国家、印度的莫卧儿帝国都存在。正是部族组成了军队有组织的基础。在萨法维王朝那儿,这就是克孜尔巴什部族;在帖木儿那里,这就是中亚的察合台部族、蒙古部族和普什图部族。另外,如果能够成为某个部族的成员,也就意味着比定居居民具有更高的社会地位。有时也会人为地组成几个部族,作为军队的组成部分。例如,在克孜尔巴什部族中间还有沙姆鲁和卢姆鲁部族。这些名称的意思是,沙姆鲁部族源自沙姆(叙利亚),而卢姆鲁部族则来自卢姆(小亚细亚安纳托利亚东部)。

非常重要的一点是,无论是在社会地位还是在语言、信仰上,游牧部族和当地定居居民往往有着本质的区别。事实上,在上述所有领土上,包括伊朗在内,突厥语在部族中占有优势。讲突厥语的有克孜尔巴什人、察合台人、游牧的乌兹别克人、蒙古人。操伊朗语族语言的有普什图人、库尔德人、俾路支人。然而,毫无疑问的是,突厥语诸部族在政治力量上占有优势。在很大程度上,这同蒙古人的统治传统有关。

这种独特的政治体制正是在蒙古统治时期形成的,当时国家的军事力量及其基础均由部族构成。在前蒙古时期,虽然说存在着由游牧部族,主要是大批突厥部族雇佣军组成的强大的军事力量,但是伊朗、中亚和印度地区的政治体制还是按照东方国家的传统组织模式创建。因此,在前蒙古时期,突厥雇佣军在伊

---

① M.P.阿鲁诺娃、K.3.阿什拉费扬:《阿夫沙尔人纳第尔沙的国家》,莫斯科1958年版,第36页。(Арунова М. Р., Ашрафян К. З. Государство Надир-шаха, афшара. М. 1958. С. 36.)

② M.P.阿鲁诺娃、K.3.阿什拉费扬:《阿夫沙尔人纳第尔沙的国家》,莫斯科1958年版,第115页。(Арунова М. Р., Ашрафян К. З. Государство Надир-шаха, афшара. М. 1958. С. 115.)

③ 《东方史》,第136页。(История Востока. С. 136)

朗、中亚和印度定居地区的文化中被迅速同化。

相对于部族而言处于从属地位的定居地区的居民,从伊朗到中亚的整个区域内,他们基本上都以伊朗语为主。同样也有被突厥语同化了的群体,这些群体在中亚地区拥有广泛的空间,他们在中亚的数量非常大。

据我们所知,在萨法维王朝危机的时刻,赫拉特和坎大哈城市和农业区操伊朗语(波斯语)的居民支持普什图阿布达利部族。在这方面发挥了重要作用的不是伊朗人的国家,而是在伊朗领土上掌握政权的突厥语部族克孜尔巴什人的国家,他们反对伊朗的普什图阿布达利部族。重要的是,克孜尔巴什部族信仰伊斯兰教什叶派,而赫拉特和坎大哈的大多数波斯语居民则信奉伊斯兰教逊尼派。居民更愿意让逊尼派普什图人掌权,而非什叶派克孜尔巴什人。但是,最为重要的是,赫拉特和坎大哈的定居居民没有政治主动权。在传统国家建设基础上,政治主动权往往只属于游牧部族。因此说,这个主动权掌握在普什图阿布达利(杜兰尼)人手中。

建立在普什图阿布达利(杜兰尼)部族政权基础上的杜兰尼王朝是部族国家体制的典范,它是在传统国家建设和管理机制发生危机的情况下形成的。

部族军事力量逐渐转变为一种政治力量,于是创建部族国家的趋势便出现了。这样一来,国家权力便替换了部族权力。然而,更进一步,部族国家遂不可避免地迈上了向东方古典国家进化的阶段,但是,它们仍然保持着部族的特点。当然,这是由诸多因素促成的。首先,在新国家的成分中还包含着普什图其他部族,如吉尔扎伊部族。另外,还有许许多多受阿布达利部族管辖的定居居民。杜兰尼部族王朝由三部分组成:第一是占统治地位的杜兰尼部族;第二是普什图其他部族,主要是吉尔扎伊部族;第三是定居居民。

这样,我们便遇到了中亚独一无二的一种现象,那就是在部族基础上创建国家。一个游牧部族就是一个军事政治单位,它是国家建设的基础之基础。事实上,部族国家在亚洲并不罕见。游牧民族,如突厥人、普什图人和库尔德人军事部族,有时会占领这些或那些定居地区并建立自己的国家。而另外一种情况则比较罕见,那就是杜兰尼王朝的稳定性。最为重要的是,这个部族国家紧接着便开始了向民族国家的转变。这也许是亚洲唯一的例子。如库尔德人和俾路支人根据部族特征组织起来的类似民族群体,则既不能创建民族国家,也无法建立部族国家。普什图民族国家逐渐由普什图阿布达利部族国家转变而来,随着普什图民族自觉的提高,这个国家后来开始以所有普什图民族国家的角色自居。不能不指出的是,许多后来出现的政治问题和我们当代凸现的矛盾都正是在创建杜兰尼王朝时期沉淀下来的。

这首先表现在国家的组织不稳固。建立在部族基础上的国家不可避免地要赋予各部族极为广泛的自治权,实际上也就是通过这种方法维持着原有的社会关系。首先这关系到阿布达利(杜兰尼)的个别部族,其次则涉及普什图其余所有部族。各部族因效忠阿富汗国家而获报酬的实践广为通行。直至今天,阿富汗还长期保留着许多游牧民和半游牧民,这在很大程度上同国家通过资源再配置以直接保证他们的存在有关,而且最为重要的是,这同国家保证他们比其他一切居民,尤其是比国内少数民族具有更高的社会地位相关。

随着国家建设的进一步推进和普什图部族军事作用的不断下降,一方面,这不可避免地导致少数民族之间关系的尖锐化,另一方面,这又导致普什图族和普什图国家之间关系的紧张。

部分普什图游牧民开始不可避免地转向定居并向城市移民,这种进程的形式非常独特。由于普什图部族社会地位较高,所以这使得转向定居的普什图人仍然保持着部族意识和常有的组织结构,并因此而导致阿富汗国家的组织水平非常低下。无论是阿富汗埃米尔,还是后来的阿富汗知识分子,他们加强国家功能和推进国家现代化的一切尝试都以失败而告终。任何一位阿富汗国家领导人始终都处在阿富汗社会守旧的社会政治结构和必须实现国家建设的两难境地。国家生活中留存的普什图部族的社会政治功能,在阿富汗守旧一词最广义范围内发挥着重要作用,而这首先是普什图阿布达利(杜兰尼)人因伊朗、印度和中亚之间广大领土上各种情势的聚合而创建的"部族"国家的直接遗产,。

在国家建设的第一阶段,重新组建的国家的行为逻辑非常简单,那就是必须尽可能多地将领土置于自己的控制之下,而这些领土当时由于各种原因处于无主或可以自行处理的状态下。控制新领土就意味着可以给新国家带来新收入,当然新国家必须确保供养构成其基础之基础的普什图部族。因此,阿赫马德沙在政治上迈出的第一步就是从坎大哈出发向北方远征。1752 年,阿赫马德沙完成了对兴都库什的远征,当时的兴都库什分布着独立和半独立的领地,这里主要生活着乌兹别克人、塔吉克人和哈扎拉人。1740 年前,这片领土属于布哈拉。然而,在纳第尔沙摧毁布哈拉之后,上述领土上遂形成了许多独立领地,其中主要有以下一些:巴达赫尚、昆都士、马扎里沙里夫、巴尔赫、巴米扬、阿克切、萨尔普勒、安德胡伊、迈马纳和希比尔甘。这是第一步,之后由阿赫马德沙的后继者继续开拓并最终将这些领地并入阿富汗。

然而,这个部族国家遇到了相当数量的外部敌人和为了权力而斗争的内部对手(吉尔扎伊部族),因此在必须对生活着许多不同语言、不同信仰居民的被占领土进行统治的情况下,它到底能存在多久?如果说外交条件不发生变化的话,这的确就是一个大问题。如果说阿富汗国家的创建是伊朗萨法维王朝和印度莫卧尔帝国诸国家联合体的危机引起的话,那么它的形成就同两个殖民帝国:

俄罗斯帝国和英帝国在该地区为争夺势力范围而进行的斗争密切相关。

19世纪,俄国和英国在亚洲开拓的殖民领地越来越接近,彼此已近危险地步,这导致圣彼得堡和伦敦为争夺亚洲地区的利益而展开尖锐的斗争。这场互有胜负的斗争持续了整个19世纪,这在历史文献中被称为"大博弈"。

众所周知,英帝国全力以赴想保证殖民地印度——英国王冠上的"明珠"的安全。因此,俄国领土边界向印度边界不断贴近的事实,威胁到了英国在该地区的利益。俄国对印度及其相邻领土问题的看法,可谓五花八门,但是以下表述最为生动:"印度多方面的和无限制的价值激起了英国人将其置于自己权力之下和使其免受他人接近损害的贪欲,而对于俄国方面来说则是自然倾向印度周边国家的趋势吸引着它,它的目的不是为了掌握它们,因为它们的好处太少,它的目的是为了有机会影响印度或者将来有可能攫取印度。英国和俄国在中亚相遇,它们一个半世纪的角逐是中东所有问题的主要症结。"①因此,英国人对此表示不安有充分的理由。

"整个19世纪,俄国总参谋部一直在讨论从中亚向英国殖民地可能进行的进攻计划,保存在俄国国家军事历史档案馆的许多有关这方面的入侵方案证明了这一点。这些方案都包含在预先充分拟定的计划之内。1857年俄国陆军部拟定专门报告,报告中有关不可能实现'征服印度'的方案遭到彻底否定,而后来内务部对该报告的讨论结果反而加强了俄国执政圈在日后彻底拒绝讨论任何此类方案的决心。"②然而,在俄国和英国相遇此地的整个时段,北方对印度的潜在军事威胁一直都存在③,因此,伦敦竭尽全力以求化解这种威胁。

19世纪到20世纪初,英国发动了三次英阿战争,力求巩固自己对印度要冲的影响,并以此保障其东北部边界的安全。英国进行这些战争的战略目标很好理解。一方面,伦敦想尽一切可能将自己在印度的领地边界向东北方向推进,目

① A. E. 斯涅萨列夫:《阿富汗》,莫斯科2002年版,第27页。(Снесарев А. Е. Афганистан. М., 2002. С. 27.)

② A. B. 波斯特尼科夫:《交锋在"世界屋脊"》,莫斯科2001年,第53-54页。(Постников А. В. Схватка на《Крыше мира》. М. 2001. С. 53-54.)

③ 1800年,俄国沙皇保罗同拿破仑商定,法国和俄国联合征服印度。法国远征军在加尔登将军的率领下,进行了有关行动路线的侦察。根据获得的信息,详细制定了以下路线。由3.5万名军人组成莱茵河军团,沿多瑙河向河口下行,然后转乘俄国船舰抵达塔甘罗格。继此,该军团渡顿河前往察里津,由此乘轮船抵达阿斯特拉罕。法俄联军从阿斯特拉罕出发,开赴阿斯特拉巴德,继而穿越赫拉特、法拉赫、坎大哈诸城抵达印度河右岸。然而,沙皇保罗有自己的计划。根据其旨意,1801年3月1日,俄国军队沿着另外一条路线挺进印度。在首领奥尔洛夫将军的率领下,由41个团、两个骑兵射击连和500名卡尔梅克人,共计22507名士兵组成的顿河哥萨克军参加了远征。该远征军得到的命令是,如果他们征服了印度,那么作为奖赏,他们将获得所有的战利品。3月25日,奥尔洛夫收到了沙皇保罗驾崩的消息及回师的命令。资料来源:A. B. 波斯特尼科夫《交锋在"世界屋脊"》,莫斯科2001年版,第50-51页。

的是为了更方便对其进行保护;另一方面,就是在俄国和英国的亚洲势力范围之间建立一个缓冲带。最终,阿富汗就成了这样一个缓冲带。今天阿富汗现有的国家边界要归功于它的这种缓冲国地位。

可以说,19世纪末的时候,阿富汗的东南边界便确定了下来。阿富汗埃米尔阿卜杜尔·拉赫曼汗和英国莫蒂默·杜兰勋爵签订协议,确定了英属印度和阿富汗之间的边界,后来这条边界线被称为"杜兰线"。今天它成为阿富汗和巴基斯坦的边界线。对于英国人来说,正是这条边界线为其控制可直通印度且具有重要战略意义的山口提供了保障,这个山口指的就是开伯尔山口。

阿富汗的北部边界线则是在19世纪末由俄英划分势力范围的一系列协议确定的。今天阿富汗北方边界线的走向,还得完全归功于当时英国人在这个问题上强烈的利益驱使。"1869年底,英国人道格拉斯·弗塞特来到莫斯科,建议确定阿富汗北部边界作为两个帝国划分势力范围的界限。"①英国人竭尽全力想把边界尽可能远地推向俄国控制地带,这样就可以最有效地捍卫阿富汗的利益。1872年10月17日,英国内政部长乔治·列维森高维尔·格兰维尔致函A.罗夫图斯勋爵,讨论了有关兴都库什以北领土的归属问题。"我站在陛下政府的立场提出,下列这些领土和边界应该承认完全归属喀布尔埃米尔,那就是:1.巴达赫尚以及属于它且直达科克恰河与乌浒河(或喷赤)河口的东部瓦罕地区;2.阿富汗突厥斯坦,包括昆都士、库尔姆和巴尔赫地区;3.国内地区阿克沙、萨尔普勒、迈马纳、希比尔甘和安德胡伊,其中后者位于阿富汗最远的西北边界;4.众所周知,属于阿富汗赫拉特省和波斯呼罗珊省之间的阿富汗西部边界无需划分。"②从这段引文中可以清楚地看到,英国人为了让分布在兴都库什以北居住着塔吉克人、乌兹别克人和哈扎拉人的领土成为阿富汗普什图国家的一部分作了不少努力。对于今天的读者来说,下面这些名称中的大部分仍然为大家所熟悉:马扎里沙里夫、迈马纳、巴尔赫、巴米扬、巴达赫尚等等。20世纪末阿富汗内战的一些重要事件正是在这些地方掀起的。

必须要指出的是,阿富汗西部边界的确定也得归功于英国人。1837年,伊朗开始向赫拉特进攻,企图恢复自己对赫拉特和塞伊斯坦诸省的控制。伊朗得到俄国的支持。俄国公使希莫尼奇伯爵支持德黑兰的意图。伦敦向彼得堡发出最后的抗议照会,希莫尼奇被召回。同阿富汗人打交道越来越复杂。阿富汗经受了这样一个分裂期,赫拉特恢复了正常。"为了挽救赫拉特,英国不得不亲自

---

① A. B. 波斯特尼科夫:《交锋在"世界屋脊"》,莫斯科2001年,第116页。(Постников А. В. Схватка на《Крыше мира》. М. 2001. С.116.)

② A. B. 波斯特尼科夫:《交锋在"世界屋脊"》,莫斯科2001年,第117页。(Постников А. В. Схватка на《Крыше мира》. М. 2001. С.117.)

出面。英国要求波斯退出赫拉特地区和塞伊斯坦,当时德黑兰并未理睬这些要求,继续征服阿富汗西部,英国宣战并派遣远征军前往波斯湾。波斯战败求和,英国代表确定了阿波边界线。"①

　　整个 19 世纪,英国一直被迫关注着阿富汗的边界。然而,这是一个非常艰难的任务。在当时阿富汗部族国家组织性极为低下的条件下,要让阿富汗政府保证对北方的这些领土进行有效控制就显得异常复杂。事实上,有些问题有时还出在阿富汗人对这些领土的占领及由此产生的一切后果上。

　　在 1897 年英国军官毕达尔夫关于巴达赫尚反对阿富汗人的起事的一份证明材料中写道:"看起来好像,英国除了推动喀布尔重新征服巴达赫尚或由它保证地方和平并使之成为喀布尔或英国政府的属地之外,别无选择。由于当地居民的违法行为、阿富汗军人的无组织无纪律引发的不满情绪,使得阿富汗人无法实施占领,类似这样的占领于头年春天就已经终止了,这为俄国或布哈拉实施阴谋活动培育了肥沃的土壤;况且,阿富汗政权在对付人民起义上无能为力,这一点很大程度上就在这一年表现了出来。"②当时,英国人除了保证让喀布尔对阿富汗北方边界以南的领土进行有效控制外,别无出路,这些边界是伦敦在同俄国的谈判中成功捍卫了的。

　　就是这些边界成为了俄国从中亚向南推进的最远边界。布哈拉埃米尔、浩罕和希瓦汗国都转变为俄国在中亚的附属国。1881 年,在斯克别列夫将军统率的格奥克 - 捷别(又译格奥克·帖佩)军的猛烈攻击下,土库曼诸部最终被归并。今天的边界,也就是曾经在英国和俄国外交家谈判过程中确定下来的那些边界,成了新独立国家乌兹别克斯坦、土库曼斯坦和塔吉克斯坦同阿富汗的边界。

　　如果进一步向南推进,俄国和英国的利益就会发生非常现实的碰撞。然而,不管是俄国还是英国,都不想在阿富汗非常有可能出现积极反抗的情况下,发生大规模的相互对抗。要确立对阿富汗的控制,这对当时的两个殖民帝国来说,一来经济上不划算,二来军事上无成效。问题就在于,任何一个大国作出任何破坏业已形成的平衡的尝试的话,将立即遭到来自另一方的反对。正因为如此,同两个殖民帝国的相互对抗联系在一起的中亚地缘政治新现实,决定了阿富汗和伊朗在 19 世纪末独立地位的形成。

　　因此说,在当时的历史条件下,阿富汗自身转变为一个缓冲国,充当着将俄

　　① C.H. 尤扎科夫:《阿富汗与邻国》,圣彼得堡 1885 年。援引自 C. 舒莫夫、A. 安德烈耶夫:《阿富汗史》,莫斯科 2002 年版,第 82 页。(Южаков С. Н. Афганистан и сопредельные страны. СПб. 1885. Цит. по: С. Шумов. А. Андреев. История Афганистана. М. 2002. С.82.)

　　② 援引自:A. B. 波斯特尼科夫,《交锋在"世界屋脊"》,第 178 页。

国和英国控制的领土分割开来的角色。阿富汗的缓冲地位,最终取决于圣彼得堡和伦敦在中亚地区的利益妥协。1873 年和 1887 年的英俄协定巩固了这种妥协。根据这些协定,实际上划定了阿富汗同俄属中亚相邻的北部和西北部边界,而杜兰线则确定了独立的阿富汗同英属印度接壤的南部和东南部边界。

总之,19 世纪下半期,阿富汗国家的发展是按照伦敦和圣彼得堡确定的逻辑进行的。对阿富汗来说,国家外部边界线的确立,就意味着它应该适应国内环境,推动国家建设进程。据此,国家发展的观念也就理应发生转变。但是,英国人割裂了阿富汗同普什图部族的领土关系,使后者身处杜兰线之外,成为英属印度的领土。作为交换,也主要是由英国人做主,阿富汗获得了生活着许许多多非普什图民族的国家北方领土。归根结底,阿富汗这样一个普什图"部族"国家未能发展成为一个民族国家,也就是说它没有发展成为一个全体普什图人的国家;相反,国家建设的一切力量都集中到了征服和改造阿富汗国家的组成部分——北方领土的居民身上。从地缘政治观点出发,喀布尔政策的基本向量由南方转向了北方。尽管这一点最后挑起了所谓的"普什图问题"①,但是所有这一切却为解决 19 世纪下半期摆在英国面前的策略任务——保证英属印度的安全提供了条件。

19 世纪末,阿富汗政府将主要力量集中到了征服和巩固英俄协定确定为其组成部分的所有领土上。国家北部和中部的一些省份只是在 19 世纪末,即英俄协定签订之后,才并入了阿富汗,如位于喀布尔西北部、国家中部的哈扎拉贾特最后于 1893 年才被征服,而努里斯坦则于 1896 年被控制。②这些征服结果极大地改变了阿富汗北方的民族版图。

为了巩固战果,喀布尔积极推行向国家北方迁移普什图族的政策,而空出来的土地则提供给那些在杜兰线边界划定后被迫离开划归英属领土上的普什图人迁居。如 1902 年,阿富汗埃米尔哈比布拉汗把英属印度西北边境省科卡尔部族的普什图人迁往哈扎拉贾特山区定居。③ 又如,在 19 世纪期间,由于来自普什

---

① 普什图问题是每一届喀布尔政府的主要问题之一,始于阿富汗和英属印度边界线杜兰线的确定。该问题,一方面以普什图族占政治优势的阿富汗国家的存在为前提,另一方面则以许许多多最初在英属印度而后在独立国家巴基斯坦领土上生活着的普什图居民的存在为条件。出于在战略上控制重要据点的需要(因为通过这些据点就可以进攻印度),英国人将东部普什图人的领土归并到英属印度,这首先指的是开伯尔山口。

② Ш.扎里波夫:《阿富汗的游牧民和半游牧民》,《阿富汗:历史、经济与文化》汇编,莫斯科 1989 年版,第 119 页。(Зарипов Ш. Кочевники и полукочевники Афганистана. В сб. Афганистан: история, экономика, культура. М. 1989. С. 119.)

③ Л.帖米尔汉诺夫:《东部普什图人》,莫斯科 1987 年版,第 172 页。(Темирханов Л. Восточные пуштуны. М. 1987. С.172.)

图人的压力,哈扎拉人控制的阿富汗中部和北部领土从 15 万平方公里缩小到了 10 万平方公里。① 总而言之,19 世纪末到 20 世纪初,迁移到阿富汗突厥斯坦的普什图族家庭共计有 6.2 万户。② 向北方迁移普什图人事实上是普什图国家在那个时期国家建设唯一的一项方针政策。一方面,这为控制国家北方的少数民族提供了可能,另一方面,这有助于保障从部族国家向民族国家的过渡。移民北方的普什图人处在不友好环境中,他们总体上表现出较之国家南部和东南部的普什图部族更为强烈的对阿富汗普什图国家的忠诚。

我们还可以看出,普什图人在东南部(即英国在普什图人传统领土上建立殖民行政机构的地方)的政治和领土损失,事实上由它在阿富汗北部的领土和政治收益得到补偿。由于上述进程,独立的阿富汗国家最终在今日自己的边界内得以形成。这发生在俄国和英国在地区利益妥协基础上赋予它的独立自主和责任命运范围之内。然而,在这样一种部族组织原则基础上创建的阿富汗国家,客观上使得它成为由普什图族实行国家统治的一个迷你型帝国。这已经不像一个部族国家,而更像一个民族国家。但是,这却为我们这个时代阿富汗冲突的爆发创造了条件,这种冲突使阿富汗国家日后的命运变得疑云重重。

中亚经阿富汗至印度一线历史传统政治关系的终结,可以认为是该地区出现的新地缘状况的重要后果之一。在 19 世纪的殖民征服过程中,中亚和印度地区信仰伊斯兰教和印度教的国家,在失去政治独立后,又丧失了政治主动权。

19 世纪末,中亚地区的政治关系新条件没有给地区传统社会的经济与社会关系造成多大影响。众所周知,无论是英属印度,还是处于俄罗斯帝国监管下的中亚社会,都存在着自治程度很高的附庸国联合体,如英属印度的海得拉巴和克什米尔公国、俄属中亚的布哈拉埃米尔国和希瓦汗国。殖民行政机关一般不干涉中亚和印度传统社会的组织原则。与此相适应,俄罗斯帝国和英帝国的殖民统治也未造成中亚和印度传统社会组织体制的改变。如在中亚、阿富汗和印度北部,都保留着统一的"穆斯林超民族体制"。同样,印度和中亚之间的经贸往来仍然在继续。

随着印度和中亚领土并入欧洲殖民帝国,继而便出现了极大的变化,这涉及了该地区传统社会生活活动的现代化进程。对于中亚和印度社会而言,由于受丧失了政治独立的整体负面影响,俄国和英国的存在使得生活在这些领土上的

---

① Л. 帖米尔汉诺夫:《哈扎拉人》,莫斯科 1972 年版,第 34 页。(Темирханов Л. Хазарейцы. М. 1972. С. 34.)

② Ш. 扎里波夫:《阿富汗的游牧民和半游牧民》,《阿富汗:历史、经济与文化》汇编,莫斯科 1989 年版,第 119 页。(Зарипов Ш. Кочевники и полукочевники Афганистана. В сб. Афганистан: история, экономика, культура. М. 1989. С. 119.)

民族的生活方式发生了重要的结构性变化。

19世纪末,俄罗斯和英国都步入了当时经济最发达的国家行列。自然,在殖民统治过程中,殖民者出于实现其利益的需要,至少,他们要在其所控制的领土上保证自己最低限度必需的基础设施的发展,这将涉及铁路、邮局、电报局和银行等的建设。所有这些新设施首先旨在满足殖民统治需要和实用目的,如奥伦堡一塔什干铁路和外里海铁路的建设就考虑到了俄罗斯帝国的距离和巩固俄罗斯在该地区存在的重要战略意义。

毫无疑问,这些新设施大部分旨在满足殖民统治和生活在殖民地的欧洲居民的需要,并不直接触及该地区的传统社会生活方式,但是在殖民地的传统社会生活中还是出现了一些文明的变化。无论如何,这些变化同中亚和印度在地理空间上存在着这样那样已完成的基础设施和殖民帝国离开后留在那里的那些设施有关系。

例如,英国人为了在英属印度减轻其统治负担而制定的教育制度和基本原则,如今虽已有所改变,但是在当今的巴基斯坦和印度共和国仍然发挥着作用。"还在1835年,马科雷总督就已在印度着手为殖民行政机关培养印度人自己的干部,推行把他们塑造成'有印度人血液和皮肤,有英国人品位、道德和气质'阶层的教育改革。英国人在这方面的积极行动表现在,1857年在印度首批创办了三所大学——加尔各答大学、孟买大学和马德拉斯大学。"①根据1893年杜兰和阿富汗政府签署的协定,东部普什图人占据的领土并入印度西北部,此后这里很快也发生了类似的变化。"1911年,英属印度西北边境省已有学校976所,在校学生3.2万人,医院和诊所80个,印刷厂10个,出版报纸3种。"②1913年,在普什图人主要聚居的西北边境省行政中心白沙瓦,创办了后来改名为白沙瓦大学的伊斯兰专科学校。英国人统治期间,西北边境省和英属印度西部其他省份领土在基础设施、教育和工业发展方面取得的成果,为1947年成立的"新独立国家"巴基斯坦提供了一定的启动保证资本。

因此说,在俄国和英国殖民的领土上,发生了重要的结构性变化。这里修建了铁路、电报所,确立了欧洲教育制度原则,建设了邮局及现代国家不可或缺的其他现代化设施。但是,在独立的阿富汗则是另外一回事。

尽管阿富汗各届政府作出了极大的努力,但是该国终究在传统生活方式的现代化进程中未能取得严格意义上的成果。例如,较之巴基斯坦西北省普什图

① Л. С. 瓦西里耶夫:《东方史》,莫斯科1998年版,第29页。(Васильев Л. С. История Востока. М. 1998. С. 29.)

② Л. 帖米尔汉诺夫:《东部普什图人》,莫斯科1987年版,第150页。(Темирханов Л. Восточные пуштуны. М. 1987. С. 150.)

人当时的状况,1978 年 4 月革命前,阿富汗"1500 万居民中有各级各类学校 4185 所,医院 76 个,医生 1170 名,也就是说在 1 万个居民中有医生 0.77 个"①, 而到了 20 世纪初,独立的阿富汗在教育、交通和基础设施的发展上,已明显落后于英属印度西北边境省领土上的普什图人的发展。顺便提一下,在这一点上起决定性作用的是,英国人离开印度之后,西北边境省的东部普什图上层更倾向于效忠"新独立国家"巴基斯坦。

从某种意义上讲,阿富汗在俄国和英国利益妥协中形成的缓冲地位,一方面为阿富汗保持政治独立提供了可能,另一方面则为这个国家在基础设施方面落后于曾受英俄两帝国统治的邻国留下了伏笔。

然而,必须要指出的是,阿富汗的现代化进程,始终是通过利用外部的大力支持推进的。这是因为,在阿富汗获得缓冲国地位之后,在国内进行国家建设和推进现代化进程的问题就尖锐地摆了出来。首先,这对英国的利益至关重要。事实上,英国在这方面也作了很大的努力。因此,这对于阿富汗国家有效控制重新并入其版图的北方领土显得非常必要。尤其重要的是,这同当时阿富汗人能够实际控制自己国家的北方边界关系密切,要知道正是这条边界将阿富汗同处于俄罗斯帝国势力范围内的中亚领土分割开来。

然而,这里出现了将会对日后形势的发展产生重要影响的严重矛盾。阿富汗在外部力量,包括英国支持下进行的现代化,几乎完全集中在进行统治和实行镇压的国家机器的现代化上。这尤其表现在阿富汗军队的现代化方面,因为这是提高阿富汗作为俄属中亚领地和英属领地之间缓冲国组织水平最简单和最富成效的办法。"英国人很难放弃自己的责任,因为它是当着我(阿富汗埃米尔阿卜杜尔·拉赫曼汗——作者注)的面承担的。保护我国的安全与不受侵犯,因为就其利益而言,阿富汗应该保持自由与强大,以便充当俄罗斯和印度之间的屏障。"②因此,阿富汗在国家统治和镇压机器现代化上不遗余力的努力,注定了它的总体落后。

例如,这位阿卜杜尔·拉赫曼在自传中就是这样解释阿富汗拒绝修建铁路的必要性的。"我常常暗自思考,在铁路的帮助下,把军队从一个地方运到另一个地方会更加便捷。但是,我坚持建议我的儿子们和继承者们牢记,如今的大部

---

① Л. Б. 阿里斯托娃:《阿富汗的社会基础设施(70 年代末期到 80 年代中期的卫生与教育体制)》, 《阿富汗:历史、经济、文化》汇编,莫斯科 1989 年版,第 100 – 101 页。(Аристова Л. Б. Социальная инфраструктура Афганистана. В сб. Афганистан: история, экономика, культура. М. 1989. С. 100 – 101.)

② 援引自 С. 舒莫夫、A. 安德烈耶夫:《阿富汗史》,莫斯科 2002 年版,第 120 页。(Цит. по: С. Шумов. А. Андреев. История Афганистана. М. 2002. С. 120.)

分国家不是通过法律而是通过力量来进行统治的。可是,由于阿富汗的武装力量不足以同强大的攻击力量相对抗,所以在我国铺设铁路也许就显得有点愚蠢。"①在此我们可以看到,这位埃米尔有把军队(国家统治机器的一部分)的现代化问题置于整个社会的现代化问题之上的明显意图。

俄罗斯革命与新"博弈"的开始

1917年10月,俄罗斯国内爆发革命,继而俄罗斯帝国崩溃,阿富汗周边形势遂发生了急剧改变。其后果是,所有地区(阿富汗是这些地区的中心之一)已形成的关系体系和利益平衡遭到了破坏。俄罗斯和英国在整个19世纪和20世纪初进行地缘政治竞争的关键主体之一,从该地区的政治版图上消失了。我们发现,阿富汗国家有机会在其现代边境内得以形成,正是由于有这种竞争的存在。1917年之后,在阿富汗和伊朗以北的前俄罗斯势力范围内,出现了政治权力真空。俄罗斯这样一个在中亚争夺势力范围的主要竞争者的消失,对于英国而言前景似乎一片大好。一方面,伦敦不必再为来自北方进攻自己殖民地印度的潜在威胁而担忧;另一方面,在俄罗斯帝国坍塌后,这为伦敦填补该地区地缘政治版图上形成的真空创造了独一无二的机会。

伦敦绝不会错过这一有利形势。何况,英国提出了反对执掌俄罗斯政权的新生政治力量布尔什维克的根本任务,这促使它在前俄罗斯帝国领土上推行积极的政策。这其中最典型的例证有,派遣远征军登陆巴库,在今天土库曼斯坦领土上创建受英国保护的外里海共和国及其他事件等等。

与此同时,英国还对伊朗和阿富汗采取了行动。昔日处于英俄势力范围之间的前缓冲国,以各自不同的方式体验了俄罗斯帝国的消失。伊朗的情况更为沉重。"1919年8月9日,伊朗政府沃苏格杜拉签署了《促进波斯进步与安宁的英国援助》协议,协议实际上将伊朗的国家地位降低到了受英国保护的境地。协议规定,英国向波斯国家机关各部门派遣顾问并组建改组其武装力量、修筑公路和铁路、修订税率以便单方面降低国家进口英国货物关税的混合委员会。"②尽管伊朗国会从未批准这样一个协定,但是该协定的目的就是建立英国对伊朗的控制,通过它填补俄罗斯帝国崩溃后该国出现的真空,同时让俄罗斯的军队和

---

① 援引自 C. 舒莫夫、A. 安德烈耶夫:《阿富汗史》,莫斯科2002年版,第120页。(Цит. по: C. Шумов. А. Андреев. История Афганистана. М. 2002. С. 120.)

② В. Л. 赫尼斯:《红色波斯:吉朗的布尔什维克》,莫斯科2000年版,第57页。(Генис В. Л. Красная Персия. Большевики в Гиляне. М. 2000. С.57.)

顾问退出伊朗领土。[①]

阿富汗局势给英国带来了很多麻烦。1919 年,埃米尔阿曼努拉汗在阿富汗掌权。同年,印阿边界爆发了阿富汗人和英国军队的武装冲突。"可以确信,俄罗斯苏维埃联邦社会主义共和国没有利用英阿纠葛作出有损阿富汗的领土占领,它努力表现出穆斯林眼中的哈里发保护者角色,阿曼努拉汗顺应高层宗教界和独立部族的情绪,展开了反对英国人的行动。"[②]尽管英国人取得了军事胜利,但是英阿关系却发生了重大改变。其中,喀布尔拒绝了英属印度政府提供给他及其前任的长期资助。[③] 因此,俄罗斯帝国从亚洲政治版图上的消失,对继续留守亚洲的最大博弈者英国的利益造成了各种各样的重要后果。

1919 年,伦敦成功替换了俄罗斯在伊朗大部分领土上的原有势力,确立了自己的影响。另一方面,由于 1919 年的英阿战争,伦敦同喀布尔原先业已形成的关系体系遭到了破坏。然而,对于英国来说,同阿富汗的这种新关系总体上还是可以接受的,因为其北方已不存在强有力的对手俄罗斯;否则的话,俄罗斯就会利用英阿关系中的变局做手脚。

然而,1920 年的时候,苏俄已经以一种新姿态返回了俄罗斯帝国在亚洲昔日势力范围的边界。非但如此,俄罗斯革命的新领导明确表示出了跨越昔日俄罗斯势力范围的意图。1920 年 5 月 18 日,苏维埃陆战队占领了英国在伊朗北部城市恩泽利港的海军基地。同年 8 月 29 日,苏维埃军队掀起了反对先前依附于俄罗斯帝国的布哈拉埃米尔的行动。对英国来说,上述事件意味着,在全新基础上同利用革命运动思想和实践的苏俄恢复了在亚洲对抗的新阶段。因此说,再次出现了对英属印度领地的威胁。

对新苏维埃俄罗斯领导人来说,同英国在亚洲的对抗具有特别意义。例如,1920 年东方国际宣传委员会主席 Л. 赫列尔写道:"无论苏俄和英国之间的谈判处于什么状态,同协约国签订临时协定、休战的意图并不要求我们停止在东方——这块英帝国主义敏感的后方的革命活动。必须考虑到的是,在亚洲我们面前有一个印度前线,确切地说,有一个反英前线,这条前线从阿印边界穿过波

---

① 根据 1907 年 8 月 18 日的俄英协定,波斯北部超过哈马丹纬线的地区划归俄罗斯势力范围。再往南则进入中央地带,从设拉子开始便是英国的势力范围。这样,俄罗斯控制着伊朗的阿塞拜疆、吉朗、马赞德兰诸省、德黑兰周边地区和麦什德。资料来源:П. 斯特列里亚诺夫:《名不见经传的远征》,莫斯科 2001 年版,第 6 页。

② В. М. 基林森:《1920 年代至 1930 年代初的中亚起义和苏阿关系》,《东方》,2002 年第 2 期,第 57 页。(Гиленсен В. М. Постанческое движение в Средней Азии и советско-афганские отношения в 1920-е – начале 1930-х годов. Восток[Orients]. 2002. № 2. С. 57.)

③ 援引自 В. Л. 赫尼斯:《红色波斯》,第 269 页。(Цит. По: Генис В. Л. Красная Персия. С. 269.)

斯直达安纳托利亚,在这三个地方我们应该打击或支持打击。"①非常明显,苏维埃俄国对于在东方的进一步行动至少存在两种观点。

第一种观点,可以有条件地称之为革命浪漫主义,它源于在亚洲领土上继续进行世界革命的必要。同时还有另外一种观点,那就是必须利用东方革命运动的扩展对英国施压以示威胁,迫使它承认苏维埃俄国。1920 年 9 月 3 日,列夫·托洛茨基在致契切林的电报中称:"直到当权的英国同我们展开斗争时为止,亚洲所有的反革命因素都聚集到了与我们相邻的亚洲国家,因此迫使我们作出反击,尽管我们的愿望是集中一切力量在今日苏维埃联邦境内完成经济建设任务。只有英国政府完全停止反对我们的侵略政策才能为我们创造一个我们不再违心地被迫在亚洲推进的环境。"②在这段引文中明确地提出了苏维埃俄国在亚洲停止支持革命运动的条件。

实际上,托洛茨基宣布,在英国现有的保障情况下,苏维埃俄国做好了留在前俄罗斯帝国亚洲边界的准备。自然,可以确定,新俄罗斯极力想同英国确立条约关系。而这意味着,莫斯科准备恢复 1917 年前英帝国和俄罗斯帝国在亚洲业已存在的关系体系。尽管苏维埃领导内部上述两种观点之间的斗争延续了相当长的时间,但是到 1920 年时已经很明确,苏维埃俄国原则上准备留在亚洲。

创建于伊朗吉朗省的波斯苏维埃社会主义共和国可以看做是苏维埃领导内部两种倾向斗争最好的例证。1920 年,伊朗北部"成立了革命军事委员会,组建了被称为人民委员会的临时革命政府,创建了波斯红军,换言之,就是翻版了整个苏俄政权的组织机构"③。6 月 6 日,波斯红军各部完全接收了 5 月份登陆恩泽利港的苏俄陆战队。④ 6 月 22—24 日,伊朗共产党第一届代表大会在恩泽利港召开。大会通过一项决议,决议称:"这一时期我们的口号是,同英帝国主义、沙赫政府及一切支持他的人进行斗争。"⑤与伊朗事件同时,苏俄也做好了向中亚布哈拉埃米尔的进攻准备。

当时,一些地方领导对苏俄在东方的行动持非常激进的态度。这首先指的是旗帜鲜明支持伊朗吉朗共和国的阿塞拜疆领导以及以塔什干为中心的突厥斯坦共和国的领导。"这些地方党员领导作风谨慎,胸襟坦白,因为他们既参加战

---

①　援引自 В. Л. 赫尼斯:《红色波斯》,第 57 页。〔Цит. По: Генис В. Л. Красная Персия. С. 57.〕

②　В. Л. 赫尼斯:"布哈拉必须完结……"《论独有虚名的革命史》,莫斯科 2001 年版,第 20 页。〔Генис В. Л.《С Бухарой надо кончать...》. К истории бутафорских революций. М. 2001. С.20.〕

③　Л. 斯克里亚洛夫:《为什么苏维埃向吉朗"输出"革命的尝试遭到了失败》,《今日亚非》,1997 年第 12 期,第 45 页。〔Скляров Л. Почему провалилась советская попытка《экспорта》революции в Гилян. Азия и Африка сегодня. 1997. No 12. С. 45.〕

④　В. Л. 赫尼斯:《红色波斯》,第 102 页。〔Генис В. Л. Красная Персия. С. 102.〕

⑤　В. Л. 赫尼斯:《红色波斯》,第 127 页。〔Генис В. Л. Красная Персия. С. 127.〕

斗,又能成功应付包括国际问题在内的所有问题,作出各种让人心服口服的有力决定,同时还拥有通过输出革命造福人类的能力。"①当时,就在这些地方领导人做好一切准备于 1920 年 5 月 31 日在亚洲采取激进行动的情况下,苏维埃俄国和英国之间的谈判在伦敦开始了。

莫斯科和伦敦之间的谈判对于年轻的苏维埃俄国具有极其重要的意义。谈判使苏俄突破了国际社会的经济封锁并获得了对它的外交承认。而且,英国人可直接利用取消对俄罗斯苏维埃联邦社会主义共和国的经济封锁而让莫斯科正式承担放弃反对波斯沙赫的军事行动、放弃对土耳其凯末尔主义者的支持,以及在小亚、阿富汗和印度放弃一切"播种暴乱"的义务。② 然而,无论是在巴库还是在塔什干,人们就根本不想关注莫斯科和伦敦外交交易的枯燥辞令,而是迫不及待地想让外高加索各共和国苏维埃化,并立马用刺刀去"探索"埃米尔布哈拉和沙赫波斯,布尔什维克浪漫主义者已经在其外围看见了他们渴望已久的目标——受英国人奴役的拥有千千万万人的印度。③ 伦敦的谈判艰苦而漫长。莫斯科常常不得不在同英国签订协议的必要性和在亚洲输出革命的战略方针之间作出平衡。

1920 年,阿富汗同样发生了两种观点的斗争。"陆军部部长纳第尔汗领导部分内阁,反对同英国人谈判,坚持尽快同苏俄签订条约,继续推行依靠苏维埃援助在边界地带积极反对英国的政策。外交部部长塔尔兹则认为,同苏维埃俄国关系太过紧密会对阿富汗的独立造成威胁。"④然而,埃米尔阿曼努拉汗则支持同苏俄建立军事同盟反对英国的观点。1920 年 3 月 27 日,阿曼努拉汗同苏维埃代表苏利兹举行了会晤,他向后者正式宣布:"喀布尔准备支持印度的革命运动并在印阿边界开展反对英国人的秘密军事行动。"⑤对革命浪漫主义支持者来说,这一点非常有诱惑力。

在苏俄领导中,对选择什么样的行动路线,意见不统一。6 月 20 日,外交部人民委员契切林给伦敦谈判代表团团长克拉辛致函说:"大家非常清楚,东方革

①　В. Л. 赫尼斯:"布哈拉必须完结⋯⋯"《论独有虚名的革命史》,莫斯科 2001 年版,第 16 页。(Генис В. Л. 《С Бухарой надо кончать...》. С. 16.)

②　В. Л. 赫尼斯:《红色波斯》,第 82 页。(Генис В. Л. Красная Персия. С. 82.)

③　В. Л. 赫尼斯:"布哈拉必须完结⋯⋯"第 17 页。(Генис В. Л. 《С Бухарой надо кончать...》. С. 17.)

④　С. Б. 帕宁:《1919—1921 年大国在阿富汗的外交斗争》,《印度和阿富汗历史与历史文献集》,莫斯科 2000 年版,第 298 页。(Панин С. Б. Дипломатическая борьба держав в Афганистане, 1919—1921 гг. В сб. Страницы истории и историографии Индии и Афганистана. М. 2000. С.298.)

⑤　С. Б. 帕宁:《1919—1921 年大国在阿富汗的外交斗争》,《印度和阿富汗历史与历史文献集》,莫斯科 2000 年版,第 300 页。(Панин С. Б. Дипломатическая борьба держав в Афганистане, 1919—1921 гг. В сб. Страницы истории и историографии Индии и Афганистана. М. 2000. С.300.)

命的急剧高涨使得协定对英国和我们同样必要。"①然而,6月30日,伦敦却提出了最后一个严正问题:"苏俄是否准备好签订商约的条件是,其政府放弃通过军事行动解决问题的一切形式的尝试,或者放弃宣传鼓动亚洲人民走向一切形式的旨在反对英国利益或反对英帝国的敌对行动。"②否则,伦敦威胁将停止谈判。7月7日,莫斯科接受了伦敦的条件。就这样,苏维埃俄国同英国通过了达成协议的战略性决定。

1920年9月20日,莫斯科召开了有列宁、托洛茨基、斯大林、季诺维耶夫、加米涅夫和布哈林等参加的俄共(布)中央委员会全体会议,会上决定收缩苏军在伊朗的军事行动并着手同伊朗沙赫政府谈判。此时,布哈拉埃米尔国已被彻底消灭。1921年2月26日,俄罗斯苏维埃联邦社会主义共和国同伊朗在莫斯科签署了条约。两天后,即2月28日,苏俄同样在莫斯科同阿富汗签订了条约。③ 从上述所有的情况判断,苏俄就这样完成了英国给它提出的条件。伦敦想通过同莫斯科签订协议获得保证,而为达此目的就必须将苏维埃俄国用国际条约体系束缚住。

同阿富汗和伊朗确立法律关系之后,苏维埃俄国向英国提出了承认它作为1917年革命前俄罗斯帝国所控制领土边界以内中亚地区继承人的理由。因此,在这种条件下,伊朗和阿富汗再次获得了苏俄和英国在亚洲领地之间缓冲国的地位。1921年3月16日,莫斯科完成上述所有条件后,和英国签署了临时商约。显然,苏维埃俄国同伊朗和阿富汗签订条约同英苏签署商约密切相关。

然而,伊朗国会提出了批准条约的条件,那就是苏军必须撤出恩泽利港和拉什特。尽管莫斯科准备从伊朗撤军,但是,1921年4月10日阿塞拜疆共产党中央委员会领导在巴库召开了一次有奥尔忠尼启则和纳利玛诺夫参加的会议,他们在会上宣布已做好准备支持吉朗共和国。尽管莫斯科予以禁止,但是苏维埃军舰仍然从阿塞拜疆向伊朗输送了军队和武器。1921年6月1日,在阿塞拜疆苏维埃派出的各部分军队的支持下,吉朗共和国领导人艾赫萨努拉汗开始向德黑兰发起第二次进攻。艾赫萨努拉汗军队指挥名单的构成非常有趣。"军队总指挥叫萨阿德杜拉,其助手穆古耶夫同志,斯密尔诺夫、叶里谢耶夫、杜勃林斯基、沙赫塔赫丁斯基担任部队指挥。"④这明显破坏了同伊朗签订的协议。为了缓和局势,政治局在契切林的坚持下,通过了一项关于迫使阿塞拜疆共和国当局

---

① В. Л. 赫尼斯:《红色波斯》,第84页。(Генис В. Л. Красная Персия. С. 84.)

② В. Л. 赫尼斯:《红色波斯》,第84页。(Генис В. Л. Красная Персия. С. 84.)

③ Л. Б. 帖普林斯基:《苏阿关系史》,莫斯科1988年版,第380页。(Теплинский Л. Б. История советско-афганских отношений. М. 1988. С. 380.)

④ В. Л. 赫尼斯:《红色波斯》,第395页。(Генис В. Л. Красная Персия. С. 395.)

正式驳斥帮助吉朗起义者事实的决议。① 总之,艾赫萨努拉汗的进攻以彻底失败而告终,1921 年 11 月,沙赫军队占领了吉朗省。

因此说,随着苏维埃俄国于 1920 年返回中亚,以及苏维埃军队开赴到前帝俄南部边界,该地区事实上也就恢复了 1917 年俄罗斯革命前的力量平衡状态。苏维埃俄国在俄罗斯帝国原有的地区地缘政治版图上确定了下来,同昔日帝国一样,它将在这里同英殖民帝国展开利益抗衡。

因此,随着苏维埃俄国同伊朗、阿富汗和英国条约的签署,事实上也就恢复了中亚地区的地缘政治平衡。苏阿条约的签署同时也意味着已取得胜利的苏维埃俄国向外推进世界社会主义改造新思想的外部边界。这当然也意味着,英属印度处于不受苏维埃影响的相对安全的状况之下,因为这中间还有一个充当缓冲国的阿富汗。所以说,阿富汗在 20 年代初就已经恢复了自己作为英帝国和已经由苏维埃俄国控制的领土之间的缓冲地位。

这里需要指出的是,苏维埃俄国是俄罗斯帝国的合理延续。随着革命浪漫主义时代的结束,俄罗斯苏维埃的帝国开端便得到了加强。苏维埃俄国常常被看做是俄罗斯帝国事业的继承者。这一点使得许多旧政治上层的代表人物容忍了布尔什维克。例如,1920 年原沙皇将军斯涅萨列夫在苏维埃俄国给他们作了演讲,他在演讲中直截了当地指出:“当然,我指的是,只要同印度有发生战争的可能或条件⋯⋯我总结,单从英国人可能向突厥斯坦推进的角度出发,也就是说从我们保卫突厥斯坦免受英国入侵的角度出发,研究中东是没有意义的。应该从可能会出现针对印度的大规模军事行动的角度来审视这些国家。基于此,我将在有可能向印度发动大规模军事行动的可能背景下,尽管也许很远,考察中东国家。”②

初一看,中亚并未发生什么变化。20 年代,就像 1917 年前一样,独立的阿富汗仍然把苏俄和英国两个“帝国”的势力范围分隔开来。然而,与此同时,也出现了同 1917 年俄罗斯革命前的类似状况很大的差别。

这种差别主要表现在,苏维埃俄国领导人开始对中亚传统的社会组织体系展开了社会改造。必须指出的是,同俄罗斯帝国不同,苏维埃俄国摒弃了对中亚社会生活超组织管理的原则,开始尝试对苏维埃中亚的生活原则进行干涉并实行基本改造。这一点激起了当地居民的激烈反抗。苏维埃中亚传统社会对那种试图改变其内部关系体系特征而实现现代化的反抗运动(巴斯马奇运动)一直持续到了 20 世纪 30 年代初,苏维埃俄国为镇压这种反抗付出了巨大的努力。

---

① В. Л. 赫尼斯:《红色波斯》,第 399 页。(Генис В. Л. Красная Персия. С. 399.)

② А. Е. 斯涅萨列夫:《阿富汗新史》,第 28 页。(Снесарев А. Е. Ука. Соч. С. 28.)

"占优势地位的传统社会对强制摧毁传统生活方式和价值体系、对制度上富于战斗性的无神论思想、对'战时共产主义'政策的总的反应是巴斯马奇运动的主要动力。"①中亚开展反抗运动的结果之一是,大量的乌兹别克人、塔吉克人和土库曼人被迫离开家乡迁居邻国阿富汗领土。

苏维埃政权在昔日帝俄中亚边境范围内的最终巩固,对该地区的命运还带来了其他方面的重要影响。首先一点是,莫斯科对中亚传统穆斯林社会制度关系性质的改造,要求它必须集中力量对当地居民中出现的反抗实行直接镇压。

从中亚逃往阿富汗的大量难民总是选择适当的时机向边境地区实施武力打击,因此,莫斯科能否保证对苏阿边境施行有效控制,就成为它对中亚传统社会进行社会主义改造试验的一个重要条件。同阿富汗和伊朗接壤的苏联南部边界,逐渐成为决定苏维埃中亚归属全苏统一体系的一个重要因素。

为了对中亚社会、政治和经济活动等诸多领域成功实行大规模改造,因此使得限制苏维埃中亚同相邻的穆斯林国家(伊朗和阿富汗)之间可能存在的最低限度的联系便显得极为合理。因此,在这种情况下,对该地区传统社会的经济、社会和文化联系采取了极端限制方式。在整个苏联时代,阿富汗和苏联在经济、政治与文化等等有利于相互合作和保持地区安全稳定的国家关系方面,保持了紧密的联系。但是,阿富汗、伊朗和苏维埃中亚的传统社会事实上并没有参加这种交流。

也就是说,苏联领导在苏维埃中亚社会生活方面进行的激进的现代化尝试,导致了中亚至印度一线传统社会在政治、经济、社会和文化联系方面的全面终结。苏联同阿富汗和伊朗之间的边界关闭了几十年,所有的交流和来往都停止了,直至苏联解体才得以恢复。这也就决定了中亚新独立国家在苏联解体的时候整体有别于外部的传统穆斯林社会。

英帝国的崩溃

该地区发生下述全球性震荡同 1947 年英国人离开印度紧密相连。最后,苏联成为该地区唯一能对阿富汗局势产生影响的现实力量。与此相关,阿富汗的地位也发生了变化。1917 年革命前,阿富汗是隔离英国和俄罗斯利益的缓冲地带。苏联确立了它在中亚帝俄继承者的地位之后,阿富汗还额外具有了使苏联边境免受外界影响的安全地带的功能。1947 年,巴基斯坦伊斯兰国家和印度共

---

① A.普拉扎乌斯卡斯:《从俄罗斯帝国到苏维埃社会主义共和国联盟》,《欧亚通报》,1996 年第 1 (2)期,第 127 页。[Празаускас А. От Российской империи к Союзу ССР. Вестник Евразии. 1996. № 1 (2). С. 127.]

和国在前英属印度领土上确立,因此终止了阿富汗作为两个"帝国"势力范围之间缓冲带的角色。但是,这却加强了阿富汗作为苏联缓冲带的角色功能,从而可以使苏联南部边境免遭不受欢迎的外界的影响。

另外,英国离开该地区,使苏联成为可以对阿富汗斗争施加影响的唯一可能的参与者。在英属印度和阿富汗分界的杜兰线以外,出现了一个"新独立国家"巴基斯坦。巴基斯坦的创建是蒙巴顿方案对英属印度进行分治的结果,以穆斯林为主的这块英国殖民地便是它的组成部分。在英属印度分治过程中,印度教教徒和穆斯林宗教团体利益之间的冲突,导致新成立的两个国家——印度和巴基斯坦之间关系的尖锐化,以至于发展成为一系列的军事冲突。在该地区殖民附属国摆脱英国统治之后的很长一段时期内,印巴冲突便成为南亚新地缘政治现实的主要成分。

巴基斯坦独立的第一阶段主要由东西两部分组成,印度共和国领土将它们从中间分割开来。巴基斯坦按这种状况一直持续到1971年,因印巴频频爆发战争,加之孟加拉当地居民发动起义,从而在东巴基斯坦领土上又创建了一个"新独立国家"孟加拉国。

随着英国离开印度和独立国家巴基斯坦成立,喀布尔官方遂有了对阿富汗和昔日英属印度边界,即所谓"杜兰线"提出质疑的机会。至少,英帝国离开印度给杜兰线这个殖民时代遗产的法律地位提出了质疑。何况,同阿富汗相邻的前英属印度西北边境省,也就是新独立国家巴基斯坦西北边境省的居民主要是由普什图族构成的。众所周知,阿富汗政治上层始终不同意在英帝国压力下产生的这条把诸多普什图部族划分到阿富汗境外的边界线。另外,19世纪末到20世纪初,喀布尔官方一直保持着同英属印度普什图人的紧密联系,并常常给他们发动反英起义提供援助。例如,"1902年,阿富汗军队参加了英属印度西北边境省普什图瓦齐尔部族的反英战斗"①。英国人的离去给喀布尔一个试图收回昔日沦丧的普什图居民居住的领土的绝好机会。

然而,阿富汗未能很好利用这一成熟的形势。普什图人的领土仍然留在了巴基斯坦。那么,为什么喀布尔未能仰仗前英属印度的普什图人使阿富汗国家得到巩固呢?主要原因在于,在西北边境省的普什图领土作为英属印度的一个组成部分期间,其领土上发生了严格意义上的结构性变化。这些变化的结果之一是,新的政治上层得以形成,他们都是英属印度传统社会现代化进程发展的产物。原印度政治组织穆斯林联盟的成员成为新独立国家巴基斯坦的政治上层,

① Л.帖米尔汉诺夫:《东部普什图人》,莫斯科1987年版,第160页。(Темирханов Л. Восточные пуштуны. М. 1987. С.160.)

该联盟有明确的关于新国家发展的方针和组织原则。

还在 1940 年,即巴基斯坦获得独立前 7 年的时候,穆斯林联盟就正式建议把印度划分为两个国家——印度教国家和穆斯林国家。① 1947 年,印度和巴基斯坦两个独立国家分别在内部社会统一的标志下创建了起来。英属印度的两个基本社会——印度教社会和穆斯林社会,彼此相互对抗,甚至发生激烈的社会冲突。自然,印度和巴基斯坦两个新独立国家的政治上层,都希望为各自所有的印度教教徒和所有的穆斯林提供好处,而无论其民族属性或居住在海德拉巴、克什米尔或奥德公国之类的半独立历史国家联合体。

在英属印度的分割过程中,两个社会的冲突持续不断,但是,在英国人建立的印度统一体系范围内,仍然保存着他们在教育、自治和基础设施等方面实施的革新成果。例如,在巴基斯坦直接保留了英属印度时代的行政管理制度、社会组织与管理制度的基本原则。当时的西巴基斯坦由四省——旁遮普、信德、俾路支和西北边境省组成。对于在为英属印度全体穆斯林社会创建国家制度的原则基础上建立的新国家的政治上层来说,不存在领土的可能让与问题,尤其是在同印度为了克什米尔公国的归属而发生激烈领土冲突的形势下。

穆斯林联盟代表了所有居住在英属印度领土上的穆斯林(其中包括西北边境省的普什图人)的利益。因此,英属印度的外部界限,在新巴基斯坦政治上层眼里获得了额外的合法性,因为它们被看做是英帝国留给新的联合体——巴基斯坦国家的政治遗产。

在这样一种条件下,前英属印度西北边境省的普什图人本身的立场便具有关键的作用。如果巴基斯坦的普什图人愿意返回阿富汗的话,那么同英属印度分治相联系的 1947 年事件完全有可能按另一种情形发展。但是,由于西北边境省的普什图人长期生活在英属印度社会经济和政治制度之下,因此,不难想象,东部的普什图人在制度上肯定有别于居住在阿富汗的普什图人。

必须要指出的是,英国人离开英属印度之后,留下了现代化的工业基础、相当发达的基础设施、教育制度、民主代议制基础、正规军、行政建制和管理制度等。另外,还留下了“铁路建设和初级工业基础设施——银行网络、通信企业、大型农业企业等建设——促进了许许多多民族工业企业的产生”②。诞生于英属印度变化中的西北边境省的政治和经济上层,更多地倾向于适合当时新独立的巴基斯坦国家的现代社会组织原则,而不愿意投靠仍然停留在 20 世纪 40 年

---

① Л. С. 瓦西里耶夫:《东方史》,莫斯科 1998 年版,第 2 卷,第 40 页。(Васильев Л. С. История Востока. М. 1998. Т. 2. С. 40.)

② Л. С. 瓦西里耶夫:《东方史》,莫斯科 1998 年版,第 32 页。(Васильев Л. С. История Востока. М. 1998. С. 32.)

代保持着自己缓冲地位的古老的阿富汗君主制国家。

　　因此说,1947 年新国家巴基斯坦对西北边境省的东部普什图部族上层的吸引力,毫无疑问要大于阿富汗。普什图人上层更多地倾向于旁遮普和信德等发达的中心城市,而不是喀布尔和贾拉拉巴德。原则上讲,普什图部族脱离国家而自治的程度始终很高,但是 20 世纪 40 年代末独立的阿富汗却未能给东部普什图人尝试改变原英属印度边境内部传统关系体系的途径。除此之外,东部普什图人还积极参与了英属印度分治过程中的政治进程。例如,东部普什图人在克什米尔冲突之始就发挥了重要的作用。克什米尔主要居住着穆斯林,在这里的印度拉贾(土王、王公)请求把斯利那加公国并入印度共和国的情况明朗之后,普什图拉什卡尔(义勇军)于是开始积极攻打该公国首都。后来,这场冲突演变成第一次印巴战争。

　　不管怎么说,阿富汗和巴基斯坦之间的边界线,即杜兰线仍然保持未变。巴基斯坦的普什图人构成了该国的军政上层显要。20 世纪 60 年代,巴基斯坦总统就是一位普什图将军阿尤布汗。然而,对喀布尔和阿富汗的普什图政治上层来说,在英国人离开之后,巴基斯坦和阿富汗之间的边界走向问题便成为主要的对外关系问题。事实上,这就决定了巴基斯坦和阿富汗在利益关系上将保持长久冲突。

　　英帝国的垮台以及新独立国家印度和巴基斯坦的成立,急剧地改变了该地区的地缘政治形势。对苏联来说,昔日对手英国离开印度意味着,实际上可以把前英属印度领土上出现新独立国家这一事实运用到现有的地区关系体系中去。在莫斯科政策中,阿富汗的地位没有发生任何改变。阿富汗同以前一样保持着自己的缓冲地位,那就是使苏联免受可能来自外界的影响。1947 年英国离开这一地区之后,莫斯科在阿富汗的影响才得到加强。

　　这样,由于缺乏对这种竞争的现实觊觎者,苏联领导人无须担心为了向阿富汗地缘政治施加影响而斗争。况且,阿富汗和新成立国巴基斯坦之间因边界走向问题还存在着利益上的明显冲突,这就使人有理由认为,占据着阿富汗东南以远英属印度领土的巴基斯坦,不会单独去把玩可能会威胁到苏联在该地区利益的那种政治游戏。

　　另外,已经开始的印巴冲突,使人有理由相信,未来巴基斯坦的一切利益将服从于同印度争霸的全局任务。所以,巴基斯坦客观上对自己同阿富汗接壤的西北边境省形势的尖锐化不感兴趣。因此说,形势对苏联利益越来越有利。所以,目前只要保持莫斯科在阿富汗的影响并建立同印度的关系就足够了。这将给苏联在中亚和南亚地区的安全体系附加额外的安全系数。

　　随着巴基斯坦和印度的建立以及这两个国家武装冲突的开始,这一地区还形成了一条封闭的边界。巴基斯坦和印度之间的对抗方针实际上彻底终止了这两个新成立国家之间在经济、社会和文化上的联系。这一地区形成了三个彼此彻底隔绝的地带,这些隔绝地带的社会之间缺少任何相互联系和制度联系。苏维埃中亚与阿富汗彻底隔绝,同样,巴基斯坦与印度共和国完全隔离。

20世纪中期的现实,在相当长的一段时间内,阻断了中亚地区和印度之间几千年以来一直存在着的历史联系和交流。

英帝国崩溃之后,从地缘政治力量配置的观点看,巴基斯坦处于最为不利的地位。历史上,该国位于中亚和南亚之间联系与交流的通道最中心。因此,业已形成的这种地缘政治死角对巴基斯坦最为不利,而它就处于同印度对峙以及同阿富汗和苏联复杂关系开始后的这种死角当中。造成巴基斯坦形势复杂的另外一种情况是,英国人离开这一地区之后,英帝国保证地区力量平衡的位置实际上已被印度共和国占据。印度和苏联的紧密关系以及苏联在阿富汗的影响,成为20世纪40年代末到70年代中期该地区地缘政治新秩序的基础。

在这种情况下,无论是同苏维埃中亚地区相比,还是同新独立国家印度和巴基斯坦相比,阿富汗总体上仍然十分落后,而且这种落后还在不断加强。阿富汗的一贯状况是苏联安全体系的重要因素,而阿富汗这种一贯的状况又注定了这个国家始终将保持总体的落后。

然而,在冷战时期两个世界体系大规模对峙的情况下,穆斯林世界逐渐发生了深刻的结构变化。后来,这些变化被称之为"伊斯兰热"。事实上,传统穆斯林社会加速生活现代化的进程在各个时期不断取得成绩,这导致穆斯林世界诸多国家影响力的增强。每个具体的穆斯林国家的传统上层对社会全面进步的必要条件,即现代化的要求,有了明显的提高。20世纪70年代,在各种不同形势的作用下,这种进程把不同国家,包括阿富汗这样一些位于穆斯林世界外围的国家纳入了自己的轨道。因此,这对苏联南线安全体系及该地区国家的命运产生了极大的影响。

第二章　伊斯兰社会的现代化进程

伊斯兰社会的世俗与宗教原则

在伊斯兰社团的演进过程中,常常在世俗与宗教原则之间寻求妥协以对其进行管理。众所周知,与基督教不同,伊斯兰教没有教阶,与此相应,在社会管理中也就不存在明显的世俗与宗教功能的划分。最初,伊斯兰社团(乌玛)领袖同时履行着世俗领袖与精神导师两种社会管理职能。"因为伊斯兰教强化了中央集权国家建立的事实并反映了把单个部落合并为一个完整统一体(国家和宗教社会,即乌玛在最初阶段是相吻合的)的趋势,因此政教合一是伊斯兰教与生俱来的。"①在伊斯兰社团统治中,首先给世俗原则优先地位的王朝就是倭玛亚王朝②。其反对者认为,倭玛亚王朝企图在新哈里发国家建立世俗(君主)政权并以此反对穆斯林社团组织原则。"众所周知,哈里发(或神权国家)是伊斯兰教的基石之一,它是集教权(伊玛目)和政权(埃米尔)于宗教领袖一身的国家,在倭玛亚王朝时期,它只是在理论上存在而已。"③推翻它们的阿拔斯王朝正式将世俗与宗教统治功能集中到自己手中。然而,在伊斯兰教传播空间不断扩展的过程中,尤其是在那些早已具有国家建设传统的民族,如伊朗人、埃及人和中亚民族中,其统治功能明显复杂化了。因此,在伊斯兰地区建设国家的客观必然性和在传统伊斯兰社团进行统治的两重性之间寻求妥协,便是司空见惯的事。在

---

① 《东方国家现代政治中的伊斯兰教》,莫斯科 1986 年版,第 7 页。(Ислам в современной политике стран Востока. М. 1986. С. 7.)

② 阿拉伯民族的辉煌始于公元 612 年先知穆罕默德创建伊斯兰教。穆罕默德建立了以圣城麦加和麦地那为中心的第一个伊斯兰神权国家;继此之后,阿拉伯帝国击败拜占庭帝国。倭玛亚部族于公元 661 年建立起以大马士革为首都的倭玛亚王朝,即我国史籍所称"白衣大食",伊斯兰世界的政治、经济、文化中心遂转到大马士革。公元 749 年,我国史书所称"黑衣大食"的阿拔斯王朝取代了倭玛亚王朝,迁都巴格达,伊斯兰统治中心再次转移——译者注。

③ К. З. 阿什拉弗扬:《中世纪印度穆斯林国家的伊斯兰教法与权力》,《东方》,1995 年第 1 期,第 75 页。(Ашрафян К. З. Шариат и власть в мусульманских государствах средневековой Индии. Восток [Orients]. 1995. No 1. С. 75.)

穆斯林国家的每个具体历史事件中,解决这种矛盾的方式各不相同。然而,在阿拔斯王朝时期,穆斯林国家所奠定的世俗政权传统,迄今仍然以这种或那种形式存在着。例如,在奥斯曼统治时期,苏丹既是大帝国的世俗统治者,又是所有穆斯林的宗教领袖,他享有巴格达哈里发、阿拔斯王朝首批继承者的封号。

在某些国家,执政上层迄今仍然一直在沿用通过世俗与宗教相结合原则治理穆斯林国家的思想。最鲜明的例证就是波斯湾的国家君主体制。沙特阿拉伯国王法赫德不仅是圣地麦加和麦地那的保护者,事实上他同时还享有治理国家的世俗与宗教职能。

但是,随着国家建设要求的不断提高,伊斯兰国家无疑也出现了世俗与宗教统治功能的某些分化。如果说在先知穆罕默德和前几任哈里发时期的伊斯兰社团(乌玛)就是国家的话,那么后来就出现了国家和伊斯兰社团的分化。国家政权体制、统治机器形成了,伊朗、中亚和非洲再次组合成团体的传统贵族阶层则分离或融合为穆斯林社团的一个组成部分。"伊斯兰教同政治保持着联系,政权则保持着伊斯兰教的外部特征,然而政权的执掌则具有更多的世俗性质。"①

传统世俗上层开始在穆斯林国家占据统治地位,但是,他们常常也保留着对其所控制领土的宗教司法管理权。"在原统一国家(阿拉伯哈里发——作者注)的领土上,开始相继出现了一些埃米尔国和苏丹国,它们的统治者在国内(这尤其指的是在宗教领域内承认巴格达哈里发权威的苏丹)已不再拥有贯通一切的神权,但是实际上他们却是一些权力不受约束的主宰。"②在穆斯林社会的治理过程中,传统上层的优越地位同穆斯林各国在社会与国家治理中基于世俗与宗教妥协原则而获得的附加的正统性有关。

西方和伊斯兰社会的现代化

第一次世界大战后,大多数穆斯林领土沦陷为西方列强的殖民地。只有伊朗、阿富汗和新成立的沙特阿拉伯等古老的君主专制国家是个例外,此外还有土耳其,在穆斯塔法·凯末尔·阿塔土尔克执政时期,他放弃了对奥斯曼帝国的继承并试图建立一个完全世俗化的国家。

20世纪传统伊斯兰社会的一切现代化尝试都是自上而下进行的。实现现代化的要求本质上是符合穆斯林国家执掌世俗政权的传统上层的利益的。穆斯

---

① 《东方国家现代政治中的伊斯兰教》,莫斯科1986年版,第30页。(Ислам в современной политике стран Востока. М. 1986. С. 30.)

② Л. 瓦西里耶夫:《东方史》,莫斯科1998年版,第275页。(Васильев Л. История Востока. М. 1986. С. 275.)

林国家社会经济生活的现代化对于改善国家与社会治理体系的质量是完全正确且符合逻辑的。

当然,当时的现代化只能按西方标准进行。对于那些在两次世界大战期间处于西方列强统治下的大多数穆斯林社会来说,这一点尤为现实。为了能够更加有效地发挥统治功能,穆斯林各国传统上层就必须得吸收按西方标准培训的统治机器中的工作人员、军官、工程师和医生等。况且,大多数穆斯林国家在殖民地统治时期,殖民当局就已经给这一进程奠定了基础,进行了最初的必须的干部培训。

这主要是因为,西方殖民行政当局为了缓和殖民地的统治,通常更倾向于使用当地干部,如在殖民地的军队组建方面。西方殖民行政当局的这些行为建立在特别现实的目的之上,而且仅仅局限在当地传统共同体内部极其有限的一部分人身上。当然,这一点决不会触及传统伊斯兰社团的生活方式。充当殖民和殖民地联合行政当局中介的传统上层,仍然按以往方式对它进行统治。

第二次世界大战后,殖民地从属地位终结,这给穆斯林各国的传统上层提出了确定日后发展的方向问题。殖民行政当局的离去让传统上层再次获得了治理社会的现实权力。大部分穆斯林国家加强了君主专制制度的权力,也就是说保持和恢复了前殖民时期治理伊斯兰社会的传统。例如,属于这种情况的有摩洛哥、埃及、科威特、文莱、阿曼和阿拉伯联合酋长国这样一些旧的君主专制王朝,还有约旦、伊拉克和利比亚这样一些重新组建的新国家。由于君主专制制度是前殖民时期已有历史传统的延续,所以很自然,在这些国家的社会治理中,世俗与宗教原则的历史结合便以原有的形式继续保存了下来。

在后殖民时代新的条件下,伊斯兰各独立国家的成立把必须加强现代化进程提到了议事日程上。当时,农业人口占优势的穆斯林各国传统社会,十分陈腐且缺乏效率。自然,这根本无法满足独立后已彻底掌权的传统上层日益增长的需求。传统上层继承了殖民统治时期殖民地宗主国带入的以西方标准和价值体系为基础的现代社会因素。

毋庸置疑,穆斯林社会的传统上层首先深入探究了从西方引入的作为其内政外交重要工具的现代基础设施、工业、正规军和教育等因素。但是,西方文明的这一切因素被传统上层以极其现实、实用的目的加以诠释。自然,随着独立地位的获得,各个具体的穆斯林社会所面临的目标就有了同前殖民时代根本不同的性质。独立地位的获得要求在已变化的新条件下必须奉行独立自主的政策。同样,由传统上层支配着的殖民时代留下的工具,客观上已明显不符合独立后穆斯林世界"新独立国家"不断增长的需求。发展和利用现有工具,诸如正规军、工业和基础设施等,成为这些国家政策的大趋势。在与以色列接壤的中近东新独立国家中,这一进程的发展尤其迅猛。

在联合国大会作出关于在前英国殖民地巴勒斯坦领土上组建两个国家——阿拉伯人国家和犹太人国家的决议之后,第一次阿以战争很快便爆发了。在这场战争中,以色列警察部队一举击败了几个新成立的阿拉伯国家——约旦、叙利亚、伊拉克和埃及的武装部队。在此后的很长一段时间内,以色列成为穆斯林世界,主要是邻近的阿拉伯各国试图加强经济和军事实力实施报复的主要刺激剂。因此,同以色列对抗地带的穆斯林各国便获得了加速现代化进程的附加动机。在很大程度上,以色列国的存在这一事实本身促进了穆斯林各国传统上层加速实现现代化的进程。

第二次世界大战结束后,伊斯兰世界立即着手推行的现代化进程可以认为是"世俗的",它是在穆斯林各国传统上层的领导下自上而下进行的。传统伊斯兰社会"世俗"现代化进程的主要任务是提高它的经济和军事实力,毋庸赘言,这一举措促进了每个伊斯兰独立国家的巩固,而且客观上也符合传统上层的利益。

为了完成这一任务,传统上层鼓励发展教育,努力使经济达到一定程度的自主,同时增强军队实力。在这样一种情况下,奉行西方模式(如在教育体制上)则不会引起传统上层的对抗或否定情绪。另外,穆斯林各国上层一如既往对传统社会实行着高度控制。

在穆斯林国家各界人士的眼中,按照历史上形成的世俗与宗教妥协原则,传统上层拥有实现其统治的合法权利,而这种统治的出现主要也是正统伊斯兰社团权力历史进化的结果。传统上层的世俗权力几乎总是一种现实因素,因此宗教权力的实现也是传统上层总的权力的一部分。很大程度上,在穆斯林社会治理过程中,世俗与宗教原则妥协的基础即在于此。

在穆斯林社会中,传统上层拥有最为广泛的完全世俗化性质的全权,在这种全权中包括宗教治理功能。在伊斯兰教中,由于无法对负责世俗与宗教权力的机关进行明确的界定,如它没有基督教那样的官方神职人员,因此实际上只能说它拥有实现世俗与宗教权力的双重功能。这些功能遂构成了一种全权体系,而在穆斯林社会治理中,具有显著世俗功能的传统上层的权力就是以这种全权体系为基础的。

按照西方标准开始传统穆斯林社会生活现代化进程的权利是传统上层不可剥夺的权利,自然,同其他任何权利一样,它也不会在每个具体的穆斯林国家与社会中引起广泛而现实的对抗。因此,后殖民时代穆斯林社会现代化的发展和对西方标准的奉行,都是在传统上层的全权范围内展开的,是一种十分自然的过程。

现代化进程发展的条件

最初,传统伊斯兰社会"世俗"现代化的进程,多半是在同以色列和西方世界对抗的地带迅猛发展起来的。就是在这些地方,对执政的传统上层来说,最重要的就是必须加速传统社会的现代化。这一点受制于它们的现实外交政策,即同以色列国对抗的任务,也就是说必须要以最快的速度加强穆斯林国家的军事和工业潜力。而且,也就是在这些地方,在穆斯林社会的传统组织中,随着现代化进程的加速,首次出现了某些体制的发展变化,这些变化迄今仍然在许多方面对伊斯兰国家的目前局势发挥着作用。

工业、基础设施和教育制度的发展,以及现代化军队的建设促进了城市的发展并导致城市人口的增长。农村人口开始逐渐向城市流动,这导致传统伊斯兰社会在组织体系上发生变化,而作为传统伊斯兰社会组织基础的农村社团的作用和意义随之也就降低了。

流向城市的大量人口自然而然地脱离了农村社团,并在现有的城市新条件下建立起了新的相互关系体系。所有这一切破坏了几百年来在伊斯兰社会中业已形成的全权的平衡。传统上层往往把现代化成果仅仅作为加强自己势力的手段。但是,诞生于伊斯兰社会"世俗"现代化进程中的社会新阶层,逐渐形成了同传统上层利益相悖的自己的利益。

总而言之,在伊斯兰社会"世俗"现代化进程中,传统上层开始出现了国内的政治竞争者和反对者。一方面,传统上层并不准备对穆斯林社会的组织体系进行激进变革,因为这种变革无疑会对自己的权力构成威胁。另一方面,对传统穆斯林社会生活体系造成的一切压力都是由现代化引起的。因此,在前一种情况下,穆斯林各国的社会积极分子极力想继续、加快和巩固"世俗"现代化进程,而传统上层客观上已不能担此重任。后一种情况是,满腹牢骚的社会保守分子认为,按西方标准进行的"世俗"现代化进程是对伊斯兰价值观——传统穆斯林社会生活基础的威胁。

反对传统上层的第二类人可称其为"保守派"或"传统派"。在最初阶段,他们在组织上和政治上同加速"世俗"现代化进程的支持者毫无共通之处,而且,在传统上层领导的穆斯林社会中其作用也无足轻重。

具有相当重要意义的是,在世俗与宗教治理原则平衡的伊斯兰社会组织中,有反对"保守派"的历史传统。穆斯林社会未曾对传统上层的权力,包括实现现代化进程的权力产生过怀疑。因此,"保守派"运动只能依靠那些被卷入现代化进程中的穆斯林社会阶层,但是这一运动不会取得任何结果。因为在这个历史阶段,传统穆斯林社会生活现代化的进程并不激进,对传统价值观的影响也不大,因此,"保守派"的社会基础在现代化进程开始初期也非常肤浅,并且仅仅局限于沦为盲流的城市居民这一少数阶层。毋庸赘言,这导致了他们同现存国家统治机器和传统上层的对抗。

这时,加速"世俗"现代化进程的支持者正好生活在因现代化而建立发展起来的那种社会制度中。这部分人主要在国家中下层统治机关、军队和教育系统,其中包括军官、中级官员、高等学府的教师和学生等,他们对现代化进程的现有速度表示不满。

随着现代化进程的不断发展,穆斯林各国传统上层还面临着保护其权力的任务。由于各国具体情况不同,所以对这一问题的解决也就大相径庭。约旦、摩洛哥、沙特阿拉伯、阿拉伯联合酋长国、科威特、阿曼、巴林、卡塔尔、文莱和马来西亚的君主专制制度,成功地控制着"世俗"现代化引发的社会和政治进程。同时,他们还保持着国家历史上伊斯兰社会治理中业已存在的世俗与宗教平衡原则。在传统伊斯兰社会的历史范畴内,执政上层控制着与工业、教育、军队、现代通讯设施和交通等的发展相联系的"世俗"现代化。

20世纪50—70年代,在一些伊斯兰国家发生了一系列由军官发动的军事政变。埃及、利比亚、伊拉克和也门的君主专制制度成为这种军事政变的牺牲品。在叙利亚,军人取得政权。埃及"自由军官"组织成员加麦尔·阿布杜勒·纳赛尔及其继任者安瓦尔·萨达特、利比亚的卡扎菲上校、叙利亚的哈菲兹·阿萨德、伊拉克的中级军官巴克尔和萨达姆·侯塞因等,登上了伊斯兰世界的政治舞台。这明显地表明,军队在伊斯兰社会的地位正在上升。军队的发展造成了军官团独立自主性的提高,这主要归因于中下级指挥人员,由于他们对传统上层低速现代化普遍不满,从而导致激进情绪在军队中蔓延。通常,军队中盛行左倾观点,如埃及、叙利亚和伊拉克的所谓"阿拉伯社会主义"。

对传统上层来说,较之不满于西方价值观在穆斯林国家蔓延的伊斯兰"保守派"而言,客观地讲,来自军官的威胁要大得多,因为军队已成为一支比较重要的政治力量。但是,从当时为数不多的伊斯兰"保守派"的行动中,传统上层则认为对自己政权稳定的威胁主要来自"保守派"。因为他们的活动对传统穆斯林社会的历史基础提出了挑战。事实上,在"世俗"现代化纷繁复杂的进程条件下,"保守派"对执政的传统上层能否保证把现有伊斯兰价值观保持在一个应有水平提出了质疑。正如我们所指出的那样,传统上层是在穆斯林国家和社会历史上已形成的世俗与宗教治理妥协原则基础上行使着权力。穆斯林社会传统上层权力的合法性即以此为基础。因此,对执政上层来说,较之军官、官吏及其他加速现代化进程的支持者而言,自然而然,"保守派"的作用更坏。

军事政变能够如此迅速地取得成功,一方面说明军队在穆斯林社会中的作用已经上升,另一方面也表明传统穆斯林社会制度的特殊性。由军官们发动的上层政变并未遇到来自传统社会的任何反抗,因为当时传统穆斯林社会的大部分并未受到现代化进程的触动。他们的守旧以及几乎对以传统上层为代表的统治体系的绝对服从,导致他们把军人夺取政权看做是穆斯林社会简单地由一个执政上层转变为另一个执政上层而已。

因此,主要由军官出身的新上层遂成为伊斯兰社会治理中历史传统的继承者。也就是说,在历史上已形成的世俗与宗教妥协原则基础上,新上层继续实现着合法统治功能。政权更迭(包括通过暴力途径获得的)的事实本身就没有超出历史传统范畴之外,因此也就不可能激起对新制度的广泛反对。通常,处于政变最前列的是加速现代化进程的支持者,他们不可避免地要对穆斯林社会的传统价值观和组织制度带来影响,但他们在这一阶段却没有起到决定性的作用。传统穆斯林社会完全仰赖传统上层所代表的统治制度,他们并未把已发生的变化看成是对自己利益的威胁。

当然,摆在主要因军事政变而获得政权的穆斯林各国加速现代化进程支持者面前的任务,不可避免地将会对传统社会和传统价值观产生直接的影响。也就是说,加速现代化进程的尝试,无疑会导致传统穆斯林社会在组织上发生重大的结构性改变,主要是导致价值观取向的改变。

近东冲突和现代化进程

值得注意的是,在穆斯林社会中,军人夺取政权的情形几乎都发生在同以色列的对抗地带。这不仅包括同以色列接壤的埃及和叙利亚,还包括有影响的阿拉伯国家伊拉克和利比亚,这些国家的军队在不同时期都非常积极地参与了反对以色列的军事行动。这种规律不能被视为偶然。正是在这些国家,如果要同以色列进行斗争就必须得加强军事力量,但是传统上层却无能为力为此而推行社会生活的激进现代化,于是这两者之间便出现了尖锐的对立。

军人掌权便提出了一个尖锐的问题,那就是有关加速穆斯林社会生活现代化的资源问题。在两极世界和冷战僵持条件下,他们会自然而然地转向苏联寻求这些资源。我们要提醒大家的是,新军事政权面临的任务是加强军事实力以解决主要的对外政策,即同以色列斗争的问题。20世纪60年代初,世界地缘政治格局促进了埃及和叙利亚,以及在某种程度上还有伊拉克和利比亚亲苏新军事政权的建立。

1973年,当军事对抗的高峰到来时,穆斯林国家联盟极力想战胜以色列。

联盟中除了特拉维夫的传统敌人叙利亚、埃及和约旦外,还有利比亚、阿尔及利亚、伊拉克、乌干达及其他国家。1973 年 10 月,反对以色列的战争以失败告终,这急剧改变了该地区的地缘政治版图。

非常明显的一点是,在冷战条件下同美国和西方国家支持下的以色列直接进行武装对抗,收效不大。因此,寻求自身发展的新途径和新方案便显得非常必要。这为军人领导的穆斯林国家提出了一项任务,那就是在传统社会组织制度因实施快速现代化政策而发生变化的条件下,保证自己统治的合法性。因此,考虑到已发生了变化的内外条件,便很有必要对所实施的现代化政策作若干的修正。

事实上,必须找到一种能够使穆斯林社会生活现代化的任务同伊斯兰社会因自身现代化进程的发展而发生的自然进化进程相协调的国家组织方案,从而使这些进程不会对现有政权体系构成威胁。

当时,对于那些在加速现代化进程口号下夺取政权的穆斯林国家新上层来说,实质上没有能力采取其他的手段。要让穆斯林社会的现代化进程停止是不可能的,因为在近东长期冲突条件下,不允许继续出现让国家军事和经济实力遭受损失的情况。而在当时缺乏应有资源的那种情况下,他们无法通过自身的努力加速现代化的进程。而在冷战时期的两极世界条件下,这些资源只能从正在对抗的超级大国——美国和苏联那里获得。

在某一时期的很多情况下,同以色列对抗危机地带的几乎所有国家都投靠了苏联,这促使它们加强了对社会生活的控制,包括对传统穆斯林社会组织制度的干预。从这个意义上讲,叙利亚和伊拉克"复兴党"的"阿拉伯社会主义"思想和利比亚的人民直接参政思想就是最鲜明的例证,它们通过这些思想来号召对现代化进程中招致破坏的传统穆斯林社会价值观作出新的抉择。其内容主要包括,对领袖和政党忠诚、军事化以及同敌人对抗。国家生活的军事化和外部敌人的存在,尤其具有重要意义。从这个观点来看,美国对伊拉克和利比亚施加压力只会加强萨达姆·侯赛因和穆阿迈尔·卡扎菲在其国内的地位,因为在这种压力下伊拉克和利比亚的社会舆论就会给他们的政权赋予额外的合法性。

但是,1973 年十月事件却导致出现了这样一种情形:穆斯林社会作出了寻求传统社会实施现代化的另外一种资源,以及在现代社会中探索关于必须保留伊斯兰价值观和必须进行现代化两种思想相协调的另外一种方法的尝试。

埃及在安瓦尔·萨达特执政时期走上了同以色列和解的道路,建立了同美国的密切关系,选择了世俗发展方案。埃及按西方标准建立的世俗国家模式,为伊斯兰社会治理中世俗与宗教原则相结合的模式赋予了新的特色。

世俗社会制度占据着传统上层的位置。埃及社会治理的宗教原则由"乌里玛"代表,他们给世俗国家政权提供思想依据。这其中最有影响的是艾兹哈尔伊斯兰大学。如今,从正在变化着的传统社会利益平衡以及在现代化进程中国家建设任务的观点出发,埃及的国家政权模式是最富典型性的。但是,埃及却为此付出了多年来孤立于其他阿拉伯世界的代价。的确,作为交换,埃及在该地区获得了作为美国盟国的地位,而且埃及军队每年还可以从华盛顿得到军费资助。另外,埃及传统社会在1973年前推行的激进现代化进程对其社会基础产生了显著影响。也正就是在埃及,现代化进程的反对者穆斯林运动的激进程度也如日中天。

在埃及的治理中,世俗与宗教原则之间的利益妥协遭到了穆斯林激进组织的反抗,这些组织的支持者主要是埃及传统社会早期现代化进程中失意的城市阶层,他们诞生于纳赛尔总统统治时期,也就是同以色列对抗的年代。由于国家世俗政权在埃及萨达特统治时期实际上已占据了历史上传统上层的地位,所以对埃及社会的大多数人来讲,世俗与宗教原则之间利益妥协的现有治理模式看上去便非常自然。因此,直到今天,在大多数社会成员的支持下,埃及国内继续进行着反对激进穆斯林组织支持者的斗争,因为他们对国家是否有能力保证维护伊斯兰传统持怀疑态度。1981年,安瓦尔·萨达特本人就成了这种斗争的牺牲品。

埃及的状况非常引人注目,其原因主要在于,它是在新世俗上层和有情绪的"保守""乌里玛"之间的利益妥协中进行着社会现代化。然而,埃及激进穆斯林组织基本上都是复兴早期穆斯林社团组织原则的支持者。事实上,在穆斯林社会世俗与宗教治理妥协原则基础上运作的国家成为了穆斯林激进组织恐怖主义行动的目标。

下面我们专门来谈谈有关同以色列对抗地带国家的发展进程。第二次世界大战后,多数其他穆斯林国家都没有感受到进行现代化的必要性,而且也没有进行现代化的条件和资源。在20世纪70年代初以前,它们的组织原则基本保持固定不变。属于这一类型的主要有波斯湾的君主制国家,包括当时处于巴列维王朝沙赫统治下的伊朗。

20世纪50、60年代,近东发生了动荡事件,这实际上并没有对这些国家的形势造成影响。况且,其中部分国家(如阿拉伯联合酋长国)当时还完全处在西方国家的殖民统治之下。伊朗、沙特阿拉伯、阿曼、科威特、巴林、阿拉伯联合酋长国和卡塔尔的传统上层,在伊斯兰国家和伊斯兰社会历史治理中已形成的世俗与宗教妥协原则基础上治理着自己的国家和社会。当时,波斯湾的君主专制国家客观上处于穆斯林世界全球现代化进程的外围。在这些国家的经济、社会和政治关系中,教育、工业和基础设施等最需要改变的领域事实上却保持静止不动。

1973 年的十月战争以及与之密切相关的石油市场危机爆发后,形势发生了重要变化。1973 年 10 月 6 日,阿拉伯国家联盟袭击了以色列,它们企图为昔日的失败实施报复。埃及和叙利亚军队被摧毁之后,阿拉伯世界首次宣称自己是一支有影响力的政治力量。10 月 16 日,石油输出国组织的代表在科威特宣布每桶石油的价格将由 3.01 美元提高到 5.12 美元。10 月 20 日,阿拉伯世界最大的产油国沙特阿拉伯开始实施石油禁运。当时,沙特的石油保证着西欧国家需求的 30%,日本的 30% 和美国的 30%。① 石油价格迅猛上升,这种状况在此后的好长时间内改变着穆斯林世界心脏的力量平衡和发展方向。

首先,因销售石油而获得高额进项的波斯湾君主国,取得了推行现代化政策必须的内部资源。在较短时期内,波斯湾国家由穆斯林世界落后的外围转变为最有势力的中心,它们聚敛了相当雄厚的资本。1973 年,沙特阿拉伯的收入达到 43 亿美元,1975 年则达到 257 亿美元。② 短期内,波斯湾君主国对传统社会生活进行了大规模的现代化改造,建立了发达的教育体制、现代基础设施、社会保障体系和现代化军队。然而,整个现代化进程是在完全转变为另一种状态的传统穆斯林社会组织体系范围内进行的,它仍然保持了穆斯林社会治理中世俗与宗教原则结合基础上所建立的一切组织原则。

石油生产国有能力保证维持传统穆斯林社会组织体系不发生改变,这是它们推行现代化政策能够普遍成功的基础。西方文明的成就在这里同穆斯林家庭、社会和政权的传统制度非常完美地共存着。在新的文明条件下,波斯湾穆斯林国家传统社会组织保持稳固的主要原因是,这些国家能够保证绝大多数公民享受高水平的福利待遇。物质财富的创造和最繁重的体力劳动则由来自埃及、印度、巴基斯坦及其他国家的外籍工人来完成。根据 1995 年科威特的调查统计,该酋长国的人口总数为 183 万人,其中科威特公民仅 68.2 万人,占37.3%。③

在石油美元的帮助下,在社会和政治组织保持不变的情况下,波斯湾君主国传统穆斯林社会组织体系适应了现代文明成就。在这种情况下,无权的外国工人就形成了一个完成最繁重和最不体面工作,同时又无法进入传统社会组织体

---

① A. 雅克夫列夫:《费萨尔国王》,《今日亚非》,1995 年第 1 期,第 46 - 47 页。(Яковлев А. Король Фейсал. Азия и Африка сегодня. 1995. No 1. С. 46 - 47.)

② A. 雅克夫列夫:《费萨尔国王》,《今日亚非》,1995 年第 1 期,第 47 页。(Яковлев А. Король Фейсал. Азия и Африка сегодня. 1995. No 1. С. 47.)

③ В. 图拉扎耶夫、Л. 米洛诺夫:《石油可以噎人》,《今日亚非》,1997 年第 2 期,第 7 页。(Тураджаев В. , Миронов Л. Нефтью можно и захлебнуться. Азия и Африка сегодня. 1997. No 2. С. 7.)

系的社会集团。

只有伊朗是波斯湾石油君主国中的一个例外。1973年石油危机爆发后,在同波斯湾其他产油国有同样的起点和条件下,列扎·巴列维沙赫政府着手推行现代化进程。石油销售使伊朗同沙特阿拉伯、阿联酋和海湾其他国家一样,聚敛了可以推进现代化进程的大量资金。但是,伊朗所面临的任务本质上又完全不同于领土小且人口少的波斯湾国家。

众多的人口、优越的地理位置、"帝国"的昔日辉煌以及石油的收入,给伊朗领导人一个成为地区最大"超级大国"的机会。因此说,海湾其他产油的传统君主国家推进现代化的速度根本不能满足自负的伊朗领导人。列扎·巴列维沙赫政府的任务就是加速伊朗宗法制社会的现代化进程。这一进程名之为"白色革命"。伊朗的"白色革命"的确不同于加麦尔·阿布杜勒·纳赛尔时期的埃及、穆阿迈尔·卡扎菲时代的利比亚、哈菲兹·阿萨德期间的叙利亚,它是在国家最低限度的必要控制下在经济和社会的资本主义转化范围内展开的。石油收入为其推进现代化进程获得必需资金提供了可能。

然而,伊朗"白色革命"引起了伊朗社会传统组织体系深刻的结构性变化,因此,同利比亚一样,它无法保证人们到底会不会作出可以帮助国家对社会进程实行监控的那种价值观抉择。经济的迅猛发展引发大量农民迁入城市,军队建设又导致不断增加的少壮军官和技术人员政治积极性的提升,经济和军队对知识型专家的需求又促进了教育水平的提高。所有这些,对任何一个正在经历现代化进程的宗法制国家来说,多多少少都具有代表性。

伊朗发动"白色革命",其所有进程都是按加速度进行的,这无疑会对穆斯林社会的社会组织及其传统价值观造成巨大压力。20世纪70年代的伊朗现象表明,快速现代化道路客观上将会威胁到以列扎·巴列维沙赫为代表的传统上层对权力的垄断。

在"白色革命"整体进程中,伊朗的快速现代化是列扎·巴列维沙赫政府在较短历史时段内展开的,这一时段大约从1974年开始,也就是世界石油市场十月价格危机的结果首次表现出来之时,到1978年结束。因此说,传统穆斯林社会推行生活综合现代化的期限非常短,以致不能不引起伊朗社会组织体系方面全面的震荡。西方生活方式、西方文明成就等因素的深入,沙赫政府进行的大规模建设、基础设施及教育的发展都极富挑战性,而且在1973年石油危机之后,正是由于石油销售收入的急剧增长才使得伊朗在上述时段内有可能实现其现代化。正在发生的变化把伊朗大批人口卷入了其发展轨道。但是,因"白色革命"而获益的实际上只能是部分居民而已。

随着现代化进程的不断发展,伊朗传统社会经历了深刻的结构性变化。与此同时,西方生活方式的深入引起了传统价值观的危机。被卷入现代化进程但是并未从中获得现实好处的大量居民,遂成了反对列扎·巴列维沙赫政府现代化政策的社会基础。这基本上都是那些前不久刚从伊朗农村出来,在新的城市条件下丧失了传统价值取向和昔日社会组织基础的人。

有别于其他伊斯兰国家传统穆斯林社会组织的伊朗特色,在接下来与我们的研究课题有关的许多事件中发挥了重要作用。

例如,在适应现代化进程的过程中,波斯湾君主国的传统组织体系就没有经受过大的压力,因为,事实上它们以固定不变的方式接受和适应了现代化成果。因此,在这些国家的集团内部没有出现强有力的现实反对派。一方面,这是因为其现代化进程的速度不是太快;另一方面,这是因为这一进程给传统伊斯兰价值观没有造成多大的威胁。而且,在信仰伊斯兰教逊尼派的穆斯林国家传统上层圈内,治理国家和社会的世俗与宗教功能之间是协调一致的。在传统上层圈内,这些功能的实施不可能有明确的界限。然而,在全权等级制度中,世俗统治功能较之宗教统治功能居主导地位。

然而,仅就伊朗而言,信奉伊斯兰教什叶派的伊朗居民,在某种程度上合法地使用着穆斯林"宗教界"这样的术语,尽管这种"宗教界"有别于以这种或那种国家权力形式表现出来的世俗功能,但是它却发挥着统治穆斯林社会的宗教功能。至少,较之深刻卷入传统上层权力体系当中的逊尼派伊斯兰国家的宗教权威而言,伊朗的什叶派宗教权威更乐于接受这种概念。正如多洛申科在文章中指出的那样,现代伊朗学者阿里·达瓦尼认为,什叶派宗教界不同于穆斯林(逊尼派)宗教界的地方就在于,它"永远不仰赖统治者并因此而保持着行动的自由和独立"[①]。

从表面上看,由于穆斯林社会治理中有世俗与宗教原则妥协与结合的历史传统,所以伊朗传统上层的权力具有必要的合法性。但是,事实上,由于什叶派宗教界在这个国家享有特殊地位,所以宗教统治功能独立于世俗功能而存在。在伊朗传统社会的组织体系保持不变状态和处在传统历史范围以内时,这种事实便没有多大的意义。什叶派伊朗的国家权力有别于逊尼派伊斯兰国家的国家权力,它不得不尽力同什叶派"宗教界"保持关系,因为在这里"宗教界"实际上没有同传统上层整合到一起。伊朗的加速度现代化进程,客观上破坏了伊朗"世俗"传统上层权力的合法基础。大批居民丧失了习惯价值趋向和体系联系。结果是,1979年伊斯兰革命爆发,国家全权从传统上层的"世俗"权力体系重新

---

① E. A. 多罗申科:《两次革命中的什叶派宗教界》,莫斯科1998年版,第27页。(Дорошенко Е. А. Шиитское духовенство в двух революциях. М. 1998. С. 27.)

分配给了什叶派"宗教界"的宗教权力体系。

　　什叶派"宗教界"最终把统治伊朗社会的世俗功能揽到了自己手中。在个别已列举的伊斯兰国家中,只有在昔日世俗与宗教统治功能出现过分化的那些穆斯林社会,穆斯林"宗教界"掌权的事情才有可能发生。当然,也就是在什叶派的伊朗,这种功能的分化具有最现实的表现形式。在1979年伊斯兰革命前的很长一段时间内,什叶派"宗教界"在伊朗社会拥有脱离"世俗"传统上层而独立存在的地位。现代化进程使伊朗什叶派"宗教界"执掌了政权并试图恢复穆斯林社会治理中世俗与宗教统一的思想。"伊斯兰政体(在伊朗——作者注)——这是伊玛目学说的复兴,是实现神权统治理想模式的尝试,是恢复伊斯兰世俗与宗教统一的企望。"[1]

　　在伊朗经验中,值得我们特别关注的地方是,传统穆斯林社会加速现代化进程带来的那些后果。由于现代化进程的发展给传统伊斯兰社会的社会结构和价值观产生了巨大压力,以致在传统上层权力出现危机的情况下,"伊斯兰复兴"价值观,即号召伊斯兰世俗与宗教统一的复兴思想,便以这种或那种形式被提到首要地位。实际上,也就是恢复原初穆斯林社团的价值观。

"纯伊斯兰教"支持者运动

　　"原教旨主义"这种叫法争议颇多,而有关它的问题却早已在穆斯林世界存在。从最普遍意义上来讲,"伊斯兰原教旨主义"支持者是赞成加强建立在穆斯林社会生活中伊斯兰教法基础上的伊斯兰教原理的,他们反对西方文明的影响,同时为此而采取激进的斗争方式。

　　这是伊斯兰历史上最为重要的一种运动的现代诠释。时不时地,在不同国家与社会的不同情形下,伊斯兰社会中就会出现反对歪曲原初伊斯兰教的运动,其代表人物批评奢华、偶像崇拜,以及诸如音乐、舞蹈、人体和动物造型等多种文化现象。这些运动始终拥有强大的社会基础,其代表人物主张公正,但是他们把公正的取得同原初穆斯林社团价值观的复兴联系在一起。

　　瓦哈比派运动是伊斯兰教中最具传承性的流派之一,它主张复兴原初的伊斯兰价值观并肃清后来堆砌其中的一切外来质层。如今,瓦哈比主义成为企图复兴原初伊斯兰价值观运动的象征。这个概念尤其在前苏联领土上被频繁使用。因为,在经历了前苏联多年的宗教压制之后,这里公正与原初思想的复兴总

---

　　① 《东方国家现代政治中的伊斯兰教》,莫斯科1986年版,第33页。(Ислам в современной политике стран Востока. М. 1986. С. 33.)

体上就同伊斯兰复兴的需求相吻合。但是,为什么瓦哈比派这个名称就这么流行呢?事实上,同样也可以使用伊斯兰逊尼派四个主要学派(麻兹哈布)之一罕百里的名称,该学派被视为是对宗教信条要求最为严格的一派。瓦哈比派创始人伊本·阿卜杜勒·瓦哈布就属于罕百里学派,而瓦哈比名称的流行多半是因为沙特阿拉伯国家的强大影响起了作用,这个国家的创建在很多方面得归功于阿卜杜勒·瓦哈布及其后继者的活动。

瓦哈比派的逻辑非常简单。"由于人们忘记了真正的伊斯兰教,所以由此而引发了普遍的道德沦丧,随之便出现了政治的无序和经济的混乱、衰败和崩溃。为了拯救陷入罪恶中的世界并净化宗教,就得返回伊斯兰教前三个世纪既已存在的形式。"①伊本·阿卜杜勒·瓦哈布的观点是,不许过分敬仰先知和圣徒的战友;不许在坟墓上修建清真寺;不许过分侍奉坟墓并将墓碑奉为偶像;不许将先知穆罕默德奉为神。② 尽管运动本身是18世纪阿拉伯中心地带社会发展的一种结果,但是同偶像崇拜作斗争和净化伊斯兰教的原则,作为解决问题的手段,在任何伊斯兰社会都是必需的。

毫不妥协的、激进的要求一般主要出现在有严重思想危机的地方,而这对前苏联和阿富汗来说最为突出。结果是,在目前状况下,尤其是在后苏联地带,瓦哈比派成为激进的"伊斯兰原教旨主义"的象征,它给新独立世俗国家政治制度的稳定构成了威胁。这种观点到底有多大的正确性,要作出判断并不简单。但是,非常明确的一点是,我们现在谈到的则是伊斯兰世界各国已经经历过的思想危机,而且,这种思想危机是由引发伊斯兰社会深层结构变化的现代化进程带来的。

今天人们习惯上所说的"瓦哈比派"一词,泛指那些支持复兴原初伊斯兰社团价值观的人们。"使用这一有争议的术语仅仅是因为,目前只有它被全球文献所采用。"③有时也使用"'纯(或真)伊斯兰教'支持者"这一名称。"'纯伊斯兰教'支持者"运动积极的外在表现是,严格恪守伊斯兰教法和与之相关的圣训。然而,它的基础是既否定现代世俗生活对穆斯林社会的影响,又否定昔日,即现代化进程开始之前,伊斯兰社会统治中世俗与宗教原则之间业已存在的那种全权平衡。

穆斯林各国的大多数居民没有从"世俗"现代化进程中获得好处,但是,现

---

① A. 瓦西里耶夫:《沙特阿拉伯史》,莫斯科1999年版,第79页。(Васильев А. История Саудовской Аравии. М. 1999. С. 79.)

② A. 瓦西里耶夫:《沙特阿拉伯史》,莫斯科1999年版,第80页。(Васильев А. История Саудовской Аравии. М. 1999. С. 80.)

③ 《独立报》,1998年3月18日,第46期。(Независимая газета. 18. 03. 1998. № 46.)

代化不可避免地对伊斯兰社会的组织原则产生了影响,这主要是给农村社团内部的体系关系带来了压力。城市的农村移民不断增加,但是,另一方面也带动了农村本身的发展。这主要表现在教育制度、卫生保健和农业经济中新技术的运用等等。所有这一切都给传统穆斯林社会组织业已形成的稳定体系,包括全权的分配体系带来了不平衡。涌向城市的农村移民,大部分未能从现代化进程中获得好处,相反却充实到了城市盲流队伍中。"20 世纪 80 年代之交的穆斯林运动,主要就是中下层城市居民的运动。在城市和农村人口比例没有发生急剧变化的地方,就看不到大规模的伊斯兰政治运动的高涨。"①

通常而言,现代化不可能为大多数居民创造机会,尤其是在人口不断增长的压力状况下,只有部分居民才能在社会关系解体的条件下获得个人成功。在涌向城市的农村移民不断增长的情况下,这部分成功居民仅仅是微不足道的一部分。对于其他受现代化进程触动但未能从中获得好处的人来说,自然而然就会转而寻求已经失去的价值观。就这样,他们为有情绪的激进的复兴原初伊斯兰社团价值观的拥护者奠定了社会基础。

要在城市条件下重建曾存在于农村社团的传统关系是不可能的。但是,部分力图加速现代化进程的传统上层的活动,令伊斯兰社会相当一部分人感到失望。因此,他们转而去寻求伊斯兰社团价值观,这原则上看起来是合乎逻辑的,也就是说他们将以这种或那种形式恢复先知穆罕默德时期的穆斯林社团组织。这与传统穆斯林社会治理中反对加强世俗领导权的"保守派"恢复原初穆斯林社团本原的支持者有根本性的区别。"保守派"实际上坚持重建和保持存在于现代化进程开始之前的穆斯林社会的各种关系,也就是保持穆斯林社会治理中的世俗与宗教平衡原则。然而,"纯伊斯兰教"支持者本身就否定这种平衡的存在,认为它不符合原初穆斯林社团的价值观。

自穆斯林世界产生之日起,对原初穆斯林社团价值观的探寻就成为其所有阶段固有的特征。然而,在现代条件下,"纯伊斯兰教"(可以有条件地称之为"瓦哈比派")支持者运动的规模,直接同某个伊斯兰社会因现代化进程发展而引发的社会和政治变化程度相关。而"保守派"的斗争不是为了复兴原初穆斯林社团价值观,而是为了恢复现代化进程开始之前伊斯兰教在国家生活中的那种功能。这种观点上的根本差异,常常使伊斯兰运动中以不同形式反对世俗现代化的两个派别相互敌对。

在有条件地被称为穆斯林"宗教界"的部分"乌里玛"中间,可以找到对伊斯

---

① 《东方国家现代政治中的伊斯兰教》,莫斯科 1986 年版,第 11 页。(Ислам в современной политике стран Востока. М. 1986. С. 11.)

兰社团在社会生活中的作用的传统(保守)诠释。"捍卫伊斯兰正统思想的乌里玛,实际上不仅反对西方的宗教现代主义,同时还反对诸如有宗教改革思想的新型'伊斯兰教的诞生'。"①"纯伊斯兰教"支持者的大规模运动,只发生在那些先前切实试图改变穆斯林社会生活方式的地方。事实上,"世俗"现代化一开始就荡涤着"保守派"势力积极成长的土壤,但随之又为包括以最激进形式表现出来的"纯伊斯兰教"支持者运动的出现提供了机会。

伊斯兰社会生活现代化进程发展的程度与回归原初伊斯兰社团价值观口号下激进情绪的增长有着密切的互动关系。伊斯兰社会生活彻底现代化的进程与回归原初穆斯林社团价值旗帜下激进情绪增长之间互动关系最为典型的例证在现代阿尔及利亚。"随着阿尔及利亚都市化的发展和阿尔及利亚农村'剩余人口'转化为城市市民(确切地说是转化为半市民,因为他们常常在城里既没有住宿条件,又找不到工作,更缺乏持久稳定的生活),'伊斯兰反对派'开始逐渐渗入城市……在这样一些社会进程背景下,与之紧密相关的群众,尤其是城市贫民和无劳动创造力的年轻人的政治化色彩遂日渐浓厚。反对情绪在伊斯兰原教旨主义,即'返璞归真'中找到了自己自然的表达。"②必须要指出的是,阿尔及利亚的例子正好可以涵盖在全球穆斯林传统生活现代化的尝试中,它发生在阿尔及利亚民族解放阵线政府反法殖民战争胜利(1954—1962年)直到1991年12月26日大选前的执政年代。众所周知,在此次大选中,激进的原教旨主义组织伊斯兰救国阵线获胜。有世俗情结的亲西方官僚和阿尔及利亚军方拒绝承认大选结果,这成为伊斯兰救国阵线转入地下状态并在阿尔及利亚策动大规模恐怖活动的原因。

现代化不可避免地破坏了穆斯林社会的体系关系,传统价值观受到严重考验。这其中包括伊斯兰社会在历史上业已形成的世俗与宗教治理全权的平衡。这种全权的平衡主要符合传统上层和所谓"官方宗教界"的利益。

正因为如此,穆斯林各国的"官方宗教界"常常对"纯伊斯兰教"支持者持彻底否定的态度,把他们视为传统穆斯林社会宗教权力的真正竞争者。因此,"官方宗教界"常常是传统上层的可靠战友,传统上层反对"纯伊斯兰教"支持者复兴先知穆罕默德时期原初穆斯林社团本原的尝试。穆斯林社会治理中历史形成的世俗与宗教妥协原则把传统上层和"官方宗教界"联系了起来。由于现代化

---

① 《东方国家现代政治中的伊斯兰教》,莫斯科1986年版,第42页。(Ислам в современной политике стран Востока. М. 1986. С. 42.)

② Р. Г. 兰达:《阿尔及利亚的伊斯兰原教旨主义有没有未来》,《东方》,1993年第1期,第140-141页。(Ланда Р. Г. Есть ли будущее у исламского фундаментализма в Алжире. Восток[Orients]. 1993. № 1. С. 140-141.)

进程引发的变化会给传统穆斯林价值观带来威胁,所以"纯伊斯兰教"(瓦哈比派)支持者便对这种传统持怀疑态度。

如果在现代化进程条件下国家可以通过各种途径保持伊斯兰社会统治中世俗与宗教原则利益的必要妥协的话,那么国家和部分"乌里玛"就可以比较顺利地共同抵抗"伊斯兰现代化"的尝试,也就是说可以共同反对现代社会生活中复兴先知穆罕默德时期原初穆斯林社团的价值观。譬如,在埃及或波斯湾君主国就是如此。总而言之,在传统穆斯林社会,许多事情取决于现代化对其进程的影响程度。

非常重要的一点是,现代化可能会对传统社会产生各种各样的影响。在国家对社会产生全方位影响并涉及传统社会生活大部分领域的情况下,传统价值观破坏的速度和规模事实上就得到了加强。一般情况下,如果穆斯林社会试图实现社会思想改革,那么就会出现直接的现代化影响。这种影响主要表现在这样几个重要方面,除了工业基础设施、交通、通讯和现代教育等的发展之外,国家将对传统社会生活的思想和社会领域产生重要而直接的影响。

对传统穆斯林社会施加全方位严酷影响的最典型例证在苏联,首先是在苏联中亚。而这种类型的其他一切尝试都是在那些通过各种方式极力翻版苏联社会主义经验的国家中进行的。今天,我们可以列出多少带有这种特点的两个国家,即阿尔及利亚和阿富汗。正如以上所指出的那样,纳赛尔时代的埃及,还有叙利亚、伊拉克、利比亚和民主也门,社会主义的影响在实践中仅具有细微差别。这些国家的统治机构主要是利用社会主义这个动听的词来解决两项根本任务:

第一,加强国家在社会统治中的作用;

第二,在苏联那里获得好处,也就是让莫斯科保证在国际舞台上提供政治支持,同时利用现代化武器武装军队。

另一方面,穆斯林社会的现代化通常给社会进程造成的间接影响程度非常深刻,这使得工业、现代军队和教育的发展也给传统而古老的社团生活带来影响。这种影响主要以间接破坏穆斯林社团内部完整性的途径来完成,并在许多方面与大量从农村迁往城市的穆斯林移民有关系。

可以看得出来,苏联穆斯林地区、阿富汗(塔利班运动)以及部分在阿尔及利亚(伊斯兰救国阵线)的"纯(真)伊斯兰教"或"瓦哈比派"支持者运动发展的规模,与这些国家传统穆斯林社会已进行的现代化尝试之间存在着直接依赖关系。这直接关系到这些国家"纯伊斯兰教"支持者同传统穆斯林派别的冲突。例如,在前苏联的达吉斯坦,"官方宗教界"和"瓦哈比派"支持者之间的冲突表现最为明显。

也就是说,穆斯林社会在社会主义口号下彻底变革的尝试,不可避免直接导致了伊斯兰社会结构和传统价值观的毁坏和贬值,并且还为"纯伊斯兰教"支持者运动的出现打开了通道。许多穆斯林国家都存在复兴原初穆斯林社团价值观的愿望。然而,在严肃的社会主义改造之后,"真正价值观"支持者的复兴运动开始大规模发展了起来。这其中包括现代阿富汗的塔利班运动、阿尔及利亚的伊斯兰救国阵线以及前苏联领土上的"瓦哈比派"。但是,在这些国家,官方(传统)伊斯兰教信徒和"纯伊斯兰教"支持者之间的冲突非常激烈。

穆斯林社会统治中世俗与宗教原则在历史上形成的平衡关系的危机,成为这种冲突的基础。在其他国家,这种冲突基本上以隐性的形式存在。因此,在这些国家对传统与"纯伊斯兰教"的支持者进行区别是最复杂,可能,也是最不必要的事情。然而,在经历过社会主义改造的国家,这种界限常常是十分明了和确定的。在这一点上,《独立报》提供的一份关于达吉斯坦宗教积极分子——塔利卡特现代派(伊斯兰逊尼派中的一个传统派别)和"瓦哈比派"支持者之间的人数对比关系表就非常有趣(见表一)。

表一:达吉斯坦地区传统伊斯兰教和"纯伊斯兰教"支持者的分布

达吉斯坦地区	塔利卡特派	"瓦哈比派"
1. 布伊纳克斯克	1000	820
2. 哈萨夫尤尔特	1170	460
3. 吉兹留尔托	790	500
4. 楚玛金	575	475
5. 沙米尔	480	37
6. 古姆别托夫	430	37
7. 翁楚库尔	320	135
8. 卡兹别吉	410	40
9. 盖尔盖比尔	410	30
10. 洪扎赫	330	95
11. 宗金	280	126

资料来源:《独立报》,1998 年 3 月 18 日第 46 期。

在此我们必须指出,根据《独立报》作者提供的资料,达吉斯坦"瓦哈比派"的主要领导,如阿赫迈德卡吉·阿赫塔耶夫和巴加伍德金·吉兹留尔托夫斯基认为,对他们使用这个概念是不合适的。他们认为,穆罕默德·伊本·阿卜杜勒·瓦哈布不是穆智台希德①,他不可能创立而且也没有创立新的教派,因为还在 10 世纪时全世界主要的逊尼派教法学家就确定只尊崇四个著名教法学派(马立克、哈乃斐、沙斐仪和罕百里四大伊玛目的学派——作者注),承认其奠基者为穆智台希德,不允许在《古兰经》和逊奈的释义中作进一步的解释。而瓦哈

---

① 在逊尼派中,用以尊称四大教法学派创始人和极个别有声望的学者。——译者注

布当时只是作为阿赫迈德·伊本·罕百里学派的一名代表(罕百里信徒),号召在《古兰经》和逊奈的基础上复兴"纯伊斯兰教"①。这就再一次说明了,在现代条件下存在一个统一的"瓦哈比派"运动的提法是没有法律依据的。何况,这种运动可能只有一个统一的协调中心。而合理的推测是,这个中心应该是沙特阿拉伯,因为其执政者支持穆罕默德·伊本·阿卜杜勒·瓦哈布学说。

然而,没有明显的理由认为存在那种旨在恢复先知穆罕默德时期原初穆斯林社团(乌玛)价值观的口号下进行世界"伊斯兰革命"的"沙特阴谋"。况且,沙特阿拉伯自身还遇到了社会内部的类似问题。沙特王朝权力的实施具有完全世俗化的特征。然而,沙特阿拉伯的政策同样让沙特社会的部分人感到失望。例如,目前沙特阿拉伯的反对派可以分为如下几类:

第一,墨守成规者——代表高龄教法学者的瓦哈比派。他们在批评制度方面表现十分温和。

第二,新瓦哈比派——从事反西方、反什叶派主张的传教士、导师、学生和边缘状态人士。他们准备积极而激进地从事反政府活动。1994年9月,其领袖谢伊赫·萨尔曼纳尔·阿乌达和萨法拉尔·哈瓦利被逮捕。

第三,支持实行宗教自由政策的温和伊斯兰信徒。以穆罕默德·玛萨利为首的合法权利保护委员会(驻伦敦)属此类。由于他们对制度温和的批评引起了政府严厉的行动,所以有可能会变得激进起来。

第四,代表东部诸省宗教少数的伊斯兰什叶派信徒。20世纪90年代,法赫德国王承认其宗教活动为合法,此后其激进活动有所减少。②

尽管穆斯林各国具体情况不同,但是"纯伊斯兰教"支持者运动却都有其产生的自身根源。俄罗斯达吉斯坦的"瓦哈比派"运动、阿尔及利亚不可调和的伊斯兰分子以及阿富汗的塔利班之间,没有任何共同之处。土耳其(繁荣党)和塔吉克斯坦(伊斯兰复兴党)存在着伊斯兰政党产生和发挥作用的特殊条件,地区问题和地区矛盾是其产生的主要根源。

普遍的问题是,尽管每个国家具体情况不同,但是现代化结果和包括"纯伊斯兰教"支持者运动在内的伊斯兰激进组织产生的过程之间还是存在着某种相互依赖关系。很多情况是,即使在国外的大力支持下,为什么伊斯兰激进组织还是在恐怖的不协调的派别这样一种框框内打转呢? 但是,也存在另外一些情况,那就是某个具体的伊斯兰社会(如达吉斯坦)或某个独立的伊斯兰国家(如阿富

---

① 《独立报》,1998年3月18日,第46期。(Независимая газета. 18. 03. 1998. № 46.)

② B.沃伊诺夫:《十字路口上的沙特阿拉伯》,《东方》,1997年第2期,第51页。(Войнов В. Саудовская Аравия на перепутье. Восток[Orients]. 1997. №2. C. 51.)

汗或阿尔及利亚)的"纯伊斯兰教"激进组织信徒却觊觎着其国内政权。

俄罗斯联邦外交部外交学院学员玛拉特·拉日邦季诺夫在《独立报》上撰文指出了前苏联领土上"瓦哈比派"成功传播的原因,他的解释非常有趣。他写道:"今天瓦哈比主义之所以能在独联体一些国家和北高加索成功传播,主要归因于下列因素:

第一,有美国全方位战略同盟沙特阿拉伯强大的财力支持,以及有针对性的传播瓦哈比主义的政策。

第二,瓦哈比主义渗透的是那些存在着权力和思想真空的地方。70年来,俄国的穆斯林被剥夺了自己特有的吸收传统、历史、地理和现实的宗教免疫系统,很容易成为激进世界观的猎物。

第三,一般来说,瓦哈比主义总是吸引那些存在大量失业、遭受经济危机地方的年轻人。

事实上,伊斯兰世界所有国家都有穆斯林知识分子,他们是穆斯林文化不可分割的一部分。正是这些知识分子创建了一种模式和榜样,伊斯兰教因之而找到了适应现代经济和政治形势的最佳表现。这是一种国家政策以及创造适合国家利益的强大思想基础。"①如果把俄国学者的政治构成分析,尤其是对沙特阿拉伯把瓦哈比主义作为有目的的政策进行灌输的企图进行概括分析的话,那么结论非常清楚,"纯伊斯兰教"支持者增强的主要原因在于,传统穆斯林社会制度在前苏联社会主义改造时期遭到了削弱。

很明显,该作者把历史上穆斯林社团治理中曾出现过的世俗与宗教原则的平衡理解为国家大政方针中的国家利益和伊斯兰教。苏联时期,在实施政治和思想权力的过程中,穆斯林社会出现了真空,广大的穆斯林阶层被卷入现代化进程,但是他们并未因此而获得好处,于是代表其阶层利益的激进组织便力图来填补这一真空。可以说,是许许多多因素促成了这一点:

第一,社会上相当一部分人对现代化进程的结果感到失望;

第二,人口压力增加了社会危机;

第三,传统上层和传统穆斯林权威遭到削弱。

后一点主要是由穆斯林社会现代化进程的规模和强度引起的。例如,阿富汗的情况就是这样,大部分居民对社会主义口号下苏联援助推行的现代化结果感到失望,这一点正好同传统上层在多年战争中力量的削弱相吻合。作为穆斯林传统上层的组成部分,穆斯林宗教权威人士也经受着来自社会舆论方面的危机。穆斯林权威人士同传统上层占据主导地位的国家制度联系过于紧密,这使

---

① 《独立报》,1998年4月15日。(Независимая газета. 15. 04. 1998.)

得他们的地位同激进的"纯伊斯兰教"支持者比起来要脆弱得多。1998年夏天，达吉斯坦一位重要的穆夫提赛义德穆罕默德·阿布巴卡罗夫悲剧性地被打死，他在自己最后答记者问中坦率地承认："我是一个传统伊斯兰教的支持者，但是我没有力量反对激进思想（达吉斯坦'瓦哈比派'——作者注）追随者的武装部队。"①

问题在于，什么是第一性的，什么是第二性的。毫无疑问，在某个具体的社会中，由于现代化的发展而引起的变化的深度和规模，是伊斯兰运动激进化进程中的原发性问题。来自国外的影响，则明显表现出第二性特征。只有在社会准备接受这种影响的情况下，它才有可能对社会产生较大作用。当社会上相当数量的人既对现代化结果，同时又对传统上层的活动以及与之密切相关的"乌里玛"感到非常失望的时候，那么这就为"纯伊斯兰教"或"瓦哈比派"支持者激进运动的出现创造了条件。

因此说，在每个具体的社会，传统上层（指的是官方"乌里玛"）地位的急剧削弱，成为"纯伊斯兰教"（"瓦哈比派"）支持者强大政治运动出现的重要条件之一。只有在传统社会生活现代化并不断对其结构施以直接（包括强制）压力的情况下，传统上层地位的这种削弱才有可能发生。在社会主义口号下进行的社会政治改造最具有这种代表性，它发生在前苏联穆斯林地区和阿富汗。例如，"在20世纪的20—30年代，300多名车臣毛拉、教长及其穆里德派信徒被枪毙。只有极个别的宗教权威活了下来"②。

因此，苏联解体后，在依然保存下来的伊斯兰社团基础之上，自然而然便出现了对传统穆斯林社会制度的复兴。但是，由于苏维埃政权初期剥夺了传统上层的权利，所以使得它事实上缺乏继承性，从而在管理体系和价值趋向的形成过程中出现了真空。穆斯林社会部分新上层企图恢复社会主义改造开始之前曾存在过的那种关系以填补社会意识的真空，这同那些号召在原初穆斯林社团理想方案中复兴其价值观的"纯伊斯兰教"支持者产生了对立。于是，新产生的传统上层便成为"纯伊斯兰教"思想最合乎逻辑的反对者，因为后者对传统社会业已形成的基本价值观和制度关系表示怀疑。大部分"纯伊斯兰教"支持者诞生于因各种原因脱胎于社会主义改造年代明显被削弱了的传统结构领域的那些人群，他们总体上表现出对伊斯兰社团的忠诚，极力追随先知穆罕默德时代穆斯林理想社团的观念。

---

① 《消息报》，1998年8月25日。（Известия. 1998. 25 августа.）
② В. 阿卡耶夫：《车臣：苏非兄弟派和瓦哈比派》，《今日亚非》，1998年第6期，第48页。（Акаев В. Чечня. Суфийские братства и ваххабиты. Азия и Африка сегодня. 1998. № 6. С. 48.）

然而,在某个具体的穆斯林社会或国家范围内,"纯伊斯兰教"支持者运动转变为强大社会政治力量并掌握政权的有利条件同促使"纯伊斯兰教"支持者运动产生的条件之间存在着根本的差别。由于现代化进程的发展对传统穆斯林社会的价值观和结构产生了压力,所以"纯伊斯兰教"支持者运动的出现基本就成为一种不可避免的现象。这种现象对所有穆斯林国家或社会来说几乎都具有代表性,它们都遇到了自身社会必须适应现代条件和完成现代化进程提出的任务的问题。另外,由于社会主义的现代化对传统穆斯林社会组织体系造成了更为严重的后果,所以它也就为"纯伊斯兰教"支持者运动的诞生创造了更适宜的前提条件。

另外,在某个具体的穆斯林社会中,传统上层是否具有反对"纯伊斯兰教"支持者觊觎政权的能力便显得非常重要。因此,我们必须要指出的是,有一个能够让传统上层在穆斯林社会掌权的发达国家制度便显得极为重要,因为这种制度可以使其掌权的权利得到自然延续。同样重要的还有一点,那就是要让现代化的成果保持在一定的水平。在这种情况下,体现传统上层权力的国家结构便成了"纯伊斯兰教"支持者激进运动的反对对象。阿尔及利亚的情况正好就是这样,世俗制的军队和国家政权同来自伊斯兰救国阵线激进的"纯伊斯兰教"支持者发生了直接军事对抗。与阿尔及利亚不同的是,在连年战争和许多军事指挥官争取最大可能自治的努力过程中,阿富汗中央集权国家制度的威信几乎丧失殆尽,而且其所有的现代化成果都被摧毁。因此,在这种情况下,激进的"纯伊斯兰教"支持者塔利班运动便轻而易举地挫败了阿富汗传统政治上层的反对,因为塔利班反对传统上层,但不反对国家制度。

在北高加索的穆斯林地区,国家权力的缺失和俄罗斯力量的消退,明显地削弱了传统上层反对"纯伊斯兰教"支持者的力量,实际上独立的车臣也就是这种情况。

因此说,现代化进程的发展及其产生的直接强大压力急剧削弱了穆斯林社会传统上层的地位,这为"纯伊斯兰教"("瓦哈比派")支持者的增强创造了最适合的机会。在很大程度上,对那些按世俗方式推行现代化政策的国家来说,这一点非常突出。

但是,在通常情况下,穆斯林国家的现代化进程在传统社会的结构以外进行并对其仅施加间接影响。

现代化与阿富汗

20世纪70年代初之前,阿富汗客观上处于伊斯兰世界开展的政治和社会进程之外。这主要取决于它在穆斯林世界外围的处境和文明的总体落后。除此之外,阿富汗还处在一种地缘政治隔绝中。

从 20 世纪 20 年代起,阿富汗就被苏联边界从北部隔绝。事实上,苏联完全阻断了阿富汗社会同苏联中亚穆斯林社会的文化、社会和经济联系。毫无疑问,这一点同莫斯科向喀布尔提供人道援助,以及阿富汗同苏联在国家水平上进行对外贸易没有关系。阿富汗南接巴基斯坦,它在喀布尔—卡拉奇港口一线的一切主要经济活动都要通过巴基斯坦才能实现。

阿富汗国家政治发展的惯性主要取决于它的缓冲国地位,这种惯性实际上使喀布尔成为该地区地缘政治进程的消极旁观者。

例如,尽管喀布尔领导绝对不愿把杜兰线作为阿富汗和英属印度之间的正式边界,但是他们并没有很好地利用 1947 年英国从该地区离去所创造的机会。新成立的国家巴基斯坦控制了主要居住着普什图人的前英属印度西北边境省,而杜兰线则成为巴基斯坦和阿富汗的国界线。尽管 1949—1965 年间巴阿边界偶尔发生过一些边境冲突,但是阿富汗的总体落后在殖民地和后殖民地时期英属印度西部(后来成为巴基斯坦)发生的那些变化背景上显现了出来。

在英帝国和俄罗斯帝国对该地区进行地缘政治利益划分过程中,阿富汗的缓冲地位遂得以形成,它赋予该地区现存边界以额外的合法性。英国离开了印度,前英属殖民领地上出现了巴基斯坦和印度两个独立国家,继而爆发了与此相关的领土争端和军事冲突,所有这一切都发生在前英属印度的对外边界范围之内。同样还有,新成立国巴基斯坦自然而然继承了英国对阿富汗的政策。

对喀布尔来说,英国离开该地区,外表上并未给它带来什么改变。这再一次证明,阿富汗君主制在战后阶段地缘政治版图上的消极作用。因经济和社会关系的守旧带来的国家落后成为喀布尔君主制缺乏相对独立性的主要因素。然而,阿富汗的落后,尤其是同新成立的巴基斯坦相比,主要又是由俄罗斯帝国和英帝国在中亚地区对峙时期形成的国家缓冲地位决定的。

在巴基斯坦内部,占据英国殖民地行政当局位置的是旁遮普省和信德省的政治上层,而非落后的西北边境省和俾路支省。巴基斯坦新国家政治上层保持了对英属印度西部英国遗产的控制,同时也继承了英国在该地区对阿富汗的方针政策。阿富汗太过软弱且仅仅局限于保持自己的缓冲地位,这使得它没有能力尝试利用与当时印度分治有关的形势。但是,杜兰线问题依然存在并继续在日后较长时期内总体决定着巴基斯坦新成立国与阿富汗关系的性质。

软弱无力的阿富汗中止了对国家部分知识上层的任职安排。在波斯湾和邻国伊朗急剧变化的背景之下,国家的落后性变得愈发明显,这对部分上层来说简直到了难以忍受的程度。20 世纪 70 年代的"伊斯兰热"事实上促进了阿富汗苏醒的开端。

在查希尔·沙阿国王领导下的阿富汗社会,传统上层并未完成已提上议事日程的社会生活现代化的任务,传统上层更倾向于保持原状。从这种意义上讲,1973年7月17日达乌德亲王发动的政变可以视为对君主制不思进取不满的部分传统上层利益的互相让步,其时达乌德任阿富汗第一任总统。对宗法制的阿富汗来说,世俗共和国的成立这一事实本身就已是革命的一步。从某种意义上讲,达乌德总统加快了国家现代化的进程。在这一点上,邻国苏联给他以极大的帮助。

然而,1973年7月17日由穆罕默德·达乌德亲王发动的反君主专制政变,以及由他推行的加速现代化的政策,激起了国内反对情绪的高涨,同时也导致了同巴基斯坦国家关系的紧张。阿富汗较好的发展前景和阿富汗社会正在进行的现代化进程,两者相辅相成并得到苏联的支持,这令伊斯兰堡颇感不安。因此,对于刚刚(1971年)失去了东巴基斯坦(孟加拉)的巴基斯坦来说,邻国阿富汗的一切政治活动,以及阿富汗执政上层对两国边界杜兰线走向毫不掩饰的不满,都给巴基斯坦的利益构成了潜在威胁。

阿富汗共和国的第一任总统、王室成员达乌德亲王是实现加速国家现代化政策、提高国家调控能力的拥护者。达乌德认为,加速现代化能够摆脱阿富汗的落后。为了保证实现现代化的条件,达乌德政府推行了一系列有效改革,其中包括实施土地改革、采取累进制土地税、颁布合作社法规、实行一系列大型企业国有化等。但最重要的是,1976年3月,达乌德政府在第一个七年发展规划中(1976—1983年)计划将发展支出提高5倍。

七年规划期间,国家发展资金如此迅猛提高清楚地表达了达乌德政权的优先考虑,达乌德想加速阿富汗的现代化进程。这些资金主要用于发展工业、现代基础设施、动力和教育,尤其重视铁路建设计划。阿富汗没有铁路交通被视为国家落后的重要证明之一。如果说邻国巴基斯坦和苏联中亚地区基础设施的主要建设项目,包括铁路的建设开始于俄、英两帝国殖民统治年代的话,那么在该地区充当其利益缓冲带作用的独立的阿富汗则几乎没有现代基础设施项目。

表二:同前七年发展实际支出相比

七年规划(1976/1977—1982/1983年)的发展支出(单位:百万美元)

	1969/1970—1975/1976年	1976/1977—1982/1983年
总计	644	3850
其中外国援助	289.7	2533

资料来源:Э.Р.马赫穆多夫:《阿富汗:工业化领域内国家政策演变的主要阶段(1919—

1978)》,《阿富汗:历史、经济和文化》汇编,莫斯科 1989 年版,第 157 页。

然而,达乌德的大规模规划反映了阿富汗部分上层致力于通向现代化道路的致命弱点——缺乏必需的资金。阿富汗没有这种必需的资金,因此国家事先考虑从国外获得发展的大部分资金决非偶然。但是,20 世纪 70 年代的时候,阿富汗尚没有充分的理由可以让国外提高对达乌德政权规划的援助金额。这主要指的是苏联,它曾于 20 世纪 70 年代向阿富汗提供了所有外援的 60%—70%。阿富汗在地缘政治利益体系中占有稳定地位,而它的落后又是该地区总体形势稳定的条件之一。因此,达乌德加速"世俗"现代化进程的发展规划显然注定要彻底失败。

然而,在达乌德总统执政时期,阿富汗"世俗"现代化进程的发展促进了其内部反对派力量的成长。其他穆斯林国家早已出现的那些规律也符合阿富汗因传统社会生活现代化而引发的内部对抗。一方面,随着社会现代化而发展起来的社会各阶层代表与部分传统上层一道,表现出了对阿富汗现代化速度缓慢的不满,这主要指军队中的中下级军官、城市知识分子和中层管理人员。正是这部分人口群体构成了 1965 年组建的阿富汗人民民主党的社会基础。另一方面,阿富汗出现了"恪守传统"的反对派,根据他们的观点,他们反对"世俗"现代化给阿富汗社会生活中的伊斯兰价值观带来的威胁。当时,古尔布丁·希克马蒂亚尔已经从"恪守传统"者中间分离了出来,他组建了反对君主专制制度和达乌德总统政权的武装力量。

同穆斯林世界其他国家一样,在这一阶段,反对阿富汗社会现代化进程的墨守成规派"伊斯兰反对派"较之自己的对手——坚持加速"世俗"现代化者弱小得多。伊斯兰反对派的现实条件客观上受到极大的限制。例如,1978 年 4 月革命之前,古·希克马蒂亚尔只不过是一个反对政治制度的激进小派别领袖而已,他所反对的政治制度就是阿富汗社会生活中历史上形成的世俗与宗教原则妥协基础上对阿富汗实施统治的那种制度。达乌德总统领导的传统上层统治阿富汗的合法性并未遭到基本上是宗法制阿富汗社会的质疑。

查希尔·沙阿国王以及随之由达乌德总统推行的现代化进程,并未触及阿富汗农村人口中的广大阶层,因此,也就没有给阿富汗社会组织的传统体系造成过大的压力,传统价值观,包括伊斯兰价值观也就没有遭受严重考验。自然,传统上层要在传统社会行使权力就必须赋予这一阶层无可争议的包括推行社会生活现代化的权利。由于像希克马蒂亚尔这样的"恪守传统派"(或"保守派")反对传统上层拥有在穆斯林社会行使权力的传统权利,所以当时他们在社会上没有得到明显的支持,而支持他们的主要也就仅限于一部分沦为流氓的城市居民。

从这个意义讲,王室成员达乌德亲王组织的政变可以视为阿富汗传统上层在传统社会推行温和"世俗"现代化的一种可能。显然,现代化进程的渐进性本来应该促使阿富汗社会逐渐适应现代化的成果并保持国家统治体系和社会组织的稳定。

但是,正是由于达乌德总统时期现代化进程的温和性才未能把阿富汗人民民主党行列的激进的城市知识分子和军官联合起来。在阿富汗社会发展的这一阶段,无疑,较之伊斯兰"保守派",他们对国家形势的影响要高得多;伊斯兰反对派反对的是现代化给传统穆斯林价值观,在他们看来,带来的负面影响。

在军队、教育和统治机关中处于强有力地位的加速现代化的支持者与伊斯兰"保守派"不同,后者实际上反对的是,传统上层在穆斯林社会治理中历史形成的世俗与宗教原则妥协基础上实现国家权力的合法权利。也就是说,他们对传统上层能否在新的条件下保持阿富汗社会生活中的伊斯兰价值观表示怀疑。自然,从传统上层的观点来看,像古·希克马蒂亚尔这样的"保守派"对其权力构成的威胁,要大于加速现代化进程的支持者。而后者实际上对社会形势的影响更大,因为其支持者正好以现代化进程中发展起来的那些机构作为根据地。这再一次证明,1978 年的阿富汗四月革命取得了决定性的胜利。

1978 年的四月(萨乌拉)革命与先前其他伊斯兰国家加速现代化的支持者采取的行动非常相似,诚如 1956 年的埃及、利比亚、伊拉克和叙利亚。在中下级军官的支持下,阿富汗人民民主党加速传统社会生活现代化的激进支持者,发动军事政变夺取了阿富汗政权。然而,最有特点的是,喀布尔的军事政变在最初阶段并未引起国内大规模的反抗。传统阿富汗社会把四月革命理解为国家传统统治的历史继续。因此,阿富汗国家新领导继续拥有阿富汗传统上层权力的合法权利。非但如此,阿富汗人民民主党的许多领导人(塔拉基、纳吉布拉等等)都属于传统的普什图人。

客观地讲,首都发生军事政变这一事实本身并未改变阿富汗社会的组织体系和生活方式。因为,阿富汗传统社会处于一种稳定状态,阿富汗传统上层亦如先前一样控制着国家,特别是各省的局势。1978 年革命并未改变阿富汗社会的发展惯性。反对现代化进程的"伊斯兰保守派"运动支持者当时也没有给喀布尔新政府构成严重威胁。他们对喀布尔新世俗政权的反对仍然受到阿富汗传统社会行使政权传统的限制并缺乏广泛的社会基础。

但是,四月革命给阿富汗人民民主党提供了一次推进阿富汗社会生活激进改革尝试并因此而摆脱国家落后的机会。然而,阿富汗人民民主党支持者欲加速现代化进程的大规模规划则需要巨大的物质财源。20 世纪 70 年代末,喀布尔自然而然地转向其传统同盟苏联寻求援助。

第三章　动荡时期的开始

开端

1978 年 4 月的喀布尔事件为打破中亚地区稳定的地缘政治平衡体系创造了条件。尽管喀布尔现有政权在政治上非常软弱,整个社会的文明程度也十分落后,但是阿富汗在该地区仍然占有非常重要的地位,而且这在许多方面决定着该地区地缘政治版图上一切现存关系的稳定。阿富汗内部政治趋向的变化迫使有利害关系的国家重新审视自己的地缘政治优势,这主要关系到阿富汗的近邻苏联和巴基斯坦,以及同它们有密切利害冲突关系的印度。

英国离开印度之后,正是这三个国家构成了一个地缘政治轴心。但是该轴心并不稳定,从而促成了中亚各种关系的僵化。在该地区的相互力量配置中,新成立的巴基斯坦和印度两国重新调整了它们继承的英帝国的那些功能。这指的是,俄罗斯(苏联)和英帝国通过利益妥协决定的阿富汗的缓冲地位。

客观地讲,1978 年阿富汗四月革命和总的形势的发展对苏联来说十分不利。中亚存在了几十年的地缘政治关系模式一直令莫斯科非常满意,因为这种模式保持了苏联在该地区最有影响力的地位。英帝国崩溃之后形成的莫斯科和德里联盟,在保持阿富汗缓冲地位不变的情况下,确保了苏联在该地区地缘政治版图上的优势地位。尽管 20 世纪 70 年代美国为了抗衡苏印密切关系而在巴基斯坦采取了加强其影响的措施,但是由于伊斯兰堡立场的软弱,收效甚微。

总之,对苏联来讲,中亚地区的安全体系是建立在下述一系列关键因素之上的:

第一,苏联中亚穆斯林社会在南线同外部世界保持着彻底隔绝;

第二,阿富汗缓冲国可以使苏联中亚免受可能来自外部的影响;

第三,同印度保持着同盟关系;

第四,阿富汗与巴基斯坦关系复杂。

战后,这种结构非常成功地代表了苏联在该地区的利益。首先,莫斯科没有改变形势的明显理由;其次,莫斯科一直保持着同阿富汗每一届政府的稳定关系。尽管如此,莫斯科仍然还是表现出了对达乌德政策的某种怀疑。"莫斯科人有了一些不安的理由。达乌德将旗帜派成员(阿富汗人民民主党'旗帜'派成员——作者注)从政府和武装力量中排挤了出去。达乌德排斥苏联军事顾问,想让他们在印度和埃及的军队干部培训问题上作出选择。他还同伊朗和近东国家就财政援助和发展援助(现代化——作者注)等问题进行了谈判,同时还同共产主义中国进行了接触。1977 年访问莫斯科期间,勃列日涅夫向达乌德询问有关在阿富汗工作的外国顾问的数量问题。达乌德生气地答道,他的政府雇佣的是他想要的人,没有人能指使他做什么。他离开房间并中止了谈判。"①由此,我们可以推测,当时苏联知道阿富汗已经发生了急剧的变化。然而,四月革命原则上为莫斯科提出了一个在新形势下确定自己优势地位的相当复杂的任务。

同样,1978 年的阿富汗革命也给巴基斯坦领导人提出了一个复杂的任务。我们可以推测,在喀布尔改革者的计划中,当时肯定会提出有关阿富汗社会生活现代化的问题,这主要将涉及工业、军队和教育的发展等。按逻辑推测,由于莫斯科和阿富汗上层关系密切,推进现代化的资金肯定会由苏联提供,因此阿富汗在该地区的作用自然也会得到加强。而考虑到阿富汗上层对巴基斯坦和阿富汗国家边界杜兰线持否定态度,所以可以想象,伊斯兰堡和喀布尔之间的关系将会朝着不尽如人意的方向发展。另外,阿富汗形象的积极改善可能会对居住在巴基斯坦西北边境省的普什图人产生吸引力。但是,从当时的教育、交通和生产力的发展水平看,阿富汗还是相对落后于巴基斯坦国内,这首先使得西北边境省的普什图部族上层更倾向于后者。而这正是促使巴基斯坦普什图人和巴基斯坦国家联系在一起的一种附加因素。

普什图传统上层在巴基斯坦的影响力非常大,而且从巴基斯坦独立之初就在其统治体系中占据了显著地位。尤其是自 20 世纪 60 年代起,随着普什图出身的阿尤布汗将军在巴基斯坦执政,普什图上层的地位在巴基斯坦社会中进一步得到加强。普什图人控制着巴基斯坦许多有影响的金融工业集团,如"古哈尔—哈比卜"、"甘德哈拉"和"海贝尔"等公司在巴基斯坦的纺织业、制糖业和汽车制造业中地位显著②。另外,阿瓦米民族党也代表着巴基斯坦普什图人的利益,前不久它还提出要把大部分由普什图人(帕坦人)组成的巴基斯坦西北边境

---

① 马丁·伊温斯:《阿富汗新史》,第 133 页。(Martin Ewans. P.133.)

② С.Ф.列温:《巴基斯坦穆斯林大资产阶级的普什图人派别》,《中近东国家的伊斯兰教和社会结构》汇编,莫斯科 1990 年版,第 18 页。(Левин С. Ф. Пуштунская фракция крупной мусульманской буржуазии Пакистана. В сб. Ислам и социальные структуры стран Ближнего и Среднего Востока. М. 1990. С. 18.)

省更名为帕克同赫瓦(帕坦人国家)的要求。① 从这一点来看,无疑,阿富汗的强大对巴基斯坦非常不利。

不管怎么说,阿富汗改革者的胜利这一事实本身还是增强了该地区地缘政治优先次序中的不稳定成分。而且,在新的形势下,对巴基斯坦来说,如果支持一切反对喀布尔新政权的力量(从保皇党到伊斯兰激进主义者)是其唯一出路的话,那么对于支持阿富汗人民民主党革命者的莫斯科来说,情况看起来就没有那么简单了。

因此,对莫斯科来说,重要的是要确定阿富汗人民民主党的革命者对阿富汗宗法制社会进行现代化的准备能努力到什么程度,还有就是这将会对该地区的安全体系带来什么样的变化。但是,莫斯科原则上是不会放弃对阿富汗人民民主党的支持的,否则这就意味着它将退出阿富汗,而这是根本不可能提及的事。

如果苏联领导人忽视喀布尔的变化,那么阿富汗人民民主党领导人就极有可能通过其他渠道寻求阿富汗社会现代化所必须的资金。在冷战和两极世界条件下,这种资金的来源只存在唯一一种可能的选择,那就是通过亲西方的石油生产大国,如沙特阿拉伯,倒向以美国为首的西方国家联盟。事情如果按这样的途径发展,那将会让苏联领导人非常不舒服,因为这会给当时苏联已存在的南部安全体系构成直接威胁。

莫斯科按照诸如在埃及和叙利亚的模式对阿富汗改革者进行大力援助,这也许将不可避免地导致喀布尔独立自主性和作用的提高。因此,在这种情况下,它就无法确定喀布尔的政治倾向是否会像埃及安瓦尔·萨达特时期那样在一天之内发生变化。阿富汗作用的提高是现代化进程发展不可避免的结果,这是苏联领导人所不愿见到的。在莫斯科全球范围支持下的东方社会的社会主义改造试验,在距莫斯科边界最近的地方表现出了危险。要知道,阿富汗在历史上形成的落后状况是保持这个国家缓冲地位,以及维护苏联南部边界安全最佳和最经得住考验的方法。

苏军入侵阿富汗应当被视为苏联通过极端方式解决1978年革命引起的地缘政治问题的一种尝试。莫斯科试图于1979年开始前全面确定对阿富汗革命的态度。首先是阿富汗人民民主党的革命者极力使苏联相信,有必要扩大苏联在阿富汗存在的规模,很明显他们只有从苏联那里才能获得加速现代化进程必需的资金。显然,莫斯科一开始并没有表现出要改变同阿富汗现有关系的特别愿望,但是苏联对阿富汗已有的援助规模已不足以解决那些摆在阿富汗新一代领导人面前的问题。

---

① 《独立报》,1998年3月14日,第44期。(Независимая газета. 14. 03. 1998. № 44.)

阿富汗人民民主党内部人民派(哈尔克)和旗帜派(帕尔恰姆)之间的斗争、阿富汗新一代领导人在阿富汗社会开始着手进行改造的尝试,客观上增强了国家的紧张局势。另外,反对阿富汗人民民主党的阿富汗各派别,诸如希克马蒂亚尔、盖拉尼及其他成员都躲到了巴基斯坦。此时,伊斯兰堡已对喀布尔新一代领导人的意图非常担忧,因而阿富汗反对各派自然会得到巴基斯坦的全力支持。

阿富汗四月革命引起了苏联中亚—阿富汗—巴基斯坦一线地缘政治轴心局势的紧张,这要求相关各方作出慎重决定。形势变得如此复杂是因为,自从 20 世纪 20 年代苏联在前俄罗斯帝国南部边界巩固了自己的地位时起,该地区总的地缘政治状况便没有发生过改变,因此各方,首先是苏联,没有在新的形势下行动的实际经验。缓冲国阿富汗内部的形势在中亚总的安全体系中一直是一个不重要的因素。因此,如果"宗法制"阿富汗社会的觉醒对苏联、巴基斯坦和印度领导人不是一个意外的话,那么至少,这种觉醒在这些国家不会引起特别的关注。1978 年阿富汗四月革命客观上是所有这些相关各方所不愿见到的。

根据冷战时期集团间的对抗逻辑,1979 年苏联对阿富汗的直接扩张可以被看做是对中亚地区至此已形成的一种力量平衡的破坏。从这一观点出发,武装入侵阿富汗乍一看的确是苏联作出的欠周详考虑的一步。我们可以设想,阿富汗国内可能会出现因宗教而引发的对抗的增强和西方国家联盟可能对它的支持。但是,促使苏联领导人走这一步的理由也应该是极其充分的。

另一方面,对苏联而言,作出干涉阿富汗的决定也是完全合乎逻辑的。在阿富汗问题上再返回到1978 年四月革命前的原状已没有可能。然而,苏联先前对阿富汗的援助规模已明显不足以巩固它在阿富汗的存在。因为,一方面,阿富汗没有实现已宣布的现代化纲领的条件(由于缺乏必要的资金);另一方面,阿富汗人民民主党的支持者已作出了对阿富汗传统社会结构施加压力的尝试。

由于阿富汗人民民主党内部残酷斗争的上升、1979 年 9 月 14 日的政变和阿富汗总统塔拉基的死亡,以及各反对派活动的急剧增多,阿富汗国内总的局势越来越不稳定,所有这一切都大大增加了对苏联安全的不利因素。

1979 年 3 月,苏联领导人第一次不得不考虑武装进入阿富汗的问题。3 月 16 日,也就是赫拉特省省会赫拉特市爆发起义后的第二天,阿富汗总统塔拉基向苏联提出了这个请求。赫拉特爆发武装起义是在 3 月 15 日,距苏联边境约 70 公里。参加起义的有政府军第 17 师的一支分队。[①] 此前不久,即 1979 年 2 月 14 日,阿富汗激进左派劳动者敢死队组织成员在喀布尔绑架了美国大使阿道

---

① K. 勃鲁坚茨:《旧广场上的三十年》,莫斯科:《国际关系》1998 年版,第 463 页。(Брутенц К. Тридцать лет на Старой площади. М. : Международные отношения. 1998. С. 463.)

夫·达布斯。劳动者敢死队组织成员想从狱中解救一位名叫巴赫鲁德丁·巴埃斯的领导人,此人起初属阿富汗人民民主党成员,后成为劳动者革命党成员。后来在试图解救此人的过程中,阿道夫·达布斯被武装安全人员杀死。[①] 以上这些事件清楚地表明,阿富汗新领导人渐趋失去控制国家局势的能力。

　　3 月 17—19 日,苏共中央政治局举行会议讨论阿富汗局势。苏联最高统治机关用了 3 天时间开会讨论了阿富汗问题。当时,苏联领导人拒绝了阿富汗人民民主党领导人的请求。但是,政治局会议确定了苏联关于阿富汗问题的基本立场。参加莫斯科会议的大部分人,包括外交部长葛罗米柯、国防部长乌斯季诺夫、克格勃(苏联部长会议国家安全委员会)主席安德罗波夫等等得出结论认为,苏联不应该丢掉阿富汗。"三月份表明了苏联领导人的坚定立场,那就是'不放弃阿富汗',同时他们还对喀布尔政权正在失去威信和阿富汗局势恶化的主要内部根源有了清醒认识。"[②]从当时担任苏共中央国际部第一副主席的卡伦·勃鲁杰涅茨的观点可以合乎情理地得出这样的看法:阿富汗现任领导人无力保证国家的稳定,但是由于这个国家对苏联作用重大,所以有必要直接对其进行干涉。就是政治局三月份的决策实际上决定了苏联于 1979 年 12 月对阿富汗的军事入侵。

　　另外,在同一时间,阿富汗邻国伊朗爆发了后来被称为"伊斯兰革命"的大规模事变。1979 年 3 月 15 日,赫拉特爆发起义,起义就发生在最靠近伊朗的地方;而在此前一个月的 2 月 9—11 日,伊朗边境就已爆发了德黑兰武装起义,巴列维王朝政权被推翻。[③] 1979 年的伊朗二月革命、1978 年的阿富汗四月革命和后来发生的一系列事件,彻底改变了该地区的地缘政治版图,并迫使处在竞争中的世界强国苏联和美国全力以赴保持自己在该地区的存在。

　　就这样,美国因 1979 年伊朗革命而失去了对该地区最大强国伊朗的影响。直至 1979 年革命为止,德黑兰一直是美国在该地区影响最坚定的传播者。而就苏联而言,中亚和高加索穆斯林人口的迅速增长,以及穆斯林世界与伊朗革命相关的一些进程对它构成了严重的威胁。

　　也许,在相邻的阿富汗,伊斯兰因素成为决定性因素的可能性非常大。莫斯科有一切理由认为,阿富汗人民民主党最终可能会把国家政权让位于在伊斯兰复兴口号下活动的某些组织。伊朗的事例表明,即使有丰富的物质财富、大规模

---

　　① 《阿富汗:简明人物志》,莫斯科 2002 年版,第 63 页。(Афганистан. Краткий биографический справочник. М. 2002. С. 63.)

　　② К. 勃鲁坚茨:《旧广场上的三十年》,第 467 页。(Брутенц К. Указ. Соч. С. 467.)

　　③ С. Л. 阿加耶夫:《伊朗之今昔》,莫斯科 1987 年版,第 46 页。(Агаев С. Л. Иран: между прошлым и будущим. М. 1987. С. 46.)

的武器供应,甚至出售石油所得的大量金钱,那都无法确保政府的稳固。

毋庸赘言,伊朗和阿富汗的形势有很大差别。但是,对莫斯科来说,主要是该地区明显存在着对苏联地缘政治利益的潜在威胁。在这方面,伊朗经验给苏联领导人带来了极其消极的影响。在莫斯科看来,失去阿富汗可能意味着该地区业已存在的一切安全体系都将面临崩溃。因此,较之1979年2月美国因巴列维王朝政权的垮台而失去在伊朗的影响这一结果,苏联觉得失去阿富汗对它来说可能更危险。

因此,对莫斯科来说,干预阿富汗问题便可以防患于未然。总之,正在出现的不利形势以及对阿富汗人民民主党革命者是否有能力控制国家局势的疑虑,最终促使苏联对阿富汗事件进行直接干涉。但是,苏联领导人却陷入了"殖民地思维"的陷阱。莫斯科对待阿富汗总是像对待欠发达的附属国一样,因此它的确没有预料到在该国采取军事行动会带来多大的问题。

苏联与期待转变的阿富汗

阿富汗部分上层加速现代化的意图,客观上对当时苏联业已存在的地区安全体系的稳定带来了严重困难。

从20世纪70年代中叶起,苏联南部边界开始出现了紧张的趋势。这是内外两种状况制约的结果:一方面,穆斯林世界的政治积极性和作用不断增强,出现了所谓的"伊斯兰热";另一方面,苏联国内的穆斯林人口数量迅速增长。对于莫斯科来说,这两个因素密切相关。穆斯林积极性的高涨使得苏联南部边境的外部压力迅速增强,同时也对苏联的未来地缘政治安全构成直接威胁。苏联,主要是苏联中亚地区,穆斯林人口急剧增长。可见,来自南部"穆斯林超民族"的压力和中亚自身穆斯林人口数量的迅猛增长,给苏联的长远安全构成了严重威胁。

我们必须指出的是,从1921年苏阿条约签署到70年代末为止,苏联领导人彻底完成了对阿富汗的介入并提高了控制局势的水平。这个宗法制的、发展落后的穆斯林国家实际上没有表现出独立自主的政治积极性,其有世俗倾向的领导人总是对莫斯科现出了忠顺,同时仰仗其最必须的物质援助。

1978年四月革命前,苏阿相互关系体系建立在一系列法律条文基础之上。这些条约包括,1931年签署的苏阿中立与互不侵犯条约,该约一直延续到1956年;1972年7月11日签订的苏阿经济与技术合作协定;1974年3月签署的新贸易协定。在以上这些文件基础上,到70年代中叶,阿富汗在苏联的协助下已投入运营80个项目。在对阿富汗的外援中,苏联援助的比重达到60%~70%,其商品流通额占了阿富汗的 40%。① 这些数据证明了苏联和阿富汗关系中十分明了的原则。

事实上,这指的是查希尔·沙阿国王君主专制时代和民选总统达乌德执政时期。毫无疑问,1978 年前的阿富汗在很大程度上可以被认为处于苏联的势力范围之内。阿富汗还额外地发挥着把苏联中亚同亚洲正在进行的进程影响分割开来的缓冲国功能。而这种"缓冲"原则的确立则主要基于以下几点:

第一,苏联中亚同南部外界的影响完全隔绝;

第二,苏联在阿富汗保持着经济和文化存在;

第三,传统阿富汗社会的落后与政治的消极。

苏联认为,截至 1978 年四月革命,即阿富汗人民民主党在塔拉基领导下发动军事政变掌握国家政权之时,苏联在阿富汗的存在程度客观上已无法适应当时全球变化了的形势和对苏联安全上升了的威胁。长远战略目标要求苏联领导人加强对该地区的介入。这是由内外原因综合决定了的。

内因:

20 世纪 30 年代,苏维埃政权在中亚最终确立之后,苏联生活方式进程不断深化,苏联社会组织体系持续扩展。它们以有别于苏联欧洲部分,甚至不同于哈萨克斯坦类似进程的方式渗透到中亚各共和国的穆斯林居民当中。乌兹别克、塔吉克和土库曼社会传统而封闭,在制度和社会方面"苏维埃化"程度很差,但是"苏维埃化"又是清除社会内部昔日已有制度关系的先决条件。这些社会,一方面,较快地全面适应了苏联的社会组织制度;另一方面,又在很大程度上保持并遵循着伊斯兰内部严格的传统组织性。中亚的"苏维埃化"和现代化两种进程在时间和空间上是一致的,两者原本相互补充、互相支持。

伊斯兰教同中亚传统社会的社会组织体系紧密地交织在一起,这一点同苏联东正教教会的状况尤其形成鲜明对比。东正教教会从一开始就带有优越的国教特征,在苏联政治制度下,它由于受到政治和社会方面强大的作用而变得十分脆弱。伊斯兰教则主要依靠的是穆斯林社团内部封闭的社会组织。因此,在俄罗斯中央"苏维埃化"的进程中,苏维埃政权反对官方教会的斗争较之中亚反对伊斯兰社团的斗争效果明显得多。"苏维埃化"进程的主要任务是摧毁社会内部的联系、调动积极性并保证每个独立个体彻底忠信苏维埃政权。

在苏联统治的前三分之二时间内,中亚的这一问题并未得到解决,这关系不大,因为,尽管中亚传统社会的内部体系不可能被彻底摧毁,但是来自体系之外

---

① 《现代亚洲指南》,莫斯科 1997 年版,第 163 页。(Современная Азия. Справочник. М. 1977. С. 163.)

严格而彻底的意识形态与政治控制,以及中亚人口和经济在整个苏联的微不足道,就可以弥补这一不足。从 20 世纪 60 年代开始,中亚各共和国的人口大爆炸可以被视为形势开始发生变化的前兆。到了 70 年代末,这已成为苏联政府行将面临的一个严重的政治问题。由于保持着内部体系紧密联系的苏联穆斯林人口迅猛增长,这就使得国家无法再对其实施直接的意识形态控制;另外,人口的这种迅速增长,还迫使苏联必须得考虑正在全面上升的来自外部伊斯兰世界的可能影响。

实践证明,强制措施无法摧毁穆斯林统一的传统社团体系。斯大林时期,在镇压穆斯林少数民族时,这一点表现尤为突出。统一的内部体系使得印古什人、土耳其—梅斯赫金人、巴尔卡尔人、车臣人和克里米亚鞑靼人,即使散居于人口较多且关系比较亲近的民族中也能保持高度的民族同一性。

外因:

在这种情况下,1978 年的阿富汗四月革命迫使苏联领导人必须作出抉择。阿富汗革新派极力推行社会现代化所取得的胜利,要求对苏联南部边界业已形成的安全体系进行修正。

一方面,要么继续推行苏联中亚现行的隔绝政策,从 20 世纪 20 年代开始所有的安全体系都建立在这个基础之上,也就是说继续保持不干涉阿富汗内部事务的政策。另一方面,要么利用已有条件向阿富汗积极推广苏联社会组织模式并以此建立新的苏联安全体系,从而把这一体系从苏联各中亚共和国边境移开,使中亚免受可能来自外界的影响。

但是,在第一种情况下,如果莫斯科不再过问阿富汗人民民主党革新派的事并听之任之,同时尽力保持与南部邻居的传统关系体系的话,那么客观上苏联有可能在将来失去对阿富汗的影响。因此,在这种情况下,阿富汗社会现代化的客观进程就有可能转而寻求其他的财政来源、物质的和道义上的支持。20 世纪 70 年代末,伊斯兰世界日益强大的作用使得这一点完全可以变为现实。

阿富汗一部分上层力图推进现代化进程(阿富汗人民民主党旗帜派和人民派),而另一部分则试图在现代化进程条件下复兴传统伊斯兰价值观(古尔布丁·希克马蒂亚尔)。冷战期间,传统伊斯兰社会的现代化有许多不同的表现形式(从卡扎菲的利比亚社会主义到波斯湾国家的保守制度)。然而,全球阵营对抗的总的逻辑,不可避免地迫使企图推进传统穆斯林国家现代化的上层人士选择能够为其现代化提供必需的资金的一方。

因此,1978 年的四月革命,总体看来对苏联在中亚地区的长期地缘政治利益极为不利。该地区出现的新形势要求苏联领导人寻找可以消除阿富汗革命可能带来的消极影响的出路。喀布尔的阿富汗人民民主党领导人要求苏联支持阿富汗新领导人,就像它支持具有社会主义倾向的东方穆斯林国家那样。

在同西方的利益对抗中,莫斯科通过对"第三世界"工农业生产、教育、军队装备与更新装备的现代化提供物质技术资源,确保了自己在这些国家的影响。在各个不同时期,苏联通过向埃及、叙利亚、利比亚、伊拉克、也门人民民主共和国和埃塞俄比亚等国家执政者的大规模援助巩固了自己的地位。无疑,阿富汗人民民主党的领导人认为,阿富汗的政治更迭将会在莫斯科领导人中得到类似的支持。

然而,阿富汗革新派估计不足的是,阿富汗的变化给其缓冲带的稳定带来了威胁,而这是苏联在南线地缘政治安全的一个基本要素。正是这一点注定了莫斯科会作出倾向于干涉阿富汗领土的选择。由于苏联无法忽视已发生的变化并恢复阿富汗原有的地位,所以它决定采取大规模的干涉行动,对阿富汗实行严格控制。因为阿富汗不仅应该充当隔绝外界影响的缓冲国,它还应该成为苏联在中亚政策的延续。

莫斯科作出决定干涉阿富汗内政事务,它详细制定的行动方案应该说有别于苏联与同盟国家之间关系的经典刻板模式(这种刻板模式指的是在当地政治上层高度自治的情况下提供大规模的物质援助和苏联专家顾问)。

阿富汗毗邻苏联边境及其所面临的问题特点,注定苏联将最大限度地直接参与随后发生的事件,与此同时,事实上也预先决定了当时总统阿明的命运。为了解决新问题,莫斯科不会允许喀布尔简单地存在一个在埃塞俄比亚、古巴、安哥拉或朝鲜都曾出现过的忠顺的政治家或拥有高度自治的忠诚的政治组织。对阿富汗采取行动的逻辑是建立苏维埃在 20 世纪 20 年代反对中亚社会的军事行动的经验基础上的。那就是,采取闪电军事行动打击中央统治机构并同时由地方亲苏分子组建政府,后者身负使命并在行动中完全仰赖控制着社会生活各个领域的苏联当局。初一看,苏联直接攻击对自己万分忠顺的阿明总统府,既不合乎逻辑,也无必要。但是,鉴于 20 年代的经验和逻辑,它对苏联巩固自身在阿富汗的存在具有巨大的象征意义。

从某种程度上讲,1979 年的苏联军事行动是其 20 年代中亚政策的延续。军事入侵的总的任务就是确立对阿富汗社会的超体系控制,就像 1920 年占领布哈拉汗国后随即对其社会结构和传统价值施加大规模影响那样。因此说,70 年代末苏联在阿富汗保持存在的目的与当年的政策如出一辙。如果说阿富汗不是通过一体化直接变为苏联的一个组成部分的话,那么,同 20 年代在中亚的军事行动相比,就是在一个新的质的水平上对阿富汗社会进行一次全面的改革尝试。

可见,第一,随着 20 世纪 70 年代波斯湾出现石油热和伊朗革命取得胜利,与之相关的伊斯兰世界的积极性普遍得到提高,这客观上威胁到了苏联的南部边界安全体系。莫斯科有充分的理由认为,缓冲国阿富汗是该体系中的一个薄弱环节。第二,苏联国内穆斯林人口的快速增长,以及传统穆斯林社团内部高度的社会组织性和其他不受苏联体制影响的自治性(尤其是在中亚各共和国),所有这一切都被莫斯科视为不久的将来对国家内部安全的威胁。

总而言之,正是这两种情势对莫斯科产生了明显的决定性影响,这使苏联完成了从南部边界的隔离主义政策向积极进攻的地缘战略方针的转变。事实上,也就是说,必须确定和提出一个能够把伊斯兰世界对抗线推移到尽可能远离苏联南部边界的任务。

阿富汗邻国伊朗的事件极有可能是苏联采取军事行动的直接借口。1979年2月,伊朗爆发革命,革命的结果是,该地区力量对比发生了急剧变化。以最后,美国失去了对地区最大强国伊朗的影响,要知道,伊朗在70年代是美国在波斯湾地区和苏联南部边境发挥作用的一个重要因素。1979年,从冷战逻辑出发,我们可作出合乎逻辑的推测,华盛顿将通过某种方式尽快弥补自己在"伊朗"的损失。显然,对美国将会在该地区采取积极行动的预期构成了莫斯科地区政策的主要内容。

苏联领导人感到特别不安的是,1979年9月,哈菲佐拉·阿明发动政变夺取政权,导致阿富汗局势出现不稳定。作为阿富汗人民民主党领袖和阿富汗总统的阿明,较之被他推翻的前阿富汗总统塔拉基,他的行动更加我行我素。莫斯科从根本上失去了对自己监管的喀布尔政权的信任,这就造成了形势的不稳定,而这种形势主要将威胁到苏联在南部边界的稳定。

1979年11月4日,伊朗穆斯林学生组织,即伊玛目霍梅尼政策追随者组织发动事变,暴力夺取美国驻德黑兰大使馆。① 伊朗爆发美国人质危机后,巴扎尔甘政府总理迅速辞职。"这是依然在政治舞台上(伊朗的——作者注)的自由主义阵营派别最后瓦解的开端。"②

德黑兰和华盛顿的冲突在伊朗日益激烈的内部政治斗争背景下展开。1979年12月2—3日,伊朗就新伊斯兰宪法举行全民公决。全民公决后,"圣城"库玛、大布里士和伊朗阿塞拜疆地区的其他城市迅速爆发了霍梅尼与沙里亚特马达里(自由主义宗教派别活动家——作者注)支持者之间的激烈冲突。在大布里士,事件事实上发展成为反对中央政府的起义。③ 冲突被镇压,伊朗创建伊斯兰国家的进程得到加强。1980年1月25日,伊朗伊斯兰共和国举行总统选举;

---

① С. Л. 阿加耶夫:《伊朗之今昔》,第79页。(Агаев С. Л. Указ. Соч. С.79.)
② С. Л. 阿加耶夫:《伊朗之今昔》,第79页。(Агаев С. Л. Указ. Соч. С.79.)
③ С. Л. 阿加耶夫:《伊朗之今昔》,第83页。(Агаев С. Л. Указ. Соч. С.83.)

同年 3 月和 5 月进行议会选举。

　　与此同时,同美国的人质冲突仍在继续,这次冲突最后持续了 14 个半月,直到 1981 年 1 月才告结束。然而,1979 年底的时候,还没有任何迹象表明,与伊朗周边及其内部尖锐局势相关的地区事件将会朝着什么样的轨道发展。开始于 1979 年 11—12 月的德黑兰美国人质危机和该地区局势的普遍紧张,显然成为推动苏联领导人于 1979 年 12 月 27 日开始干涉阿富汗的直接借口。

平衡的破坏

　　尽管苏联在阿富汗的行动旨在加强它在该地区的存在,但事实上这种举动却削弱了它自身。

　　苏军入侵阿富汗主要在于,它破坏了中亚地区的地缘政治平衡。1979 年伊朗伊斯兰革命和巴列维亲美政府的垮台使美国失去了在该地区的影响,而阿富汗事件实际上给美国提供了一个弥补损失的机会。美国开始以巴基斯坦政府为中介向阿富汗反对派提供大规模的援助,阿富汗反对派的中心就在巴基斯坦西北边境省的白沙瓦城。

　　苏军入侵阿富汗要求莫斯科采取一种可行的行动方针,这一方针应该能够安置大量居民并缓和因苏联在这个国家的存在而带来的消极影响。自然,苏联的存在因素和阿富汗人民民主党革命者的活动,都集中到了阿富汗社会的现代化问题上来。那就是实行大规模的物质资源供给,积极进行学校、医院和通讯设施的建设,无疑,所有这些进步措施实际上给阿富汗社会的传统结构造成了直接的压力。

　　阿富汗现代化进程发展中的一切先进举措,极大地震动了传统社会的结构和价值体系。现代化进程和传统社会利益之间的客观冲突是大多数穆斯林社会的典型特征,然而在阿富汗则因外国(苏联)的存在而被强化。

　　阿富汗人民民主党革新者推行的现代化,在舆论上同苏联的占领联系起来。在苏联援助下,包括社会领域在内的大规模改革,使得传统社会结构迅速破坏并引起对抗的加剧。因此,现代化进程的结果正好成为反苏斗争的对象。"战前(在阿富汗——作者注),在保护人—被保护人相互关系、课税、国家教育体系发展以及道路、堤坝和其他项目的建设中,有限且不断发展着的相互作用业已发生。十五年战争戏剧性地改变了这些进程的内容。在宣战之前,传统社会和现代化生活之间的斗争就已存在。这是封闭的有组织的传统权力结构之间的一场斗争,这种传统权力以诸汗和马利克派(传统部族领袖和地主)为领导,他们感觉到了来自喀布尔、马扎里沙里夫和其他城市已西方化和苏联化上层的威胁。

战前,国内对外国投资、基础设施发展和技术合作方案等都是开放的。传统权力与文化结构逐渐被纳入这一进程。反对苏军和阿富汗人民民主党政权的吉哈德(圣战),改变了传统社会和现代化进程相互作用的辩证关系。对抗的第一种结果是,几千所学校和行政机关大楼被毁,几百名教师被杀。共产主义的象征遭到攻击,然而从另一方面讲,这可以被视为一场由部族社会作用进程引起的反对城市威胁的乡村革命。"①

阿富汗反对苏军和亲共政权十三年战争导致的一个重要结果是,破坏了四月革命前阿富汗社会内部结构中业已存在的力量平衡和地方分权,这从一开始就使得快速恢复统一的阿富汗国家几乎成为不可能。

阿富汗民族与宗教集团的力量配置发生了重要变化。直到1978年四月革命前,阿富汗传统社会中历史上占优势地位的民族是普什图人。为了阿富汗权力与势力的斗争,往往都发生在执政的普什图上层内部,许多民族与宗教少数并不参加这种斗争。阿富汗现代史上所有主要活动家,其中包括阿富汗最后一位埃米尔查希尔·沙阿、1978年四月革命期间被推翻的达乌德总统、1979年被谋杀的阿富汗人民民主党领袖塔拉基、1979年在苏联特遣部队进攻总统府时被打死的阿明、1986年被免职的卡尔迈勒、1996年秋塔利班占领喀布尔后被绞死的最后一位阿富汗亲苏领导人纳吉布纳,以及阿富汗大部分莫扎赫德(穆斯林游击队)领导人,都是普什图传统上层的代表人物。始于1979年苏军入侵至1992年纳吉布纳政府倒台的军事行动耗费了苏联和美国两个超级大国的巨大财富,它不但要求军事力量最大限度的集结,而且也引起了阿富汗社会组织体系的重大变化。

阿富汗国内战争的升级,是阿富汗人民民主党领导人在苏联物质和军事援助下进行阿富汗社会现代化尝试的第一个结果。这种尝试在很大范围内触动了大多数普什图人的利益。普什图人是阿富汗政府军和反政府穆斯林游击队的主要组成部分,其中最激烈的军事行动就发生在阿富汗中部、西部和南部的普什图人地区,这些军事行动造成居民的巨大伤亡并最终引发大量难民。

国内战争的第一阶段,阿富汗难民主要分为两股:一股是巴基斯坦的阿富汗难民,1978年底为3万,1979年12月达到50万,1980年4月超过70万,而根据1988年统计,难民人数已达到300万左右。另一股是伊朗的阿富汗难民,共计

---

① A.多尼尼:《宽容政策:联合国在阿富汗、莫桑比克和卢旺达的协调》,1996年版,第24页。(Donini A. The Policies of Mercy: UN Coordination in Afghanistan, Mozambique, and Rwanda. 1996. P. 24.)

约 220 万。此外,还有近 300 万名直接迁入阿富汗民主共和国边界一带的移民。① 定居伊朗的许多难民是伊朗语族塔吉克人和什叶派哈扎拉人,前者在战前集中居住于阿富汗西部城市赫拉特地区。伊朗领土上有几个团结阿富汗什叶派信仰者的政治组织,其中最大最著名的是由什叶派哈扎拉人组成的阿富汗伊斯兰统一党。

在白沙瓦七党联盟中,最著名的是阿富汗北方反对派政府总统布·拉巴尼领导的阿富汗伊斯兰促进会和古·希克马蒂亚尔的阿富汗伊斯兰党。其他一些较小的派别则分别由后来担任后共产主义首届国家总统的穆贾迪迪,以及受瓦哈比派支持的阿卜杜尔·拉苏尔·赛亚夫、盖拉尼博士、尤努斯·哈里斯和纳比·穆罕默迪等分别领导。除拉巴尼是塔吉克族之外,其他所有穆斯林游击队领导人都属于普什图传统上层。

在反对苏联占领阿富汗和喀布尔共产主义政府的斗争中,以巴基斯坦和伊朗为基地的穆斯林游击队组织代表着两个不同的派别。两派的区别主要是,阿富汗穆斯林游击队组织庇护国——伊朗和巴基斯坦在对待阿富汗冲突的地缘政治利益上的相互对立。白沙瓦联盟主要拥有美国及其他一些阿拉伯国家(其中主要是沙特阿拉伯)的大规模军事和物质援助。

向阿富汗提供大量武器,包括当时最先进的"毒刺式"导弹被证明是可以有效对抗苏联在南线扩张的必要手段;巴基斯坦拥有美国战略同盟的优势地位,它是给穆斯林游击队分送受援武器并向难民营提供粮食的最重要中介。于是,大部分受援物资便落到了希克马蒂亚尔领导的阿富汗伊斯兰党军队手中,因为此人本身就得到巴基斯坦军方和情报部门的特别支持。自然,直至 1992 年纳吉布纳政权投降为止,希克马蒂亚尔党一直是这些年所有斗争中的武装突击力量。

1979 年,伊朗取得伊斯兰革命胜利并因使馆人质危机同美国断绝了外交关系,随后,它便陷入了复杂的地缘政治境遇。一方面,伊朗在伊斯兰革命的新价值观基础上继续推进社会的整合进程;另一方面,从 1980 年起它便同伊拉克打响了残酷战争,当时整个阿拉伯世界都同情和支持伊拉克,所以这需要全国上下最大限度地集结军事力量。

因此说,在整个 20 世纪 80 年代,伊朗和巴基斯坦相关领土上阿富汗起义者的行动实际上缺乏协调统一。非常明显的是,在这种条件下,阿富汗领土上什叶派组织的军事主动性实质上不敌白沙瓦联盟军队。例如,什叶派哈扎拉人的阿

---

① A. C. 伊瓦辛科:《美国对阿富汗难民和移民的人道主义援助》,《东方》,1993 年,第 3 期,第 61 页。(Иващенко А. С. Гуманитарная помощь США афганским беженцам и перемещенным лицам. Восток[Orients]. 1993. № 3. C. 61.)

富汗伊斯兰统一党军队仅仅控制着阿富汗中部哈扎拉贾特地区,而且也没有采取积极的反政府军行动。

阿赫迈德·沙·马苏德是一位有影响力的战地军事指挥官,他在阿富汗的反抗力量配置中占有特殊地位。马苏德是塔吉克族人,他忠诚于塔吉克族人布尔汉努丁·拉巴尼的政党阿富汗伊斯兰促进会。此人的部队驻扎在具有重要战略意义的潘杰希尔峡谷。马苏德可以从潘杰希尔峡谷威胁喀布尔并切断穿越萨朗山口的唯一一条通向北部苏联边境的通道。

1992 年前,古尔布丁·希克马蒂亚尔可以被视为全阿非正式反对派领导人。他有望得到国内大部分积极进行穆斯林游击战的战地指挥官们的忠诚。他们之所以支持希克马蒂亚尔是因为,希克马蒂亚尔领导的阿富汗伊斯兰党有别于其他穆斯林游击队领导人,该党在很大程度上能够保证向他们提供资金、武器和弹药。另外,希克马蒂亚尔领导的运动多半由普什图人组成,因此其非官方领袖地位在阿富汗人眼中具有夺取政权的必然合法性。

然而,在战争过程中,普什图人对阿富汗局势的现实影响本质上有所减弱。首先,民族与宗教少数,要么在同喀布尔亲共政权的结盟中,要么在反对该政权的战争中,找到了各自的机会。随着苏军入侵,阿富汗国内中南部的大量普什图人因躲避战争迁往巴基斯坦,因此民族与宗教在阿富汗的影响便随之上升。在阿富汗内战中,各地的自然分权进程导致民族与宗教少数聚居区实际上形成了代表各自利益的军事政治派别。比较突出的反对派有控制潘杰希尔峡谷的塔吉克族人马苏德和驻扎于哈扎拉贾特的什叶派哈扎拉人。在阿富汗北方诸省有杜斯图姆将军领导的乌兹别克族民警部队,以及驻扎于萨朗山口以北受纳德尔统率的忠诚于喀布尔亲共政府的伊斯玛仪派宗教运动部队。

1989 年苏军撤离后,阿富汗国内冲突便丧失了反对外国干涉的斗争特点。这种冲突在很大程度上已转变为内战。尽管战斗所需的主要物质和军事资源仍按先前惯性从苏联和巴基斯坦输入,但是苏军撤离之后围绕阿富汗冲突而展开的大规模地缘政治角逐这一历史阶段实际上已经结束了。尽管阿富汗穆斯林游击队与喀布尔亲苏政权支持者之间的内战一直持续到 1992 年,但是很明显,苏联在阿富汗遭到了失败,而这种失败最终又加速了它的垮台。

莫斯科没有完成 20 世纪 70 年代末 80 年代初提出的那些目标和任务,但是已经开始的社会关系改革和自由化进程却把为了苏联命运而斗争的重点从对外政策领域引向了内部问题。因此,在这种新形势下,处于苏联帝国地缘政治意图轨道上为阿富汗而斗争的问题就已经没有什么现实意义了。1989 年之后,同其他所有地缘战略方向一样,莫斯科在南线转向了战略防御。于是,在这种情况下,喀布尔纳吉布拉总统政权遂开始比较独立地执行其缓冲功能,担负起阻断阿富汗穆斯林游击队激进组织给苏联南部边境施加压力的使命。当然,纳吉布拉政权能够顺利存续同莫斯科在苏联南部边境继续奉行战略防御方针的利害攸关。

苏军撤离后,阿富汗现代化进程中的内部矛盾更加清楚地暴露了出来,因为这种进程的发展已逐渐成为阿富汗人民民主党支持者意识形态的主要目标和阿富汗穆斯林游击队恢复现代化之前业已存在的社会关系的诉求。希克马蒂亚尔领导的阿富汗伊斯兰党、盖拉尼与穆贾迪迪代表的温和保皇党,以及白沙瓦穆斯林游击队七党联盟其他领袖的支持力量之所以能够联合起来,是因为他们都有一种通过这种或那种方式恢复革命前业已存在关系的想法。

效忠于喀布尔阿富汗人民民主党政府的派别,是这样或那样被卷入现代化激烈进程的那部分社会阶层。这主要涉及的是国内管理机关、军队、安全系统以及大城市的居民。国家管理机关是阿富汗人民民主党在苏联支持下推行现代化的特殊条件下产生的,由于它受长期国内战争的影响,遂成为阿富汗社会的一支优势力量,当然这其中既包含着阿富汗世俗现代化支持者的强大力量,同时也包含着他们的软弱无能。国家集权可以成功地阻止穆斯林游击队把国家返回到原始宗法制社会的企图,但同时,如果阿富汗没有苏联援助的话,那么其内部财源在当时现有状况下就无法维持国家的强大力量。因此,现代化进程以及与现代化进程相关的阿富汗社会阶层的命运,同纳吉布拉政府的命运一样,完全取决于苏联局势的发展。

同苏联占领时期支持下创建的阿富汗国家管理体系相比,阿富汗穆斯林游击队组织明显缺乏组织性。各自为政的穆斯林游击队不可能在反对纳吉布拉政府的斗争中获胜。1989年苏军撤离之后不久,白沙瓦盟军向南部城市贾拉拉巴德进攻的失败便足以证明这一点。在没有重型武器和军事组织配合的情况下,穆斯林游击队半游击式的非正规部队对主要由纳吉布拉政府控制的设防城市的攻击不可能获得成功。纳吉布拉制度政权的稳固就在于它有能力保持政府控制下的城市之间联络的畅通。在喀布尔政府还有足够财源,主要是苏联的物援而非军援的情况下,它就有把握控制国家局势。因此,在这种条件下,坐落于兴都库什山脉以北的阿富汗北方各省就成为喀布尔政权保持稳固的关键所在。

阿富汗北方有一条从苏阿边境城市海拉通穿过马扎里沙里夫、萨朗山口直达国家首都喀布尔的战略要道,通过这条要道就可以向国内其他地方提供物资供应。也就是说,接下来喀布尔政府就已经可以向南部和西部城市贾拉拉巴德、赫拉特和坎大哈提供必需的物资供应了。居优势地位的民族军队维持着国家北方的稳定。

为了维持该重要战略地区的稳定,喀布尔政府不得不提高少数民族的地位。

这主要涉及阿富汗政府军第 53 师("乌兹别克"师)杜斯图姆将军领导的乌兹别克社团和纳德尔领导的阿富汗伊斯玛仪派社团。

于是,为了保证整个体制的稳定,普什图上层居优势地位的喀布尔政府作出了这样一个并不受普什图人欢迎的决定。1988 年 4 月的选举结果是,人民院(国民会议下院——阿富汗民主共和国立法机关)代表 184 位(其中 9.9% 为乌兹别克人),上院代表 115 位(其中 9% 为乌兹别克人)。[①] 1988 年 6 月,在重新选出的国民会议第一次大会上,乌兹别克代表就已开始要求阿富汗政府接纳自己的代表为成员。乌兹别克社团的政治影响扩大了,这客观上反映了它在维护喀布尔亲共政权稳定中的作用。在很大程度上,这同哈扎拉人在国家北方和阿富汗北方的塔吉克人保持了必要而积极的中立有关。亲伊朗的阿富汗伊斯兰统一党在哈扎拉人当中居优势地位,而阿富汗北部塔吉克人中间的许多人则忠于塔吉克族人拉巴尼和马苏德领导的阿富汗伊斯兰促进会。

亲伊朗的阿富汗伊斯兰统一党部队控制着国家中部的哈扎拉贾特山区,但是在 1992 年之前他们一直持观望态度,没有参加主动的军事行动。在很大程度上,这同德黑兰官方对待阿富汗事件一贯的矜持立场相吻合。阿富汗伊斯兰促进会的军队则集中在潘杰希尔峡谷,该峡谷有一条直接通向萨朗山口的通道。在所有战争中,正是阿赫迈德·沙·马苏德这位有影响的战地指挥官领导常常带领阿富汗伊斯兰促进会部队通过潘杰希尔向萨朗山口施压,使得喀布尔同苏联的交通线经常出现被切断的危险。

概括地讲,20 世纪 90 年代末阿富汗北部的总体形势,取决于 1989 年苏联从阿富汗撤军和 1992 年纳吉布拉政权垮台这几年间发生在该地区的诸多事件。

当时,由于苏联对阿富汗的入侵是全方位、大规模的,所以由阿富汗人民民主党和部分省上层所代表着的阿富汗社会管理体系的利益也具有相对系统的完整性。较之阿富汗社会生活现代化的整体任务和苏联在该地区保持存在的地缘政治目的而言,各地政治、民族和社会派别的利益则仅仅具有局部特点。

1989 年苏军撤离阿富汗,总体形势发生了变化。尽管喀布尔政权仍然保持着表面的完整,但是这还是导致了阿富汗政治和民族内部竞争加剧并出现分裂。阿富汗民主共和国国防部长塔奈将军发动武装叛乱可以视为喀布尔执政上层内

---

① X.哈什姆别克夫:《阿富汗北方的乌兹别克人》,莫斯科:俄罗斯科学院东方研究所 1998 年版,第 50 页。(Хашимбеков X. Узбеки Северного Афганистана. М.: ИВ РАН. 1998. С. 50.)

部斗争复苏的经典例证。① 1979 年苏联陆战队进攻阿明总统府之后,喀布尔首次出现了全方位大规模武装冲突,当然,有关这次冲突起因的说法很多。有的说是由阿富汗人民民主党人民派和旗帜派之间固有的矛盾引起的,也有的说是塔奈同巴基斯坦情报机关以及古尔布丁·希克马蒂亚尔领导的阿富汗伊斯兰党相勾结引起的,等等。然而,从塔奈将军的叛乱可以看清国内总的局势,最为明显和重要的是喀布尔执政上层中间对于摆脱复杂形势的途径和方法存在着尖锐的矛盾。最有可能的是,塔奈将军的叛乱反映出了阿富汗军队中部分普什图军事上层同穆斯林游击队政治组织寻求妥协途径的意图。

也就是说,如果一旦军事叛乱获得成功,那么军队就可以同白沙瓦联盟举行和平谈判,军队上层也就可以在新阿富汗维持自身的地位。因此,在这种情况下,军队上层就可以同白沙瓦联盟多党中的温和组织,如盖拉尼、穆贾迪迪,也许还有哈里斯和纳比的组织缔结同盟。尽管这些党派当时尚未拥有严格意义上的军事力量,但是却具有相当大的政治影响。如果他们能够同阿富汗政府军中普什图族军事上层结盟的话,那就可以极大地提升他们的地位并增强他们同古尔布丁·希克马蒂亚尔领导的强大穆斯林游击队政治组织阿富汗伊斯兰党和少数民族的某些政治组织对抗的能力。

事实上,如果阿富汗政府军中的叛乱能够取得成功,那么对抗双方就可以在温和普什图领导利益的妥协基础上解决阿富汗新中央集权国家的建设问题。如果能够摆脱喀布尔执政当局的意识形态的话,那么军队也许就可以在组建阿富汗新政权结构时给国家带来新开端。自然,在这种情况下也许就可以保留很大一部分业已取得的现代化成果,如教育、国家管理、工业项目以及基础设施体系等。也许只有这样阿富汗普什图人才能保持政治领导权不发生改变。

尽管事态按这种途径发展是完全可行的,但是这却无法让喀布尔政治领导满意,因为这基本上都会触及阿富汗人民民主党的意识形态领导和安全部门的工作。经过多年的残酷战争并且在失去权力的情况下,他们有充足的理由担心会遭到穆斯林游击队的镇压。这首先将涉及阿富汗总统、昔日阿富汗安全部门领导纳吉布拉及其亲信的利益。显然,这种说法只不过是一种假设而已。但是,事实上只有在查希尔·沙阿国王的参与下,在政府军和穆斯林游击队温和派领

---

① 1990 年 3 月 6 日,阿富汗政府国防部长沙赫·纳瓦兹·塔奈将军在喀布尔发动叛乱。叛乱发生在开庭审理先前被逮捕的许多阿富汗军官之际,他们被指控同塔奈勾结。叛乱被效忠于纳吉布拉总统的武装力量镇压。塔奈逃往巴基斯坦,他在那里投靠了希克马蒂亚尔。有推测说,塔奈和希克马蒂亚尔之间的联盟形成于谋划叛乱之前,其目的是为了组建一个以沙·塔奈为代表的阿富汗人民民主党"人民派"和古·希克马蒂亚尔领导的阿富汗伊斯兰党参加的政府。在这种情况下,两党联合的基础是其成员都有普什图族的外壳。资料来源:马丁·伊温斯:《阿富汗新史》,2002 年,第 178 页。

导人结盟的情况下,阿富汗才有可能将中央集权国家思想和现代化进程遭受的创伤降低到最低限度,而且这也是唯一现实的能够从多年战争对抗中走出来的希望。

苏联解体后,纳吉布拉政权的命运实际上已成定数。以叶利钦总统为首的新民主俄罗斯领导人放弃了对喀布尔政权的物质资源援助,它的垮台已不可避免。

然而,纳吉布拉政府军在1992年春天仍然拥有相当数量的军事装备和武器储备。① 所有这一切保证了对反对派军事力量的极大优势。除此之外,政府还得到部分已融入现代化进程的城市居民的大力支持。由此可以看出,阿富汗民主共和国政府从一开始就掌握着可以在1992年春天到来时同白沙瓦联盟穆斯林游击队政治组织举行谈判的重要王牌。

1991年苏联彻底解体后,对纳吉布拉政府而言,举行必要的谈判已成为一个不可避免的问题。喀布尔的确认识到有必要向自己的政治对手作出重要让步。但是,非常明显,它打算通过讨价还价获取最有利的条件。为此,纳吉布拉政府部署了大量兵力作为筹码。另外,反对派复杂的成分又为这种政治策略提供了可能。由于纳吉布拉政府尚不清楚不可避免的政权更迭将以何种方式进行,穆斯林游击队组织中的哪位人物将最终成为领袖,所以它还拥有获得谈判成功的机会。喀布尔局势的发展和喀布尔政权有影响的政治家的立场直接决定着谁将作为继承者获得政府军大规模的军事资源。而这首先也就注定了这一组织将在战后阿富汗保持优势地位,也就是说,阿富汗人民民主党"光荣投降"的可能性非常大。

1991—1992年阿富汗局势的特点是,大批全国性与地方性政治和军事组织都想在新的条件下为自己谋取利益。古尔布丁·希克马蒂亚尔领导的阿富汗伊斯兰党在穆斯林游击队运动中的主导权在很大程度上徒具虚名,这种主导权直接受制于巴基斯坦军事和物质援助的多少。正是由于同巴基斯坦保持着特殊的关系,所以希克马蒂亚尔的组织才能够得到许多地方穆斯林游击队战地指挥官对它的效忠。

---

① 1992年4月1日,阿富汗领土上仍然有30个战役战术导弹和战术导弹发射装置,930辆坦克(Т-54-55、Т-62、ПТ-76),550台БМП-1步兵战斗车,250台БРМД近程地对地导弹,1100辆БТР装甲运输车,1000多门口径为76、85、100、122、130和152毫米的牵引火炮,185套齐射火箭系统(122、140和220毫米),1000多门迫击炮(82、107和120毫米),无后坐力炮(73和82毫米),600多门高射炮(23、37、57、85和100毫米)。空中力量包括30架米格-23,80架苏-17、20和22,12架苏-25,80架米格-21,24架拉-39,24架拉-29,12架安-12,24、15架安-26,6架安-32,伊尔-18,12架安-2,15架雅克-11和雅克-18,30架米-24,25架米-8,35架米-17。资料来源:《国外军事论坛》,莫斯科,1998年,第1期。

　　这使得希克马蒂亚尔可以借助地方战地指挥官表面上对他的忠诚而独树一帜,但是这却极大地妨碍了各地民军集中力量去解决战略问题。"普什图部族民军的软弱在于,由于各自的经济利益和亲属关系,他们被附着在分散居住的各个地方,因此在其他地区无法采取大规模的军事行动。"①更何况,许多地方部队的忠诚是变化不定的。这一点不止一次被证明:曾经有很多倒戈喀布尔官方的穆斯林游击队在民族和解过程中翻了牌。

　　另外,其他有影响力的穆斯林游击队政治组织也不会认同希克马蒂亚尔的优势地位,这其中尤以白沙瓦联盟组织中拉巴尼领导的阿富汗伊斯兰促进会最为突出;背靠伊朗的什叶派组织对阿富汗的前途保持着自己的立场,这其中最大的一个组织是以马扎里为首的阿富汗伊斯兰统一党。苏联撤军后,反对派利益的不统一愈发明显,而有望彻底获胜的前景只是加强了穆斯林游击队不同政治组织之间的矛盾。

　　纳吉布拉政府还是打算平等地推动同各反对派的谈判进程。尽管喀布尔政权控制着阿富汗所有大城市,拥有装备精良、组织性强的军队和国家统治体系,但是它原则上还是做好了同反对派妥协的准备。事实上,喀布尔政府一直都有重返所谓调解阿富汗冲突的"罗马计划"的条件。"罗马计划"是前国王穆哈迈德·查希尔·沙阿于20世纪80年代在罗马生活期间提出的,该计划拟定召开全阿富汗大支尔格会议,即传统大国民会议(它曾被普什图部族使用,后仅作为特有的超议会机关进入阿富汗宪法制度机构)。根据该计划,应由大支尔格组建阿富汗政府。② 也就是说,在大支尔格框架内,阿富汗人民民主党支持者和穆斯林游击队组织推进谈判进程,也许只有这一事实才有可能促使阿富汗在内部调解中达成一定的妥协。

　　1992年春天,阿富汗陷入了内部政治的死胡同,当时解决问题的这些类似方案也许可以成为保持阿富汗国家统一并以最小代价走出内战冲突的现实可能。但是,在1992年的阿富汗条件下,客观地说这只是一种政治乌托邦,因为对抗各方之间的矛盾太深,而且任何一方都有理由认为自己是内战的胜利者,尤其是80年代曾在阿富汗政治舞台上扮演过最重要角色的苏联垮台后更是如此。自然,对穆斯林游击队领导人来说,更谈不上同曾经与苏联同流合污的喀布尔政权合作的问题。

　　正是由于残酷的内战、苏军的入侵以及对阿富汗传统社会组织体系的大规

---

　　① 《阿富汗武装力量史》,莫斯科1985年版,第120页。(История вооруженных сил Афганистана. М. 1985. С. 120.)

　　② A. 达维多夫:《阿富汗:塔利班谋求政权》,《今日亚非》,1997年,第7期,第47页。(Давыдов А. Афганистан. Талибы стремятся к власти. Азия и Африка сегодня. 1997. № 7. С. 47.)

模干涉才导致形成了意识形态的僵化模式。穆斯林游击队为全阿富汗社会的传统价值观,其中包括伊斯兰价值观进行着斗争,它们反对阿富汗人民民主党支持者在苏联支持下对其进行全面改造。由于苏联入侵和阿富汗人民民主党统治期间阿富汗传统社会的全面改造发生在现代化进程框架内,所以说这个国家的伊斯兰传统价值观同现代化进程是直接对抗的。因此,穆斯林游击队获胜将意味着阿富汗的现代化思想、结果和成就必然将招致损毁。

除此之外,在内战和反苏战争年代,阿富汗国家政权体系同样经历了深刻的现代化改造。由于在军事冲突条件下必须对现代化进程和国家统治进行协调,所以国家政权体系不可避免地得到了加强。更何况,在危机形势下,全面照搬苏联的统治经验同样也不可避免地会导致阿富汗民主共和国国家管理体系功能的加强。在喀布尔亲共政权执政期间,这使得在阿富汗意识形态内部冲突中发挥重要作用的阿富汗中央集权国家制度与其所推行的阿富汗传统社会的现代化进程一样不受人欢迎。

苏联解体后,阿富汗人民民主党明显暴露出了将招致彻底失败的暗淡前景,毫无疑问,这也许会导致业已取得的现代化成就将被破坏,其中包括国家政权的基本制度。也就是说,20世纪90年代末阿富汗社会和国家的无序状态,是力图进行现代化的阿富汗人民民主党支持者所代表的部分阿富汗上层同相当一部分不愿放弃传统价值观和传统生活方式者之间冲突的直接结果。1992年以后,在内战中获胜的穆斯林游击队实际上摧毁了现代化的一切成就,其中包括国家管理体系结构。

在喀布尔纳吉布拉政权垮台之前,阿富汗的社会政治形势表现为不同军事政治组织利益的进一步分化。这些组织在战争中加强了自己的地位并且成为相互对抗派别的成员,这主要指的是白沙瓦联盟和纳吉布拉政府。然而,阿富汗的问题却在于,在反对纳吉布拉政府的各派中间没有哪一派的政治力量表现出独掌政权并以某种方式保证继续建设国家的能力。事实上,穆斯林游击队组织既反对现代化,又反对与之密切相关的国家制度。

这里有一种相反的说法认为,从反对现代化和恢复传统价值观的战争逻辑来判断,来自白沙瓦联盟的穆斯林游击队军事政治派别客观上对阿富汗实现国家统一的基础表示怀疑。阿富汗的政权体系基本上建立在以普什图人为优势地位的基础之上,也正是他们构成了白沙瓦联盟这个主要反对派力量支持者的最重要部分。除了塔吉克族人拉巴尼之外,白沙瓦其他所有军事政治组织的领袖都是普什图人。国家制度和现代化进程成果的破坏客观上加快了阿富汗普什图人政治优势的下降。阿富汗中央集权国家的存在无疑标志着普什图人在国内优势地位的延续,尤其应该强调他们在反对苏联和喀布尔亲共政府斗争中的作用。

如果在国家政权分裂的情况下,普什图人的优势地位就会被阿富汗为数众多的各军事政治集团的优势所替代,普什图人在其中将不再占据领导地位。

普什图穆斯林游击队政治组织和喀布尔亲共政权温和代表联盟,这是恢复国内普什图人优势地位的唯一一种可能。或许还有另外一条途径,那就是在体面的条件下,喀布尔制度政权组织整个系统或者部分(如独立卫戍部队)向白沙瓦联盟及其最有影响力的领袖古尔布丁·希克马蒂亚尔投诚。塔奈将军的叛乱明显地表明,20世纪90年代初这种情绪在政府军中大有市场。

不仅仅在白沙瓦联盟组织中间出现了明确自己政治利益的进程,在国内政治必然发生转变的初期,这种类似进程同样也发生在纳吉布拉政府支持者中间,尤其在民族和宗教少数中的表现更为突出。他们对阿富汗普什图人欲恢复政权并重回1978革命前阿富汗社会原有状况的前景感到非常不安,因为这意味着他们在内战中获取的政治地位将受到威胁。

在统一的阿富汗内部,普什图人政权的恢复将会限制民族和宗教少数保护自身利益的机会。因此,为了阿富汗统一国家的复兴,假设喀布尔政府和白沙瓦联盟各党有谈判的可能,同时还会出现喀布尔政权和普什图穆斯林游击队组织所有军事力量联合的前景,那么这也会给民族和宗教少数领袖造成极大的困难。当然,这同样也会触及忠诚于伊朗的什叶派哈扎拉人组织,以及阿富汗北部忠于纳吉布拉政府的伊斯玛仪派乌兹别克族军队,还有加入白沙瓦联盟塔吉克族利益居优势的阿富汗伊斯兰促进会。

1992年春天,阿富汗的战后建设成为所有相关政治组织内部政策的决定性因素。1991年12月,苏联最终解体,阿富汗局势及其未来前景扑朔迷离,这促使阿富汗最有影响的各军事政治派别利益渐趋分离。当然,利益的分离同夺取政权的竞争是密切相关的,如果说所争夺的政权不是全阿范围内的,那也是属于地方省级的。

1992年春天的时候,阿富汗结束多年冲突的前景已经明朗化了,这使得普什图人夺取主导权的问题更趋尖锐。白沙瓦穆斯林游击队七党联盟提出了执掌全国政权的要求。首先提出这一要求的是古尔布丁·希克马蒂亚尔领导的阿富汗伊斯兰党军队。普什图人在白沙瓦联盟各党派中间的优势地位给其参加者夺取政权以额外的合法性。我们必须指出的是,协调阿富汗问题的可行计划,诸如前国王查希尔·沙阿的"罗马计划",曾提议使用能够代表普什图部族政治实践的政治手段(大支尔格——作者注)。然而,在阿富汗反喀布尔亲共政权和苏联的整个战争时期,对穆斯林游击队的支持和领导都是通过白沙瓦——居住着普什图人的巴基斯坦西北边境省省会来完成的,反对派的主要政治组织都在那里立足。

白沙瓦联盟反对派领导人对自己夺取阿富汗政权的合法性和必然性非常自信,国家临时总统西·穆贾迪迪选举胜出再次证实了这一点,事实上,穆贾迪迪只不过是白沙瓦七党联盟中一个小党的领导人而已。普什图人西·穆贾迪迪的胜出本来应该可以巩固胜利后白沙瓦联盟侨民对组建政府和实现阿富汗政权的权利。从另一角度看,西·穆贾迪迪的胜出本来也应该能够限制最有影响力的反对派领导人希克马蒂亚尔的政治野心。换言之,白沙瓦联盟各党做好了在取得必然胜利之后瓜分政权的充分准备,这次胜利本来应该在1992年反对派发动传统春季进攻开始后到来。

众所周知,阿富汗的积极军事行动通常始于春天,因为这时山口积雪开始融化。在1991—1992年的阿富汗冬天,所有相关各方实际上都已清楚地认识到,1991年12月苏联解体后,喀布尔亲共政权十有八九经不住反对派例行的春季进攻。更何况,1991年9月和1992年初美国和苏联经过长时间的谈判已达成了关于从1992年1月1日起停止向阿富汗交战各方提供武器的协议。在这种情况下,俄国放弃坚持让纳吉布拉成为阿富汗新政府成员。① 这一问题的最后解决事实上对纳吉布拉政权作出了判决。

与此同时,阿富汗开始积极着手准备赶走纳吉布拉。在这种条件下,某些政治组织开始了相互之间的利益联合进程,这是那些在白沙瓦联盟主要党派夺取国家政权时未能受益的政治组织,这种联合的基础是他们都不想让普什图人在国家政治生活中复辟权力。首先,一些民族与宗教少数的政治组织与此利害攸关,当然,它们中的大部分都是在内战和传统权力体系发生危机期间加强了自己在国内的地位,而这中间最为突出的是由德黑兰官方支持的什叶派组织。

什叶派组织(其中最大的一个是阿富汗伊斯兰统一党)主要依靠哈扎拉少数民族,控制着国家中部距喀布尔不远的哈扎拉贾特山区。什叶派哈扎拉人避免主动参与反对苏军和喀布尔政权的战争,倾向于采取观望战术。这同德黑兰对阿富汗冲突的总的方针相吻合,那就是全面巩固什叶派组织及其控制的领土,保证伊朗在阿富汗冲突地带有一个施加影响的独特战略基地。喀布尔有影响力的亲普什图政府的复辟不可避免将会对什叶派控制着的独立飞地造成压力,这将威胁到伊朗在该地区的利益。

喀布尔政权可能出现的更迭将直接威胁到纳吉布拉政府同盟者乌兹别克族社团和伊斯玛仪宗教少数的利益。政府军第53师师长阿卜杜尔·拉什德·杜斯图姆将军领导的乌兹别克族以及宗教领袖纳德尔统帅的伊斯玛仪派是保证喀布尔政权在阿富汗北部安全的关键因素,该地区在地理上被兴都库什山脉同国

---

① 马丁·伊温斯,《阿富汗新史》,第180页。(Martin Ewans. Op. cit. P.180.)

内其他地区隔离。乌兹别克族和伊斯玛仪派军队主要控制着从苏阿边境海拉通城到萨朗山口再到喀布尔的战略要道。战争年代,在很多情况下,正是乌兹别克族和伊斯玛仪派的部队阻挡着来自潘杰希尔峡谷阿赫迈德·沙·马苏德穆斯林游击队和来自哈扎拉贾特山区什叶派哈扎拉军队对这条交通命脉施加的压力。喀布尔政权的垮台同时也就意味着这些北方少数在阿富汗政治生活中特殊地位的坍塌。

在白沙瓦七党联盟中,由布尔汉努丁·拉巴尼博士领导的阿富汗伊斯兰促进会地位特殊,该政治组织得到塔吉克族的支持。阿富汗伊斯兰促进会的部队由有影响力的战地指挥官阿赫迈德·沙·马苏德领导,在整个战争期间它控制着潘杰希尔峡谷。毋庸置疑,在穆斯林游击队伍中,马苏德被视为最出色的战地指挥官之一。在白沙瓦联盟内部,这实际上造成拉巴尼/马苏德的政党同古尔布丁·希克马蒂亚尔的组织处于为权力而斗争的竞争中。对阿富汗伊斯兰促进会来说,喀布尔政权的垮台不仅意味着普什图人复辟的开始,同时也意味着与此紧密相关的主要争权对手希克马蒂亚尔影响的增强。

这样一来,喀布尔即将出现的政权更迭首先将严重威胁到阿富汗民族与宗教少数的利益。在新民主俄罗斯作为苏联继承者自动放弃介入阿富汗事务的条件下,阿富汗各派政治组织的局部性利益就摆到了首要地位。最关键的问题就是无论如何也不能让普什图人政权复辟,事实上阿富汗内战前线各方所有民族与宗教少数组织的将来都得指望该问题的解决。这实际上也就意味着阿富汗国家完整性的恢复并不符合阿富汗民族与宗教少数的利益。他们关心的是,如何通过这种或那种方式保持各自在内战期间已获得的独立自主。

正是基于这一点,有必要深入研究 1992 年 4 月 28 日发生的事件,其时喀布尔纳吉布拉政权倒台并进而为阿富汗内战转向新阶段创造了条件。4 月 15 日,纳吉布拉企图乘飞机离开喀布尔,但却遭到了离境限制。之后,纳吉布拉躲进了联合国办事处,国内出现了政治真空。

此后,阿·马苏德、阿·杜斯图姆及其同盟者的军队迅速开进了喀布尔,参加其队伍的有当地民警和喀布尔北部的政府军。[1] 古·希克马蒂亚尔的部队也以类似的方式巩固了喀布尔南部的军队。4 月 25 日,城内爆发了阿·马苏德、阿·杜斯图姆及其同盟者军队同古·希克马蒂亚尔部队的冲突。经过两天的残酷战斗,阿·马苏德最终控制了喀布尔关键据点。古·希克马蒂亚尔的部队被

---

[1]　1992 年 3—4 月,阿·马苏德接触了纳吉布拉政权中的部分非普什图族政党和国家领导人、阿·杜斯图姆及阿富汗伊斯玛仪派领导人赛·纳德尔,并主持阿富汗吉哈德最高会议。1992 年 4 月底,通过共同努力其军队占领了喀布尔,但是古·希克马蒂亚尔的军队被拒绝入内。资料来源:《阿富汗:简明名人手册》,莫斯科 2002 年版,第 161 页。

挤压到城南。4 月 28 日,30 名伊斯兰吉哈德会议成员联合穆斯林游击队各党派,在阿富汗临时总统西卜加图尔·穆贾迪迪的领导下从白沙瓦迁到喀布尔。西·穆贾迪迪宣布阿富汗伊斯兰共和国成立,阿·马苏德担任国防部长,赛.盖拉尼担任外交部长,阿·赛亚夫担任内政部长。① 喀布尔的实权掌握在阿·马苏德手中,事实上他控制着国家首都和前政府军最大的军事基地。在后共产主义阿富汗的政权斗争中,塔吉克族将军穆罕默德·法希姆投诚阿·马苏德可以被视为后者最大的成功,前者曾在 1992 年之前任纳吉布拉的副总统。② 此后,从 1992 年直至 2001 年阿·马苏德身亡,穆·法希姆一直主持布·拉巴尼领导下的阿富汗政府安全事务。根据所有资料判断,穆·法希姆曾任纳吉布拉的副手并在阿富汗安全部门任职。自然,穆·法希姆于 1992 年投诚阿·马苏德也就意味着,拉巴尼/马苏德派别控制了阿富汗共产党安全部门的所有重要资源。阿·马苏德给穆·法希姆安排一个安全部门的领导职务可以认为是他们之间进行交易的一部分。

四月革命最重要的结局是,阿富汗政府军及其资源被不同的政治派别瓜分。西·穆贾迪迪继承的仅仅是国家的正式权力。因此,这为阿富汗各派相互斗争的进一步尖锐化创造了一切条件。非常有趣的是,1992 年 4 月,各民族和宗教少数,如塔吉克族人阿·马苏德、乌兹别克族人阿·杜斯图姆和什叶派哈扎拉人阿·马扎里的政治组织合力占领了国家首都喀布尔,从而恢复了阿富汗中央集权国家并使得普什图人在阿富汗的复辟变成了泡影。

1992 年四月事件让拉巴尼/马苏德政党阿富汗伊斯兰促进会控制了阿富汗民主共和国各权力部门,而实力最强的古·希克马蒂亚尔的穆斯林游击队组织反而落了空。就阿富汗的完整而言,这是一个极其严重的后果。普什图族人古·希克马蒂亚尔的阿富汗伊斯兰党一直对全阿政权怀有野心。虽然塔吉克族人布·拉巴尼对此既无足够的实力,也没有条件,但是其政治组织阿富汗伊斯兰促进会却彻底攫取了喀布尔大部和主要居住着塔吉克族居民的北方诸省政权。

随着布·拉巴尼被推选出来接替西·穆贾迪迪任临时总统,阿富汗国内政权便时常处于分权状态。由于得到阿·杜斯图姆军事行动的协助,阿富汗伊斯兰促进会的塔吉克族部队以及乌兹别克社团军队优先继承了喀布尔和北方诸省前政府军的主要军事基础设施。杜斯图姆占据了苏阿边境城市马扎里沙里夫和海拉通的武器和军需库,而阿富汗伊斯兰促进会有影响力的战地指挥官阿·马

---

① 马丁·伊温斯,《阿富汗新史》,第 181 页。(Martin Ewans. Op. cit. P.181.)

② 马丁·麦科考利:《阿富汗和中亚近代史》,伦敦 2002 年版,第 11 页。(Martin McCauley. Afghanistan and Central Asia. A modern history. London. 2002. P. XI.)

苏德则控制了喀布尔卫成区的主要武器装备,包括喀布尔北部的一个重要军用航空基地巴格拉姆。[①] 除此之外,许多非常担心遭到激进穆斯林游击队镇压的纳吉布拉军官、官员和阿富汗人民民主党职员投靠了杜斯图姆和马苏德。[②] 如果会遭到报复的话,那么这种报复首先将来自白沙瓦联盟党派中最有影响力的领导人古·希克马蒂亚尔。

希克马蒂亚尔试图干预阿富汗首都的权力斗争。与此同时,城内已站稳脚跟的马苏德军队和什叶派哈扎拉人之间爆发了冲突。可以说,自 1992 年春天开始,阿富汗首都便成了一个为权力而进行残酷斗争的场所。喀布尔冲突表明,自1992 年开始,地方战地指挥官包括民族与宗教少数政治组织为了局部利益而展开的武装斗争已成为阿富汗现实政治的主导因素。总而言之,包括希克马蒂亚尔的普什图人政党均未能成功地利用国内与权力更迭相关的形势。

地方战地指挥官的局部利益往往比政治组织的愿望具有更重要的意义。另外,由于苏联垮台,加之反对苏联入侵阿富汗的斗争业已结束,当时由美国给该地区提出的地缘政治目的和任务在许多方面都已经完成,这使得美国和阿拉伯国家也相应地缩减了武器和物资的大规模供应。在战争年代,由于希克马蒂亚尔主要通过巴基斯坦中介成为这些援助的主要受益者,因此那时阿富汗领土上的大部分地方战地指挥官都效忠于其组织。然而,纳吉布拉政权垮台后,阿富汗伊斯兰党的地位客观上被削弱。

来自巴基斯坦援助的减少极大地限制了希克马蒂亚尔领导的阿富汗伊斯兰党保持地方穆斯林游击队战地指挥官对它忠诚的条件。与此同时,对喀布尔全国性政权遗产的瓜分又促生了许多力图实现最大可能独立自主的局部政权中心。

乌兹别克族人杜斯图姆和塔吉克族人拉巴尼/马苏德已在国家首都和北方巩固了自己的地位,除此之外,比较突出的还有喀布尔和哈扎拉贾特省的什叶派哈扎拉人独立大飞地、赫拉特省省长伊斯马依尔汗的地盘及其他许多地方。地

---

① 1992 年 4 月初,阿·马苏德派别最有影响力的指挥官之一比斯米拉·汗同巴格拉姆卫成机场以及驻扎于巴格拉姆区第 40 师的军人举行了谈判。4 月 15 日,巴格拉姆及其卫成部队倒向阿·马苏德一边。比斯米拉·汗被任命为巴格拉姆基地指挥官。资料来源:《阿富汗:简明名人手册》,莫斯科 2002 年版,第 67 页。

② 例如,乌兹别克族人阿卜杜尔·拉乌夫·别吉,曾任上将、阿富汗人民民主党中央委员、马扎里沙里夫师长、帕尔万省巡抚、省卫成长官,纳吉布拉政权垮台后担任阿·马苏德部队参谋长。资料来源:《阿富汗:简明名人手册》,莫斯科 2002 年版,第 64 页。

塔吉克族人阿卜杜尔·穆明,1992 年指挥希比力甘第 70 师民军,纳吉布拉政权垮台后加入阿富汗伊斯兰民族运动,控制着乌(乌兹别克)阿边境海拉通港地区。资料来源:《阿富汗:简明名人手册》,莫斯科 2002 年版,第 15 页。

方分权极大地削弱了希克马蒂亚尔在全国范围内动员各种力量甚至普什图人的能力。全国各地的战地指挥官更乐于固守本地域的现实权力,对布·拉巴尼、古·希克马蒂亚尔、阿·杜斯图姆和阿富汗伊斯兰统一党的什叶派哈扎拉人为控制首都的厮杀保持观望态度。

冷战结束后,在外部(首先是苏联和美国)大规模武器、弹药停止供应的条件下,喀布尔纳吉布拉政权遗留的军需资源便具有战略意义。阿·杜斯图姆和拉巴尼/马苏德的组织在这方面占据了最有利的地位,何况他们依靠的是具有高度民族团结精神和组织性的乌兹别克人和塔吉克人社团。

在阿富汗普什图人可能复辟政权的情况下,民族与宗教社团因担心失去已获得的独立地位,其团结精神会得到加强。由于受许多客观形势的影响,普什图人想在国内恢复昔日统治地位的企图变得非常现实。

首先,这同1978年4月至1992年4月期间因阿富汗政治动荡使得阿富汗普什图族出身的传统上层地位的削弱有关。由于大批传统上层在喀布尔人民民主党亲苏政权时期同苏联合作并在政权机构中任职,因此他们的名声非常狼藉,有一部分人移居到国外。另外,普什图人中也没有出现一个能够领导其复辟运动的突出领导人。只有阿富汗伊斯兰党领导人古·希克马蒂亚尔是这个角色的唯一现实觊觎者,他在整个战争年代都有来自巴基斯坦的特别支持。我们知道,巴基斯坦在阿富汗穆斯林游击队中间对美国、西方国家、阿拉伯国家的军事和物质援助进行着再分配。

然而,古·希克马蒂亚尔并不是阿富汗普什图领导角色的最佳人选。此人遵循激进观点、持反西方的坚定立场,同时还保持着同各种穆斯林极端组织的联系。在很大程度上,这是因阿富汗战争期间来自穆斯林国家,主要是阿拉伯国家志愿者的广泛参与造成的。事实上,在阿富汗反苏斗争中,是美国和其他西方国家刺激了伊斯兰激进主义的发展和传播。"希克马蒂亚尔支持萨达姆·侯赛因和阿尔及利亚的伊斯兰拯救阵线。1993年1月,世界贸易中心发生的爆炸就是由支持阿富汗集团的人干的。1993年开枪射击兰利中央情报局大楼的米尔·阿马尔·坎希同样也是这个集团以前的成员①,他还是一位巴基斯坦普什图部族出身的人。1995年,针对美国驻沙特阿拉伯军事顾问袭击未遂案的许多疑犯也出自这个集团。"②在这种状况下,希克马蒂亚尔在波斯湾战争期间对萨达姆·侯赛因行动的支持尤显突出。阿富汗反苏领导人的这种行动使西方大失所

---

① 2002年11月,米尔·阿马尔·坎希被美国判处死刑。坎希的处决在巴基斯坦激起了反美行动。

② O.鲁阿:《为阿富汗而斗争:原教旨主义与政权地区战略》,《国际政治》,1997年,第8期,第26页。(Руа О. Борьба за Афганистан: Фундаментализм и региональные стратегии власти. Internationale Politik. 1997. № 8. Р.26.)

望,这不仅导致他们同美国和巴基斯坦领导关系的冷淡,同时也自然而然地造成了后者对阿富汗伊斯兰党最优惠待遇政策的收缩。

希克马蒂亚尔是一位最有影响的普什图政治家,他是阿富汗领导权潜在的觊觎者,他的举动是第一次也是最后一次对外政策的重大举措。巴基斯坦供应的终止实际上降低了希克马蒂亚尔影响阿富汗局势的能力。要让许多地方战地指挥官继续保持对他的忠诚已很困难。另外,希克马蒂亚尔也不可能在应有的范围内补充前纳吉布拉政权垮台后来自巴基斯坦领土大规模军事和物资援助的损失。

希克马蒂亚尔的许多竞争对手分享着喀布尔共产党政权遗留下来的丰富遗产。拉巴尼/马苏德、阿·杜斯图姆和什叶派哈扎拉人控制了首都喀布尔和国家北方前阿富汗共和国政府的所有主要物资和军需资源。

南部和西部前阿富汗军队的资源则由赫拉特的独立统治者伊斯玛依尔汗继承,此人同伊朗关系密切并得到阿富汗伊斯兰促进会拉巴尼/马苏德集团的支持。阿富汗第二大城市坎大哈的政权转归地区议会控制,在这里居主要地位的是比尔·赛纳德·阿赫迈德·盖拉尼领导的阿富汗伊斯兰民族阵线支持者。在国家东南部的贾拉拉巴德,占优势地位的是尤努斯·哈里斯领导的第二阿富汗伊斯兰党的支持者,该党支持者由著名的战地指挥官哈吉·阿卜杜尔·卡德尔指挥。① 但是,大多数省份的权力被几个政党瓜分,它们共同组成地方联盟。例如,"希克马蒂亚尔、盖拉尼和伊斯玛依尔汗的人控制着法拉,卡里—巴巴省长(莫哈马迪的支持者)同希克马蒂亚尔和赛亚夫党的战地指挥官一道控制着加兹尼。昆都士则处在马苏德、杜斯图姆和纳德尔三头政治支持者掌控之下"②。1992 年夏,国家分裂既成事实,希克马蒂亚尔领导的阿富汗伊斯兰党仅仅是把阿富汗和喀布尔划分为若干个势力范围的多个集团之一。

在很大程度上,这是因阿富汗战争引发普什图传统社会结构发生严重震荡造成的。在查希尔·沙阿国王、达乌德时期,普什图部族首领被整合到了阿富汗国家体系中。部分普什图上层在喀布尔和国外接受教育,其中许多人后来成为1978 年革命的积极参加者和现代化进程发展的支持者,这在阿富汗内战期间引起了普什图上层和普什图社会内部的冲突。

相对于任何一个政权的中央机构而言,普什图部族积极参与内战导致其自

① R. D. 坎加斯:《对阿富汗国家未来的设想》,《中亚》,白沙瓦大学地区研究中心,1994 年,第 35 期,第 99 – 128 页。(Kangas R. D. Scenarios for the Future of the Afghan States. Central Asia. Area Study Centre. University of Peshawar. 1994. No 35. P. 99 – 128.)

② В. Г. 克尔贡:《阿富汗:政治与政治家》,莫斯科 1999 年版,第 120 页。(Коргун В. Г. Афганистан: политика и политики. М. 1999. С. 120.)

治程度的加强。在反苏入侵斗争中,普什图人积极利用了传统社会组织的这些优势,如拉什卡尔体系(普什图部族地方民军),这使得穆斯林游击队有可能保持高度自治并常常对苏军和政府军施加压力。另外一方面,出于对自身局部利益的考虑,地方民军部队的这种高度自治又具有相当的善变性。

因此,许多依形势而产生的拉什卡尔部队常常从一方倒向另一方,如 20 世纪 80 年代中期喀布尔实行民族和解政策时就是那样。因而,不管是喀布尔政府、苏军,还是白沙瓦政党联盟都积极地采取收买地方有影响力的指挥官的方法使他们倒向或效忠于自己。19 世纪末到 20 世纪初,英属印度当局曾以强制拨付补助金的办法保证普什图部族对自己效忠。① "重要的是,部族民军始终保持着相当高的自治性,它们只不过是这种或那种军队和国家政权机关的临时同盟者而已。"②最后,这只会进一步削弱地方普什图部族与中央集权国家之间的联系。在阿富汗社会的君主制度和达乌德总统时期,国家和普什图部族之间存在的那种关系体到 20 世纪 90 年代初已几乎彻底被毁。

自然,在纳吉布拉政权垮台的那一刻,许多地方性普什图战地指挥官更倾向于在各自部族或县辖区内保持独立自主,他们并不想为统一的阿富汗国家而斗争。国家政权转到了地方部队手中。"民军部队根据各自利益改变了自己的效忠对象,但并不受外部控制的影响。所有这些证明了国家政权和国家本身分解进程的开始,而且这种进程具有长期性。"③俄国作者卡特科夫在著作中曾援引巴基斯坦研究者阿赫迈德的观点,后者认为:"对拉什卡尔而言,他们以参与冲突为荣,这是他们的动因,其目的不是为了建立某种伴随着长期权力斗争的统治。因此,在迅速进攻之后,拉什卡尔的瓦解便不可避免。"④由于长期战争,普什图部族和主要代表其利益的阿富汗国家之间的联系被削弱,这使得普什图人不想再为它的复兴而战斗。

在这个意义上,许多普什图部族事实上已同阿富汗民族与宗教少数联合了起来,它们为了各自的局部(地方)利益而非国家整体利益而斗争。

1992 年,随着纳吉布拉政权的垮台,阿富汗内战第一阶段结束了。这一阶段的结果是,阿富汗形成了许多准备为局部利益进行长期斗争的彼此独立的小

---

① Л. 捷米尔哈诺夫:《东部普什图人》,莫斯科 1987 年版,第 149 页。(Темирханов Л. Восточные пуштуны. М. 1987. С. 149.)

② И. Е. 卡特科夫:《普什图人部族结构之社会观》,《阿富汗:历史、经济与文化》汇编,莫斯科 1989 年版,第 44 页。(Катков И. Е. Социальные аспекты племенной структуры пуштунов. В сб. Афганистан: история, экономика, культура. М. 1989. С. 44.)

③ В. Г. 克尔贡,《阿富汗:政治与政治家》,第 112 – 113 页。(Коргун В. Г. Указ. Соч. С. 112 – 113.)

④ И. Е. 卡特科夫,《普什图人部族结构之社会观》,第 45 页。(Катков И. Е. Указ. Соч. С.45.)

领地。部分阿富汗上层企图通过苏联援助摆脱阿富汗的落后并按苏联模式加速推进国家现代化的尝试,最终以失败告终。

另外,穆斯林游击队对喀布尔亲共政权的胜利,也意味着阿富汗社会生活现代化进程的失败。在这种情况下,阿富汗作为一个统一国家的潜力和国家统治、工业、教育和现代化的大部分成果,几乎被彻底摧毁。同样,这也给阿富汗社会传统上层权威以巨大的打击。总而言之,由于 20 世纪 70 年代末到 80 年代初的一系列激进事件,阿富汗也因此而未能摆脱 19—20 世纪前半叶它作为俄(苏联)、英两帝国在该地区利益缓冲国地位所注定的文明的落后。

阿富汗内战的这种结果客观上满足了相关各方的利益。国家的分裂不仅符合国内各民族与宗教少数政治组织的利益,而且对阿富汗近邻来说也是事态发展的最易被接受的方案,这使得国家在内战期间取得的地位被固化。

1991 年 12 月后,新民主俄罗斯和中亚新独立国家的利益突现出来。持续不断的内战减轻了阿富汗冲突给前苏联南部边界的压力,从而事实上保持了阿富汗作为新独立国免受外来不利影响的缓冲地区的地位。陷入内战的阿富汗本身发挥着替代 1989—1992 年间纳吉布拉政权成功执行着的那种缓冲带功能。但是,与纳吉布拉时代不同的是,1992 年之后的阿富汗内战新形势并不需要中亚新独立国家和俄罗斯在财政和物质上有所耗费,因为致力于内部斗争的阿富汗军政派别当时没有能力给前苏联边境造成现实的威胁。

阿富汗的分裂状况对伊朗伊斯兰共和国也有利,因为这种状况保证了什叶派哈扎拉人组成的亲伊朗组织的独立自主。当然,这也会直接促使德黑兰对阿富汗局势的发展保持影响。至此,伊朗已由先前宣布输出"伊斯兰革命"的乌托邦思想转向了在伊朗领土以外支持地方什叶派组织的实用型政策。这些组织将成为德黑兰影响的传播工具。例如,在以色列边境附近的黎巴嫩,迄今还有一个事实上由亲伊朗的什叶派"伊斯兰党"控制的独立于贝鲁特官方的飞地。类似的例子还有,1992 年亲伊朗的阿富汗伊斯兰统一党什叶派哈扎拉人控制了阿富汗哈扎拉贾特山区的巴米扬省和国家首都喀布尔的部分领土。

纳吉布拉政权垮台后,巴基斯坦陷入了非常复杂的境地。这时,由于阿富汗内战第一阶段的结束,巴基斯坦已经遭受了严重的困难。内战的结束导致对阿富汗难民和穆斯林游击队大规模物援与军援的缩减,要知道当时对这种援助的分配主要由巴基斯坦官方人士来完成。1990 年,美国怀疑巴基斯坦发展核武器而对它实行制裁,制裁的主要后果就是美国终止了对它的军援,在 80 年代这种援助的规模仅次于以色列和埃及。也就是说,巴基斯坦未能将自己在阿富汗战争过程中所处的地缘政治优势带入 90 年代初。

1991 年,尽管巴基斯坦积极参与了波斯湾战争,但是这也不能打消华盛顿制裁它的立场。尽管当时相当多的巴基斯坦舆论对出兵伊拉克持否定态度,但是仍然有1.1万名士兵组成的巴基斯坦远征军参加了反伊拉克的军事行动。然而,就在这一年,美国冻结了向伊斯兰堡提供由洛克希德公司制造并已付款的价值达6.58亿美元的F-16歼击轰炸机。

这明显表明,美国和苏联在阿富汗的对抗结束了,而美巴关系中的另外一些问题,主要是一些同所谓"伊斯兰炸弹"的出现相关的问题被提到了首要地位。例如,1985年美国通过所谓的"普列斯勒修正案",根据该修正案,美国公司无权向任何一个被怀疑制造原子弹的国家出售武器。但是,当美国在阿富汗的战略目标已完成并明朗化之后,该修正案于1990年才开始对巴基斯坦生效。

如不考虑其他方面,对巴基斯坦来说,全新的问题就是阿富汗难民问题。20世纪80年代,阿富汗难民因素给伊斯兰堡带去许多政治和经济分红。但是,阿富汗战争的结束和90年代初西方终止向他们提供给养导致巴基斯坦难民问题的严重尖锐化。

1992年的复杂形势促成了巴基斯坦对阿富汗外交政策的总的方针的出台。古·希克马蒂亚尔是一位从事反对亲共政权和反苏军人侵斗争的领导人,他曾经得到巴基斯坦军方和军事情报机关的庇护,在1992年的四月事件中,他并未能确立对阿富汗中央政权机关的控制。另外,希克马蒂亚尔和巴基斯坦政治领导人对许多政治事件的看法已开始出现严重分歧。从伊斯兰堡官方和希克马蒂亚尔对待伊拉克领导人萨达姆·侯赛因在科威特行动的不同态度就足以证明这一点。

引人注目的是,1992年夏,巴基斯坦事实上成为唯一一个在阿富汗政治舞台上扮演重要角色的外部国家。美国和苏联的离去,以及伊朗传统上有限的参与消失后,也就只有伊斯兰堡可以对阿富汗的内政形势施加重要影响。因此,1992年夏,巴基斯坦军方完全有能力加强希克马蒂亚尔集团对喀布尔近郊的控制,并有能力保证将实权转到白沙瓦联盟的普什图人主要政党手中。但是,对伊斯兰堡而言,恢复阿富汗的统一,形势远非如此简单。一方面,白沙瓦联盟和希克马蒂亚尔作为最有影响力的阿富汗政治活动家,始终以各种方式仰仗于巴基斯坦领导人;另一方面,国内普什图人政权的复辟也许还会不可避免地导致希克马蒂亚尔地位的加强。此时,希克马蒂亚尔和巴基斯坦领导人之间已出现的分歧表明,这位多年的阿富汗权威政治家并不愿意按照伊斯兰堡的直接旨意行事。

原则上,对伊斯兰堡来说,复兴阿富汗国家的问题主要是要保证其具有完全的政治隶属和对喀布尔任何一位可能出现的新领导人实行监控,否则,巴基斯坦将会面临重返已不利的险境,也就是阿富汗政治上层不愿把杜兰线作为两国的边界。

　　为了解决这一矛盾,例如,巴基斯坦总统齐亚·哈克将军于 1987 年提议建立巴基斯坦和阿富汗邦联。应该指出的是,这种思想并不新鲜,早在 1953 年 12 月,尼克松担任美国副总统时,就曾陈述过有利于建立阿富汗和巴基斯坦邦联的意见。更有甚者,这种思想曾两次(1954 年 12 月 9 日和 14 日)在华盛顿国家安全委员会会议上予以讨论,达列斯和海军中将雷德福在会上支持这种观点。1962 年 8 月,巴基斯坦总理马利克·费罗兹汗·农和总统姆·艾尤布汗表达了建立巴基斯坦、阿富汗和伊朗邦联的想法。巴基斯坦方面类似的建议又在 1969 和 1970 年被提出过。① 自然,在这种邦联制中,伊斯兰堡也许会在巴基斯坦上层完全占优势的情况下实现政治领导。例如,它可以通过西北边境省已经稳定地整合到巴基斯坦权力结构中的那部分普什图上层作为中介。从当前条件看,这种方案实际上并不切合实际,而只是就伊斯兰堡对阿富汗的立场和巴阿关系问题作出了一种解释。

　　因此,阿富汗的分裂最符合巴基斯坦当时的利益。总而言之,巴基斯坦领导人更喜欢保持做一个旁观者,所以该国在 1992 年夏最终没有在邻国采取积极的行动。

　　由此可见,1992 年春夏已形成的地缘政治现实和内政因素总和,注定了阿富汗的分裂并为这个国家内战第二阶段的开始创造了条件。

---

　　① Ю. 甘科夫斯基:《塔利班投入战斗》,《今日亚非》,1995 年,第 7 期,第 32 页。(Ганковский Ю. В бой вступают талибы. Азия и Африка сегодня. 1995. № 7. С. 32.)

第四章　苏联解体与新中亚

结束和重新开始

1991 年 12 月,苏联解体,这一事件急剧改变了前苏阿边境北部地区的形势。代之以昔日强大的帝国,这里出现了五个独立国家集团——哈萨克斯坦、吉尔吉斯斯坦、塔吉克斯坦、土库曼斯坦和乌兹别克斯坦,它们被称为中亚新独立国家。

1991 年别洛维日协定不仅给苏联画上了句号,同时也促进了中亚一个历史阶段的结束。这一历史阶段包括俄(苏)和英帝国在该地区进行地缘政治角逐时期(1947 年前)以及苏联在中亚地缘政治空间中取得优势地位(1991 年前)时期。该地区的国家历史新阶段以及同前宗主国发展关系的新阶段开始了。如果说英帝国离去后在该地区留下了两个很快便进入相互斗争的大国巴基斯坦和印度的话,那么苏联解体则以另外一种脚本进行。

我们在这里必须指出的是,从字面意义上看苏联不是一个殖民帝国。苏联帝国同欧洲殖民帝国的主要区别在于,苏联不顾其公民的民族属性极力让所有公民整齐划一,从而在国内建立起统一制度。相反,在欧洲传统殖民帝国,当然也包括 1917 年俄罗斯殖民帝国,宗主国和殖民地之间总是存在着明显差别。非但如此,居住在殖民地的欧洲居民有自己的一套管理、法律体系,而且往往同当地居民分而居之。例如在亚洲一些城市,如上海,人们还可以想起欧洲租界这样典型的制度。1917 年前,中亚的俄罗斯居民同样也有一套有别于当地居民的组织和管理体系。

1917 年之后,苏联中亚的欧洲和亚洲居民之间的界限,连同宗主国和殖民地之间的界限都被抹杀了。苏联中亚同苏联其他领土,包括前"宗主国"俄罗斯一道处在一种相对统一的体系之下。苏联时期,整个国家的居民被看做这个体系的统一机体。"在苏联框架下形成了一套完整的文明体系,尽管政策界限和官方意识形态方针已土崩瓦解,但是该文明体系的内部联系将继续对新独立国家生活的各个方面产生质的影响。"①相反,同 1917 年前的帝俄中亚地区一样,英属印度殖民统治也是建立在对当地社会实行体系外控制的原则基础之上的。况且,这种体系外控制原则不仅仅运用于殖民行政当局直接统治下的当地传统社会,也使用于在形式上独立的国家联合体,如中亚布哈拉埃米尔国和英属印度克什米尔公国都属此类。

因此而言,1947 年英帝国终止其在该地区的存在与 1991 年苏联终止其在该地区的存在有根本的区别。英国离去没有给英属印度传统社会的组织体系带来任何显著变化,而且此时英属印度领土上已经出现了由传统上层代表组成的旨在为终止英国的存在而斗争的有影响力的社会政治运动。

对苏联中亚来说,苏联的解体则主要意味着统一的统治中心的消失,该统治中心曾经对中亚各共和国生活的方方面面实行过整体的体系控制,包括经济管理、外交政策、安全体系、国家与社会主要意识形态功能原则的制定等等。作为苏联中央集权统一体系的一部分,中亚各共和国在通过最重要的决定时几乎没有什么独立自主权。苏联解体让它们在瞬息变化的世界寻找自己的地位,这个问题主要将涉及中亚新独立国家的统治上层。

在英属印度,殖民行政当局和当地社会都保持着高度的自治,在它们中间充当中介的传统上层同前苏联各共和国上层不同,后者被最大限度地整合到了前苏联上层成员中。苏联上层的形成是按统一的标准和原则进行的,上层的所有行动同样都是按照党政管理干部统一整合的基本统一方针进行的。苏联统一机构上层体系的统一是国家生命力的重要组成部分。

相反,在英属印度,新社会政治上层在很大程度上是自主形成的,这得归功于英国人推进传统生活现代化进程所带来的工业、教育的发展等等。

在无可辩白的西方文明的影响下,英属印度新社会政治上层在其自身形成过程中,也产生了自己对英国在印度实行殖民统治、所发挥的地区作用、民主制度以及英属印度传统社会的前途等方面的世界观。与此同时,诞生于印度传统社会生活现代化进程中的新社会阶层的利益也得以形成。20 世纪上半叶,在国家未来进化观形成过程中,印度社会也形成了有关这种未来的固定概念。所以说,1947 年印度和巴基斯坦成为"新独立国家",这是前英属印度新上层完全觉醒的一步。

对前苏联中亚各共和国统治上层而言,他们对 1991 年 12 月苏联的解体感到措手不及。苏联原有统一体系的瓦解立刻给其各独立部分提出了一个建立新

① Г. В. 米罗斯拉夫斯基:《欧亚前景中的中亚》,《东方》,1996 年,第 5 期,第 8 页。(Милославский Г. В. Центральная Азия в евразийской перспективе. Восток[Orients]. 1996. № 5. С. 8.)

统一体系的普遍性任务,这需要把每一个具体的社会政治体系(这里只指前苏联社会主义加盟共和国)的利益从前苏联统一体系中分割出来。为此,有必要采取一整套综合措施创建独立国家制度,并确定其对内和对外政策方面的优先次序。

在这种进程中,新民主俄罗斯联邦拥有绝对优势,其主要优势在于,它继承了前苏联主要统治体系中行使权力的基本机制。莫斯科权力的高度集中,包括物质资源的分配、干部培养的管理、对外政策的制定等等,都为新俄罗斯创造了一系列的客观优势。在后苏联空间较长时段内,新俄罗斯领导人可以置身优势地位并利用前苏联昔日统一中心的权力惯性。在苏联解体后的头几年,前苏联各共和国客观上对莫斯科的行动仍然保持着这种依赖,这在很大程度上使得新俄罗斯政治上层认为没有特别必要去系统维护俄罗斯在中亚地区的利益。

1991年12月后,莫斯科主动放弃了对苏联"包袱"的继承,因为新俄罗斯民主上层认为,这些"包袱"妨碍了新俄罗斯尽快融入世界的步伐。1989年苏军从阿富汗撤军后在南线形成的前苏联安全体系,无疑也被看成是这类"包袱"之一,因此,从一开始莫斯科就拒绝支持喀布尔的纳吉布拉政权。之后,随着前苏联军队财产的分割和新独立国家武装力量的产生,莫斯科在中亚地区的实际存在跌入低谷。

20世纪90年代初期,惯性力量是中亚社会政治发展的主要趋势。按惯性,莫斯科在中亚各共和国保持了最低限度的必要存在。中亚新独立国家上层忙于奠定国家建设基础,同内政任务相比,地区安全问题对他们来说便退居到了次要地位。

总之,中亚新独立国家和俄罗斯联邦在独立国家成立后的最初阶段,对阿富汗的外交方针保持了苏联存在的最后几年的惯性,这几年指的是自1989年苏联撤军到1991年12月苏联解体。

我们必须要指出的是,1989年苏军撤离阿富汗之后,苏联后期的安全体系主要依靠两个关键方面的支撑:第一,保持苏联本土与阿富汗事件最大限度的隔绝;第二,全面支持仰仗苏联的纳吉布拉政权。事实上,纳吉布拉政权履行着使苏联中亚免受外来不利影响的缓冲国功能。从这种功能出发,在苏联武器、弹药、粮食和物资的大规模援助下,亲苏的纳吉布拉政权非常成功地支撑到了1991年底。

苏联解体使这种缓冲国失去了继续存在的意义,因为它原则上只有在强大靠山支持的情况下才有可能生存,而这种缓冲本身就是该靠山在这个地区的利益体现。1991年之前,苏联在阿富汗存在的合理性是建立在那个时代形成的安全体系之上的,该体系不仅要求保护苏联的外部边界,而且总体上还要求保持苏联在中亚的存在。这就预先遏制了伊斯兰世界和阿富汗战争的潜在危机对苏联中亚地区的影响,同时也保全了莫斯科在阿富汗的存在。

1991 年 12 月苏联解体后,莫斯科新民主政府便失去了高价保持在该地区存在的兴趣。正如已经所指出的那样,在继承前苏联政治遗产时,俄罗斯新政治上层的自决进程导致了自我隔绝许多重要事件的一种趋势,这其中就包括在中亚地区和阿富汗保持存在的自我放弃。

然而,苏联解体和新俄罗斯事实上放弃在该地区的积极存在,并未导致苏联最后几年南线安全体系功能的终止。因为苏联现代化进程模式决定的苏联中亚统一体系,在其解体后还是在该地区基本保留了下来。当然,它能够保留下来的一个重要条件是,前苏联中亚新独立国家统一体系及其组织原则需要对抗可能来自外部的负面影响。

20 世纪 90 年代初的时候,这种影响主要来自阿富汗。上面已经提到,阿富汗战争几乎全部摧毁了中央集权的国家基础和业已取得的现代化成果。自然,对于正在紧张推进国家建设进程的新独立国家上层来说,阿富汗冲突可能会造成非常不利的影响。然而,形势的发展却是这样的,由于阿富汗内部和外部相关主要各方利益的共同作用,阿富汗国家出现了分裂,阿富汗冲突呈现出了一定程度的地方化。在阿富汗冲突地方化的背景下,该地区安全体系也出现了一些变化,也就是说,地区安全体系从苏联后期的安全体系转变为有中亚新独立国家参与的新地区安全体系。对中亚新独立国家来说,隔绝阿富汗冲突地带成为该地区安全体系运作的重要原则和必要条件。

隔绝阿富汗冲突地带的任务奠定了中亚新独立国家地区安全体系的基础,这一事实客观上反映了形成于苏联时期的地区地位矛盾。一方面,中亚国家是苏联境内,至少是东方联盟内建立的文明社会的一部分;另一方面,中亚新独立国家在客观上属于伊斯兰世界。"前苏联境内,伊斯兰教传播的区域是穆斯林文明的一部分,因此中亚同时处于两种文明空间。"①苏联解体为中亚新独立国家恢复苏联时期事实上同穆斯林世界完全中断了的联系提供了机会。在获得独立的最初几年里,中亚新独立国家政治领导人同穆斯林世界主要国家之间的频繁联系再一次证明了这一点。1991 年后中亚新独立国家对外政策的基本取向似乎旨在无条件地加强同穆斯林世界的联合。苏联同伊斯兰世界严密封锁的边境被打破之后,前苏联中亚国家摒弃人为造成的隔绝便显得非常自然。正如苏

---

① Г.В. 米罗斯拉夫斯基:《欧亚前景中的中亚》,《东方》,1996 年,第 5 期,第 8 页。(Милославский Г. В. Центральная Азия в евразийской перспективе. Восток [Orients]. 1996. № 5. C. 8.)

联解体使前东方联盟国家和一些前苏联共和国极力加强向欧洲西方的靠拢一样。

然而,在中亚实行苏维埃改造的年代,穆斯林社会的传统组织生活方式发生了大规模的改变,这使得中亚新独立国家和其他穆斯林世界在国家和社会组织原则方面出现了重大的差异。正如在第一章中提到的,中亚穆斯林社会生活现代化的进程同"苏维埃化"过程,包括对传统社会价值观和组织结构直接施加压力的过程是同步的。例如,20世纪80年代的苏联研究者在分析70年代阿富汗达乌德政府失败的现代化尝试时,通常会根据以往的政治经验直接指出:"阿富汗工业化的经验表明,在发展中国家条件下,前资本主义的阶级与社会力量的地位仍然非常强大,工业化不仅是社会经济问题,而且也是政治问题,作为必要的先决条件,它(工业化)要求对传统社会关系体系进行根本改变。"[①]

但是,对前苏联穆斯林地区传统社会直接施压,包括强制施压并不十分有效。穆斯林社团较快适应了(虚与委蛇地适应了)新的生存条件,接受了中央领导提出的游戏规则。"我们发现,苏联刚一撤销禁令,中亚穆斯林便'突然'复活了。穆斯林结构'从不复存在中复活'本身就足以证明,这里文明间的互动不是以一种文明取代另外一种文明的方式进行的,而是在未损坏其基本体系联系的情况下仅以部分结合的形式存在。"[②]自然,来自联盟中央的压力消失后,中亚新独立国家穆斯林社团很快便恢复了惯有的联系和互动。

然而,穆斯林结构重新开始积极活动给中亚新独立国家政治上层提出了一个对所有穆斯林世界都适用的、在穆斯林社会传统结构中因现代化进程引起的进程机制和现代化结果之间相互关系的普遍问题。与此相关的最典型的情况按如下方式进行。

传统上层通过发展教育、推进工业化、建设现代基础设施和加强军队建设等推进"世俗现代化",同时仍然以穆斯林社会治理中的世俗与宗教妥协原则为基础。"世俗现代化"间接地引起了穆斯林社会传统组织体系的变化,同时也把各个不同阶层的居民吸引到了现代化进程中。在这种情况下,社会内部也开始出现了反对传统上层现代化方针的反对派。

部分居民是军队、教育制度等等现代化进程发展结构中的广泛受益者,他们

---

① Э.Р.马赫姆多夫:《阿富汗:工业化领域内国家政策演变的主要阶段(1919—1978)》,《阿富汗:历史、经济与文化》汇编,莫斯科1989年版,第160页。(Махмудов Э. Р. Афганистан: основные этапы эволюции государственной политики в области индустриализации. 1919—1978 гг. В сб. Афганистан: история, экономика, культура. М. 1989. С. 160.)

② Г.В.米罗斯拉夫斯基:《欧亚前景中的中亚》,《东方》,1996年,第5期,第9页。(Милославский Г. В. Центральная Азия в евразийской перспективе. Восток[Orients]. 1996. No 5. С. 9.)

对传统社会现代化的缓慢速度表示不满；另一部分则是可以被有条件地称之为"保守派"的人，他们起来反对西方模式的现代化给穆斯林价值观带来的威胁。第一章内容已详述，这两个集团既彼此争逐，同时又同传统上层和现代化进程发展中产生的"纯伊斯兰教"支持者（他们支持复兴原初穆斯林社团的组织原则）进行角逐。在这种条件下，最主要的一个问题就是进行现代化的财源问题。

然而，在苏联时期，前苏联中亚已取得了相当高的现代化水平。苏联基本上保证了中亚社会生活现代化必须的财源及推进现代化的干部。苏联解体后，中亚在重新整合到穆斯林世界的进程中，穆斯林价值观的复兴与重新伊斯兰化激活了反对"世俗现代化"进程的现实反对派。而考虑到前苏联穆斯林社会在社会结构及其组织原则方面已发生的巨大变化，这些反对派基本上都倾向于"纯伊斯兰教"的观点。况且，传统上层地位的削弱成为穆斯林国家世俗统治的主要结果，而这些上层曾经在穆斯林社会治理的世俗与宗教妥协原则框架内拥有实现全权的合法权力。

今天这些出身于苏联上层（党政管理干部）的中亚独立国家新政治上层，力图在苏联时期已取得的现代化水平和世俗政权制度发展程度基础之上保持统治穆斯林社会的合法性。事实上，它注定要在世俗与宗教妥协原则治理界限内恢复"传统上层与传统穆斯林社会"之间的关系。

中亚新独立国家社会已取得的现代化水平既同现有的社会结构有密切关系，同时还与国家建设原则和机构有紧密的联系。因此说，对中亚现有世俗制度稳定最基本和最现实的威胁就来自"纯伊斯兰教"支持者，他们在该地区有一个固定名称叫"瓦哈比派"。"纯伊斯兰教"（"瓦哈比派"）支持者抛弃中亚新独立国家已取得的现代化成果，同时还起来反对中亚现有的国家和社会组织原则，自然也反对现行执政的政治上层。

苏联解体后，中亚执政上层的稳定、控制形势以及在一个具体社会中维持权力继承的能力成为中亚稳定的最重要因素。权力的继承实际上意味着保持现代化已取得的水平，而这又是执政上层维护权力的必需条件。苏联解体后，在极其缺乏时间寻找自身发展途径和方向的情况下，执政上层保证权力继承的能力这种最主观的因素就成为中亚新独立国家每个具体社会能够保持稳固和安定的关键。

1992 年的时候，中亚国家体系中最薄弱的环节是塔吉克斯坦。苏联解体后，正是这里出现了与保证权力继承相关的问题，而这又相应地对所有中亚国家统一的地区安全体系构成了威胁。

前苏联所有前亚洲共和国的政治上层对苏联解体感到措手不及。中亚创建独立国家的无准备程度各不相同，但重要的是，我们需要指出，这种无准备在

1992 年初的时候还是非常现实的事实。然而,各地的前苏联政治上层实际上利用苏联统治机器的潜在优势都已成功地保证了权力的继承,唯一的一个例外是塔吉克斯坦。

我们必须指出的是,苏联解体后的所有中亚新独立国家政治制度(上层)都不得不采取这种或那种措施实行限制政治关系自由化进程的政策,因为在苏联存在的最后几年自由化非常盛行。事实是,1989 年之后的苏联政治关系自由化导致了每个具体社会已有矛盾的尖锐化,这些矛盾此前一直受到苏联当局的严格监控。

正如以上所指出的那样,苏联中亚社会在某种程度上始终独立于将其完全整合到某种苏联"理想"社会的改造之外。强制摧毁穆斯林社团内部体系联系的改造收效甚微,这使苏联领导人有理由怀疑快速增长的穆斯林居民可能会变得不忠,这是因为国家无法按其他地区同样的水平对穆斯林社团的内部生活进行控制。

穆斯林居民在苏联国家体系中居弱势地位。最大的问题在于,在统一的苏联社会政治体系框架内,就是这些穆斯林地区居民总是很难整齐划一。为了保证国内穆斯林领土和其他地区的相互整合,苏联实行了加强传统穆斯林社会生活现代化进程的改造。工业化、交通、通讯、教育的发展、政治上层的组建——所有这些都旨在把苏联穆斯林社会同其他地区整合到一起。与此同时,莫斯科保持着对社会政治进程的严格控制,它无论是在对待苏联中亚共和国还在它们之间的相互关系问题上始终扮演着仲裁和"主权"的角色。在这种意义上,苏联中亚各共和国间的边界在很大程度上具有人为的性质,其合法性得到前苏联国家体系强大力量的保证。

当前的特点是,中亚新独立国家不得不共同保持这些边界和现有政治体系的合法性。必须指出的是,这直接关系到该地区的普遍稳定和安全体系。尽管这个或那个国家选择发展的战略方针和经济潜力不同,但是对所有的中亚政治上层来说,1992 年的共同任务是保持从苏联继承下来的体系的完整和稳定。

保持现代化已取得的水平以及从前苏联继承下来的政治组织原则,已成为中亚新独立国家建设进程中稳定的最重要条件。如果说上层没有能力完成这一任务的话,那么现存于每个中亚社会的矛盾客观上就足以摧毁已取得的一切现代化成果。考虑到中亚各国在苏联时期已发生的巨大变化,世俗国家被破坏的过程可能具有不可逆转的性质。

也就是说,20 世纪 90 年代初的问题非常简单。当地执政上层要么保持现有政治体系的稳定,要么崩溃于客观矛盾的压力之下。遗憾的是,始于 80 年代末的苏联政治关系自由化成为这些矛盾尖锐的最重要原因。塔吉克斯坦是这方面非常典型的例子。如果90年代初各中亚国家政治上层没有能够对政治自由化进程进行成功控制的话,那么中亚其他国家同样也许会出现类似事件的发展。

塔吉克牌局

苏联解体之时,塔吉克斯坦客观上是苏联中亚最薄弱的环节。通常,人们都会强调这个创建于苏联时代准国家联合体的人为性质。然而,它还是可以同其他类似统一体,诸如哈萨克斯坦、乌兹别克斯坦、吉尔吉斯斯坦和土库曼斯坦相提并论的。从意识形态观点出发,所有这些都好理解。伊朗语塔吉克斯坦存在的事实本身破坏了创建统一突厥斯坦的想法。我们必须指出的是,这种思想在20世纪20年代的中亚政治上层中非常流行。

1924年6月12日,俄共(布)中央委员会政治局会议通过了关于民族国家划界的战略决议。第一阶段拟在乌兹别克共和国范围内创建塔吉克自治省。然而,早在1924年9月,东布哈拉中央执行委员会主席鲁特夫尔拉耶夫就已致信俄共中央委员会,建议重新考虑领土委员会关于塔吉克自治省的决议。他建议将乌拉秋别、忽毡、卡尼巴达姆、伊斯法拉、索赫及其他主要居住着塔吉克居民的毗邻地区纳入其境内,同时提议有可能的话以土库曼和乌兹别克共和国的组建原则新成立一个独立自主的共和国。[①] 然而,1924年9月16日通过的土库曼中央执行委员会划界决议第五条宣布:"为实现塔吉克族工人和农民群众的普遍意愿,赋予塔吉克人民脱离突厥斯坦共和国以及创建塔吉克自治省的权利。1924年10月4日,乌兹别克民族国家划界局决定:同意塔吉克委员会关于组建塔吉克自治共和国并将其纳入乌兹别克加盟共和国的决议。就在本次大会上,经过长时间的争论决定:赞成彭吉肯特和乌拉秋别区并入塔吉克共和国。"[②]这里我们可以看出,重新组建的乌兹别克共和国的领导人有试图将生活着塔吉克居民的领土保留在其版图内的明显意图。

然而,在这种情况下,新乌兹别克共和国已在中亚成为绝对的强势力量,这自觉不自觉地提升了它的政治地位及其政治领导人的地位。自然,莫斯科无论如何也不会同意这一点。因为,这样一来,该地区民族国家划界政策的一切构想对莫斯科来说就失去了任何意义。这时毫无疑问,来自东布哈拉领导人关于将

---

① 《20世纪初的突厥斯坦:民族独立起源史》,塔什干:沙尔克2000年版,第658页。(Туркестан в начале XX века: к истории истоков национальной независимости. Ташкент: Шарик. 2000. С. 658.)

② 《20世纪初的突厥斯坦:民族独立起源史》,塔什干:沙尔克2000年版,第663-664页。(Туркестан в начале XX века: к истории истоков национальной независимости. Ташкент: Шарик. 2000. С. 663-664.)

塔吉克自治地位提升为加盟共和国的请求便显得非常有用。1929年,塔吉克自治苏维埃共和国遂改建为塔吉克苏维埃社会主义共和国。

这样一来,塔吉克斯坦国家组织"于1924年10月创立,由突厥斯坦边区12个乡、东布哈拉和帕米尔构成。于是,大部分塔吉克族仍然留在了新成立的塔吉克苏维埃社会主义共和国之外。中央当局创建自治共和国的最重要原因是,力图实现布尔什维克的民族自治原则,加快民族团结进程,摧毁旧国家体制、传统及领土的完整性,培育同中亚强大的泛突厥主义运动相抗衡的力量,并在东方正中心建立共产主义前哨"①。此后,位于费尔干纳谷地的列宁纳巴德(忽毡)地区并入塔吉克共和国。整体来看,新成立的塔吉克斯坦共和国由先前突厥斯坦总督区、浩罕汗国和布哈拉埃米尔国的一些行政区域组成,这使得塔吉克斯坦主要省份从一开始就缺乏相互之间的紧密联系。塔吉克共和国的组建具有明显的人为特征。另外,中亚最重要的城市文化中心——生活着大量塔吉克居民的布哈拉和撒马尔罕则仍然生活在新塔吉克斯坦之外。

新塔吉克斯坦统治中心位于前布哈拉埃米尔国最落后的地区——东布哈拉。苏维埃塔吉克斯坦的新首都杜尚别就位于该地区。"新共和国没有一个可以代表全民族的中心,也没有民族知识分子阶层。国家政策的传达者和新共和国的建设者主要是来自俄罗斯的外来者,以及来自撒马尔罕、布哈拉和忽毡的塔吉克人。这些为国家建设而派驻杜尚别的人把自己看做中央当局和当地居民之间的中间角色。"②苏联时期,塔吉克斯坦既没有形成一个稳固的上层,也未能克服共和国各部分之间的体系差别。

塔吉克斯坦最发达的省份——列宁纳巴德(忽毡)位于费尔干纳谷地,它同中亚的主要城市文化中心相邻,但在地理上却同国内其余地区相隔绝。但是,苏联时期,在塔吉克斯坦政治上层中居优势地位的正是列宁纳巴德的代表人物。这很自然,因为在苏联成立之前忽毡就已经是公认的中亚城市文化中心之一。然而,对于费尔干纳谷地的列宁纳巴德来说,具有重要意义的是它同费尔干纳谷地相邻的乌兹别克和吉尔吉斯共和国地区之间存在着经济和文化联系。在某种程度上,列宁纳巴德的政治上层始终在列宁纳巴德地区和塔吉克斯坦其他地区的利益之间保持着平衡。事实上,列宁纳巴德上层对塔吉克斯坦其余地区进行

---

① C. K. 奥里莫娃、M. A. 奥里莫夫:《独立的塔吉克斯坦:艰难的转变历程》,《东方》,1995年,第1期,第135页。(Олимова С. К. , Олимов М. А. Независимый Таджикистан: трудный путь перемен. Восток[Orients]. 1995. № 1. С. 135.)

② C. K. 奥里莫娃、M. A. 奥里莫夫:《独立的塔吉克斯坦:艰难的转变历程》,《东方》,1995年,第1期,第136页。(Олимова С. К. , Олимов М. А. Независимый Таджикистан: трудный путь перемен. Восток[Orients]. 1995. № 1. С. 136.)

着外部统治,扮演着中央当局和地方社会之间的中间人角色。最终,这种矛盾却在现代塔吉克冲突发展中发挥了决定性的作用。

　　前苏联社会政治关系自由化进程的发展,削弱了中央政权在塔吉克斯坦的存在。与此同时,在苏联最后几年,自由化还在塔吉克斯坦引起了两对矛盾的发展。一方面,出现了针对党政管理干部权力的民主反对派;另一方面,以复兴伊斯兰价值观为基础的重新伊斯兰化激发了伊斯兰政治反对派的增长。

　　中央对塔吉克斯坦社会政治进程严格控制的削弱导致此前一直受中央当局制约的社会发展中矛盾和偏见的发展。而对苏联中亚穆斯林社会而言,这些首先就意味着伊斯兰功能在社会生活中的复兴。1988 年,塔吉克斯坦有 17 座官方清真寺和大约 1000 座非官方清真寺。到 1991 年底,该国国内已有 130 座清真大寺,2800 座小清真寺和祈祷房,150 多所古兰经学校。注册的穆斯林社团有 120 个,其中 50 个是"纯伊斯兰教"社团,它们尤其努力履行宗教训示。几乎所有的新清真寺服务者都来自昔日编外神职人员。①

　　列宁纳巴德集团代表的塔吉克政治上层同苏联中央当局保持着紧密联系,这自觉不自觉地导致已扩散的伊斯兰运动站在了现有国家制度的对立面,这些运动中突出的有塔吉克斯坦穆斯林前领导人阿克巴尔·图拉仲佐德的支持者和塔吉克斯坦伊斯兰复兴党的追随者。与此同时,在塔吉克斯坦全苏自由化进程的轨道上,针对现有政权体系的民主反对派的地位得到了加强,其中最突出的代表是电影导演多夫拉特·胡扎纳扎罗夫。苏联解体之时,塔吉克斯坦的政治上层由列宁纳巴德集团所代表,此时他们因共产主义的过去而陷入窘境,反对这一上层的共同任务使得民主运动和伊斯兰运动的力量联合了起来。实际上,塔吉克斯坦同时出现了两种进程的发展,即伊斯兰传统价值观的复兴和全苏社会关系自由化进程导致的民主倾向。

　　以上所有进程在苏联其他亚洲共和国国内都有市场。然而,塔吉克斯坦国内的后果最为严重。原因究竟何在?

　　塔吉克斯坦由彼此联系松散的一些领土构成。在这个国家统一体内,这些领土的统一是人为的。统一的语言特征是把这些领土并入塔吉克斯坦的最重要理由之一。当时拟计划让伊朗语塔吉克人抗衡中亚其他突厥语共和国。事实上,在我们的地区历史上政治主动权一直是属于突厥语部落的。萨曼王朝是最后一个可以被视为伊朗人的国家。同时,该地区城市和绿洲的主要定居居民也由操波斯语的人组成。但是,几百年来,他们的社会和政治地位明显不及操各种

① A.尼亚兹:《塔吉克斯坦:伊斯兰教与社会》,《今日亚非》,1997 年,第 7 期,第 28 页。(Ниязи А. Таджикистан. Ислам и общество. Азия и Африка сегодня. 1997. № 7. С. 28.)

突厥语的人们的地位。在这样一种条件下,归化突厥便常常成为提升自身社会地位的一种途径。因此,中亚的波斯语是一种贸易、农业语言,常常也是一种文学语言,但是几乎从来没有成为一种政治语言。更进一步讲,由于突厥语的同化作用,波斯语的传播地区多半仅限于东布哈拉一些独立的山区。

布哈拉、撒马尔罕的城市波斯语居民历史上一直处于政治被动地位。尽管塔吉克人不像他的一些突厥语邻居那样按部落划分,但是按地区划分的因素却非常明显。毋庸置疑,这是同塔吉克斯坦共和国的主要居民长期生活在前东布哈拉山地河谷有关。"国家(塔吉克斯坦——作者注)南部——今天的哈特隆省,以及卡拉捷金和吉萨尔地区是布哈拉埃米尔国的一部分,许多方面还保持着氏族和村社生活的特征。复杂的山地地形、山脉、分散的各种飞地有助于保持封闭的生活方式。"①如果说苏联时期历史文化城市列宁纳巴德(忽毡)的优越性就足以获得塔吉克斯坦政治舞台上的优势地位的话,那么在莫斯科政权终结的条件下,它的政治价值就会急剧改变,而迅速表现出来的就是塔吉克国家组织的人为性质。随着苏联时期奠定的政治组织原则的破坏,整个社会的组织水平急剧下降,社会内部体系关系的破坏进程加速。由此,地区集团的利益开始在前宗主国莫斯科政权终结后孤立起来,如居民可以通过最简单易行的自我身份认同途径自行其是。

在苏联解体并从中亚政治舞台上离去的条件下,塔吉克斯坦传统政治上层的软弱性和塔吉克统一国家体系的缺失无法保证对国家权力的继承。自然,民主和伊斯兰反对派力量推翻了塔吉克传统政治上层权力,削弱了新成立的塔吉克国家内部的体系联系。统一的体系主要分裂为几个主要的组成部分。在塔吉克斯坦,利益的分割是按地区原则进行的。

对整个塔吉克斯坦而言,列宁纳巴德无法替代莫斯科作为统治中心的地位。列宁纳巴德上层无力对抗来自前东布哈拉、塔吉克斯坦南部山区地区上层人物对政权的觊觎,后者同列宁纳巴德人展开了你争我夺的斗争。

苏联时期在塔吉克斯坦南部推行的发展政策使得形势变得如此复杂,当时库尔干－秋别州的居民构成发生了急剧改变。这里"除了当地塔吉克人之外,还生活着来自共和国其他地区,包括库里亚布和加尔姆区的很多移民②。在瓦赫什谷地有许多当时从苏尔汉河省、撒马尔罕和费尔干纳省迁移来的乌兹别克

---

① Э.拉赫马图尔拉耶夫:《联合国调和塔吉克斯坦争端》,莫斯科 2001 年版,第 45 页。(Рахматуллаев Э. Миротворчество ООН в Таджикистане. М. 2001. С. 45.)

② 各地区加尔姆集团,或加尔姆区,位于塔吉克斯坦东部。包括加尔姆、卡拉捷金、塔吉卡巴德、法伊扎巴德、奥比—加尔姆、塔维尔达尔和支尔加塔尔等区。

人和塔吉克人"①,这导致同一地理空间不同集团混杂居住的局面。例如,20 世纪 80 年代,瓦赫什谷地几个区的居民有 90% 就是移民。② 苏联时期,这没有什么特殊意义。然而,在国家功能削弱和居民依地区集团归属实行自我身份认同开始后,库尔干－秋别州就成为他们之间尖锐对抗的舞台。后来塔吉克内部的主要政治冲突就发生在这里。

　　问题的价值就在于控制地区资源(在这种情况下,也包括库尔干－秋别州领土上的资源)。由于库里亚布人、加尔姆人、乌兹别克人、撒马尔罕出身的人及其他居民集团的代表彼此交相错杂,所以其利益冲突实际上便不可避免。最强大的自我身份认同集团是库里亚布人和各地区加尔姆集团出身的人。在这里发挥重要作用的是这样一个事实,即生活在库尔干－秋别州的那些库里亚布人和加尔姆人得到正受人口过剩和土地及水源不足困扰的库里亚布人和加尔姆人的支持。但是,由于已不存在来自中央的政治控制,因此集团的相互支持和团结就成了为库尔干－秋别,确切地说是为瓦赫什谷地而斗争成功的最重要条件。那么顺理成章,通过武力途径解决问题实际上便成为一种必然的尝试。

　　这方面最令人好奇的问题是塔吉克斯坦各集团的利益关系和自我政治认同,而且,所有的政治运动从一开始便具有明显的地区属性倾向。苏联时代的塔吉克斯坦政治上层得到列宁纳巴德(忽毡)的支持,其对手常常称其为"共产党派"。起来反对它的伊斯兰运动主要依靠的是各地区加尔姆集团出身的人,他们被称为"伊斯兰派"。而塔吉克"民主派"中最强大的则是帕米尔人——巴达赫尚山地居民。但是,应该强调指出的是,在塔吉克运动中,所有的意识形态都明显具有表面性和第二性,地区属性是第一性的。例如,较之其他集团,库里亚布人较晚才意识到自我政治认同的必要性,因此这就需要它找到一个也许在表面上具有吸引力,但同时还有别于其基本竞争对手加尔姆人政治认同的思想意识形态。

　　加尔姆人及其支持者巴达赫尚山地居民打出了"伊斯兰"和"民主"的口号。因此,库里亚布人便打出了"反伊斯兰"和"反民主"的口号。时任塔吉克斯坦俄罗斯特种兵大队指挥官的克洛索夫在其回忆录中见证了国内战争第一阶段有关库里亚布超凡绝俗的领导桑贾克·萨法罗夫的有趣事迹。克洛索夫写道:"我认识这位政治领袖桑贾克。他主要因盗窃入狱,在监狱中度过了 26 年,他是一

---

① Э.拉赫马图尔拉耶夫:《联合国调和塔吉克斯坦争端》,莫斯科 2001 年版,第 47 页。(Рахматуллаев Э. Миротворчество ООН в Таджикистане. М. 2001. С. 47.)

② 什林·阿基纳:《塔吉克斯坦:分解还是和解?》,皇家国际事务研究所,伦敦 2001 年版,第 23 页。(Shirin Akiner. Tajikistan:Disintegration or Reconciliation? The Royal Institute of International Affairs. London. 2001. P. 23.)

位库里亚布人,他鲜明地拥护社会主义,反对原教旨主义。"①在本段引文中,桑贾克·萨法罗夫具备三点身份认证特征:库里亚布人、社会主义的拥护者、原教旨主义的反对者。为什么他是一位社会主义的拥护者呢? 这好理解,因为在巴达赫尚居民中间有许多被认为是民主派的人自 1989 年起便开始反对社会主义制度。为什么他又是一位原教旨主义的反对者呢? 因为他的主要对手——加尔姆人——以伊斯兰旗号进行活动。但是,对 1992 年的桑贾克·萨法罗夫来说,最首要的身份认证特征则是他是一位库里亚布人。

我们在这里必须指出的是,对塔吉克地区集团来说,选择这种或那种意识形态旗帜在很大程度上是偶然的。因为在 20 世纪 90 年代初的政治进程中加尔姆人和巴达赫尚人非常活跃,因此库里亚布人和列宁纳巴德人只得寻求对等的思想意识作为回应。而在回应的方案选择中掌握主动权的是库里亚布人,其利益常常受到其主要竞争对手——加尔姆人政治力量强大的威胁。各地区集团的利益冲突就按地区特征在伊斯兰权威中引起了分裂,例如"库里亚布清真寺毛拉海达尔·沙里夫佐德,以及列宁纳巴德省和吉萨尔谷地的许多毛拉都起来反对由卡拉捷金上层推行的宗教国教化政策"②,因此,库里亚布人同与之相邻的列宁纳巴德人和吉萨尔人一道站在了反伊斯兰和反民主的立场上,并由此严重地扰乱了旁观者对塔吉克斯坦事件本质的理解。

1991 年 9 月 9 日,塔吉克斯坦宣布国家独立;11 月,国内已经确定了第一届总统的选举。尽管选举还在苏联存在时期就已进行了,但是莫斯科对苏联个别共和国局势的影响程度已降到了最低点。早在 1991 年底的时候,塔吉克斯坦就已完全具备了未来武装冲突的先决条件。苏联最后年代社会关系的自由化在这里得到迅猛发展。塔吉克具有明显矛盾特点的事件是,这个国家(尽管 1991 年的时候也许应该更确切地说是这个社会)自由化的开始要比其他国家早。中亚其他国家的政治局势始终处于当地苏联党政领导的控制之下。党政领导权力的继续成为新独立国家保持稳定、保证继承前苏联国家制度的关键条件。但是,帝国解体后,塔吉克斯坦则出现了无人执掌政权的局面,这给一切一切为了地方与地区利益而武装斗争的开始铺平了道路。

在 1991 年的选举中,塔吉克共产党中央委员会前第一书记拉赫蒙·纳比耶夫胜出。列宁纳巴德省(他的出生地),以及库里亚布和吉萨尔谷地的选民支持他。以民主化和自由化为旗帜的反对派则把出生于巴达赫尚的电影导演多夫拉

---

① C. 克洛索夫:《东方——微妙之事》,载《情报总局特种部队》一书,莫斯科 2002 年,第 305 页。(Колосов С. Восток—дело тонкое. В кн. Спецназ ГРУ. М. 2002. С. 305.)

② Э. 拉赫马图尔拉耶夫:《联合国调和塔吉克斯坦争端》,第 53 页。

特·胡扎纳扎罗夫推举为候选人。给他投票的是加尔姆和巴达赫尚地区的居民。

1992 年,地区上层的政治斗争转到了街面上,与此相适应,杜尚别市沙希冬和奥佐迪广场上开始出现了反对派和亲政府力量的集会对抗。1992 年 5 月 7 日,在反对派的压力下拉·纳比耶夫签署了关于建立包括反对派代表在内的"民族和睦政府"的协议。当局这种明显的示弱行动激起了整个塔吉克斯坦南部不同地区集团拥护者之间冲突的开始。在这种情况下,当局的软弱就表明国家的软弱,而一旦国家软弱无力,那么每个地区集团就只好自己把握保护自己利益的事。国家的软弱导致其分裂进程的开始。

塔吉克各主要政治运动明显的地区认同,最终摧毁了塔吉克斯坦中央集权国家的基础。各地区上层在全国范围内为争夺权力而进行的武装斗争不可能取得成功,但是这些尝试又不可避免地将一直延续到各方完全衰竭并彻底摧毁苏联时期已取得的一切现代化成果。

1992 年 9 月 7 日,在反对派支持者的强力压迫下,塔吉克斯坦总统拉·纳比耶夫被迫辞职,此后塔吉克斯坦的分裂便成了现实。纳比耶夫签署了决定国家未来命运的《塔吉克斯坦共和国总统拉赫蒙·纳比耶夫与塔吉克斯坦青年代表之间的协议》。这甚至还算不上是一场政变,但是国家政权体系的威信却被彻底摧垮了。巴达赫尚人阿克巴尔硕·伊斯坎达洛夫开始履行总统职责。

然而,在塔吉克斯坦条件下,夺得凌驾于首都杜尚别市之上的权力并不意味着已取得全塔吉克范围的胜利,因为这立刻引发了各地区利益斗争的尖锐化。加尔姆人和帕米尔人在"民主伊斯兰反对派"中具有广泛代表性,他们在塔吉克斯坦的胜利和建立霸权的前景不可避免地激起了其他塔吉克亚民族集团,如列宁纳巴德人、库里亚布人和吉萨尔人的反应,而且库里亚布人的积极行动已非常清楚地显露了出来。

对库里亚布出身的人而言,加尔姆人和巴达赫尚人的胜利首先意味着库尔干－秋别州不可避免地将会出现问题,因为在这里库里亚布人和加尔姆人、乌兹别克人交相错杂。由于苏联时期推行的移民政策引发了控制塔吉克斯坦南部土地的冲突,所以这为塔吉克斯坦南部主要亚民族集团的利益冲突创造了条件。但是,由于国内政治状况迅速恶化,因此当时库里亚布人和吉萨尔人只好指望采取强力措施对抗当时已经可以利用国家条件的加尔姆人和巴达赫尚人。我们记得,1992 年底的时候,库里亚布人的最初胜利成果始于对库尔干－秋别州的清洗,这次清洗迫使好几万加尔姆人和巴达赫尚人离开了自己的家园。我们有足够充分的理由认为,如果一旦加尔姆人和巴达赫尚人强取获胜,那么库里亚布人同样也得离开自己的家园。

可以说,1992 年秋天的时候,在塔吉克斯坦被摧毁的国家体系废墟上,掌握了杜尚别政权的加尔姆人和巴达赫尚人开始对抗库里亚布人、吉萨尔人和乌兹别克族的联盟。他们之间的斗争马上转变成了一场混乱的内战,内战前景就是把塔吉克斯坦南部分裂为由各种亚民族地方战地指挥官控制的势力范围。

事实上,塔吉克斯坦危机给整个中亚的政治稳定构成了威胁。极有可能的是,塔吉克冲突有可能引起"多米诺"效应并波及中亚其他国家。自然,这会导致该地区多国统一安全体系的瓦解。例如,塔吉克斯坦内战的升级可能导致国家出现势力割据局面,造成中亚边界变更的不良先例,从而促使整个地区激进伊斯兰组织地位的加强,最终破坏隔绝阿富汗冲突地带的制度。对中亚各国来说,后一种因素尤为重要,因为阿富汗是前苏联各共和国最现实的威胁。由于前十年邻国的战争太过残酷,所以这些年来前苏阿边境背后已集聚了许多极其重要的潜在力量。因此在中亚各国独立最初几年国家建设进程尚未完成的情况下,对它们来说最重要的就是保持地区体系的完整。

当时,对形势还有另外一种评价,即 1992 年苏联解体后,塔吉克内部冲突原则上并没有对中亚安全体系的稳定构成威胁。中亚新独立国家在极力适应新生存条件的同时,已习惯了这种新条件。1991—1992 年的变化异常迅速。1991 年 8 月的叛乱失败和苏联解体后,俄罗斯实际上放弃了中亚地区。1991 年在苏联政治自由化浪潮中掌权的新俄罗斯领导人明显地把帝国遗产视为了包袱。

俄罗斯在中亚地区保持存在决不是因为当时俄罗斯官方领导人的政策取向,相反则是由塔吉克传统政治上层无力推进国家建设进程而促成的。分解联盟财产成为新独立国家在苏联解体后推进国家建设的关键条件之一。这是一项极其复杂的任务,然而对前苏军各军区和财产的分解则更是一项困难而责任重大的任务。更进一步讲,中亚这个或那个国家保证过渡时期对驻扎在其领土上的前苏联部分武装力量负责的能力,成为评判其是否做好准备成为独立国家的标准。如果前苏联各共和国(1991 年后成为新独立国家)的苏联驻军仍然继续受俄罗斯控制的话,那么这是因为地方上层没有条件或能力对它们进行有效管理而默认的缘故。正是因为这一点,俄罗斯在格鲁吉亚、摩尔多瓦的涅斯特河沿岸地区和塔吉克斯坦保留了军事基地。相反,那些在前苏联时期有影响的共和国,如乌克兰、白俄罗斯、哈萨克斯坦和乌兹别克斯坦则基本上①自己控制了前苏军各军区和财产。例如,独立的哈萨克斯坦军队由苏联第 40 军组成,其管理

---

① 经过长时间艰苦的谈判,俄罗斯在乌克兰继续控制黑海舰队的一部分和塞瓦斯托波尔基地。哈萨克斯坦拜科努尔航天发射基地仍然由俄罗斯航天军队控制。除此之外,白俄罗斯、哈萨克斯坦和乌克兰领土上的所有核武器撤回俄罗斯。

机构是 1989 年从阿富汗撤回的。

俄罗斯继续控制着中亚的土库曼斯坦、塔吉克斯坦和吉尔吉斯斯坦等几个最薄弱国家的边防军。除此之外,它还控制着驻扎在塔吉克斯坦的 201 摩托化步兵师。该师部分驻守在库尔干－秋别、杜尚别和库里亚布,构成距阿富汗方向最近的一支军事战略后备力量。

201 师的历史非常值得关注。苏联解体后,由于塔吉克政治上层无力继承权力,所以它不同于中亚其他新独立国家,到 1992 年初,俄罗斯仍然完全控制着驻扎在塔吉克斯坦领土上的前苏军财产和装备。事实上,在国内冲突不断发展的条件下,由于缺乏能够有效管理前苏军财产的权威政治力量,所以按惯性塔吉克斯坦领土上的前苏联军队在很大程度上享有俄罗斯国家的地位。与此相似,前突厥斯坦军区的各部分军队形成了新独立国家军队的基础。

然而,1992 年塔吉克斯坦形势的急剧尖锐化给当时该国很多俄语居民提出了一个安全问题。在很大程度上,塔吉克斯坦的内部冲突让俄罗斯领导人感觉到了问题的迫切性。因此,俄罗斯决定在这个中亚国家留下来,这是因为,一方面,塔吉克斯坦没有一个统一的有影响的对前苏联军队财产的觊觎者;另一方面,不断蔓延的内战冲突已威胁到了俄语居民的安全。

可以说,俄罗斯保持对 201 师的管理事实上就拥有了对塔吉克斯坦形势产生决定性影响的能力。在内战不断发展的情况下,拥有最强大的军队和实际上对所有武器储备的控制,使得俄罗斯 201 师成为塔吉克斯坦政权斗争中最有影响力的因素。我们必须强调的是,1992 年的时候,这种影响在很多方面显得非常空泛,首先这是因为随着苏联解体和塔吉克斯坦内战的爆发该师各部陷入了极度困境之中。例如,1992 年秋,驻扎在库尔干－秋别的 201 师的一个团"留下了 50 名军官和准尉,士兵非常少,但是自 1991 年开始,他们经常开溜,因为几乎所有的人都是当地人。这时(1992 年秋——作者注)由 15 名军官组成的守卫队保护着几乎供 2500 人使用的技术设备、武器、食品、应急储备品和弹药"①,也就是说,该师在 1992 年的战斗力在很大程度上是很虚泛的。而这其中最重要的一个原因就是,莫斯科政治领导缺乏一种对自己在该地区总体利益和对塔吉克斯坦局部利益的明确认识。

毫无疑问,塔吉克斯坦内战的长期性及残酷程度证明,直至 1992 年秋,俄罗斯领导在对中亚地区没有一个明确清晰的政策,对塔吉克内部冲突也没有一个稳定的偏向。同样,它也不愿直接对这个因战争而分裂的共和国进行保护。长期以来,新俄罗斯政治上层在很大程度上一直反对俄罗斯在塔吉克斯坦保持存

---

① C. 克洛索夫,《东方——微妙之事》,第 302 页。

在,更不愿意干涉塔吉克冲突,不给任何一方以实际的支持。这是因为:

第一,它不愿陷入一场距俄罗斯几千公里外的武装斗争,这是一块既不友好又缺乏交通便利的领土。况且,苏军不久前才从阿富汗撤出,客观上俄罗斯政治上层有一种"阿富汗战争失败"综合征。

第二,俄罗斯于1992年从中亚离开这一事实本身破坏了早已形成的地区安全体系,当时俄罗斯领导人在塔吉克斯坦没有全面的战略目标和保持积极存在的理由。

第三,当时的俄罗斯领导人在很长时间内无法作出选择,莫斯科应该参加塔吉克内部冲突的哪一方。一方面,1991年8月之后,具有自由倾向的政治家掌握了俄罗斯政权,打着民主旗号的塔吉克反对派成为他们在塔吉克斯坦的天然同盟者。著名导演多·胡扎纳扎罗夫是该派领导。另一方面,俄罗斯新政治上层不能不担心具有民主倾向的塔吉克知识分子与激进伊斯兰主义,尤其是塔吉克斯坦伊斯兰复兴党联盟。俄罗斯政治上层既不能准确理解塔吉克内部冲突的逻辑,也无法准确把握俄罗斯在塔吉克斯坦的利益所在,这使得俄罗斯长时间拿不定主意,也不能确定自己的优先权。当时现实存在于莫斯科的对于塔吉克斯坦事件的公式化看法是,进步的民主伊斯兰派反对的是保守的党政领导人,因此这不能不对1992年的莫斯科政策产生影响。毫无疑问,这一点在塔吉克斯坦获得独立国家地位之后至1992年秋之前迅速对莫斯科对待塔吉克斯坦形势的态度产生了最直接影响。

可见,俄罗斯作为中亚安全体系的传统设计者和保证人,其态度非常消极。而乌兹别克斯坦和其他新中亚国家又没做好独立的准备,因此在它们获得独立之后,所有这些因素都在保障地区安全体系中发挥了自保作用,这事实上促进了塔吉克内部冲突的尖锐化。无论是莫斯科,还是近邻塔什干,它们都曾一度对塔吉克斯坦持旁观态度,直至塔吉克冲突的进一步发展明显威胁到中亚安全体系的稳定。

然而,1992年秋,塔吉克斯坦事件进程提出了一个必须在其各敌对集团之间作出选择的问题。塔吉克内部冲突开始威胁到了中亚地区所有国家间关系体系的稳定。1992年,恢复地区安全体系的问题已尖锐地摆了出来。为此,必须结束塔吉克内部冲突并恢复塔吉克斯坦国家的完整。除此之外,不允许塔吉克斯坦国家组织体系的瓦解及其不可避免的分崩离析给中亚边界造成破坏的先例,因为这可能会对该地区所有国家带来最不可预知的后果。所以,在杜尚别必须建立一个能够控制整个塔吉克斯坦领土的政权制度,从继续保持隔绝阿富汗冲突带的观点出发,这一点具有非常重要的意义。

因此,塔吉克内部冲突的继续发展极大地损害了俄罗斯和乌兹别克斯坦的利益,1992 年秋,这两个国家只好在塔吉克各派力量中作出选择,以期通过这个派别的协助恢复塔吉克斯坦的完整。一方面,1992 年秋的杜尚别权力掌握在打着民主与伊斯兰旗帜的帕米尔人和加尔姆出身的人手中;另一方面,塔吉克斯坦南部内战仍然在继续,在内战中积极对抗帕米尔人和加尔姆人的有库里亚布人、吉萨尔人,最为重要的是还有乌兹别克族人。所以,塔什干的立场可想而知。

然而,对于俄罗斯自由派新政治上层来说,伊斯兰反对派和民主力量在中亚小国塔吉克斯坦结盟并掌握政权的潜在可能性没有什么大的意义而且也不会带来任何威胁。非但如此,塔吉克斯坦事件并未超出前苏联事件的总体轨道,要知道前苏联事件同社会关系自由化和清除苏联专制制度的遗毒是密切相关的。较之塔吉克党政上层代表人物萨·肯贾耶夫或库里亚布战斗队员领袖前刑事犯桑贾克·萨法罗夫,莫斯科新政治上层无疑更亲近塔吉克民主反对派领导人电影导演多·胡扎纳扎罗夫。

1992 年 5 月,塔吉克斯坦新联合政府成立,民主反对派在政府中地位突出,对俄罗斯新政治上层来说支持该派符合逻辑。在俄罗斯抛弃整个后苏联空间传统地缘政治影响地带的大政治背景下,这也许会让新俄罗斯自由上层摆脱对前苏联偏远亚洲共和国的事件担责。何况,在塔吉克斯坦一下子还没有一个能够对抗民主派和伊斯兰派联盟的有影响力的政治力量。纳比耶夫总统被迫辞职,前苏联塔吉克政治上层名誉扫地,这使得民主伊斯兰派在塔吉克政治舞台上失去了严格意义上的反对者。

然而,莫斯科最终作出了有利于帕米尔人和加尔姆人联盟对手的选择,也就是说它反对民主和伊斯兰口号。重要的是要搞清楚,俄罗斯为什么作出了这种选择。这里有这样几点原因。

第一,掌握杜尚别政权的塔吉克"民主派"和"伊斯兰派"联盟没有恢复塔吉克国家完整的希望,而这是保持地区安全体系稳定的必需条件。如果说莫斯科支持杜尚别的"民主伊斯兰派"制度的话,那么就会出现同乌兹别克斯坦当时正在该地区形成的利益相冲突的现实威胁,而这会导致塔吉克斯坦的分裂。塔吉克斯坦"民主伊斯兰派"权力的巩固客观上是同塔什干的利益相矛盾的,因为内战直接损害了乌兹别克族居民的利益。另外,塔吉克斯坦的自由化进程也可能在乌兹别克斯坦引发类似进程,这在 20 世纪 90 年代初让塔什干官方感到非常不安。对莫斯科而言,塔什干的立场是其确定在塔吉克冲突中可能存在的同盟者的关键。如果没有乌兹别克斯坦的参与,在塔吉克斯坦采取任何行动都是不可能的,因为驻扎在塔吉克斯坦的俄罗斯军队及边防军的一切交通线都得通过乌兹别克斯坦的领土。可以说,在很大程度上,正是基于这个原因,莫斯科于1992 年放弃了对杜尚别"民主伊斯兰派"政府的支持。

　　第二,莫斯科的决定具有深远的地缘政治影响,并且事实上保持了俄罗斯在中亚地区的存在,这个决定是在俄罗斯军方上层的压力下通过的。正如我们已指出的那样,俄罗斯新政治上层当时并没有准备采取如此果断的行动来反对杜尚别的民主派领导人。也许迫使莫斯科作出这样一个在政治上层中不受欢迎的决定的唯一原因同中亚安全体系的稳定有关系,也许只有在中亚安全体系问题威胁到俄罗斯本身的情况下,1992 年的时候俄罗斯政治上层才对该体系产生了兴趣。只有军方上层代表人物才能让莫斯科相信,这种威胁的确存在。

　　毫无疑问,俄罗斯军方上层中存在着反对破坏苏联帝国进程的广泛的反对派,而这种破坏是由莫斯科的新民主政府推行的。然而,1991 年 8 月的叛乱瓦解后,军队中也许已没有人敢站出来反对莫斯科的新政治家。当时,部分军方当权派曾对发生在前苏联各地的事件心存幻想。

　　俄罗斯军官阿·苏霍列斯基在回忆录中证实了发生在沙尔－沙尔山口(该山口是杜尚别和库里亚布的分界点)周边让人好奇的事件。1992 年 11 月 11 日,当时的库里亚布州执委主席埃莫马利·拉赫莫诺夫向阿·苏霍列斯基求助,要求将塔吉克斯坦伊斯兰复兴党战斗队员逐出这个重要的山口。"考虑到 201 摩托化步兵师是严格禁止干涉共和国内部事务的,拉赫莫诺夫转向我队(桑贾克·萨法罗夫阵线领导人的非官方顾问)寻求帮助。事实上,我们正在指挥瓦赫什谷地人民阵线的军事行动。估计到当时的形势及自己的潜在力量,我和奥列格前往俄军一个分队指挥官谢尔盖处,请求他给我们调遣几辆装甲运输车。冒着极大的风险,谢尔盖给我们调拨了 3 辆装甲运输车－80。"[①]从上边所引片断判断,在以上所提时间——1992 年 11 月 11 日之前很长一段时间内,俄军一直给库里亚布人桑贾克·萨法罗夫以暗中支持。

　　可见,两个关键因素给莫斯科在塔吉克斯坦选择同盟者以决定性的影响。第一,是乌兹别克斯坦的立场;第二,是俄罗斯军方上层的意见。他们把在塔吉克斯坦巩固实力的机会视为俄罗斯在该地区保持地位的重要一步,同时还可以试图阻止帝国解体的进程。

　　根据以上所有事实判断,1992 年 9 月俄罗斯就已通过了准备干涉塔吉克内部冲突的政治决定。9 月 7 日,塔吉克斯坦总统拉·拉赫莫诺夫在杜尚别机场被迫辞职这一事件表明,局势已经发展到了不可收拾的地步,这令新独立各国政治上层备感不安,反响接踵而至。9 月 28 日,也就是拉·拉赫莫诺夫辞职后仅仅 3 周的时间,莫斯科军区就向塔吉克斯坦城市库里亚布和库尔干－秋别派遣

---

　　① A.苏霍列斯基:《沙尔－沙尔山口》,载《情报总局特种部队》一书,莫斯科 2002 年,第 315 页。(Сухолесский А. Перевал Шар-Шар. В кн. Спецназ ГРУ. М. 2002. С. 315.)

了两个特种部队营,用以充实驻扎在这些城市的 201 师各摩托化步兵团。① 正如以上所述,在 9 月底之前,201 师在很大程度上成为一个具有强大活动力的兵团。1992 年 11 月 2 日,哈萨克斯坦、吉尔吉斯斯坦、乌兹别克斯坦各国总统和塔吉克斯坦代总统帕米尔人阿克巴尔硕·伊斯坎达洛夫以及俄罗斯外交部长安·科济列夫在阿拉木图举行了会晤。

在阿拉木图会晤中,哈萨克斯坦总统纳·纳扎尔巴耶夫发表意见,要求中亚各国和俄罗斯共同参与调解塔吉克斯坦危机。"塔吉克斯坦是一个主权国家,它自己应该作出选择,沿哪条发展道路继续前进。但是这条道路不应该被鲜血浸染。我们建议塔吉克斯坦共和国最高苏维埃主席阿克巴尔硕·伊斯坎达洛夫在 11 月 20 之前召开人民代表紧急会议。按理,会议地点应选在共和国最平安和稳定的城市——忽毡。让代表们讲出自己关于该问题的看法。流血事件应该立即被制止。"②这更像是给加尔姆人和帕米尔人联盟提出的最后通牒。声明中以极其明确的形式表达了对塔吉克斯坦内部反对其力量的支持。不仅如此,声明中称阿·伊斯坎达洛夫为塔吉克斯坦最高苏维埃主席,而非代总统。可见,中亚各国领导人并不接受拉·纳比耶夫总统的被迫辞职,正是因为这种被迫辞职阿·伊斯坎达洛夫才成为了代总统。甚至连忽毡市(前列宁纳巴德)的选择也意味着,最高苏维埃会议的召开也要在对帕米尔人和加尔姆人怀有敌意的领土上进行。

阿拉木图峰会结束后一周,阿拉木图决议便有了发展,11 月 9 日列宁纳巴德人阿布杜马利克·阿卜杜拉扎诺夫领导的塔吉克斯坦政府辞职。11 月 16 日,塔吉克斯坦最高苏维埃第十六届会议在忽毡举行。230 名代表中有 198 名与会。埃莫马利·拉赫莫诺夫当选为最高苏维埃主席,阿·阿卜杜拉扎诺夫当选为政府主席。③ 加尔姆人和帕米尔人的代表,包括阿·图拉仲佐德拒绝参加在忽毡召开的会议,他们以缺乏安全保障加以推诿。④ 但是,最令人好奇的是,会议很快便转而讨论俄罗斯和中亚国家议会请求向塔吉克斯坦派遣调解争端的力量问题。于是,俄罗斯和乌兹别克斯坦(这正好首先涉及它们)获得了干涉塔吉克事务的合法权力。

"俄罗斯和乌兹别克斯坦决定,安全利益要求在塔吉克斯坦整顿秩序,而有

---

① C. 克洛索夫,《东方——微妙之事》,第 314 页。

② Э. 拉赫马图尔拉耶夫:《联合国调和塔吉克斯坦争端》,第 57 页。

③ Э. 拉赫马图尔拉耶夫:《联合国调和塔吉克斯坦争端》,第 60 - 61 页。

④ 什林·阿基纳:《塔吉克斯坦:分解还是和解?》,第 39 页。

能力恢复此种秩序的唯一力量就是前共产党人及其拥护者。"①1992年12月6日,主要联合了库里亚布人的人民阵线部队开始攻打杜尚别,巷战之后于12月11日占领了该城。经过激烈的战斗,民族伊斯兰派政治联盟被摧毁,许多人在战斗中被打死。相当数量由帕米尔人和加尔姆出身的人组成的"民主派"和"伊斯兰派"支持者流亡阿富汗。加尔姆出身的难民的主要部分离开了人口过剩的瓦赫什谷地,在这里他们曾同库里亚布人、乌兹别克人交相杂居,这里还发生过最为残酷的武装冲突。加尔姆人的政治失败导致他们在争夺瓦赫什谷地的土地斗争中也招致败绩。库里亚布人成为塔吉克斯坦的政治优势力量,事实上他们完全控制了上层构建进程。

塔吉克斯坦人民阵线由库里亚布州亚民族集团库里亚布人组成,它在反对"民主伊斯兰派"的行动中步调一致、装备精良,显然,如果没有俄罗斯和乌兹别克斯坦直接或间接地赞同和支持是不可能的。莫斯科控制着塔吉克斯坦最强大的部队——201摩托化步兵师,该师各团驻扎在共和国南部各地战斗最激烈的领土上,而乌兹别克斯坦则在乌兹别克族居民中,尤其是在共和国西部的图尔松扎德城市地区和列宁纳巴德省影响巨大。

因此说,1992年12月是塔吉克斯坦危机的第一阶段。与此同时,创建中亚安全体系的第一阶段也告结束。整个1992年,地区新独立各国和俄罗斯试图适应新条件并选择恢复已被破坏了的前苏联安全体系的途径。

1992年,俄罗斯开始停止向阿富汗纳吉布拉政权提供支持。1992年4月28日,该政权寿终正寝。与此同时,"1992年5月中旬,在首都(塔吉克斯坦——作者注)经过激烈事件之后成立了联合政府,达夫拉特·乌斯蒙(塔吉克斯坦伊斯兰复兴党领袖——作者注)出任联合政府副总理"②。1992年5月,《集体安全条约》在塔什干签署。塔吉克斯坦内战的主要事件则发生在1992年下半年。与此同时,喀布尔的穆斯林游击队对立各派正在展开武装冲突。不管是阿富汗,还是塔吉克斯坦,它们都处在分崩离析的边缘,这有可能导致阿富汗和塔吉克两股冲突自动合二为一。为了避免出现这种情况,中亚各国,首先是乌兹别克斯坦和俄罗斯作出了关于恢复地区安全体系的战略决议。为此,必须恢复前苏联中亚边界内部中亚地区体系的完整并保持前苏联南部边境线原状不

---

① B. 鲁宾:《塔吉克斯坦:从一个苏维埃共和国到俄罗斯人—乌兹别克人的保护国》,《中亚与世界》,纽约1994年版,第215页。(Rubin B. Tajikistan: From Soviet Republic to Russian – Uzbek Protectorate. Central Asia & the World. New York. 1994. P. 215.)

② Д. В. 米库尔斯基:《塔吉克斯坦伊斯兰复兴党(创建历史、结构、思想观点)》,《东方》,1994年,第6期,第50页。(Микульский Д. В. Исламская партия возрождения Таджикистана [история создания, структура, идеологические установки]. Восток[Orients]. 1994. № 6. С. 50.)

变。可见,人民阵线部队得到了俄罗斯和乌兹别克斯坦的支持,1992 年它在塔吉克斯坦的武装行动是地区安全体系创建过程的一部分。

重要的是,苏联解体后的 1992 年,俄罗斯政治上层中首次出现了支持俄罗斯在后苏联空间保持积极存在的观点。共产主义政权垮台后,莫斯科政治上层急剧变更,在这种情况下,只有俄罗斯军方上层的代表坚守着俄罗斯在后苏联空间保持积极存在的思想。众所周知,即使是在 1991 年 8 月叛乱之后,俄罗斯军方高层领导也极少发生变动。这意味着,1991 年 12 月苏联解体后,即使俄罗斯新自由上层对俄罗斯周边的地缘政治形势总体把握不够,但是俄罗斯军方进行战略规划的任务仍然非常迫切。

由此可见,伴随着塔吉克斯坦及其邻国阿富汗各类事件的爆发,1992 年春夏之际前苏联南部安全体系已转变为有俄罗斯联邦积极参与的中亚新独立国家地区安全体系。塔吉克斯坦完整的恢复实际上意味着后苏联空间统一体系的恢复及其隔绝外界影响政策的继续,这主要指的是同阿富汗持续冲突地带保持隔离政策的继续。

塔吉克斯坦是前苏联最落后的共和国之一,这里极其残酷的政治冲突现实地迫使俄罗斯于 1992 年保持和扩大了自己在该地区的存在,而这也就意味着,它将被迫在地区安全体系中发挥更为重要的作用。

寻求更佳方案

毫无疑问,莫斯科和塔什干不干涉塔吉克斯坦内部事务的政策发生了彻底改变,这是因为他们认识到了前苏联南部安全体系的破坏已产生了不良后果。事实上,塔吉克斯坦民主伊斯兰派的胜利意味着前苏联中亚同南部影响地带隔离体系之间出现了突破口,这既对该地区的政治体系同时也对社会体系的稳定构成了直接威胁。因此,来自南部突破口的直接威胁一经出现,它们便立即采取了包括直接对塔吉克反对派施加影响以期达到恢复统一安全体系目的的措施。与此同时,新形势迫使乌兹别克斯坦和俄罗斯必须找到一条能够消除来自阿富汗领土负面影响的途径,因为很明显,在距乌兹别克和俄罗斯边防军驻守边界最近的地方,阿富汗长期战争和塔吉克流血冲突积累的负面效应有变为长期紧张发源地的危险。

对莫斯科和塔什干来说,最合乎逻辑的办法就是恢复缓冲体系,即通过最小的援助保证南部边境的直接安全并帮助中亚新独立国家建立南部隔离体系,也就是说,必须得保证恢复 1989 年苏联撤军及其 1991 年垮台期间由纳吉布拉政权或多或少成功履行过的那种功能。

从 1992 年塔吉克反对派垮台到 1994 年这一时期,塔利班运动、俄罗斯和乌兹别克斯坦出现在阿富汗政治版图上。毫无疑问,在阿富汗领土上构建缓冲体系的进程框架内,它们同各自的阿富汗"同盟者"调整着协调行动的原则。然而,无论是在对待阿富汗冲突还是在对待后苏联空间和中亚的相互关系和领导问题上,俄罗斯和乌兹别克斯坦之间都存在着客观矛盾,这种矛盾导致双方在建立缓冲体系时缺乏协调统一的行动。塔什干支持阿富汗乌兹别克族领导人杜斯图姆将军,莫斯科则保持着同拉巴尼/马苏德"阿富汗政府"的非正式接触,后者控制着喀布尔以及该国驻国外的主要代表机构。

原则上,这种相互关系令双方都很满意,它建立的基础是保持前苏联中亚和阿富汗相互隔绝并在暗中提供最低限度必要的物质支持。在阿富汗内部政治斗争中,这种支持给上述杜斯图姆和拉巴尼/马苏德派别以一定的优势,首先是物质上的优势,但前提就是必须保证该地区保持隔离,因为这是前苏联中亚现有安全体系的基础。

然而,在保证中亚各共和国的隔离制度中,塔什干和莫斯科之间进行着某种权力的再分配。乌兹别克斯坦逐渐把自己在塔吉克斯坦的积极作用让渡俄罗斯,转而全力支持阿富汗北方的杜斯图姆将军政权,该政权是保持前苏联中亚隔离制度的关键环节,它作为具有缓冲功能的准国家联合体而存在。况且,杜斯图姆控制的北方六省被险峻的兴都库什山脉阻隔而独立于阿富汗其他地区。另外,较之阿富汗其他所有派别,当时的杜斯图姆无论在军事上还是组织上都具有明显优势,这一点毋庸置疑,加之它紧靠乌兹别克斯坦,因此自然可以保证其在粮食上,可能还有一部分武器的最低限度的需求。

在马苏德和拉巴尼的协助下,莫斯科成功地把在塔阿边境几乎完全仰赖拉巴尼派的塔吉克族反对派的活动纳入到了一个可以接受的范围。莫斯科和拉巴尼势力联系紧密,也许正是因为在他的统治下,阿富汗政府常常获得俄罗斯国家货币发行总局彼尔姆造币厂印制的阿富汗国家货币阿富汗尼。毋庸置疑,无论是拉巴尼还是莫斯科,声张自己的密切联系没有什么好处。然而,客观地讲,拉巴尼/马苏德关心的是把自控地区的权力把持在其 1994 年夏以前的那种水平上,而莫斯科关注的是保持中亚地区的隔离政策不变,两者的重要战略方针是一致的。

总体上说,1994 年之前,阿富汗一些政治派别和中亚国家在保持彼此隔离方面的利益是一致的,这事实上使得俄罗斯和乌兹别克斯坦在新的实质性水平上重新建立起了前苏联南部存在过的战略安全政策体系。新安全体系与苏联后期安全体系的主要不同点在于,就新独立国家而言,维持这样一个具有缓冲功能的阿富汗准国家组织所要付出的代价相对比较低廉。

对哈萨克斯坦和吉尔吉斯斯坦以及独联体其他国家来说,莫斯科和塔什干为调解塔吉克冲突和维护中亚新独立国家安全体系组成部分的隔离制度而进行的努力,无疑,是有益的。客观上讲,对阿拉木图和比什凯克来说,乌兹别克斯坦和俄罗斯控制的塔吉克斯坦扮演着把它们同混乱的阿富汗隔离开来的独特缓冲地带角色。就哈萨克斯坦而言,中亚现实安全体系原则上是按下列方式构建的:

(一)第一条界线是位于阿富汗领土上的缓冲组织,这首先指的是由拉巴尼和杜斯图姆控制的地带;

(二)第二条界线是由俄罗斯和乌兹别克边防军守卫的前苏联国家边境;

(三)第三条界线仅仅是假定的,它位于哈萨克斯坦和吉尔吉斯斯坦边界毗邻区。

哈萨克斯坦和吉尔吉斯斯坦为独联体边界防卫作出的直接贡献相当巨大但代价很小,它仅仅用了一个吉尔吉斯斯坦连和一个 500 人的哈萨克斯坦营。显然,这不能同塔吉克斯坦相比较,后者有 2 万定编俄军和边防军以及忠于莫斯科的 0.9 ~ 1 万名塔吉克军人,另外还有乌兹别克斯坦正规军。俄罗斯和乌兹别克斯坦没有要求中亚同盟者付出更多。隔离主义政策得到部分扩展,这符合新独立国家发展的逻辑。

可以确信无疑的是,至 1994 年,苏联解体后的安全体系经历了一个复杂的转变进程,中亚新独立国家和俄罗斯成功地将阿富汗冲突运用到了该地区新安全体系。

相对稳定时期

1992 年,阿富汗和塔吉克斯坦经过了一系列激烈事件,而此之后,中亚地区形势变得相对稳定起来。通过 1992 年中亚新独立国家和俄罗斯的共同努力,同阿富汗冲突地带相互隔离的制度恢复了,也就是说整个地区安全体系的基础得到了恢复。1992 年 12 月,在俄罗斯和乌兹别克斯坦的支持下,塔吉克斯坦人民阵线部队占领杜尚别并摧毁了塔吉克"民主"和"伊斯兰"组织,于是中亚地区在前苏联边境范围内的完整体系得以恢复。在俄罗斯、乌兹别克军队和塔吉克斯坦人民阵线部队的共同作用下,塔吉克反对派被排挤到阿富汗领土上,他们在那里向塔吉克斯坦南部边境施加武装压力。1992 年 5 月 15 日,独联体国家首脑在塔什干签署了集体安全条约,在条约框架内,俄罗斯、乌兹别克斯坦、哈萨克斯坦和吉尔吉斯斯坦表示有责任参与保护前苏联南部的外部边界,这其中包括塔吉克斯坦同阿富汗之间的边界。

1992 年 4 月,阿富汗纳吉布拉亲共政权垮台。整个 1992 年,为了继承喀布尔政权并夺取国家权力出现了一系列斗争,阿富汗分裂为由许多地方军事政治派别控制的势力范围。阿富汗军事政治派别之间的敌对武装斗争加剧了国家的分裂。在这种情况下,许多军事政治组织,如亲近乌兹别克斯坦的杜斯图姆将军领导的阿富汗乌兹别克族运动和依靠塔吉克族并同俄罗斯保持着密切关系的拉巴尼"阿富汗总统"政党客观上发挥着一种缓冲作用,那就是使独联体南部边界免受阿富汗战争给中亚新独立国家带来的潜在压力危机。

总之,1993年初形成的地区政治形势,客观上有利于中亚新独立国家。前苏联于1991年12月解体后,新独立国家执政上层因此而有条件和时间完成国家建设进程,无需通过太多的试验重组国家体系。由于没有外部的威胁,尤其是来自南部的威胁,从而大大缩短了新国家体系建设的进程。而在中亚,这是一条可以集中力量推进国家建设进程、组建国家利益体系并选择经济和社会改革的必要途径,阿拉木图、阿什哈巴德、比什凯克和塔什干都选择了这种政治制度。因此,这些国家的国家建设可以十分正常地仰仗于苏联巨大的潜能,其优势之一就是完整地保住了国家的世俗地位。

1992年4月,阿富汗纳吉布拉政权垮台导致这个国家在某个时期影响到了世界政治的外围。当然,不仅仅是阿富汗。早些时候发生的苏联解体事件将前苏联五个亚洲社会主义共和国哈萨克斯坦、吉尔吉斯斯坦、塔吉克斯坦、土库曼斯坦和乌兹别克斯坦置于类似的境地。两个超级大国在该地区的对抗极其意外地结束了。后来被称为"中亚新独立国家"的五个新独立国家和阿富汗只好自己来决定自己的命运了。

从20世纪90年代开始,中亚新独立国家和阿富汗的命运就彼此紧密联系在一起了。地理和地区历史文化的统一注定了他们之间的互动关系。

尽管自1992年起"中亚地区"这一术语在社会政治作品中专指五个前苏联亚洲共和国,但是,从地理上讲,中亚包括的领土要广泛得多。例如,前苏联以东的蒙古和新疆以及以南的阿富汗都属于中亚。因此,在分析该地区总的形势时,常常会出现概念界定上的混乱。所以对我们来说重要的是,要从该地区的现代政治状况出发,前苏联中亚和阿富汗事件——这是一种同类现象。然而,为了便于分析,1992年之后的"中亚"这一术语则只用于政治含义,专指苏联解体后独立的五个亚洲共和国。

从苏联解体算起,中亚现代地缘政治状况的形成历史仅仅只有11年。尽管今天人们常常强调说中亚对于俄罗斯来说具有"软肋"的特殊作用,但是90年代初俄罗斯是自愿离开中亚地区的。那次离去在欧亚大陆版图上留下了一个巨大的地缘政治真空。"占据欧亚巨大空间的苏联垮台了,这在欧亚促生了一个巨大的'黑洞',即势力的真空。"①可见,这为世界主要大国在中亚地区开始地缘政治角逐创造了前提条件。兹比格纽·布热津斯基曾表述过为争夺在该地区的影响而进行地缘政治斗争的重要意义。他在其名著《大棋局》②一书中,非常详尽地界定了中亚地区对于任何一个图谋世界领袖地位大国的地缘政治含义。在布热津斯基的定义受到争议和挑衅的情况下,这种措词本身在某种程度上就说明了对中亚地区表现出的非同小可的兴趣,同时也证明了各国为巩固自己在该地区地位方面曾经和迄今所作努力的正确性。

尽管布热津斯基认为,控制了中亚这一地区就意味着将对整个欧亚大陆产生地缘政治影响,但是他在其著作中并没有捅破他所指的就是这个意思。那么通过怎样的方式控制中亚才能保证对广大地区,包括近东、北非等等地区的影响呢? 通常的解释,诸如这里拥有巨大的油气资源储备或该地区是欧亚、南北之间交通运输过境的重要枢纽等,迄今看起来都不具有太大的说服力。至少,在最近的将来所有这些因素都将不具有重要的经济意义,也意味着不具有重要的地缘政治意义。我们认为,布热津斯基在其著作中强调中亚地区地缘政治的全球化意义不是偶然的。这就可以使他作出包涉范围极广且可以让人接受的解释,这种解释一方面可以加强中亚各国政治上层的自尊心,也就是说独立自主性;另一方面也可以证明大规模投资发展具有重要战略意义的交通基础设施的正确性。

显而易见,要更好地理解总的情势就必须得把非常不具体的措词"中亚地区对世界政治具有重要的地缘政治意义"同各个国家或国家集团的具体利益区别开来。这样就可以帮助我们理解,中亚地区到底通过什么对世界政治产生如此大的吸引? 这样就非常明显了,从遏制中亚地区重要的政治力量俄罗斯可能复兴其地位的观点出发,基本上美国会部分地,而西方联盟则会全部地对中亚地区产生兴趣。如果没有中亚,至少没有中亚大部分国家参与的话,那么俄罗斯的这种复兴原则上是没有什么可能性的。但是,如果西方控制了中亚的话,那么它就有可能保持在中国西部边境的存在,这里指的就是新疆维吾尔自治区,这是一个对该国具有极其重要意义的地区,要知道中国在 21 世纪有可能成为世界领袖之一。也就是说,当谈及中亚地区的地缘政治意义时,实际上谈到的也就是西方对两个最大的欧亚国家——俄罗斯和中国进行遏制的学说。

如果接受这种说法的话,那么美国试图沿俄罗斯南部边界利用前苏联各共和国组建政治同盟的做法,就可以被视为开创一条防止俄罗斯帝国以任何形式

① 《专家》(莫斯科),1998 年,第 32 期。(Эксперт[Москва],1998. No32.)

② 3.布热津斯基:《大棋局》,《国际关系》,莫斯科 1998 年版。(Бжузинский З. Великая Шахматная доска. Международные отношения. М. 1998.)

复兴的独特"防疫走廊"的尝试。当此之时,令人不由得不想起与此非常相似的一个实例:20世纪20年代的时候,法国试图通过东欧国家(波兰、罗马尼亚、南斯拉夫和捷克斯洛伐克)创建一条类似这样的防止德意志帝国复苏的"防疫走廊"。

争夺中亚势力范围的地缘政治斗争本身在很多方面都要归结到运输走廊问题上。因此,鉴于以上的论述,就美国利益而言,其最重要的任务就是如何保证这些走廊能够绕过俄罗斯和伊朗。值得注意的观点是,2001年4月12日,在哈萨克斯坦、阿塞拜疆、格鲁吉亚和土耳其记者及专家的电视新闻发布会上,美国总统特别顾问兼国务秘书伊丽莎白·琼斯就里海能源外交问题发表了自己的观点。她在回答"巴库—杰伊汉"①管道建设方案是否是针对俄罗斯的问题时说,美国在这个问题上的政策是消除石油输出问题方面的某种垄断。琼斯指出:"它不反对俄罗斯,但反对垄断。"②这个观点同样适用于经由阿富汗领土的油气管道建设方案。

随着时间的推移,西方对俄罗斯昔日地缘政治势力范围的渗透不能不引起俄罗斯部分政治上层的反对。况且,在俄罗斯社会舆论中,有关中亚新独立国家无法独立生存,以及它们仍然保持着对俄罗斯依赖的观点还大有市场。正如奥尔科特先生的形象描述,这些观点基本上是前苏联中亚各共和国和哈萨克斯坦"弹射独立"的依据。

20世纪90年代初,新民主俄罗斯视前苏联各中亚共和国为"包袱",主动将它们摆脱。对俄罗斯政治上层来说,俄罗斯不久前还在中亚地区占有绝对优势,而且它离开这里是完全自愿的,但是现在它却必须要同西方在这里进行尖锐的地缘政治角逐,这确实让人觉得不快。重要的是要指出,苏联解体后,新自由主义政治上层很快便掌握了俄罗斯政权,这一政治上层以融入西方社会并成为其平等伙伴为目标。俄罗斯离开中亚是其90年代上半期自由"西方主义"政策的一部分,这也可以认为是对昔日俄罗斯帝国的放弃。

但是,俄罗斯仍然保持着正在发展着的地区大国的地位,到90年代中期它已经形成了包括中亚地区在内的利益范围。这种趋势最终于90年代末形成了俄罗斯自身的利益体系。在许多方面这同自由"西方主义"政治上层离开俄罗斯政治舞台的时间相吻合。自然,新利益可以假定是对昔日地位的回归。同样,不能不考虑的一点是,俄罗斯不可能对美国在俄罗斯周边创建"防疫走廊"的政

---

① "巴库—杰伊汉"石油管道被美国人士称之为主要输出管道,它以阿塞拜疆的巴库为起点,穿越格鲁吉亚领土,再到地中海上的土耳其港口杰伊汉。该方案是里海管道财团二者择一的选择,因为另一管道经哈萨克斯坦和俄罗斯领土抵达黑海上的俄罗斯港口诺沃洛斯克。

② 《全景》(阿拉木图),2001年4月13日。(Панорама[Алматы] 2001. 13 апреля.)

策置若罔闻,而且这种政策完全有可能加速其地位恢复的进程,这最终将导致美国和俄罗斯在中亚利益冲突尖锐化期的到来。

这一地区逐渐形成了俄罗斯和欧洲国家进行地缘政治角逐的态势,前者灾难性地迅速丧失了自己在中亚的地位,后者力图在欧亚中心重要的战略地区树立自己的地位。

在围绕中亚地区运输走廊而展开的"大地缘政治角逐"中,地区大国的局部利益也形成了。对分布在前苏联南部边界的三个地区大国土耳其、伊朗和巴基斯坦来说,最为重要的是它们处在通向中亚地区的主要货流中心。这意味着谁能够控制通往中亚地区的运输线,谁的国家地位就会急剧上升。另外,对主要货流的控制还可以使这个国家从经过其领土的货物转运中获得大量固定收入,这种收入并不依世界市场经济行情,如石油价格下跌等的变化而变化。同石油和其他原料产品不同,过境运输价格的高低几乎总是固定的。

较之土耳其和伊朗,由于阿富汗在结束了反苏斗争之后便爆发了敌对派别为控制国家而进行的分裂战争,这使得巴基斯坦处于非常不利的地位。然而,在整个战争期间,巴基斯坦一直都处在西方文明反对苏联在阿富汗扩张的前哨优越地位。这表现在西方向该国经济的大量投入、对现代军事技术和对巴基斯坦军队的总体支持,以及伊斯兰堡对穆斯林游击队和几百万阿富汗难民军事和物质援助分配权的控制上。从阿富汗战争的大规模和长期性来看,巴基斯坦获得的物质和地缘政治红利数额巨大。在很大程度上,由于巴基斯坦在阿富汗战争期间充当着美国战略同盟的角色,这使得它获得了同昔日地区对手——印度抗衡的力量。

随着苏联的解体、世界和地区地缘政治形势的改变,巴基斯坦丧失了昔日的地位优势。20世纪90年代初,巴基斯坦因地理位置而造成的复杂性开始表现了出来。但是,要保证自身经济和军事的发展则需要开拓额外的财源,这客观上促使巴基斯坦开始对此加以关注。由于巴基斯坦资源不多,工业欠发达,同时又处于伊朗和敌对的印度之间,所以它极力想借助于自己的地理位置,把流往中亚各国的部分货流重新分配给自己,同时把中亚各国作为自己产品的销售市场。控制通向拥有丰富自然资源的中亚国家的运输走廊,实际上可以提高巴基斯坦的地缘政治地位。但是,因战争而处于分裂状态的阿富汗则可能会妨碍这些计划的实现。

开辟通往中亚的运输走廊需要巴基斯坦提供安全保证。因此,结束阿富汗内战势在必行,只有这样才有可能克服国家分裂并使权威政府掌权。多年战争证明,只有军事力量才能够解决这一问题。然而,由于战争,阿富汗处于分崩离析状态,现代化成果和国家制度遭到严重破坏,所有这些使得仅仅通过某一个军事政治派别单方面的努力根本无法恢复国家的统一。

伊斯兰堡提出的任务与通过多种途径输出中亚地区自然资源和其他货物的想法完全吻合。克服该地区的地理隔绝,如对西方的隔绝,意味着俄罗斯对中亚新独立国家影响程度的下降。对中亚新独立国家来说,新运输走廊则意味着货物运输费用的降低、新市场的开拓以及地理上对俄罗斯依赖的减少。在这样一种情势下,塔利班运动便于1994年在阿富汗政治版图上应运而生。

然而,前苏联各亚洲共和国,也就是苏联解体后的新独立国家对这一诱人的地缘政治和经济前景,甚至复兴中亚地区同巴基斯坦和印度历史交通往来的美好构思都漠然视之。这主要是由苏联解体后在中亚形成的那种地区安全体系造成的。对于这些国家来说,较之来自那些新运输走廊的一切潜在优势,最最重要的还是保持同阿富汗冲突地带的隔绝,其中包括保持前苏联边界内中亚地区的完整,因为这可以保障所有那些仍然非常不稳固的政治体系的稳定。这正应了那句话,宁要芝麻,不要西瓜。(原文为:手中的麻雀胜过天上的仙鹤,意思是宁要直接能到手的小东西,而不指望拿到没有把握的大东西——译者注。)

第五章　塔利班运动

开始走向巩固

1994 年,一场强大的新型军事政治运动塔利班突然出现在阿富汗历史上。这场运动取得了令人难以释怀的成功,但突然又从政治舞台上消失殆尽,它迄今仍然给人们留下了极其有趣的情节。纵观这段历史,有太多的问题需要去解答,但都无法给出具体的答案。尽管塔利班运动存在时间很短(1994—2000 年),但是它却给阿富汗及其邻国,还有世界政治造成了严重的紧张状态,因此我们有必要对塔利班现象进行深入研究。也许,我们研究的主要目的在于,我们要明白,今后如何才能在诸如中亚这样的领土上不为类似组织的出现创造条件。

今天,大家比较熟知的有关塔利班的情况主要有:塔利班运动是在巴基斯坦领导人的授意下由分布在阿富汗难民营的宗教学校学生组成的。"巴基斯坦前总参谋长米尔扎·阿斯拉姆·别各将军承认,这类宗教学校都有一定数额接受过专门训练的昔日塔利班成员,它们由巴基斯坦和美国创办,目的是为了'在阿巴边界形成一条支持穆斯林游击队战斗精神的宗教思想带'。"[①]在这段引文中,塔利班这一术语讲的就是它的原意,即宗教学校的学生,因为这正好涉及反对苏联和阿富汗共产党政权这一战争时期。纳吉布拉政权垮台之后(1992 年),它存在的极端必要性就消失了。战争结束后,美国的财政援助也中止了,这些学校的命运开始飘摇不定。

然而,在巴基斯坦宗教组织,好像是"伊斯兰贤哲会"(对宗教学校实施日常领导的一个宗教组织)的控制下,组织良好的"学生",拥有了潜在的巨大力量。然而,宗教领导是一码事,政治领导又完全是另一码事。而巴基斯坦特工部门,诚如所谓的"巴基斯坦跨部门联合情报局",实际上政治控制着巴基斯坦为反苏而建设的所有工业企业。自然,1992 年 4 月之后,阿富汗穆斯林游击队各派政

---

① A.达维多夫:《阿富汗:塔利班谋求政权》,《今日亚非》,1997 年,第 7 期,第 44 页。
(Давыдов А. Афганистан. Талибы стремятся к власти. Азия и Африка сегодня. 1997. № 7. С. 44.)

治组织、学校和巴基斯坦领土上难民营的命运,就完全取决于巴基斯坦领导人的政治利益。不能不指出的是,在美国停止了对武装反苏的财政援助之后,巴基斯坦的经济负担加剧了。

问题在于,拿阿富汗怎么办,这成为巴基斯坦领导人面临的迫切问题。而且,问题还不仅仅在于拿阿富汗怎么办,问题的尖锐性在于,拿那些为了在巴基斯坦领土上进行阿富汗战争而建设的军事政治基础设施怎么办?况且,阿富汗在各战地指挥官的争夺下已分裂为许许多多的敌对领地,这就使得根本没有可能解决阿富汗的难民问题,因此供养难民已成为巴基斯坦经济的沉重负担。

1992—1993年期间,巴基斯坦在阿富汗政策方面还没有形成一种明确的利害关系。非常清楚的一点是:伊斯兰堡不想重建一个普什图人占优势的阿富汗统一国家。因为,如果再建成一个阿富汗统一国家的话,那么这就使得巴基斯坦针对阿富汗外交政策的一个最重要条件得不到保障,即无法保证伊斯兰堡能够完全控制喀布尔任何一届政府。何况,还在1991年的时候,白沙瓦联盟最具影响力的政治活动家,曾受巴基斯坦军方和情报部门庇护的古·希克马蒂亚尔就已产生了怀疑自己是否应该忠诚于巴基斯坦外交政策的依据。

在波斯湾战争期间,古·希克马蒂亚尔支持萨达姆·侯赛因的行动。然而,伊斯兰堡官方却在战争中参加了反伊拉克同盟。① 因此,尽管古·希克马蒂亚尔同巴基斯坦之间有着密切的关系,但是如果前者掌握政权还是不符合巴基斯坦的长远利益。较之阿富汗穆斯林游击队中任何一位正在竞争的领导人的胜利,阿富汗的分裂在战术上更符合当时巴基斯坦的利益。"巴基斯坦政治领袖遇到了两者择一的窘境。他们也许会继续支持古·希克马蒂亚尔图谋普什图人的喀布尔政权,因为这些普什图人也许会友好对待巴基斯坦,或者也许会改变方针并使阿富汗所有派别(包括各民族和宗教少数的部队)团结一致,当然,对普什图人来说,这个问题需要付出代价。因此说,产生一个稳定的政府才有可能打开通向中亚的通道。"②然而,上述任何一个决定都有其客观复杂性。

在巴基斯坦打通通向北部中亚地区运输走廊的对外政策战略目标未形成之前,伊斯兰堡是很难作出选择的。而且,非常明显,如果没有一个能够控制阿富汗整个领土的稳固政权的话,那么要达到这个目标分明也是不可能的。而采取

① 巴基斯坦的古·穆·贾托伊政府,以及后来的纳瓦兹·沙里夫政府于1990—1991年谴责了伊拉克对科威特领土的入侵,要求伊拉克无条件从科威特立即彻底撤军,恢复科威特的国家独立和主权。巴基斯坦宣布完全支持联合国安理会的决议和调解危机的一揽子行动。资料来源:《巴基斯坦百科全书》,莫斯科1998年版,第234页。

② 阿赫迈德·拉什德:《塔利班:中亚伊斯兰教、石油与新博弈》,伦敦2000年版,第26页。(Ahmed Rashid. Taliban: Islam, Oil and the new Great Game in Central Asia. London. 2000. P. 26.)

以上任何一条途径——支持某一位普什图领导人或者在所有政党和运动团结基础上取得阿富汗的统一——都是极其复杂的,而且最为重要的是,对未来巴基斯坦来说没有多少利益可言。因为,巴基斯坦最终完全有可能在阿富汗碰到一个敌对政府,这样一来就会使巴基斯坦在反苏和反喀布尔共产党政权战争期间利用其有利战略地位获得的所有优势化为泡影。总之,巴基斯坦控制或给该国政府施加影响原则上始终是非常重要的,因为有源源不断的战略物资穿越其领土。

重点需要强调的是,1992 和 1994 年期间,巴基斯坦是阿富汗最大的,或者说是唯一的一个有影响力的外部博弈者,而今天则有诸如美国、俄罗斯和欧盟国家参加的国际联盟直接参与平息阿富汗问题。同时,这也直接关系到伊朗、中国的利益。但是,在 1994 年的时候,巴基斯坦却是唯一的这样一个国家,它可以在阿富汗推行独立自主的政策,而且它还拥有完成这一政策的必需资源。当时,俄罗斯已将自己在阿富汗的存在降到了最低点,而美国总体上在喀布尔共产党政权倒台后马上就失去了直接参与冲突的兴趣。中国和伊朗则持旁观者态度。

另外,以上我们还指出,巴基斯坦仍然还保留着阿富汗反苏反共斗争期间创建的类似伊斯兰学校和难民营这样的军事政治基础设施。共产党垮台和苏军撤离后,巴基斯坦政治领导人便全盘承担起了对它们的供给和使用。

总之,在以上各种因素的综合作用下,阿富汗出现了一场全新的政治运动,这场政治运动后来被称为"塔利班"。这是一场完全出乎人们意料的运动,但是从巴基斯坦方面来看则是一次难得的机遇。

第一,巴基斯坦本身并不卷入阿富汗政治的阴谋诡计,同时还避免了直接参与阿富汗内部的冲突。

第二,伊斯兰堡可以利用反苏战争以来在巴基斯坦领土上已形成的基础设施作为创建新组织的理由,这一下可以达到一箭双雕之目的。一方面,这种组织完全可以被置于巴基斯坦各类宗教组织以及同这些组织密切相关的巴基斯坦特种机关的控制之下。另一方面,通过这一灵活的步骤,伊斯兰堡为反共战争期间在难民营和伊斯兰学校受过训练的好几万人找到事业和薪水。因为,如果不这样的话,伊斯兰堡还得向他们提供生活费,而且,如果完全听任伊斯兰激进组织发展的话,它们有可能还会威胁到巴基斯坦本身。

巴基斯坦一位消息灵通记者阿赫迈德·拉什德写过一本非常有用的书,作者在书中详细描述了阿富汗塔利班出现的情况。在这里可以找到许许多多让人感兴趣的东西,如毛拉奥马尔及其追随者在阿富汗政治版图上的第一次出现。1994 年 10 月 12 日,200 名来自坎大哈和巴基斯坦宗教学校的塔利班成员出现在阿巴边界的阿富汗边界小桥斯宾·布尔达克。小桥被古·希克马蒂亚尔的人所控制,这些人在此收取穿越边界,包括通往中亚地区的所有卡车的"过路费"。

塔利班向小桥发动了攻击并将它摧毁。在这场战斗中,古·希克马蒂亚尔有 7 人被打死,塔利班成员仅死了一人。尽管这场战斗在阿富汗范围内算不了什么,但是,此事之后,巴基斯坦马上就给塔利班成员开始提供大批美国装备。这批装备是 1990 年从巴基斯坦领土上转移到阿富汗的。两百名左右的塔利班部队得到了 1.8 万支冲锋枪、几千门大炮、大量的军用装备和技术设备。① 塔利班迅即转变为一支非常强有力的军事力量。

1994 年 10 月 29 日,巴基斯坦派遣了一支由国家军队运输分队组成的试探性护卫队。正如人们确信的那样,这支"分队是在 80 年代由巴基斯坦三军情报局的情报人员创建,目的是为了向穆斯林游击队提供美国武器。在护卫队成员中有团长伊玛姆,此人是巴基斯坦三军情报局的战地军官,他曾在南方工作,同时还是巴基斯坦驻赫拉特的总领事。随同护卫队前往的还有两名年轻的塔利班指挥官——毛拉波尔詹和塔拉比"②。护卫队被地方战地指挥官集团阻截在坎大哈机场,这些战地指挥官包括阿米尔·拉拉伊、控制机场的曼苏尔·阿恰克扎伊和乌斯塔德·哈利姆。指挥官们要求提供资金及部分物资,并停止向塔利班提供援助。

拉什德援引巴基斯坦官员对这起事件的评价。官员们确信:"我们担心曼苏尔把武器偷偷装上护卫队机舱而后指责巴基斯坦。因此,为了解救护卫队,包括巴基斯坦军事突击小队或伞兵队,我们对方方面面都作了考虑。我们承认,这些措施非常危险,因此我们请求'塔利班'解救护卫队。"③11 月 3 日,塔利班向包围护卫队的那些人发动进攻,曼苏尔被抓捕并被枪决。就在当晚,塔利班向坎大哈开进,经过两天交火便占领了该城。城中最有影响力的战地指挥官毛拉纳吉布拥有 2500 名战士,但是他没有进行抵抗。后来据说,纳吉布收受了巴基斯坦三军情报局的贿赂并得到承诺保持其地位不变。塔利班缴获了几千门坦克、装甲车、重型武器、6 架"米格 –21"战斗机和 6 架直升机。1994 年 12 月,来自巴基斯坦宗教学校的 1.2 万名阿富汗和巴基斯坦学生在坎大哈同塔利班会合。④ 这样,塔利班运动作为一个政治组织占领了第一座阿富汗城市。

---

① 阿赫迈德·拉什德:《塔利班:中亚伊斯兰教、石油与新博弈》,伦敦 2000 年版,第 28 页。(Ahmed Rashid. Taliban: Islam, Oil and the new Great Game in Central Asia. London. 2000. P. 28.)

② 阿赫迈德·拉什德:《塔利班:中亚伊斯兰教、石油与新博弈》,伦敦 2000 年版,第 28 页。(Ahmed Rashid. Taliban: Islam, Oil and the new Great Game in Central Asia. London. 2000. P. 28.)

③ 阿赫迈德·拉什德:《塔利班:中亚伊斯兰教、石油与新博弈》,伦敦 2000 年版,第 29 页。(Ahmed Rashid. Taliban: Islam, Oil and the new Great Game in Central Asia. London. 2000. P. 29.)

④ 阿赫迈德·拉什德:《塔利班:中亚伊斯兰教、石油与新博弈》,伦敦 2000 年版,第 29 – 30 页。(Ahmed Rashid. Taliban: Islam, Oil and the new Great Game in Central Asia. London. 2000. P. 29 – 30.)

在这段历史上,让我们一眼就能看到的是,巴基斯坦官员做好了向塔利班提供最大可能援助的准备。同样值得关注的是,塔利班部队的主要骨干是由巴基斯坦宗教学校的成员构成的,也就是说是由那些反苏战争年代在巴基斯坦创建的军事政治基础设施的代表们以及1992年后没有获得职位的那些人构成的。

1994年的阿富汗内部政治状况依然距稳定甚远,彼此之间的敌对战争仍然在继续。1994年1月,阿·杜斯图姆将军领导的阿富汗伊斯兰民族运动同古·希克马蒂亚尔签订了盟约,断绝了同布·拉巴尼控制的"阿富汗政府"的关系。[①]此后,同盟者迅速开始向喀布尔发起了联合进攻。起初,塔利班的出现没有给阿富汗军事政治组织留下什么大的印象。它们还没有把塔利班运动看成是一种严重的威胁,它们认为,塔利班——这只不过是一支阿富汗地方军事政治派别而已,其利益也就集中在国家西南部的坎大哈地区。

阿富汗各派别不认为塔利班在阿富汗政治舞台上的出现具有什么特殊意义,这再一次证明,1995年初各对抗组织的力量配置发生了如何重大的变化。1月份,旨在反对布·拉巴尼总统的新联盟形成了,参加该联盟的有乌兹别克族将军阿·杜斯图姆、阿·马扎里领导的阿富汗伊斯兰统一党成员哈扎拉族人古·希克马蒂亚尔。然而,阿·杜斯图姆的前同盟者阿富汗依斯玛伊派领导人赛·纳德尔,亦如古·希克马蒂亚尔的前同盟者阿·赛亚夫,倒向了布·拉巴尼一边。[②] 两个重组同盟为了争夺喀布尔又展开了新一轮的残酷战斗。

在争夺喀布尔的最激烈战斗中,塔利班部队出人意料地卷入了其中。2月14日,塔利班部队发动突然袭击,占领了喀布尔以南古·希克马蒂亚尔的大本营恰拉斯亚布,迫使其军队退至贾拉拉巴德。[③] 3月6日,马苏德的军队还在喀布尔南郊发动反对哈扎拉人的战斗;而到了3月11日,塔利班却占据了哈扎拉人的地位,但是在后来的残酷战斗中,这些塔利班成员又被马苏德打死。[④] 当

---

① 有一种观点认为,拉苏尔·帕赫拉旺是阿·杜斯图姆的阿富汗乌兹别克伊斯兰民族运动和古·希克马蒂亚尔的伊斯兰党结盟的发起者。帕赫拉旺是阿富汗伊斯兰民族运动的第二大影响人物。该联盟的缔结旨在反对布·拉巴尼总统。还在1993年底,也就是布·拉巴尼拒绝举行总统选举之后,帕赫拉旺会同自己的兄弟阿卜杜尔·马利克和领导喀布尔阿富汗伊斯兰民族运动的霍马云·法乌兹,在巴基斯坦的支持下,同古·希克马蒂亚尔的副手霍马云·扎里尔(关于此次谈判阿富汗伊斯兰民族运动领袖阿·杜斯图姆一点也不知晓)举行了秘密谈判,其结果是他们同古·希克马蒂亚尔的伊斯兰党结为同盟并创建了最高协调委员会。1995年,拉·帕赫拉旺、阿·马利克背着阿·杜斯图姆同塔利班签订了协议并向它提供技术援助。(资料来源:《阿富汗:简明人物志》,莫斯科2002年版,第247页。)的确,不排除这种说法是后来出现的,当然同必须蒙蔽阿·杜斯图姆将军有关系,阿·杜斯图姆后来在同塔利班运动的斗争中发挥了重要的作用。拉·帕赫拉旺于1996年6月24日被自己的贴身护卫杀死。人们怀疑阿·杜斯图姆组织了这次谋杀,因为他惧怕拉·帕赫拉旺及其兄弟阿·马利克的影响力。

② 《阿富汗指南》,莫斯科2000年版,第100页。(Афганистан. Справочник. M. 2000. C. 100.)

③ 阿赫迈德·拉什德:《塔利班:中亚伊斯兰教、石油与新博弈》,第34页。

④ 阿赫迈德·拉什德:《塔利班:中亚伊斯兰教、石油与新博弈》,第35页。

时,在这种怪诞离奇的情形下,塔利班打死了哈扎拉人和阿富汗伊斯兰统一党领袖阿里·马扎里。就这样,在短短的一段时间内,塔利班便控制了国内相当多的领土,打败了阿富汗最具影响力的两个军事政治派别(马扎里和哈扎拉族人古·希克马蒂亚尔)的军队,同时还推进到了首都喀布尔以南阵地。

自然,在阿富汗这样的条件下,塔利班的军事成功应该说让阿富汗社会大失体面。该国所有的军事潜力都是众所周知的,而且在多年的力量平衡和持续不断的内战情况下,额外的资源只能从阿富汗境外获得。巴基斯坦是唯一一个能够为塔利班的巩固创造条件的国家。但是,除了塔利班的军事胜利之外,毫无疑问,塔利班运动的结构和政治目标同样也给阿富汗军事政治派别和阿富汗社会舆论留下了强烈的印象。对于现代阿富汗来说,这的的确确是一种全新的现象。

塔利班运动的大部分成员在阿富汗没有固定的社会和政治联系。运动的创建是为了解决具体的政治目标——抑制阿富汗的分裂,为达此目的,脱离了阿富汗社会传统组织体系的人们被加以利用。曾几何时,在苏联的支持下,喀布尔亲共政府在阿富汗加速推行现代化进程,这对阿富汗传统社会组织原则和价值观产生了极大的影响,这种影响引发了阿富汗传统社会组织结构的大规模破坏,使之无法发挥其应有的作用,同时还破坏了它的传承。这首先触及了阿富汗的社会组织体系、村社关系、家庭、社会和传统上层的相互关系。许多移居巴基斯坦的难民丧失了已有的社会关系和方向。在阿富汗多年战争过程中,人员的大量损失产生了恶劣的影响,例如,在受巴基斯坦庇护的阿富汗难民营中运行的穆斯林学校主要聚集着"阿富汗战争孤儿"和几乎完全丧失了传统体系方向的人。

问题之所在甚至不在于,是谁有目的地对这些学校成员施加影响和进行宣传。在穆斯林社会中,对脱离了传统社会体系和传统价值体系的人们来说,寻求新的社会体系和价值体系是再自然不过的。在伊斯兰社会中,寻找新价值观最合乎逻辑的办法,也就是寻求复兴先知穆罕默德时期原初穆斯林社团的那种思想。正是这一点为"纯伊斯兰教"支持者运动的出现创造了条件,他们否定几百年来在普通穆斯林社会内部业已形成的传统历史价值观,这其中也包括否定穆斯林社会治理中世俗与宗教原则的结合。

从这种观点出发,自 1979 年至 1992 年,古·希克马蒂亚尔、哈里斯、赛亚夫、纳比·穆罕默迪及其他阿富汗穆斯林游击队运动进行的斗争,都旨在反对喀布尔亲共政府加速推行现代化给穆斯林传统社会生活方式施加的那种影响,他们力图恢复现代化进程开始之前业已存在的状况。客观上讲,这也就意味着他们反对苏联现代化模式的斗争在阿富汗变成了反对现代化结果的战争。然而,上述领导人进行的斗争,其目的是为了在阿富汗国家和阿富汗传统社会组织体系中占据一席之地。与此相适应,正统的穆斯林游击队运动并没有对穆斯林社会统治中世俗与宗教原则折中基础上的阿富汗社会组织原则提出质疑。

我们知道,巴基斯坦已习惯于把穆斯林社会治理中的世俗与宗教原则结合起来,而且这种日常实践成果显著。尽管如此,但巴基斯坦还是极力想创建一个以"纯伊斯兰教"思想为基础的政治组织,以图在阿富汗复兴原初穆斯林社团组织原则。

"纯伊斯兰教"支持者(在另外一些情况下常常被笼统地冠以"瓦哈比派"之名),一方面反对穆斯林社会治理中世俗与宗教原则的结合,另一方面又主要同普通穆斯林社会的传统上层(包括正统"乌里玛",即穆斯林"神职人员"的代表人物)相对抗。因此,自然而然,在"纯伊斯兰教"支持者运动转变为一支强大政治力量的那些穆斯林社会中,激烈的冲突首先主要发生在"纯伊斯兰教"思想的追随者和各种形式的"传统上层"之间。

这种冲突构成了正统穆斯林游击队党一开始就激烈反对塔利班运动政治图谋的基础。这也就可以解释,塔利班为何在对待阿富汗传统上层代表人物时要采取示威性的残酷措施。例如,1995 年 3 月 12 日塔利班成员打死了阿富汗伊斯兰统一党什叶派哈扎拉人领导阿卜杜拉·阿里·马扎里;1996 年 9 月 26 日占领喀布尔之后,他们又把国家前总统纳吉布拉以阿富汗人认为最耻辱的方式绞死。

这些措施具有明显的示威性质,激起了国家舆论的极大反感,尤其是前总统纳吉布拉被公开处死这件事与正统普什图人的传统格格不入。传统上,阿富汗普什图人更倾向于其部族和村社实行高度自治。普什图人的特殊"民主"建立在部族领袖、部族和村社利益的平衡之上。这种状况下的关系是根据传统进行调解的,这种传统首先指的是支尔格制度,即"普什图部族均分财产的社会政治调解器。"①根据普什图人的传统,"部族领袖在惩罚同部族人时会受到极大的限制——这属于传统行为范畴(巴达拉、支尔格)。领袖对同部族人的任何惩罚,或多或少都会引起该部族对等的反应,该部族的某一位成员或所有成员将会对这位领袖及其部族施以同样的惩罚"②。尽管纳吉布拉是有影响的普什图阿赫迈德扎伊部族传统上层的代表人物,但是塔利班却将他处死了,这就表明塔利班不尊重正统普什图人的传统。因此说,他们既反对在阿富汗正统穆斯林社团规

---

① И.Е.卡特科夫:《普什图人部落结构之社会观》,《阿富汗:历史、经济与文化》(汇编),莫斯科 1989 年版,第 43 页。(Катков И. Е. Социальные аспекты племенной структуры пуштунов. В сб. Афганистан: история, экономика, культура. М. 1989. С. 43.)

② И.Е.卡特科夫:《普什图人部落结构之社会观》,《阿富汗:历史、经济与文化》(汇编),莫斯科 1989 年版,第 51 页。(Катков И. Е. Социальные аспекты племенной структуры пуштунов. В сб. Афганистан: история, экономика, культура. М. 1989. С. 51.)

范之上创建"纯伊斯兰教"社会的思想,也反对传统阿富汗社会的组织体系。

鉴于此,塔利班运动对于补充成员编制的原则非常感兴趣。塔利班运动的政治领导基本上都是未能进入阿富汗传统社会上层体系的那部分人。1994年秋,也就是塔利班运动在阿富汗舞台上出现的时候,其大部分政治和军事领导人还不为阿富汗社会舆论所了解。1994年秋,塔利班政治领导人穆罕默德·奥马尔·阿洪扎达才31岁。在反喀布尔亲共政权和反苏战争期间,他只不过是一支小穆斯林游击队的一名指挥官而已,这支队伍隶属白沙瓦联盟成员纳比·穆罕默迪的政党。

1997年,法国一份有影响力的杂志《世界外交》写道:"多数塔利班指挥官都有化名。该运动倡导者之一毛拉博尔詹德的真名叫阿卜杜尔·拉格曼。他担任过上尉,在占领喀布尔前两天战死。此人出生坎大哈,曾是喀布尔军事学院学员,参加过1979年9月哈菲佐拉·阿明的宫廷政变。12月份,阿明被苏军推翻,他离开喀布尔,在巴基斯坦加入了纳比·穆罕默迪的'伊斯兰革命运动'。塔利班其他成员没有参加过抵抗运动。沙赫·萨尔瓦尔曾经担任过萨罗比附近苏军领导的一个侦察分队负责人;现在他是一名塔利班成员,在喀布尔以北指挥着几个炮兵连。穆罕默德·阿克巴尔,曾任前共产党秘密警察局官员,现在塔利班政权下从事同样的工作。穆罕默德·吉拉尼将军同样也是在坎大哈被占领后加入塔利班运动的,他被任命为防空指挥官,在到1992年前他还是一名阿富汗共产党军人。"[1]对阿富汗传统政党来说,这场由一些名不见经传和影响力不大的人领导的新军事政治运动给它们构成了严重威胁。这主要是因为塔利班企图在全国范围内建立政权,而这将会威胁到阿富汗传统社会组织体系并危及这些政党在该体系中的地位。

然而,在塔利班运动领导职位上占据优势的是来自阿富汗人民民主党的一些前共产党员和此前在阿富汗政治舞台上名不见经传的一些人物,如运动领导人穆罕默德·奥马尔,这种情势完全被控制在伊斯兰堡的策略任务范围之内,即巴基斯坦完全控制着阿富汗的这一政治运动。这主要也正好符合塔利班运动负有解决巴基斯坦在阿富汗政策中迫切问题的使命。来自阿富汗人民民主党的前共产党员几乎以党纪为基础建立塔利班运动的组织原则,而且在初期阶段他们完全依附于巴基斯坦,因为后者有能力使他们在1994年重返阿富汗政治舞台。

从伊斯兰堡方面来看,这种思想非常美妙。在这个因内战而陷入落后境地的社会中,塔利班运动得到巴基斯坦的支持,其目的就是想通过一些全新思想原则整饬国内秩序。该运动有可能大获成功并完成对阿富汗秩序的整顿、抑制其

---

① 参阅:《世界外交》,1997年1月。(Monde Diplomatique. 1997. Janvier.)

分裂并打通通向中亚地区运输走廊的任务。由于塔利班运动是由那些因各种原因在阿富汗社会中失去稳定关系的人组成的,所以说,这种情况也许能够让这个新组织忠诚于巴基斯坦的基本政策目标。

塔利班运动坚持"纯伊斯兰教"思想,也就是说,在日后免受外来思想和制度影响的情况下将按照原初穆斯林社团的组织原则重建阿富汗社会,只有这样,宗教因素才会在其运动内部的组织和统治中发挥积极作用。这明显地表现在,无论是在塔利班运动内部,还是在其所控制的领土上,该运动在进行统治时都借用了宗教的名义。

几乎所有的塔利班运动领导人都有教名,尽管不是所有的人都有合法的冠名权。例如,在 1997 年由 50 人构成的塔利班运动最高权力机关——大舒拉中,除运动宗教领袖穆罕默德·奥马尔本人之外,"大舒拉成员的构成中还有:毛拉哈桑(坎大哈省省长)、毛拉艾赫萨努拉(北喀布尔前线总指挥)、毛拉阿巴斯(坎大哈市长)、毛拉贾乌斯、毛拉穆·拉巴尼、毛拉麦什尔和毛拉穆塔吉"①。塔利班运动领导人,即使是完全承担世俗工作的领导人(如前线总指挥和外交部部长)的教名,要求他们在对穆斯林社会实行管理时把宗教原则放在优先地位。就这样,在社团领导人同时完成世俗与宗教两种统治功能的情况下,塔利班运动强调指出,他们将力图返回原初穆斯林社团的组织原则。

但是,我们必须指出的是,对于塔利班运动组建后的第一阶段来说,这个特点特别明显。后来,随着塔利班在阿富汗领土上的不断推进,其统治结构也渐趋复杂,与此同时,没有教名的运动领导人也日益增多。根据 2000 年 6 月的情况,当时没有教名的领导人有外交部部长阿卜杜尔·瓦吉尔·穆塔瓦吉尔、外交部副部长阿卜杜尔·拉格曼·扎赫德、安全部部长卡里·阿赫马杜拉、航空领导阿赫塔尔·穆罕默德·曼苏尔以及许多省的省长,如巴格兰省省长巴什尔·巴格兰尼,此人曾是一名来自古·希克马蒂亚尔组织的前战地指挥官,而昆都士省省长阿里夫·汗则是前阿·赛亚夫组织的一名战地指挥官。② 塔利班运动政治组织的这种进步是完全可以诠释的。塔利班试图将管理社会和国家的世俗与宗教功能统一起来,但是它却遇到了目前国家建设的客观困境。没有专家是很难完成这一任务的,因此在一定情形下它不得不将管理功能委托与他们。除此之外,整个运动的政治利益要求它同诸如昆都士和巴格兰等省的地方权威达成一致,有必要寻求同阿富汗部分政治上层的政治妥协。

---

① A. 达维多夫:《阿富汗:塔利班谋求政权》,第 46 页。

② 《阿富汗:简明人物志》,莫斯科 2002 年版,第 415 – 417 页。(Афганистан. Краткий биографический справочник. M. 2002. C. 415 – 417.)

在这种敌对情形下,阿富汗传统上层拥护阿富汗社会治理中世俗与宗教妥协原则基础上的组织不变原则,而"纯伊斯兰教"思想同阿富汗的这种传统社会结构和价值观是对立的,这种对立不可避免地将导致塔利班运动同传统上层发生持久内争。由于塔利班运动赞成恢复原初穆斯林社团的价值观,实际上也就否定了阿富汗传统上层合法统治社会的权利。然而,阿富汗传统上层的软弱、喀布尔共产党政权的现代化改造、多年战争以及1992—1994年事态变化中阿富汗中央集权国家基础的毁坏,给塔利班运动的迅速成功提供了可能。但是非常明显的是,如果没有发生直接交战、没有来自巴基斯坦的物质和意识形态援助,塔利班运动就不可能形成一个强大的军事政治组织。

我们不能不指出的是,1994—2001年塔利班运动在阿富汗的政治成功本身就极其出人意料。事实上,在所有穆斯林国家都存在着"纯伊斯兰教"支持者运动,但是通常他们没有攫取全国政权的现实机会。"纯伊斯兰教"支持者运动的出现是穆斯林国家传统社会现代化进程的一种反映,这种运动同国家和社会组织的历史传统相冲突。与此相适应,他们必须起来反对普通穆斯林社会现有的组织原则和统治他们的传统上层。通常,"纯伊斯兰教"支持者运动很少有机会在全社会范围内建立自己的政权,因为它们反对客观进程和现有的历史传统。

在正统穆斯林国家中,国家及其制度是对穆斯林社会治理中历史形成的世俗与宗教折中原则的反映。因此,在穆斯林社会中,国家很自然便成为"纯伊斯兰教"支持者运动始终不渝的反对者,而这常常主要将涉及国家机构,如军队等。

例如,在阿尔及利亚,同伊斯兰拯救阵线"纯伊斯兰教"思想支持者进行艰苦斗争的正是国家和军队。又如,土耳其军队曾给前总理埃尔巴甘的激进伊斯兰党阵营不断施加压力。在前苏联领土上,沙特阿拉伯政府一直按照已有的运行模式对全世界激进的"瓦哈比组织"进行支持,然而甚至连它这样一个政府也采取了严厉反对所谓"新瓦哈比派"的措施。这是因为,沙特阿拉伯传统政权组织体系的基础是正统的"瓦哈比主义",而"新瓦哈比派"则对该体系构成了严重的威胁。

由于阿富汗传统上层地位过于软弱,当1994年塔利班运动出现之时,该国事实上根本不存在中央集权的国家制度。当然,这主要指的是普什图传统上层。在1992—1994年的内战中,阿富汗中央集权国家制度崩溃,这客观上正好触及了普什图人的利益。

从阿富汗中央集权国家创建之日起,普什图人便一直占据着优势地位。而且,普什图部族在历史上始终具有独立于喀布尔中央政府的高度自治权。"部族在保持与己有利的大部分责任的情况下,放弃了有利于中央政权的那部分义务,即维护社会稳定和抵御外来影响的义务。"①阿富汗多年战争和政治改造严重地削弱了独立自主的普什图部族和国家的相互依赖关系。在1992—1994年的事态变化中,国家制度的毁坏使得普什图部族和战地指挥官们在阿富汗分裂的自然进程中各自为政几乎成为必然。上面我们已经指出,阿富汗的垮台符合那些在战争中加强了自身地位的普什图地方上层的局部利益。

阿富汗形势的独特性在于,当1994年阿富汗南部出现塔利班"纯伊斯兰教"思想支持者运动时,它不得不同诸多分散的军事政治和准国家联合体打交道,而后两者又是阿富汗社会传统组织体系中彼此互不依赖的独立成分。普什图传统上层无法抵挡来自塔利班运动的压力,中央集权国家制度的缺失使得传统普什图上层士气低落,塔利班运动客观上威胁到了普什图上层权力和传统价值观。但是,尽管如此,普什图传统上层要在1994年抵抗"纯伊斯兰教"支持者这样一个结构谨严的组织是不可能的。

塔利班运动比较轻松地占领了城市坎大哈(定为首都)和普什图居民占优势的阿富汗南部地区。在普什图传统社会组织体系与塔利班运动极力造成的威胁之间存在着客观矛盾,这迫使几乎所有有影响力的普什图政治家都站在了塔利班运动的对立面。前白沙瓦联盟的所有普什图政党,如古·希克马蒂亚尔、哈里斯、盖拉尼、赛亚夫、纳比·穆罕默德和穆贾迪迪等,都起来反对塔利班运动。

然而,各地的普什图领导人都无法抵抗塔利班。这不仅仅是因为巴基斯坦支持塔利班运动给它提供军事条件。事实上,重要的是,普什图人所在地区传统上层的权力在战争年代被严重削弱了,推行权力的传统被毁,普什图集团内部的体系联系被冲毁。阿富汗出现了大量被各阶层抛弃的人,他们丢掉了自己习惯了的社会趋向。这些人充实到了塔利班运动的队伍中,他们构成了该运动最初的社会基础。另外,塔利班所宣布的整顿秩序、结束战争的口号,在遭受战争磨难的阿富汗获得了巨大成功。

1994年,在塔利班运动占领的阿富汗南部和西南部地区,普什图集团投靠了塔利班运动。但是,与此同时也出现了另外一种完全不同的情势:塔利班运动同民族团结精神基础的阿富汗少数民族军事政治联盟发生了冲突。

在1992—1994年的内战中,阿富汗中央集权国家制度几乎完全被毁。当时,国家的分裂事实上符合所有军事政治派别(包括普什图主要联盟和民族与宗教少数组织)的利益。然而,与普什图组织不同的是,少数民族的利益更加鲜

①　И.Е.卡特科夫:《普什图人部落结构之社会观》,《阿富汗:历史、经济与文化》汇编,莫斯科1989年版,第51页。(Катков И. Е. Социальные аспекты племенной структуры пуштунов. В сб. Афганистан: история, экономика, культура. М. 1989. С. 51.)

明地突现出来。

阿富汗分崩离析的状况使得少数民族可以获得他们在普什图人占优势的阿富汗中央集权国家中从未拥有过的那份自主和自治。来自普什图人复辟的威胁以及来自其他少数民族的竞争,使得每个少数民族必须保持自身的高度统一。1992—1994年,同各自为阵的普什图人不同,少数民族政治组织的势力范围几乎与其自身所在领土完全吻合。

民族的高度统一是乌兹别克、塔吉克、什叶派哈扎拉等少数民族的特点。与此相适应,阿·杜斯图姆将军的阿富汗伊斯兰民族运动、布·拉巴尼/马苏德的阿富汗伊斯兰促进会、哈利利的阿富汗伊斯兰统一党等政治组织分别代表着各自民族的利益。除此之外,赫拉特省省长伊斯玛依尔汗也属于布·拉巴尼/马苏德政党,该省周边生活着许多塔吉克族人(也就是所谓的"赫拉特人")。

1992—1994年,在那些少数民族政治组织控制的领土上,实际上出现了一些小型的独立准民族国家,它们拥有一整套最起码的必要的国家制度。

塔利班运动出现在阿富汗政治舞台上,这给民族与宗教少数政治组织的利益构成了直接威胁。而且,这种威胁具有双重性。一方面,"纯伊斯兰教"支持者运动威胁到了少数民族在历史上形成的传统社会组织原则,其中包括传统上层的权力;另一方面,阿富汗乌兹别克、塔吉克和哈扎拉上层人士清楚,塔利班运动这一新政治组织的出现意味着阿富汗普什图人复辟进程的开始,这将给他们的利益带来直接的威胁。

1994年,塔利班运动"纯伊斯兰教"思想的扩展几乎成为所有阿富汗军事政治派别的首要威胁。在反对塔利班运动的斗争中,正是这一点奠定了少数民族政治组织和一些普什图派别组建临时同盟的基础。由于这个原因,塔利班向阿富汗腹地的进一步推进暂时被中断。

塔利班在喀布尔附近遭到了阿·马苏德军队的抵抗,此后它便集中力量向西北方向的土库曼—阿富汗边境发起进攻。1995年2月,塔利班占领伊斯玛依尔汗控制的尼姆鲁兹和法拉,并夺取了赫拉特南边的信丹德机场。然而,3月底,塔利班丢掉了信丹德及其先前占领的大部分领土。在很大程度上,这是阿·马苏德努力的结果,因为他向伊斯玛依尔汗派遣了增援部队。在1995年8月25日开始的反攻中,伊斯玛依尔汗占领了迪拉腊姆省以及赫尔曼德省的一部分,并对塔利班首都坎大哈开始构成威胁。[①] 同样,塔利班进行了军事动员并得到巴基斯坦伊斯兰学校的帮助,9月3—5日,塔利班重新夺取了信丹德和赫拉

---

① 阿赫迈德·拉什德:《塔利班:中亚伊斯兰教、石油与新博弈》,第39页。

特。伊斯玛依尔汗被彻底打垮。① 伊斯玛依尔汗逃往伊朗,塔利班部队直抵阿富汗—土库曼斯坦边境。这样一来,伊斯兰堡提出的第一阶段的地缘政治任务——打通通向中亚地区的运输通道便于 1995 年完成了。

当时,打通通向中亚运输走廊的计划是,把土库曼斯坦—阿富汗—巴基斯坦公路和天然气管线的铺设构想具体化。例如,1995 年,事实上也就是塔利班部队开赴土库曼边境的那一年,土库曼斯坦政府便授权尤诺卡尔公司组建财团,铺设土阿边境到巴基斯坦城市穆尔坦的天然气管道。②"塔利班沿着坎大哈—赫拉特一线(也就是巴基斯坦和中亚主干线的阿富汗部分)推进。令人觉得好奇的是,1994 年夏,一条从土库曼库什卡到巴基斯坦城市杰曼的铁路线建设方案得以通过。这条支线将穿越阿富汗西部地区的赫拉特和坎大哈。此后不久,塔利班便出现在了这些地区。"③自然,在解决打通土库曼斯坦通向巴基斯坦运输走廊的任务中,由于互相之间的利害关系,这使得塔利班激进运动军队在抵达土阿边境时,既没有对阿什哈巴德,也没有对中亚地区的安全体系造成严重后果。

然而,很能说明问题的是,根据 1992 年莫斯科和阿什哈巴德的协定,土库曼斯坦边境仍然由包括俄罗斯边防军在内的军队予以保卫。塔利班运动武装部队在土库曼斯坦边境附近出现,很明显,这是阿什哈巴德所期望的。最有可能的是,俄罗斯非常清楚这里正在发生的事情,因为俄罗斯边防军就驻扎在土库曼斯坦边界。也就是说,完整的中亚地区体系并没有因为独联体南部边境出现塔利班运动而被毁。正因为如此,1994—1995 年,在中亚其他新独立国家的首都都没有表现出特别的不安。

巴基斯坦在这方面发挥了不小的作用。为了巩固已取得的优势地位,巴基斯坦表现出了最大可能的外交积极性。"还在 1994 年 1 月,巴基斯坦外交部部长萨尔达尔·阿希夫·阿赫马德·阿里就已出访中亚各国。几个月后,沿着同一条线路,巴基斯坦国会代表团又访问了上述各国。1994 年 10 月,贝纳吉尔·布托访问了阿什哈巴德,同尼亚佐夫总统举行了会晤。1995 年 5—8 月,巴基斯

---

① 阿赫迈德·拉什德:《塔利班:中亚伊斯兰教、石油与新博弈》,第 40 页。

② 这条直径 48 英寸的天然气管道全长 1280 公里,可每年从土库曼斯坦东南部的达甫拉塔巴德油气田(储量为 1.3 万亿立方米)向巴基斯坦旁遮普的穆尔坦输气 200 亿立方米,气价估计为 20～35 亿美元。为了实现该方案,1997 年 10 月组建了由美国石油大亨尤诺卡尔子公司为首的国际财团"中亚天然气"——尤诺卡尔中亚天然气管道有限公司。加入该财团的还有沙特阿拉伯的德尔塔石油公司,日本的泛亚精工、伊藤组进出口公司,巴基斯坦的新月和土库曼斯坦政府。资料来源:《阿富汗指南》,莫斯科,2000 年版,第 159 页。(Афганцстан. Краткий биографический справочник. М. 2000. С. 159.)

③ В. 莫斯卡连科:《巴基斯坦对中亚的方针》,《东方》(俄)/《东方》[英],1996 年,第 5 期,第 84 页。(Москаленко В. Пакистан-курс на Центральную Азию. Восток[Orients]. 1996. № 5. С.84.)

坦总理访问乌兹别克斯坦、哈萨克斯坦和吉尔吉斯斯坦。"①毫无疑问,伊斯兰堡高涨的外交积极性使中亚新独立国家相信,尽管阿富汗前线战事频繁,但巴基斯坦对它们并无敌意。

总之,塔利班运动于1994年登上了阿富汗政治舞台,这件事引起了阿富汗国内内部力量配置的改变,但是它并未给中亚地区安全体系的外部形势造成重大变化。

从1994年到1996年,阿富汗的分裂仍然保持着原有水平。这也就意味着,中亚地区安全体系稳定的条件仍然没有改变,原先这种条件建立在阿富汗北部具有缓冲作用的准国家联合体基础之上。塔利班运动控制着国家南部和西部诸省,包括坎大哈和赫拉特等大城市,什叶派哈扎拉人控制着哈扎拉贾特山区的巴米扬省,阿·杜斯图姆将军的军队控制着北方四个省,布·拉巴尼的"阿富汗政府"控制着国家首都喀布尔以及同塔吉克斯坦毗邻的东北诸省。另外,反对塔利班运动的普什图战地指挥官继续占据着阿富汗南部大城市——贾拉拉巴德。

总体来看,塔利班首战告捷后于1995—1996年进行的一些战争,则显得拖沓冗长,毫无生气。当时,塔利班运动尚无足够的力量夺取最后的胜利。它的军队无法突破马苏德在喀布尔附近的设防线,也就是说,它还无力夺取全国政权。当此之时,尽管阿·杜斯图姆将军的军队武装最为精良、训练最为有素,但是他们并没有积极参与军事行动。到1996年夏天的时候,阿富汗对抗陷入了僵局。在诸多阿富汗军政派别中,没有哪一派能够在无外援的情况下取得决定性的胜利。

这一时期,形势似乎比较稳定。这主要是因为,在塔利班运动的协助下,巴基斯坦实际上达到了自己追求的地缘政治目标。塔利班部队进抵土阿边境使得铺设中亚到巴基斯坦的交通线和天然气管道有了可能。然而,所有可行线路都只能通过由塔利班运动控制的阿富汗领土,即库什卡—赫拉特—坎大哈—巴基斯坦线。反塔力量控制的领土则基本位于运输走廊计划之外。

除此之外,伊斯兰堡还应该考虑到这样一个事实,当时阿富汗北方军事政治派别保持独立自主对中亚新独立国家的地区安全体系具有非常重要的意义,因此期待伊斯兰堡尊重中亚伙伴的意见便显得合情合理。客观地讲,就中亚新独立国家来说,保持阿富汗当时的原状可能对它们更为有利。更何况,这种观点还得到了莫斯科的积极支持。在阿富汗政治博弈中,塔利班运动仍然还是一个名不见经传者。

---

① B.莫斯卡连科:《巴基斯坦对中亚的方针》,《东方》(俄)/《东方》(英),1996年,第5期,第82页。(Москаленко В. Пакистан-курс на Центральную Азию. Восток[Orients]. 1996. № 5. С.82.)

然而,到 1996 年夏的时候,业已出现的形势已尖锐地提出了关于塔利班运动独立自主的界限问题。这个问题将直接关系到阿富汗内部冲突发展和中亚新独立国家安全体系稳定的前景。还有一个最为迫切的问题是,巴基斯坦对塔利班运动的控制究竟能达到何种程度,塔利班到底有多大的内部潜能巩固它在巴基斯坦援助下占领领土的地位,它是否能够独立地成为国内起主导作用的力量,等等。

从军事观点出发,从 1994 年至 1996 年底,就塔利班运动的自身力量而言,它不可能取得对敌人的绝对优势。对塔利班来说,复杂之处主要在于,它无法通过自身的力量突破马苏德军队在喀布尔南部的防守阵地。

早在亲共政权时期,阿富汗在苏联专家的协助下修建了许多防御工事体系。反苏战争英雄阿·马苏德最精锐的一支部队占据着这个防御体系。对那些非正规军,包括塔利班运动在内的所有穆斯林游击队军事政治组织来说,这个体系实际上是无法攻克的。"1995 年 2 月底至 3 月初,塔利班运动战斗人员达到了 2.5 万名,他们使用的武器不仅有步兵装备而且还有重型武器,包括 150 部装甲设备、10 架飞机。"[1]1996 年 9 月占领喀布尔之后,塔利班运动的军事人员估计已有"3～4 万,装甲设备、大炮 200 部,米格－21 飞机 15 架,米－8 直升机大约 10 架"[2]。显然,对于一个控制着阿富汗三分之二领土(主要是一些传统上具有好战精神的普什图人地区)的军事政治组织来说,这根本都不多。但是,在阿富汗这样的条件下,形势并不总是仅仅取决于纯粹的军事因素。从 1994 年开始到1996 年底,塔利班内部也发生了严重的变化。

塔利班运动控制了阿富汗大部分领土,这将对它在阿富汗国内和巴基斯坦关系中的地位产生影响。塔利班军事政治组织当初在巴基斯坦领土萌芽时,也许完全处于巴基斯坦领导的控制之下。但是,在阿富汗领土上组建自己的行政机关和解决当前政治问题的必要性,提升了塔利班运动政治领导人的独立自主程度。从这个意义上来讲,从 1994 年秋到 1996 年秋止,两年的战斗间歇,毫无疑问,被塔利班运动用来确定其组织目标及近期开展活动的优先顺序。

这些基本变化关涉到了塔利班运动的策略目标。一方面,它遭到传统普什图上层的排斥;另一方面,它又受到少数民族的激烈对抗,因此,它必须确立有助于自己解决战略任务的优先次序,这个战略任务就是恢复塔利班控制下的阿富汗的完整。塔利班运动把这个问题的解决集中到了强化民族因素这方面。

---

① Ю. 甘科夫斯基:《塔利班进入战斗》,《今日亚非》,1995 年,第 7 期,第 33 页。(Ганковский Ю. В бой вступают талибы. Азия и Африка сегодня. 1997. № 7. С. 33.)

② А. 达维多夫,《阿富汗:塔利班谋求政权》,第 46 页。

原则上讲,在阿富汗这样的条件下,这完全是一种自然而然的决定。但问题以这种方式提出,就有可能使整顿秩序的思想转变为复兴阿富汗统一国家(普什图人占优势)的思想,并由此为那些仍然对塔利班运动持反对态度的普什图人创造可以接受的条件。在这种情况下,塔利班同民族和宗教少数政治组织的斗争看起来就完全是另外一回事了。而且,这些组织的领导人要在支持他们的普什图族中间阐述继续分裂国家的意图就会变得非常困难。

塔利班运动实际上复苏了在阿富汗领土上恢复统一国家(普什图人占优势)的思想,只不过这种思想的重建实际上是在另外一种层次上。塔利班运动在反对普什图传统社会组织体系的同时,在这种传统社会之外形成了实施普什图人复辟的思想。塔利班运动对普什图人的复辟思想进行了阐释,这种阐释是从形形色色的普什图政治组织、领袖、上层和部分普什图部族的利益中抽象出来的。普什图人复辟的思想本身就是一种具有优势的思想,它要求其他普什图人也以此为宗旨。

另一种观点认为,问题以这种方式提出有可能使塔利班运动确立另外一种意识形态方针,即建立一个以先知穆罕默德时期理想穆斯林社团原则为基础的社会。塔利班"纯伊斯兰教"思想支持者运动反对阿富汗社会较晚时候以普通法律形式表现出的外来影响,反对借用外部非穆斯林世界的一切东西,反对传统结构和传统价值体系等等,所有这些为本质上的新版普什图民族主义清理了环境。

然而,众所周知,原初穆斯林社团原则上并没有民族主义,所有社团成员,不分民族和种族,一律平等。也就是说,随着塔利班运动的发展,我们观察到了"纯伊斯兰教"支持者运动自然适应今天阿富汗政治形势和解决具体政治任务的进程。毫无疑问,坚持"纯伊斯兰教"思想的塔利班运动普什图民族主义,主要是由少数民族的团结精神激发起来的,因为少数民族的这种团结精神阻碍了塔利班完成其统一阿富汗的重要任务。

还有一种重要情况与此相关,即塔利班运动所阐释的普什图民族主义思想非常符合其主要靠山——巴基斯坦的利益。

作为阿富汗内部政治斗争的一种策略,普什图民族主义不可能因巴基斯坦的发起而出现。对伊斯兰堡来说,普什图民族主义客观上是一种现实危险。因为,普什图民族主义思想的发展极有可能导致将来出现创建普什图斯坦的思想,而普什图斯坦也包括普什图人生活的巴基斯坦西北边境省领土。普什图斯坦思想极具潜在危险性,所以,巴基斯坦不太敢玩普什图民族主义这张牌。

最有可能的是,普什图民族主义作为塔利班思想意识的一个组成部分,可以为前阿富汗人民民主党人民派成员所接受。这些成员在塔利班运动领导人当中的影响,只有在塔利班把基地转入阿富汗领土并独立于巴基斯坦且将其自主程度提高之后才会有所增长。人民派作为昨天政治斗争的失意者,毫无疑问还保持着自己不久前的一些思想观点。很明显,在阿人民民主党领导人中,反巴基斯坦的情绪始终占据着上风。阿富汗中央集权国家的每位领导人的关键立场之一就是,反对将杜兰线作为阿巴边界线。

然而,塔利班在 1996 年的诸多活动中并没有明显地显露出普什图民族主义上升的趋势。巴基斯坦对塔利班的控制相当严格。塔利班运动和巴基斯坦客观上彼此需要。

还有一个非常重要的问题,那就是这段时间美国在阿富汗事件中扮演的角色。以上我们非常详尽地探讨了导致巴基斯坦创建塔利班运动思想的利益所在。我们可以指出的是,塔利班为巴基斯坦同时解决了两个任务。第一,打通了通向中亚地区的运输走廊;第二,控制了阿富汗并解决了杜兰线是阿巴合法边界线的问题。当然,这两个主要任务的解决符合巴基斯坦的策略利益。然而,上边已经指出过,除此之外,美国在中亚地区还有战略利益存在。这些利益主要表现在,它有可能从中亚同时向俄罗斯、中国和伊朗施加压力。而且,正因为这个原因,便出现了一个非常复杂的问题:美国的战略利益同巴基斯坦的策略利益到底有多大关系?如果能够回答这个问题,那么我们就可以明白,塔利班的创建和活动是多么地符合美国的利益。

所以说,最令人好奇的是,新近描述上述事件的那些资料。2000 年夏,美国国会国际事务委员会举行了一次关于南亚和全球恐怖主义问题的专家听证会,在听证会上有人提交了克林顿总统当局高层人士同塔利班合作的确凿证据。美国国务院负责南亚地区和恐怖主义事务的代表参加了听证会。加利福尼亚州共和党人、国会议员达·罗赫拉巴赫指控克林顿当局在其任职期间暗中支持塔利班运动。该国会议员援引国务院非公开的文件证明,尽管克林顿当局不承认支持塔利班的指控,但是在反塔联盟及其他反塔支持者同塔利班为控制阿富汗的斗争中,克林顿当局事实上完全有可能削弱前者的力量。有人指出,美国当局高层代表比尔·理查德森和里克·因德福特在这一行动中发挥了特殊作用。在听证会上,国会议员艾德·路易斯支持这种指控。主管恐怖主义事务的国务院协调员迈克尔·史汉和主管南亚事务的国务卿副助理阿兰·伊斯特海姆对国会议员的指控作了答复,但是他们未能给国会议员们提供能够证明美国当局没有支持塔利班运动的确凿证据。最重要的是,他们引用了国会议员感兴趣的有关美国外交官和特工在阿富汗活动的秘密资料。① 2000 年 5 月,巴基斯坦内务部卸

---

① http://www.thomas.loc.gov

任部长纳斯鲁拉·巴巴尔(此人被认为是塔利班运动的奠基之父)在《前线邮报》访谈中宣称:"中央情报局本身就是地区恐怖主义,它流鳄鱼眼泪只不过是为了推卸责任而已。"①

事实上,问题实质不在于美国和塔利班运动之间是否有联系和联系达到了什么程度,根据所有的情况判断,而在于塔利班及其支持者巴基斯坦的行动原则上符合美国在该地区的利益。"伊斯兰堡推行坚实的外交和公关活动,其目的就是要把塔利班装扮成阿富汗最强大和最有声望的一支力量。这不仅可以保证让沙特阿拉伯和美国把塔利班当做一个有能力保证阿富汗稳定并能在该地区为沙特和美国服务,尤其是可以反对伊朗的博弈者。"②因为,任何试图对美国在该地区利益的诠释都不能避开伊朗问题。众所周知,只有伊美之间的对抗才能够阐释美国对中亚地区的兴趣。"美国准许国务院和中情局要人,包括国务卿南亚事务助理罗宾·莱斐尔,定期同塔利班领导人在阿富汗境内外举行会晤。"③然而,中亚是美国可以向俄罗斯和中国最敏感地区施加压力的一块领土,如果把美国对这一地区的兴趣补充到伊朗问题上的话,那么形势就会自觉不自觉地将以另一种规模发展。

可以推测,在即将挺进中亚前夕,美国极力想把伊斯兰堡和塔利班运动在阿富汗的政策成果化为己用,但同时又可避免直接参与阿富汗冲突。当时,巴基斯坦正在阿富汗努力开展打通通向中亚运输走廊的行动,它可以将这作为施加地缘政治影响的通道。该走廊的主要优势在于,它可以绕过伊朗、俄罗斯和中国直达中亚。然而,我们必须指出的是,穿越阿富汗,美国始终有一种趋向方面的两难选择。然而,与此同时,还有一条穿越土耳其、格鲁吉亚和阿塞拜疆的影响通道正在建设中,巴库—杰伊汉管道建设思想就是其实质体现。因此,美国从来不想在阿富汗花费任何资金以达到自己的目的。巴基斯坦则完全不同。该国政策的主要优先次序之一就是解决阿富汗问题为我所用。事实上,伊斯兰堡给塔利班运动投下了一个赌注,就是美国和巴基斯坦在目的和任务方面的这种差异基本决定了未来事件的发展进程。

---

① 纳非兹·莫萨德克·阿赫迈德:《为自由而战》,加利福尼亚 2002 年版,第 46 页。(Nafeez Mosaddeq Ahmed. The war on freedom. California: Tree of Life Publication. Joshua Tree. 2002. P. 46)

② 艾敏·塞卡尔:《1992—1996 年的拉巴尼政府》,《原教旨主义复活了吗? 阿富汗和塔利班》,伦敦 2001 年版,第 39 页。(Amin Saikal. The Rabbani government, 1992—1996. Fundamentalism reborn? Afghanistan and the Taliban. Hurst & company. London: Third impression. 2001. P. 39.)

③ 艾敏·塞卡尔:《1992—1996 年的拉巴尼政府》,《原教旨主义复活了吗? 阿富汗和塔利班》,伦敦 2001 年版,第 40 页。(Amin Saikal. The Rabbani government, 1992—1996. Fundamentalism reborn? Afghanistan and the Taliban. Hurst & company. London: Third impression. 2001. P. 40.)

决定性转变

这样,到1996年初,塔利班运动控制了大部分国土,包括坎大哈和赫拉特等大城市。塔利班直抵阿富汗—土库曼斯坦边境。在1994—1995年的战役中,来自古·希克马蒂亚尔政党、伊斯玛依尔汗组织和什叶派哈扎拉人阿富汗伊斯兰统一党的大部队被摧毁。但是,塔利班运动夺取彻底胜利的主要障碍仍然是布·拉巴尼总统的"阿富汗伊斯兰社会党"部队(由阿·马苏德指挥),以及阿·杜斯图姆将军的北方派别和控制着南方大城市贾拉拉巴德(以哈吉·阿卜杜尔·卡迪尔为首)的所谓舒拉(战地指挥官委员会)。为了减轻塔利班运动实现既定目标的任务,"1996年2月,巴基斯坦跨部门联合情报机关组织古·希克马蒂亚尔、阿·杜斯图姆和贾拉拉巴德的普什图领导人访问了伊斯坦布尔,其目的就是劝说他们同塔利班结盟。2月7—13日,他们在伊斯坦布尔同法鲁克·列加利总统和军队最高统帅哲汗吉尔·卡拉马特将军举行了会谈。巴基斯坦建议该政治联盟局部地向喀布尔发动联合进攻"①,夺取国家首都喀布尔对控制全国非常关键。我们不能不指出的是,控制首都也就意味着获得了合法政权,同时也就控制了国家资源;而在1996年的阿富汗条件下,关于合法性和资源的问题也就意味着各个军事政治派别的影响力和存活率。

1996年,巴基斯坦是唯一能够对阿富汗各种运动提供财政援助的外部力量,而且,伊斯兰堡也想充分利用自己的优势地位。巴基斯坦主要的优势在于,当下之年没有其他外部力量与它相对抗,而这使得它实际上成为阿富汗的独特主人。另外,巴基斯坦在阿富汗问题上还得到美国和沙特阿拉伯的大力援助。"1996年7月,沙特情报部门首脑图尔基·法伊萨尔访问了伊斯兰堡和坎大哈,此行的目的是同巴基斯坦跨部门联合情报机关商讨占领喀布尔的计划。"②显然,在这些有影响力的政治力量的参与下,布·拉巴尼/马苏德的军事政治派别将失去独立坚守自己阵地的能力。只有在阿富汗各政治派别互相内讧的情况下,布·拉巴尼/马苏德才有较大的机会。但是,阿富汗可能不存在一个能够单独同巴基斯坦和暗中支持巴基斯坦政策的美国和沙特阿拉伯相抗衡的政治派别。

1996年秋,塔利班结束了一系列军事胜利,此后出现了短暂间歇,也就是从这时开始,塔利班运动加强了下一轮行动。9月12日,塔利班占领了贾拉拉巴

---

① 阿赫迈德·拉什德:《塔利班:中亚伊斯兰教、石油与新博弈》,第44页。
② 阿赫迈德·拉什德:《塔利班:中亚伊斯兰教、石油与新博弈》,第48页。

德,这是反塔普什图战地指挥官们占据的最后一个城市①;9 月 24 日,塔利班攻占了阿富汗首都喀布尔。

1996 年秋,塔利班运动的军事积极性高涨,这无疑意味着官方伊斯兰堡打通通向中亚地区运输走廊的主要地缘政治任务发展到了一个新阶段。不过,上面已经提及,初一看,阿富汗的周边形势在 1996 年夏天对所有相关各方都还是有利的。

然而,就在这时,巴基斯坦的竞争对手明显也在积极开辟通向中亚地区的运输走廊。对伊斯兰堡计划威胁最大的是打通穿越伊朗的丝绸之路通道。这条通道在"1996 年 5 月全长约 320 公里的马什哈德—谢拉赫斯—捷詹铁路贯通后已成为可能。这条铁路的建设把西亚和中亚国家以及中国的铁路连接了起来。这条洲际新铁路干线的使用预示着将给中亚各共和国带来极大的好处——加快和降低其货物向波斯湾和欧洲输出的速度和价格"②。对巴基斯坦来说,这意味着它将失去战略主动权。

借助于一系列大型运输方案的实施,伊朗开始在开辟中亚运输走廊中公然夺取巴基斯坦的主动权。"据伊朗计算,从中亚经伊朗到波斯湾港口的交通线路,每年的客运量可达 100 万人次,货运量达 1000 万吨,而将来可达到 3000 万吨。"③由于阿富汗形势的发展,从土库曼斯坦到巴基斯坦的天然气管道建设计划无法很快实现,这将直接威胁到巴基斯坦,因为德黑兰可以为阿什哈巴德铺设经伊朗领土的输气管道提供更为有利的方案。

对于巴基斯坦来而言,问题的复杂性还在于,1994—1996 年期间仍然没有找到阿富汗和解方案。塔利班运动和反塔军事政治派别之间彼此敌对,互不信任。与此相对应,它们之间战事不断,这使得开辟通向中亚的运输走廊失去了现实可能。巴基斯坦同中亚新独立国家的关系不存在任何问题,但是,只要阿富汗持续分裂、国家处于战争状态,巴基斯坦和中亚要开展任何经贸往来都是遥不可及的。

尽管中亚新独立国家做好了迎接巴基斯坦提供经济便利的准备,但客观上

---

① 好讲是非的人确信,贾拉拉巴德舒拉首脑哈吉·阿卜杜尔·卡迪尔,即阿富汗未来的副总统于 1996 年 9 月收受了巴基斯坦贿赂的 1000 万美金,然后把贾拉拉巴德拱手相让。此人于 2002 年 7 月死于恐怖主义者之手。阿赫迈德·拉什德,第 48 页。

② Р. М. 穆吉姆扎诺娃:《中亚国家及其南部邻国》,《东方》(俄)/《东方》(英),1996 年,第 5 期,第 59 页。(Мукимджанова Р. М. Государства Центральной Азии и их южные соседи. Восток [Orients]. 1996. № 5. С. 59.)

③ И. Е. 费多罗娃:《90 年代中期的美国和伊朗关系》,《90 年代的伊朗伊斯兰共和国》汇编,莫斯科 1998 年版,第 87 页。(Федорова И. Е. Отношения Ирана и США в середине 90-х гг. В сб. Исламская Республика Иран в 90-е годы. М. 1998. С. 87.)

它们在 1996 年尚不准备放弃现有的安全体系,也就是不准备放弃当时构成该体系组成部分的阿富汗北方缓冲联盟,对伊斯兰堡来说,这就显得额外复杂。因此说,阿富汗的内部矛盾更加突出地成为打通中亚和巴基斯坦运输走廊的一个主要障碍。

1996 年年中的情况表明,中亚地区南向交通主干线通过的国家是伊朗,它的作用出现了加强趋势,这同样也不符合美国在该地区的政策优先次序。接近 90 年代中期的时候,为争夺里海周边和中亚地区势力范围而进行的"政治地缘大博弈"越发明朗起来。在这种情况下,华盛顿自然不会允许唯一一条撇开俄罗斯的运行路线被置于美国的夙敌——伊朗伊斯兰共和国的控制之下。

另外,1996 年夏的时候,阿富汗内部的反塔力量团结了起来,因为塔利班运动威胁到了阿富汗传统社会的整个组织体系。因此,在反对共同敌人塔利班运动的斗争中,一个非常尖锐的问题提了出来,那就是如何把少数民族和普什图"传统派"的利益结合起来。

国家总统布·拉巴尼的"阿富汗政府"倡导这种结合。当塔利班运动成为阿富汗全国政权的现实觊觎者时,布·拉巴尼党派的地位最容易受到损害。自 1992 年以来,喀布尔基本上由布·拉巴尼/马苏德领导的塔吉克族军队控制,非常明显,塔利班运动将极力夺取该城。在不同军事政治派别参加的阿富汗内战中,控制喀布尔的布·拉巴尼/马苏德运动无疑占据着配置国内力量的优先地位。

塔利班运动出现在阿富汗政治舞台急剧改变了布·拉巴尼领导的"阿富汗政府"的地位。事情并不仅仅是因为塔利班背后有巴基斯坦及其提供的条件。布·拉巴尼领导的组织基本上是由塔吉克族人组成的,该组织领导人已经非常清楚普什图人复辟思想的危险性。因此,为了极力防止不利形势的发展,1996 年 6 月,阿富汗最有影响的普什图族政治家古·希克马蒂亚尔将军被布·拉巴尼引进"阿富汗政府",委以总理之职。这样,1992—1994 年内战期间的主要敌对者便联合了起来,其目的就是为了创建反塔统一战线。参加该战线的不仅有少数民族政权组织,还有普什图人联合体。

对巴基斯坦来说,这是一个非常不好的消息。这意味着由各主要军事政治派别代表组成的反塔运动联盟形成了,这些派别将准备进行长期斗争,力图恢复它们在 1994—1995 年塔利班攻势中失去的阵地。因此,这将对任何一个在塔利班控制区进行投资的方案构成额外威胁。

客观上讲,巴基斯坦除了继续实行支持塔利班运动的方针外,它在 1996 年没有其他的出路。但是,要返回到 1994 年塔利班运动登上阿富汗政治舞台前的状况也是不可能的。因此,剩下的就只有继续支持塔利班运动,以期帮它夺取阿富汗全国政权。其结果是,1996年9月,塔利班运动的军事力量再次急剧增强。塔利班首先占领了巴基斯坦边境附近的大城市贾拉拉巴德,而后占领了首都喀布尔。阿·马苏德将自己的军队撤退到了喀布尔北部的潘杰希尔峡谷。古·希克马蒂亚尔的军队则撤退到了北方萨朗山口之外的巴格兰省。

在阿富汗领土上,这两支部队最为强大,他们占据着喀布尔设防区的防守阵地。他们遭到如此出人意料的惨败,有各种不同根据的说法。其中有一种说法认为,古·希克马蒂亚尔的部队倒戈了,他们拱手让出了喀布尔以南部分阵地,而阿·马苏德则进行了有计划的撤退,其目的就是为了向喀布尔居民表示自己事实上就是塔利班,等等。

然而,最有可能的是,就像1994年一样,巴基斯坦在迅速加强塔利班的作战能力方面发挥了重要作用。"1996年9月,塔利班打败了喀布尔周围的各种敌对派别。从总体上看,这可以说是巴基斯坦政策的成功。尽管巴基斯坦政治家否认自己参与了阿富汗事件,但是很少有人相信这种说法。如果没有巴基斯坦的大力支持,人们很难相信塔利班会取得如此大的成功。问题不仅在于他们装备精良,主要是他们有非常严明的纪律。"①另外,普什图族人的团结精神也很能说明问题。贾拉拉巴德和喀布尔附近的普什图战地指挥官们处于一种抉择的两难境地:要么效忠于已遭败绩的传统领导,要么尽忠于有组织的塔利班运动,后者几乎已控制了普什图人居住的所有地区,他们正在力图恢复阿富汗国家的统一。因此,不能排除由普什图人组成的地方战地指挥官们大批倒戈更为强有力的塔利班运动一方的可能。更何况,塔利班背后还有一个巴基斯坦及其财政援助。

接下来的事情最为有趣。塔利班占领喀布尔引起了整个中亚新独立国家安全体系的空前动荡。1996年9月25日,塔利班占领喀布尔;10月4日,中亚新独立国家领导人就已在哈萨克斯坦首都阿拉木图进行了紧急会晤,参加会晤的还有俄罗斯总理维·切尔诺梅尔金。由于土库曼斯坦总统尼亚佐夫对塔利班的成功有自己的特殊看法,所以只有他没有参加这次会晤。其他国家领导人在阿拉木图会晤中一致认为,塔利班的胜利直接威胁到了已有的地区安全体系。阿拉木图会晤的级别再次证实了这种威胁的性质。

阿富汗领土上的缓冲联合体是中亚稳定的关键因素之一。因此,布·拉巴尼"阿富汗政府"控制国家首都喀布尔占有非常重要的地位,它可以保持缓冲组

---

① 《1996/1997年战略观察》,伦敦:牛津大学国际战略研究所出版社1997年版,第208页。(Strategic Survey 1996/1997. London: Oxford Univ. Press for International Institute for Strategic Studies. 1997. P. 208.)

织体系的持续和稳定,这样就可以使中亚新独立国家免受可能来自南部的负面影响。

由于中亚新独立国家同阿富汗冲突地带相连,所以国家结构可能出现潜在的动摇成为它们在苏联解体后国家建设进程中优先次序和自身利益体系形成时期所面临的主要威胁。在 1992 年的中亚新独立国家塔吉克斯坦危机中,这种威胁特征鲜明。在消除危机后果的过程中,中亚新独立国家形成了现行基本安全体系的原则。之后,阿富汗领土上具有缓冲作用的准国家联合体便成为这种安全体系的一个重要组成部分。

这样,随着塔利班占领喀布尔,中亚新独立国家安全组织体系的基础原则受到了各方面的质疑。结果是,无论是巴基斯坦和沙特阿拉伯在阿富汗内部的中介努力,还是巴基斯坦官方人士在中亚的外交努力,都未能达到自己的目的。

然而,围绕着塔利班占领喀布尔,形势首次表明,组建中亚新独立国家地区安全体系的各个国家开始出现了利益分化。与此同时,该地区还出现了两种相互关联和互相依赖的进程。一方面,中亚新独立国家自身安全体系和俄罗斯地缘政治利益之间出现了分离;另一方面,中亚内部不同国家利益之间发生了分化。

我们必须指出的是,随着苏联解体和俄罗斯离开该地区,中亚内部新独立各国仅仅还处在创建独立自主的政治和社会经济体系的起步阶段。因此,对中亚新独立国家来说,在前苏联边界范围内保持体系完整的基础上创建一个统一的安全体系十分自然,也非常现实。因为这直接关系到中亚新独立国家新统治上层能否保证权力交接的问题,而这又是保持国家和社会稳定的必要条件。

无论是中亚新独立国家,还是新俄罗斯,随着国家建设进程的完成,形成了主要以经济发展问题和任务为基础的各自独立的利益体系。这种新倾向尤以土库曼斯坦表现最为突出。土库曼斯坦独立后,国家经济完全依赖于天然气领域,但是俄罗斯又控制着其天然气输往世界市场的唯一通道,因此这就注定了阿什哈巴德必须要同俄罗斯紧密联系起来。苏联解体后的 1992 年 7 月,阿什哈巴德同俄罗斯签署了关于联合指挥土库曼斯坦领土上武装力量的协定。根据协定条件,前苏联军队 6 万官兵中的 1.5 万(空军和防空体系)由莫斯科直接统辖,其余部分受联合指挥。1992 年 8 月,双方又签署了一份协定,该协定保证俄罗斯边防军继续过渡 5 年(可能再自动延期 5 年),在此期间他们将帮助土库曼斯坦创建边防军。① 这样,在中亚所有新独立国家中,土库曼斯坦安全体系同俄罗斯联系最为紧密。

随着时间的推移,阿什哈巴德越来越感到失望,因为控制全俄天然气网业的俄罗斯天然气公司拒绝土库曼斯坦天然气进入可兑现的西欧市场,但是却提出用存在问题的乌克兰和外高加索市场加以替代。例如,苏联解体后的1991—1992年,土库曼斯坦立即同俄罗斯就向独联体境外年输出113亿立方米天然气的问题进行了谈判。这个出口限额符合土库曼斯坦在全苏开采量中所占的份额。然而,自1993年开始,俄罗斯天然气公司为了扩大自己的出口,禁止土库曼石油输出欧洲。② 因此,对土库曼斯坦来说,打通通向世界市场的运输走廊就成为一个非常具体的问题,它集中体现在建设新天然气管道输出土库曼天然气的思想上。这些天然气管道的建设有两套可行路径,即一条通过伊朗领土,一条经过阿富汗领土。仅这一个事实就使得土库曼斯坦成为"地缘政治大博弈"的积极参与者,同时也就注定了它对中亚地区安全问题的独特理解和整体上对阿富汗冲突(包括塔利班运动)的特殊立场。

1995年,塔利班出现在土库曼—阿富汗边界,这给阿什哈巴德一个在近期内解决其天然气管道建设问题的现实机会。美国尤诺卡尔石油公司提出的建设计划完全具有可行性,而且在各个层面上都可以给它带来重要的政治援助。最为有趣的是,根据各种资料判断,在1996年夏天之前,经由阿富汗的天然气管道建设计划甚至一直得到俄罗斯的肯定支持。莫斯科似乎了解这些计划。例如,再次值得关注的是,1995年当塔利班部队出现在完全由俄罗斯边防军控制的土阿边境时,俄罗斯对这件事反应特别平静。至少,从1995年夏到1996年秋,俄罗斯国内不存在对塔利班及其统治阿富汗社会手段的任何丑化言论。由于当时俄罗斯在土库曼斯坦的影响还相当大,所以驻扎在土阿边境的俄罗斯军队及边防军肯定同塔利班运动有某些联系。

根据所有资料判断,1995—1996年,在答应一个极其重要条件的情况下,莫斯科不反对修建从土库曼斯坦到巴基斯坦的天然气管道计划,这个条件就是俄罗斯必须参加这个计划。对莫斯科来说,这意味着它还可以保持在中亚的战略地位和影响阿富汗未来局势调解的能力。但是,1995年,尤其是1996年的时

---

① S.克拉克:《中亚国家:确定安全优先次序和发展武装力量》,《中亚和世界》,纽约1994年版,第193-194页。(Clark S. The Central Asian States: Defining Security Priorities and Developing Military Forces. Central Asia & the World. New York. 1994. P. 193-194.)

② C.B.茹科夫、O.Б.列兹尼克娃:《当代世界经济结构中的中亚》,莫斯科2001年版,第223页。(Жуков С. В. Резникова О. Б. Центральная Азия в современно-экономических структурах современного мира. М. 2001. С. 223.)

候,任何一位旁观者都已经清楚,这种调解只有在考虑到巴基斯坦支持下的塔利班运动担当阿富汗领导角色的情况下才有可能进行。

那么,为何不这样做呢?只有同俄罗斯达成利益妥协,伊斯兰堡才能够比较轻松地达到它在中亚政策上的重要目的——最终打通通向中亚的运输走廊。如果问题仅仅在于经济方面的话,那么一切都好办。但是,1996年秋天的事件表明,也许直到今天中亚政策中的经济问题也仅仅具有次要意义。

1996年9月26日,喀布尔陷落;紧接着,10月4日,中亚主要国家元首和俄罗斯总理切尔诺梅尔金在阿拉木图举行了会晤;之后很快,也就是10月10日,俄罗斯国家网站国家新闻服务上出现了一篇很情绪化题为《阿富汗症结》的分析性资料,资料对该计划的分析很有代表性。这份资料直截了当地指出,随着塔利班部队占领喀布尔,俄罗斯认识到自己被蒙骗了。结果是,先前关于在俄罗斯天然气工业公司参加下铺设从土库曼斯坦到巴基斯坦的天然气管道协议也就只能终止不用。资料的匿名作者指出,"回顾土库曼斯坦—阿富汗—巴基斯坦天然气管道建设方案,值得补充的一点是,8月份之前的时候(1996年——作者注)还有人建议俄罗斯天然气工业公司入股45%,美国尤诺卡尔入股40%。正如BBC广播的那样,同尤诺卡尔的协议已经签订,但是动工却因阿富汗局势的不稳定而受到妨碍,因此就不得不走同天然气工业公司合作的道路。而现在,喀布尔陷落了,天然气工业公司对该管道方案做出的评语就是'一切都已结束'"①。这份资料的确很情绪化,但非常及时而且直截了当。

然而,对我们来说,极其重要的是,1996年的时候俄罗斯仍然保有参与建设土库曼斯坦—巴基斯坦天然气管道建设的协议,但是这个协议在塔利班占领喀布尔之后却宣告废止了。接下来,俄罗斯的利益便被彻底忽略了。这立即把莫斯科推向了中亚政策的边缘。总而言之,俄罗斯有一切理由认为,如果没有俄罗斯天然气工业公司的参与,从土库曼斯坦经阿富汗到巴基斯坦的天然气管道建设计划是违背俄罗斯在该地区的地缘政治利益的。

到底发生了什么?尽管以前签订了协议,那么为什么巴基斯坦和这一阶段在阿富汗问题上支持它的美国要作出撇开俄罗斯的决定呢?我还要再次重复的是,问题不在于建设或不建设天然气管道的经济问题,而在于从政治上控制中亚地区形势,尤其在于从政治上完全控制通向这一地区的要害。阿富汗与穿越其领土的天然气管道建设方案正好就是通向中亚地区的要害。如果能够接受这种说法的话,那么就很容易理解,为什么美国和巴基斯坦作出了撇开俄罗斯的

① 《阿富汗症结》,国家新闻服务网,1996年10月10日,webmaster@nns.ru,第8页。(Афганский узел. Национальная служба новостей. 1996. 10 октября. webmaster@nns.ru. С. 8.)

决定。

俄罗斯天然气工业公司以任何形式参与土库曼斯坦到巴基斯坦天然气管道的建设,也许都会不可避免导致莫斯科控制阿富汗的活动并自然而然地影响阿富汗局势的发展。因此,考虑到俄罗斯在中亚的作用及其对阿富汗某些军事政治派别的影响力,阿富汗的任何一种和解也许只有在莫斯科的参与下才有可能进行。而这意味着必须要在阿富汗内部和中亚找到一种政治妥协,因为俄罗斯也许将不可避免地充当阿富汗盟友的利益保护者,在中亚它也许会充分保有自己的势力。

因此,巴基斯坦为了达到自己的策略目的,如打通通往中亚的运输通道,同俄罗斯达成妥协原则上便显得既必要也有可能。如果巴基斯坦不是阿富汗政治舞台上的一个主角,如果它仅仅只有经济利益诉求的话,那么也许这完全适合于巴基斯坦。但是,美国政策的战略任务,正如以上所述,却在于巩固自己在中亚的地位,以求保证控制并对三个潜在的非友好国家迅速施加压力。这三个国家就是俄罗斯、伊朗和中国。因此,就它自身来说,运输走廊并不那么特别必要。而对于俄罗斯、伊朗和中国这三个国家来说,尽管这条走廊也许在它们的控制或作用范围之外,但是运输走廊却显得非常必要。这原则上是一个非常重要的条件。在这种状况下,同俄罗斯谈判几乎就没有什么意义。因此,很明显,迅速加强塔利班运动力量,努力彻底打败反塔派别军队,胜利后在俄罗斯面前摆出不可挽回的事实,所有这些都是极其符合逻辑的决定。

那么1995—1996年的时候,巴基斯坦为什么还要同俄罗斯进行原则上的谈判呢?也许,它的战略目标早已为人所知,那就是剥夺俄罗斯在中亚地区的影响力。运用巴基斯坦的所有力量支持塔利班并确立它在全阿富汗无可争议的权力地位不就更简单了吗?很清楚,在这种情况下,阿富汗其他任何军事政治派别也许就没有任何机会坚持反对塔利班。但是,这个脚本却有一个非常重要的不足之处。

如果当时塔利班运动实行了太过断然的行动的话,那么1995年的时候也许就已经激发俄罗斯向其邻近的阿富汗军事政治派别提供援助了。如俄罗斯当时可以支持布·拉巴尼的"阿富汗政府",该政府主要代表的是塔吉克族政党"阿富汗伊斯兰社会"。我们不能不指出的是,赫拉特省省长伊斯玛伊尔汗同该党关系比较密切。更何况,一旦当莫斯科意识到自己的利益受到了直接威胁时,它很有可能会同伊朗的立场统一起来。1995年的时候,阿富汗当时可能已经出现了一个由阿富汗亲俄罗斯派和亲伊朗派组织组成的强大联盟,该联盟的主要目的就是反对塔利班运动,自然,也就反对巴基斯坦和美国在中亚地区的计划。

的确,在这种情况下,即使要阻挡塔利班向土阿边境行动也将变得极其困难,而塔利班竟然也就如此顺利地于 1995 年抵达了边境。当时,伊朗和俄罗斯共同向赫拉特省省长伊斯玛伊尔汗提供了相当的支持,同样这两个国家在后来支持了北方反塔联盟,塔利班的"闪击战"因此而失灵了。我们顺便提一下,1995—1996 年俄罗斯在土库曼斯坦的军事政治力量非常有分量,而且俄罗斯拥有支持伊斯玛伊尔汗的一切必要力量。

结果是,莫斯科在 1995 年根本没有阻止塔利班运动的军队向土阿边界推进。最有可能的是,这说明了当时俄罗斯尚未形成针对中亚和阿富汗的明确政策。莫斯科处于极其被动的地位,这种被动的基础就是苏联解体以来多年积累起来的惯性。总之,莫斯科当时对土库曼斯坦和中亚地区的原状非常满意。很明显,当时莫斯科没有看到塔利班对自己在中亚的利益构成什么直接威胁。

随着 1996 年秋塔利班占领喀布尔,人们对正在发生的事情的看法发生了急剧的改变。莫斯科觉得自己受了欺骗,并对自己在该地区的政策作了修正。但是,随着这一切的发生,给我们提出了一个重要的问题,为什么巴基斯坦和美国要忽视俄罗斯的一切利益呢?无论是伊斯兰堡,还是华盛顿,也许它们根本没有考虑到,下一步事态将如何发展,由此而发生的俄罗斯对中亚的政策将如何变化。而且,接下来的事态发展非常明确地表明,正好就是 1996 年秋天的事件激发了俄罗斯重返"大中亚政策"的舞台。这次重返中亚政策的结果是,阿富汗组建了一个广泛的反塔联盟,从而最终打乱了巴基斯坦和美国深入中亚地区的最初计划。也就是说,莫斯科恢复了在中亚的政策而后是阿富汗的积极存在,这客观上是由巴基斯坦和美国的阿富汗政策引起的。

可以推测,巴基斯坦和美国对俄罗斯的估计太低了。可以确切地说,它们过高地估计了它的软弱,并且估计到它有可能准备采取政治妥协。1996 年夏,在很大程度上,判定俄罗斯比较软弱是正确的。就在 8 月份,它同车臣签署了哈萨维尔特和约,俄罗斯事实上承认了这块叛乱领土的独立。因此,可以得出结论,如果莫斯科如此轻易地放弃了俄罗斯内部领土的话,那么对它而言失去中亚的将不会是一个太大的损失。只需轻轻地推动俄罗斯和中亚加入文明进程就可以了,因为自苏联解体以来这种进程一直发展得非常顺利。哈萨维尔特之后,似乎一切都有可能发生。然而,非常明显,美国和巴基斯坦过低地估计了俄罗斯。

阿拉木图特别会议召开的速度再一次证明了莫斯科 1996 年在中亚的条件。会议是 10 月 4 日召开的,也就是塔利班占领喀布尔之后仅一周的时间,也许,当时莫斯科已经意识到了所发生事件的规模。这一历史时刻的形势表明,俄罗斯领导人运用了其所有的强大资源,在最短时间内说服了中亚四国领导人(土库曼斯坦除外)必须举行这么一次会议。但最重要的是,莫斯科说服了中亚四国领导人接受它的结论,那就是发表紧急硬性声明,该声明成为阿富汗开始组建广泛反塔联盟的独特起点。我们必须要强调的是,这显然没有那么简单。因为,值此之际,美国、巴基斯坦和土耳其对中亚国家正在施加强大的压力,更何况,美国非常明确地发出了支持塔利班运动的信号。

如 1996 年 8 月 12 日,美国参议员亨克·布朗以私人名义访问了阿富汗。他同塔利班领导人在坎大哈举行了会谈,一个半月之后塔利班便占领了喀布尔。尤诺卡尔副总裁科里斯·塔加尔德是公开欢迎塔利班占领喀布尔的首批人士。克林顿总统宣布将尽快在喀布尔设立美国外交办事处。时任美国国务院发言人的格林·戴维斯率先发表声明,希望"喀布尔新政权成为一支最强大的力量,最终统一国家并给它带来稳定"[1]。也就是说,1996 年秋,中亚各国领导人在苏联解体后首次陷入了选择外交取向的困境。

这里我们不得不再次回到中亚新独立国家的独立边界问题上来。事实是,在 1996 年当时的状况下,中亚国家在地区力量的新配置中发挥着关键作用。它们的政治立场直接决定着是否能够顺利实现将俄罗斯从中亚地区排挤出去的计划,因为这将急速提高它们在地区政治中的作用。如果说 1996 年秋天的时候争夺未来中亚势力范围的斗争还处在准备阶段的话,那么塔利班占领喀布尔之后中亚各国就面临着明确对待突如其来开始争夺该地区势力范围的斗争了,当然,参加这种斗争的有强大的塔利班武装力量,还有美国、俄罗斯、巴基斯坦、土耳其及其他一些国家。而且非常重要的一点是,必须要弄清楚,1996 年秋天中亚五国中的四个国家在阿富汗问题上更倾向于支持俄罗斯的原因究竟是什么?而且我们要强调指出的是,这些国家是在极其窘迫、"火烧眉毛"的情况下选择了支持俄罗斯。

如果明白了中亚第五共和国领导人土库曼斯坦总统萨·尼亚佐夫为什么没有亲自参加阿拉木图峰会,就可以回答这个问题。我们已在上文指出,直至1996 年秋之前,俄罗斯在土库曼斯坦的地位是非常强大的。例如,与俄罗斯在哈萨克斯坦和乌兹别克斯坦的情况不同,它在土库曼斯坦控制着边防军和前苏联部分军队。然而,最为重要的是阿什哈巴德在天然气,也就是国家最重要的出口商品的运输上完全受制于俄罗斯。大家都知道,俄罗斯领导人对土库曼斯坦尤其是在天然气过境运输方面的已有状况非常满意。但是,我们可以确信,土库曼斯坦领导人对这种状况并不感到满意。

对土库曼领导人来说,最重要的问题是形势已有所改变,莫斯科不让阿什哈

---

① Е.奥吉别宁、П.格拉佛夫:《泛阿富汗方案:问题多于答案》,《国家能源政策》,2002 年 9 月。(Огибенин Е. Графов П. Трансафганский проект: вопросов больше ответов. Мировая энергетическая политика. 2002, сентябрь.)

巴德从出口世界市场的天然气中收益。显然,正因为此,萨·尼亚佐夫总统才没有出席在阿拉木图举行的上述会晤。非但如此,土库曼斯坦自 1996 年秋天开始便在阿富汗问题上公开支持巴基斯坦和美国的行动。如作为一种交换,它们承诺给土库曼天然气提供新的销售市场并因此而摆脱对俄罗斯的依赖。显然,莫斯科在阿什哈巴德决定改变政策取向的时候作出了让步。总之,对莫斯科来说,它在 1996 年失去了土库曼斯坦。这对莫斯科在中亚的存在是一个沉重的打击。

丢掉土库曼斯坦是件非常敏感的事。首先,一些强有力的外来博弈者,如巴基斯坦直接出现在了俄罗斯的传统势力范围中亚地区,但是在巴基斯坦的背后则可以看到美国的利益。另外,丢掉土库曼斯坦有在中亚其他国家引起连锁反应的危险,如果被美国利用了的话那这种危险就更加确定无疑了,而这点是毋庸置疑的。

美国的潜力仍然非常巨大。况且,土库曼斯坦的事例明显表明,1992—1996 年俄罗斯在理解和保护自己的利益上采取了非常率直且极不灵活的政策。我们还记得,以天然气工业公司为代表的莫斯科利用土库曼斯坦的地理孤立,几乎不允许土库曼石油进入欧洲市场。非但如此,莫斯科还迫使阿什哈巴德将天然气以低价卖给俄罗斯。从某种意义上讲,类似的情况还发生在俄罗斯和哈萨克斯坦之间。从输送能力上看,"阿特劳—萨马拉"石油管道给哈萨克斯坦的石油定额为 1500 万吨,但是直到 1999 年输出额却只有 350 万吨。该政策有利于俄罗斯天然气和石油公司的利益,但是却不符合俄罗斯的国家利益。

俄罗斯经济学家茹科夫在一本专门论述中亚的著作中就此问题作了评述,该评述非常有趣。"以我之见,想把天然气工业公司和土库曼斯坦之间的复杂关系转化为国家间关系缺乏依据。尽管国家事实上部分地参与了其资本,但天然气工业公司仍然是一个标准的市场公司,在推进和保护自身利益方面,该公司在全球资金和方法积累的竞争斗争中为人们所认可。"[①]然而,俄罗斯天然气垄断公司天然气工业公司是同莫斯科官方联系在一起的,它的这种政策事实上迫使中亚国家上层只好作出摆脱俄罗斯寻求其他过境运输通道的选择。因此,俄罗斯天然气工业公司在对待土库曼斯坦方面的政策究竟符不符合俄罗斯的利益,不言自明。土库曼斯坦是第一个受害者,但是 1996 年的时候,莫斯科还没有任何保障说它就是最后一个受害者。

事实上,地区安全问题是 1996 年 9—10 月间俄罗斯在中亚政策中仍然保留并能够向中亚新独立国家上层提起的唯一一件重要的事情。在这里我们必须指出的是,对于中亚其他国家(哈萨克斯坦、吉尔吉斯斯坦、塔吉克斯坦和乌兹别

---

① C. B. 茹科夫、O. Б. 列兹尼克娃:《当代世界经济结构中的中亚》,第 224 页。

克斯坦)来说,1996 年秋天阿富汗政治形势的急剧变化让它们感到措手不及。我们应该指出,在 1992 年集体安全条约签订和塔吉克反对派被摧毁之后,维护地区安全的责任总体上还是落到了俄罗斯的肩上,当然其中也包括对阿富汗方面承担的责任。可见,俄罗斯给新独立国家提供了完成国家建设进程以及为此必须推行政治和经济改革的保障条件。1996 年秋塔利班占领喀布尔,俄罗斯领导人敲响了地区安全新威胁的警报,此时阿拉木图、塔什干、比什凯克和杜尚别官方人士没有任何理由不支持莫斯科的意见。于是,10 月 4 日在阿拉木图举行了莫斯科授意下的会晤,最后通过了一项相当严正的反塔决议。

但是,最令人好奇的是,当 1996 年塔利班取得成功的时候,中亚各国对这一事件的反应能有几许清醒? 是否可以确信,中亚各国首都对混乱的地区地缘政治博弈及其在这场博弈中的作用有明确的认识? 可以比较肯定地说,没有。中亚各国是在俄罗斯这个主要而积极角色的引导下发挥着作用。可见,莫斯科向所有相关人士展示了它影响中亚各国政治领导的能力及程度。最后的结果是,塔利班运动部队占领喀布尔激发了中亚新独立国家和俄罗斯利益的统一,即必须维护现有地区安全体系稳定思想不变。1996 年 10 月 4 日的阿拉木图会晤实际上推动了阿富汗北方反塔联盟的建立,该联盟是中亚新独立国家和外界不良影响的缓冲带,它被视为地区安全体系稳定的重要条件。

1996 年秋,巴基斯坦和美国在阿富汗的政策出现了严重分歧。这样,阿富汗内部的政治力量配置也发生了迅速的改变。可以说从这时起,巴基斯坦针对阿富汗的对外政策第一次遇到严重障碍。直到此时,巴基斯坦及其受庇护者——塔利班主要还是同阿富汗军事政治派别打交道。布·拉巴尼的组织同俄罗斯有密切往来,卡·哈利利的组织与伊朗过从甚密,在同塔利班对抗中,就连这样一些组织也没有起到多大作用。塔利班运动体现着巴基斯坦及其支持者沙特阿拉伯和美国的政策,显然,要在阿富汗内部形成一个广泛的反塔组织是很困难的。

这种反对组织的组建必须得满足两个必要条件。第一,满足俄罗斯在中亚的整体战略利益和在阿富汗的部分战略利益,总体而言,这一条由于 1996 年秋事件的发展而变得有了可能;第二,满足中亚国家在阿富汗问题上的立场。因为,要在阿富汗内部建立一个广泛的反塔联盟必须得有外部的供给和支持基础。简而言之就是,为了在阿富汗,包括在支持任何一个反塔组织问题上推行积极政策方面,那些与阿富汗北方相邻的领土都具有生死攸关的地位。因此,1996 年 9 月 26—27 日塔利班占领喀布尔使中亚国家备感不安,于是在阿富汗反塔联盟的创建中它们首先给俄罗斯,而后给伊朗以最大可能的支持。然而,我们应该指出的是,在该联盟的创建中,对中亚各国的威胁始终不是第一性的,而俄罗斯为何需要中亚地区则是第一性的。然而,莫斯科却让中亚国家相信,它们的安全已受到了威胁。

当然,我们不能不指出的是这样一个事实,巴基斯坦和美国在实现其在中亚地区的策略和战略目标中选择的方法极其不成功。中亚世俗政权极其反感塔利班运动,而巴基斯坦、美国、土耳其和沙特阿拉伯官方人士关于阿富汗的局势处于它们控制之下的一切安慰理由,在当时,即1996年秋天的时候都无法使它们太过于相信。中亚各国还是更习惯于俄罗斯,它的意见在中亚各国仍然具有重要意义。

这样,1996年10月,一种可以干扰巴基斯坦、沙特阿拉伯和美国自由进入中亚的战略力量配置最终得以形成。在这种配置中出现了最重要的一个环节,即中亚国家。现在俄罗斯和伊朗便可以联合起来暗中支持除土库曼斯坦以外的中亚国家,从而在阿富汗北方领土上为反塔联盟创建可靠的后方。就在这个历史关头,巴基斯坦和美国在阿富汗问题上的一切努力付之东流了。1996年10月决定了塔利班的最后命运。此后,塔利班运动在巴基斯坦支持下所作的一切努力和所取得的成功都被俄罗斯和伊朗的强大联盟摧毁,后两者能够给阿富汗领土上的任何一支反塔联盟提供强有力的支持。甚至在最困难的几年(1998—2001年),也就是塔利班将阿·马苏德逼到塔吉克—阿富汗边境的时候,俄罗斯和伊朗的共同资源还能够让他需要坚持多久就坚持多久。

然而,1996年10月,为了在阿富汗领土上创建一个有效的反塔联盟,必须得解决一个重要问题,那就是吸收阿·杜斯图姆将军领导的阿富汗伊斯兰民族运动乌兹别克族派别进入该联盟。杜斯图姆控制着阿富汗北方四个省和阿富汗唯一一座不受塔利班控制的大城市马扎里沙里夫,该城保持了国内业已取得的现代化成分,部署着训练有素和装备精良的军队。

我们必须要指出的是,对阿·杜斯图姆和阿富汗乌兹别克社团来说,关于支持反塔联盟的问题总之不像中亚新独立各国首都表现得那么急迫。至1996年秋,阿·杜斯图姆不仅没有参加同塔利班的战斗,而且在塔利班赋予他广泛自治的条件下保持着同塔利班和解的可能。另外,阿·杜斯图姆已经有了同塔利班运动合作的某些经验。1995年8月,当伊斯玛依尔汗的军队在阿·马苏德军队的支持下攻击坎大哈的时候,阿·杜斯图姆在巴基斯坦跨部门联合情报机关人员的调解下派遣乌兹别克族技术员维修坎大哈机场的苏制战斗机和直升机。不仅如此,阿·杜斯图姆的飞机还轰炸了伊斯玛依尔汗的军队。[①]阿·杜斯图姆不会不明白,同控制着五分之四国土的塔利班战斗不仅要牺牲他大量的军队和

① 阿赫迈德·拉什德:《塔利班:中亚伊斯兰教、石油与新博弈》,第39页。

阿富汗乌兹别克族人,而且还没有任何获胜的保证。在这种情况下,阿·杜斯图姆也不会产生同昔日阿内战中的对手古·希克马蒂亚尔和布·拉巴尼结盟的热情。

1996年秋,阿富汗及其周围的人都清楚,阿·杜斯图姆的正规军可以决定塔利班运动及其对手之间战争的结果。正如1992年春天那样,当时阿·杜斯图姆将军指挥着纳吉布拉政府军第53师,在面临不可避免失败的时候,他倒戈易帜,最后决定了喀布尔共产党政权的命运。

然而,1996年10月,当塔利班占领喀布尔之后,阿·杜斯图姆已不再是阿富汗领土上反复事件的旁观者。对阿·杜斯图姆来说,最重要的问题就是必须作出选择。就在国家新闻服务网站的同一份俄文资料上,有人指出:"10月上旬(1996年——作者注),阿·杜斯图姆就已经分别同土耳其和巴基斯坦外交部部长唐苏·齐勒和萨达罗姆·阿希弗姆·阿里,以及美国国务院阿富汗司司长鲁宾·拉费尔进行了电话交谈。他们都要求将军承认塔利班政府。齐勒建议阿·杜斯图姆同塔利班运动的代表在安卡拉举行会晤,并同他就参加未来政府的问题进行了商讨。与此同时,巴基斯坦外交部宣布,巴国将充当阿·杜斯图姆和塔利班之间的调停人。"①阿·杜斯图姆同塔利班运动结盟,也许会立即解决巴基斯坦在打通通向中亚地区运输走廊方面的所有对外政策问题。南方的普什图人和北方的阿富汗乌兹别克人结盟,也许可以使国际社会承认塔利班政府的合法性。所以,阿·杜斯图姆的立场对伊斯兰堡具有决定性的意义。非常明显,1996年秋天的时候,阿·杜斯图姆还在犹豫不决。

阿·杜斯图姆将军最后作出决定支持反塔联盟,也许是来自俄罗斯和中亚新独立国家给他的承诺产生了决定性影响。1996年10月4日,乌兹别克斯坦总统卡里莫夫参加阿拉木图的历史性会晤也再次证明了这一点。塔什干官方不会没有影响阿·杜斯图姆将军立场的工具。

结果,这使得许多同塔利班运动对抗的阿富汗军事政治派别组成反塔联盟有了可能。1996年10月,也就是阿拉木图峰会之后不久,阿富汗北方便组建了最高国防委员会,担任委员会主席的就是阿富汗伊斯兰民族运动领导人阿·杜斯图姆将军。11月,阿富汗总统布·拉巴尼宣布阿·杜斯图姆将军为国家副总统,授权任命国防部和外交部各部长及官员。②阿·杜斯图姆和乌兹别克社团对反塔联盟的支持一下激活了其武装部队。10月底,阿·马苏德在古·希克马蒂

---

① 阿赫迈德·拉什德:《塔利班:中亚伊斯兰教、石油与新博弈》,第5页。

② X.哈什姆别科夫:《阿富汗北方的乌兹别克人》,莫斯科:俄罗斯联邦东方学研究所1998年版,第60页。(Хашимбеков Х. Узбеки Северного Афганистана. М.: ИВ РАН, 1998. С. 60.)

亚尔军队的支持下,从潘杰希尔峡谷下开始向喀布尔方向进军,但是,马苏德的军队被堵截在通向阿富汗首都的北方要冲地带。10—11月,这里的阵地战一直持续不断。非常明显,如果没有阿·杜斯图姆军队的支持,阿·马苏德和吉·希克马蒂亚尔的部队就无法占领喀布尔。

然而,无论是阿·杜斯图姆的乌兹别克人,还是阿富汗伊斯兰统一党的什叶派哈扎拉人,均没有积极参与对首都的进攻。新联盟成员之间的内部矛盾要比战胜塔利班这个共同敌人的愿望强烈得多。原则上讲,当时阿·杜斯图姆将军的正规军是可以帮助阿·马苏德的军队打败塔利班并占领喀布尔的。但是,这极有可能加强布·拉巴尼/马苏德派别的作用,因而客观上也就意味着将削弱阿·杜斯图姆对形势发展的影响。布·拉巴尼领导的"阿富汗政府"控制着喀布尔,而阿·马苏德又时任其国防部长,实际上,这只能把以阿·杜斯图姆为首的反塔最高国防委员会置于次要地位。

另外,攻占喀布尔也许要比其后坚守它容易得多。尤其需要考虑到,在战争年代,大部分战地指挥官意识到的是自己首先是地方领导,对各个省和城市的控制就是他们在分崩离析的国内施加政治影响的基础。从这点来看,阿·马苏德占领喀布尔的尝试便反映出了他想夺回昔日阵地的企图,因为直到1996年10月底他领导的运动还一直占领着这块阵地。因此,只要一出现有利形势,马苏德的部队便一而再再而三地向阿富汗首都发起进攻。

阿富汗北方四省是杜斯图姆将军的政权基础,其利益的南部边界沿萨朗山口通过,就是这个山口将阿富汗北部同国家其他部分隔离开来。不论对阿·杜斯图姆,还是对阿富汗北方其他民族和宗教少数政治派别来说,争夺喀布尔的战争都意味着在他人的领土上参加战斗,这不仅不能带来直接的利益,而且还有削弱其控制区阵地的危险。不管怎么说,在1996年秋天的时候,阿·杜斯图姆的影响还没有超过南部边界——萨朗山口。同样,为了成功夺取喀布尔,马苏德的军队也采取了一系列行动,但终未成功。最后,马苏德在取得最初的几次胜利之后,在塔利班的压力下不得不于1996年深秋再次撤退到潘杰希尔峡谷。

与此相联系,极具象征意义的是,阿·杜斯图姆于1997年1月决定炸毁萨朗隧道。阿·杜斯图姆以此标出了自己势力范围的南部边界,同时声明了北方领土战略防御的优先地位。

阿富汗领土上的主要军事行动传统上一般在早春开始,晚秋结束,因为只有这一段时间山口才可以通行。与此相适应,1997年早春,阿富汗西部的军事行动便开始活跃起来。因为只有在这里,塔利班运动部队才可以绕过阿富汗南北分水岭兴都库什山脉,开赴最高国防委员会(反塔联盟)控制的北方省份。这时,兴都库什山脉的萨朗和希巴尔两个主要山口被阿·杜斯图姆将军的军队和哈利利的什叶派哈扎拉人封锁。

1997 年早春的主要军事行动发生在西部省份巴德吉斯,该省归阿·杜斯图姆将军管辖。同阿·杜斯图姆将军一道采取军事行动的还有前省长伊斯玛依尔汗。① 极具象征意义的是,战斗主要在巴德吉斯省会瑙堡市周边展开。观察家们指出:"军事行动增强的原因是,这里有一条道路经巴德吉斯直通伊朗边境附近的战略重镇赫拉特。重要的是,经赫拉特有一条通向塔利班运动大本营坎大哈的公路。"② 从另一方面来看,巴德吉斯省对塔利班运动具有关键作用,因为只有从这个省出发才有可能直接通往阿·杜斯图姆将军控制的地区。因此,在1996 年春天的时候,巴德吉斯省展开了一系列争夺战术优先权的阵地战,但是,没有哪一方能够在战斗中取得绝对优势。

然而,在赫拉特这个重要战略方向上,阿·杜斯图姆将军同伊斯玛依尔汗结为同盟并展开积极军事行动,这一事实本身使得铺设土库曼斯坦到巴基斯坦的重要战略输气管道不再有可能。如果说阿·杜斯图姆首先在极力保证其所控制地区的安全的话,那么对于伊斯玛依尔汗来说就未必如此。

赫拉特前省长伊斯玛依尔汗是布·拉巴尼阿富汗伊斯兰促进会的成员,无论在反苏战争期间,还是担任赫拉特省长时期,抑或是被塔利班赶出该城之后,他始终同伊朗保持着密切关系。伊斯玛依尔汗加入阿·杜斯图姆的军队表明他还想返回赫拉特,并以此确立反塔联盟同伊朗的直接领土联系。在这种情况下,所有打通通向中亚地区运输走廊的方案都将注定要招致失败。

自然,为了保持同阿富汗冲突地带相隔绝,中亚新独立国家、俄罗斯和伊朗在许多方面都进行着努力协调,这令巴基斯坦很不愉快。塔利班同阿·杜斯图姆和伊斯玛依尔汗的军队在阿富汗西部的阵地战,阿·马苏德军队在东部、楠格哈尔、库纳尔和拉格曼诸省的进攻③,以及反塔联盟对兴都库什山萨朗和希巴尔山口的封锁,都不会给阿富汗尽快结束冲突以可能。

然而,尽管阿富汗武装对峙的规模如此之大,但是关于铺设土库曼斯坦到巴基斯坦输气管道的谈判仍在继续。1997 年 2 月,土库曼斯坦总统尼雅佐夫访问印度的结果再次证明了这一点。土库曼斯坦外交部部长鲍里斯·什赫姆拉多夫讲:"在谈判中,尼雅佐夫和戴维·高达(印度总理——作者注)特别关注土库曼天然气经阿富汗领土输往巴基斯坦,以及进一步输入印度的条件问题。该天然气管道建设方案由美国尤诺卡尔公司为首的国际银行团详加拟定。目前,所有

---

① 俄罗斯信息电信社 – 塔斯社(ИТАР-ТАСС),1997 年 4 月 8 日。
② 俄罗斯信息电信社 – 塔斯社(ИТАР-ТАСС),1997 年 3 月 27 日。
③ 俄罗斯信息电信社 – 塔斯社(ИТАР-ТАСС),1997 年 4 月 16 日。

同实现该方案有关的组织和技术问题均已协调一致。铺设输气管道的前景得到了国家层面的认可,希望巴基斯坦、阿富汗和印度在这方面尽快作出实际行动。"①1997 年 2 月,土库曼斯坦外交部长发表意见,他极其坦诚地指出"国家层面"的协调一致必须应以采取相应的措施为条件,以消除土库曼斯坦到巴基斯坦重要战略输气管道开工的障碍。

这是人人都理解的一个信号,也许这是一次失实的报道。因为,塔利班运动和阿富汗反塔联盟之间的对峙旷日持久。在各方都极好地保持均势这样一种情况下,内战有可能还会持续很久,因此,无论是巴基斯坦,还是美国,抑或是一系列阿拉伯国家都不会对此满意。所以,只有不同寻常的手段才能从根本上改变国家的形势。1997 年 5 月,乌兹别克族人阿卜杜尔·马利克将军出人意料地发动了叛乱,这看来就是这种不同寻常的步骤。

1997 年 5 月乌兹别克族将军马利克的两次叛乱

就这样,在 1997 年年初,阿富汗好像出现了和棋局面。当时,北方反塔联盟统一在以杜斯图姆将军为正式领导的所谓最高国防委员会之下,塔利班运动无法取得胜利,也无法夺取反塔联盟军队控制的北方地区。从军事观点出发,塔利班部队要向阿富汗北方突破是非常复杂的,因为它必须征服兴都库什山脉。然而,翻越兴都库什山脉的两个主要山口——萨朗山口和希巴尔山口确信无疑被阿·杜斯图姆、阿·马苏德和卡·哈利利的军队封锁着。绕过兴都库什通向北方的唯一一条通道必须得经过巴德吉斯省,1996 年底到 1997 年初,塔利班同阿·杜斯图姆和伊斯玛依尔汗的军队在这里展开过旷日持久的战斗。总而言之,阿富汗北方反塔联盟的战略地位看上去实际上不容易受到损害。

但是,最重要的是,1996 年秋天的一系列事件后,反塔派别得到了俄罗斯、伊朗的最广泛支持,同时还得到中亚国家的间接支持。因此,塔利班运动的军事力量要像 1994—1996 年期间那样不止一次地意外加强已不可能。要保证塔利班军事力量能够向阿富汗北方突破,巴基斯坦就不得不直接干涉阿富汗内部冲突,而这又是伊斯兰堡极不情愿做的。阿富汗事态的平息应该在一个非常重要的条件下由阿富汗人自己去解决,这个重要条件就是他们必须处在巴基斯坦的完全控制之下。而这就排除了在塔利班已经控制的阿富汗领土上,如普什图部族中间进行广泛动员的可能。因为,在这种情况下,同传统普什图领导人进行谈判就成为不得已而为之的事。而这只能意味着一件事,那就是塔利班运动应该

---

① 俄罗斯信息电信社 – 塔斯社(ИТАР-ТАСС),1997 年 2 月 26 日。

同他们分享权力。对伊斯兰堡来说,这是它不能接受的。

我们必须指出的是,在土耳其、美国、沙特阿拉伯、阿拉伯联合酋长国(各国发言人曾在不同时间都表示过支持塔利班运动)的精神和物质援助下,巴基斯坦主要负责在阿富汗推行具体政策。而且,非常明确的是,第一,巴基斯坦领导人不想卷入阿富汗战争;第二,他想让塔利班成功,但是却不想花任何代价。对伊斯兰堡来说,最重要的就是不要损害同中亚国家的关系。而在 1996 年秋天事件之后,俄罗斯在上述国家的影响已经很大。

总之,巴基斯坦没有那么多解决反塔联盟存在问题的途径,剩下的就只有一条:通过秘密外交途径,应该说,正是通过这一途径引发了一个大的转变,这个转变就发生在 1997 年春天阿富汗北方反塔联盟最强大的军事政治派别——杜斯图姆将军领导的阿富汗伊斯兰民族运动部队中。就这样,阿富汗不太稳固的军事政治力量均势遭到了破坏。

马利克是法利亚布省阿富汗伊斯兰民族运动党乌兹别克族部队司令。1997 年 5 月 19 日,他伙同自己的兄弟戈尔·帕赫拉旺免去了杜斯图姆将军的阿富汗伊斯兰民族运动党和阿富汗北方乌兹别克社团领导职务。阿·马利克的军队迫使效忠杜斯图姆将军的部队投降,由此为塔利班打通了巴德吉斯和法利亚布省的西部战线。阿·马利克还逮捕了伊斯玛依尔汗并将他交给了塔利班。5 月 24 日,阿·马利克的军队占领了马扎里沙里夫。29 日,阿·马利克被选举为阿富汗伊斯兰民族党领袖。① 当时,拉巴尼/马苏德的阿富汗伊斯兰促进会正控制着战略要地萨朗山口,来自该运动的战地指挥官萨兰吉率领部队向马利克将军提供了援助,这给塔利班运动北方前线司令毛拉·阿卜杜尔·列兹扎克和塔利班政府外交部长毛拉·果乌斯率领 3000 名战士的大部队穿越萨朗山口进入马扎里沙里夫提供了条件。杜斯图姆将军被迫经乌兹别克斯坦流亡土耳其。

这给反塔联盟后背沉重一击。因这次叛乱,人们开始怀疑反塔联盟的存在。杜斯图姆将军的阿富汗伊斯兰民族运动党、他的同盟及其武装部队在反塔联盟中占据着关键地位,该联盟组建于 1996 年秋,实际上团结了阿富汗所有重要的政治组织。阿·杜斯图姆领导的阿富汗伊斯兰民族运动控制着阿富汗北方六个省。况且,在 1997 年春天的时候,只有阿富汗杜斯图姆的军队才具有正规军的特征。马扎里沙里夫市是杜斯图姆的首都,自 1992 年纳吉布拉政权垮台之时起便执行着阿富汗世俗首都的功能,基本上替代了因内战而内讧的喀布尔。所有重要的外交使节、国际组织办事处都驻扎在这里,阿富汗前民主共和国的军事和

---

① 《阿富汗:简明人物志》,莫斯科 2002 年版,第 15 页。(Афганистан. Краткий биографический справочник. М. 2002. С. 15.)

知识分子上层也都集中在这里。

阿·杜斯图姆的军队支配着从前苏联军队继承而来的飞机、重型武器、大量物资和军事基础设施。重要的是,自 1993 年起,阿·杜斯图姆的主要军队事实上已不再参加首都喀布尔周围的战斗,也就是说,他所有的军事潜力都保存完好。土耳其驻杜斯图姆大本营马扎里沙里夫总领事梅赫马特·萨姆萨尔认为,杜斯图姆的军队共计有 6 万人。他说,他们的装备有坦克、军用直升机、大炮、23 架军用飞机和 27 枚"斯卡德"导弹。① 即使考虑到一般对东方国家夸大了的军队数量,也毫无疑问,杜斯图姆派别就是反塔联盟成员中军事力量最强大的一派。该派消失了,非但如此,有些还倒向了塔利班,所有这些把阿富汗北方反塔联盟其他派别推向了极其危险的境地。

然而,乌兹别克社团倒戈塔利班运动只能说明它的人为性和 1996 年秋天创建的反塔联盟的不稳定性。名之为最高国防委员会的联盟实际上团结了除塔利班运动之外的阿富汗所有军事政治派别。1997 年春天的时候,除杜斯图姆的乌兹别克人之外,拉巴尼/马苏德的塔吉克军队,阿富汗伊斯兰统一党的什叶派哈扎拉人,前白沙瓦联盟古·希克马蒂亚尔、尤·哈里斯、穆贾迪迪、纳比·穆罕默德、阿·赛亚夫等人的普什图政治组织,伊斯玛仪派宗教运动部队甚至赫拉特前省长伊斯玛依尔汗都是该联盟的成员。从联盟构成看,真是五花八门。先前,这些成员在阿富汗内战中彼此敌对、互相战斗;现在,联盟把他们联合起来对付一个共同的敌人——塔利班运动。联盟似乎表明,阿富汗调整的前景是光明的,塔利班不过是唯一的一个障碍而已。

然而,由于俄罗斯、伊朗,某种程度上还有中亚新独立国家都想让阿富汗保持原状,同时也不给塔利班运动控制阿富汗全国领土以机会,所以这就使得 1996 年秋组建联盟有了可能。从策略意义而言,这就可以在中亚和塔利班之间保持一个以阿富汗北方领土为基础的缓冲带,这些领土被各式各样半自治的阿富汗军事政治组织所控制。而从战略规划看,阿富汗北方缓冲带的存在就不会让巴基斯坦实现其建设通向中亚的运输走廊计划,正如我们以上所阐述的那样,这最符合俄罗斯和伊朗的利益。

马利克将军的叛乱只是再次证明,1997 年鱼龙混杂的反塔联盟弱点太多。只要身处马利克的位置,同样也会出现另外一个相同的人。问题在于,联盟中最强大的派别倒向了塔利班,而该派别在阿富汗北方占据着重要的战略地位,这一事件带来了爆炸性的影响。1997 年秋天之后,阿富汗再次给俄罗斯和伊朗以沉重打击。

---

① 威廉·马利:《诠释塔利班》,(原苏联基要主义运动公司,伦敦,2001年,第三次印刷,第11页。)
《William Maley, Interpreting the Taliban, Fundamentalism company, London; Third impression, 2001. P. 11.)

① 俄罗斯信息电信社-塔斯社(ИТАР-ТАСС),1997 年 4 月 18 日。

　　马利克将军得到大多数乌兹别克战地指挥官的支持。在阿富汗内战条件下,要保住乌兹别克社团的地位就必须得要求乌兹别克社会在不断变化的政治形势下共同努力。政变之后,马利克将军自动窃据了阿富汗伊斯兰民族运动的领导职务并预先得到阿富汗乌兹别克社团的正式支持。与此相对应,他还控制了杜斯图姆将军在阿富汗战争年代领导乌兹别克族积聚起来的所有军事和政治力量。

　　对阿富汗来说,乌兹别克社团倒戈塔利班运动并没有什么不正常。在阿富汗内战条件下,阵线的更替是一种正常现象。我们还可以回想起1992年杜斯图姆将军本人反对阿富汗总统纳吉布拉的叛乱。在内战中,各个社团或政治派别最重要的优先次序就是毫不含糊地维护各自的利益。从军事和政治意义上讲,乌兹别克社团是阿富汗最强有力的一个组织,它代表着庞大的少数民族乌兹别克族的利益,该社团加入塔利班当时就意味着统一的反塔联盟阵线瓦解了。

　　根据1997年5月事件的发展判断,马利克将军的叛乱是早有预谋的。另外,从事件的规模及其瞬息万变的情势也可以证明这一点。叛乱开始于西部法利亚布,得到阿·杜斯图姆控制的领土中心马扎里沙里夫的全力支持。而最为有趣的是,随阿·马利克叛乱一道倒戈塔利班运动的还有阿·马苏德的一位重要战地指挥官、萨朗山口的守卫者巴希尔·萨兰吉。[①] 所有这一切都说明,叛乱在组织方面具有高度的协调一致性。根据所有的情况判断,叛乱的爆发以及紧随其后萨朗山口的开通原来都是塔利班筹划好了的,他们为此还筹备了一支远征军。

　　但是,最令人好奇的是,叛乱后仅一天,也就是5月25日,巴基斯坦便立即宣布承认塔利班运动。这说明,毫无疑问,伊斯兰堡不仅知道即将发生的政变,而且还准备充分利用业已出现的优势。尽管1997年4月10日巴基斯坦外交部长戈哈尔·艾尤布·汗曾宣称,巴基斯坦不打算立即承认塔利班政府,它更倾向于通过谈判调解阿富汗问题,同时建立一个具有广泛基础的阿富汗政府。巴外长对此还强调:"阿富汗问题的真正解决对我们非常必要,因为同中亚国家的贸易仍然受到阻碍。阿富汗和平的确立有助于推动土库曼斯坦经阿富汗领土至巴基斯坦道路以及油气管道的建设。"[②]然而,一个半月之后,即5月25日,巴基斯坦就已正式承认塔利班运动为阿富汗政府。显然,伊斯兰堡耍了滑头。

　　一段时日之后,沙特阿拉伯(5月26日)和阿拉伯联合酋长国(5月27日)

---

　　① 威廉·马利:《诠释塔利班》,《原教旨主义复活了吗? 阿富汗和塔利班》,伦敦2001年版,第11页。(William Maley. Interpreting the Taliban. Fundamentalism reborn? Afghanistan and the Taliban. Hurst & company. London: Third impression. 2001. P. 11.)

　　② 俄罗斯信息电信社－塔斯社(ИТАР-ТАСС),1997年4月10日。

附和了巴基斯坦的立场,承认了塔利班政权。沙特阿拉伯如此迅速地承认塔利班运动,不仅仅是因为沙特阿拉伯德尔塔石油公司加入了尤诺卡尔铺设土库曼斯坦到巴基斯坦输气管道的共同方案,还有,沙特阿拉伯在该地区一直发挥着非常重要的作用。无独有偶,4月底,也就是距马利克将军叛乱还有一个月的时候,塔利班临时执委会主席穆罕默德·拉巴尼在沙特同法赫德国王进行了会晤。

塔利班运动信息部执行部长阿米尔·汗·穆塔基在喀布尔记者招待会上就此宣称:"沙特阿拉伯依照国际社会的普遍原则尚未正式承认塔利班为阿富汗合法政府。然而,我们确信,两位领导人举行的谈判将促进沙特阿拉伯和阿富汗之间关系的进一步巩固。"①事实上,这个声明意味着,马利克将军的叛乱正好为利雅得承认塔利班政府的合法性提供了充分的正式借口。

看来,随着马利克将军的叛乱,阿富汗国内战争事实上结束了,那么巴基斯坦外交政策中的主要地缘政治任务也就完成了,这个任务就是沿南北方向打通从巴基斯坦到中亚的运输走廊。鉴于此,作为对阿富汗乌兹别克社团倒戈塔利班运动的一种交换,也就只能要求巴基斯坦赋予马利克将军一些保障和义务。

然而,乌兹别克所有社团如此迅速地放弃对杜斯图姆将军这位多年领导的支持则突出地表明,阿富汗乌兹别克人厌倦了连年不断的战争,担心反塔联盟一旦失败便有可能遭到胜利者塔利班的镇压。我们必须指出的是,到1997年的时候,乌兹别克民警部队控制着的阿富汗北方地区仍然是唯一一块还保持着阿富汗社会生活现代化成果的地区,而在阿富汗其他地方这种现代化成果已几乎被完全毁掉了。相应地,对乌兹别克社团的领导人来说,在他们所控制的北方领土上,不断扩展的军事行动要比同塔利班运动确定同盟关系危险得多。而且,阿富汗最有组织的两个政治派别——塔利班和阿富汗乌兹别克社团力量的联合,当时实际上就可以保证恢复阿富汗国家的完整。

塔利班运动力图以最快速度利用已取得的优势。阿·马利克叛乱之后,塔利班远征军很快就出现了马扎里沙里夫。而且,最具典型意义的是,塔利班并没有把这次北方行军看成是纯粹的军事行动。它在远征军中安排了许多高官,其中包括外交部长毛拉·果乌斯、央行领导、民政部部长等,这就很说明问题。

外交部长加入远征军,开赴不久前还是敌对的领土,这就意味着塔利班已经做好了同中亚新独立国家领导人建立高级别接触的准备。随着塔利班接近乌兹别克—阿富汗边界,这种接触便显得有一定的必要。至少,在塔利班运动诸多军事行动的靠山——伊斯兰堡的计划中,非常明确地显示出,不损害同中亚新独立国家的关系,而且也没有促使中亚各国形势不稳的意图。众所周知,伊斯兰堡在

---

① 俄罗斯信息电信社－塔斯社(ИТАР-ТАСС),1997年4月22日。

其中亚政策中的最优先次序就是打通中亚和巴基斯坦之间的运输走廊。

随着马利克将军发动反对杜斯图姆的首次叛乱,塔利班取得了迅速成功,几乎完全控制了阿富汗整个领土,这看上去极有可能彻底解决阿富汗问题。塔利班的彻底胜利实际上结束了阿富汗的多年冲突。连美国也不掩盖自己对这类事件发展的兴趣。面对这样的问题,甚至连华盛顿国务院也陷入了一种尴尬境地,那就是在阿富汗大使馆上空应该悬挂谁的旗帜,塔利班运动的,抑或拉巴尼"政府"的?

从马利克将军叛乱后承认塔利班运动为阿富汗政府的国家,以及美国、土耳其和其他国家看来,这种状况极为有利。塔利班的最后胜利一下子解决了好几个连带问题,也就是阿富汗终于出现了一个能够对其几乎所有领土进行控制,以及可以就土库曼斯坦到巴基斯坦输气管道的安全保障进行对话的统一现实政府;实际上结束了阿富汗的多年战争;有了在将来对非法毒品交易进行控制的可能性,而对于战争中的国家来说这是无法解决的;最后,同时也就开辟了恢复昔日和铺设新的通向中亚重要战略地区运输通道的可能性。

然而,上述一切都无法掩盖一个最重要的事实。阿富汗塔利班运动的胜利就是巴基斯坦的胜利,从某种程度上讲是美国、沙特阿拉伯和其他阿拉伯国家的胜利。因此说,反塔联盟的失败给俄罗斯和伊朗的战略利益以沉重的打击。我们必须指出的是,俄罗斯和伊朗对阿·马利克叛乱作出回应的选择方案同巴基斯坦一样是极其有限的。如果说伊斯兰堡极力不想直接卷入阿富汗冲突的说法是正确的话,那么莫斯科和德黑兰同样也有避免直接陷入阿富汗事件危险的想法。在这种类似情形下,1996年秋俄罗斯利用自己对中亚国家的影响,找到了制止塔利班成功的机会。根据所有情势判断,1997年5月它在中亚再次找到了解决问题的办法。

对中亚国家来说,马利克将军的叛乱太过突然,就像1996年秋塔利班占领喀布尔一样出人意料。必须充分认识巴基斯坦,事情就可以进行得很顺利。中亚国家陷入了两难的选择窘境。一方面,它们面前出现了创建统一阿富汗政府和最终结束阿富汗战争的非常现实的前景。但是,这个政府也许要建立在塔利班运动领导的普什图族和阿富汗最大的少数民族之——阿富汗乌兹别克族利益的妥协基础之上,在整个阿富汗战争年代,后者一直控制着与中亚接壤的阿富汗大部分边境省份。另外,该政府的背后也许还有诸如巴基斯坦、沙特阿拉伯和阿拉伯联合酋长国这样有影响力的力量支持。美国也持这种观点。这就意味着,阿富汗出现了结束战争的机会并由此可以避免阿富汗战乱威胁自己。

阿·马利克叛乱之后,巴基斯坦、沙特阿拉伯和阿联酋很快便承认了塔利班运动,很明显,这是统一计划的一个组成部分并首先向中亚国家提出了诉求。它们得到的明确信号是，一切都在按计划进行，一切都井然有序；塔利班不是一个"宗教黑暗势力的可怕象征"，它不会威胁到中亚的安全；它是一个现实的政治力量，它处在上述几个国家的监控之下，而且其现在和日后的行为由后者负责。巴基斯坦及其盟国试图以此让中亚国家脱离俄罗斯和伊朗，正如伊斯兰堡所想象的那样，这两个国家确实想遏制对手的成功行动。

毫无疑问，中亚两难选择的另一部分就是俄罗和伊朗，俄、伊两国首先使阿拉木图、塔什干、杜尚别和比什凯克的领导确信，塔利班就是对中亚安全的现实威胁。因此，如果一旦塔利班运动取得胜利，也许就只有反塔联盟的支持才是避免该地区发生剧烈震荡的唯一保证。

就中亚各国而言，它们对待塔利班的观点大相径庭，但是非常迫切的问题是它们必须作出选择。阿·马利克叛乱和塔利班抵达乌兹别克边境之后，阿富汗也许仍然还有两个单独的对抗策源地——哈扎拉贾特山区以及与塔吉克斯坦相邻诸省和潘杰希尔峡谷；前者由什叶派哈扎拉人把守，后者是阿·马苏德领导的塔吉克人的据点。很自然，如果没有与外部世界的稳定联系和乌兹别克社团的支持的话，那么这两块飞地注定迟早是要失败的。与此相适应，中亚国家就面临着这样一个问题，即必须进一步支持阿富汗北方缓冲联合体，在相当程度上这个缓冲联合体因马利克将军的叛乱而被削弱了。然而，要对付目前这种局势，中亚国家不得不作出非同寻常的决定。

塔利班运动远征军在马扎里沙里夫出现后的第三天，马利克将军又来了一次 180 度的急转弯。在马扎里沙里夫大街上，他带领部队会同阿富汗伊斯兰统一党的什叶派哈扎拉人向塔利班发起了冲锋①并一举将后者歼灭。最让人好奇的就是如下这些大事记。5 月 25 日，星期天，塔利班进入马扎里沙里夫。5 月 27 日，星期二，他们同马利克将军进行了秘密会谈。就在当天下午，塔利班运动外交部长毛拉·果乌斯在新闻发布会上宣称，他们已同乌兹别克民警部队就创建共同安全力量问题进行了会商。到 27 日傍晚时分，马扎里沙里夫却爆发了战斗，阿·马利克的乌兹别克军队和什叶派哈扎拉人一道向塔利班发起了攻击。在 5 月 27—28 日的战斗中，乌兹别克民警部队和什叶派哈扎拉人共同努力全歼了马扎里沙里夫的塔利班派别。

到底发生了什么？为什么如此有计划的行动在最不应该出现的时刻出了乱子？为什么阿·马利克第二次改变了阵线呢？也许，这是阿富汗战争中留下的最大的一个谜团。一般认为，阿·马利克发动第二次叛乱的主要原因是，塔利班在马扎里沙里夫积极培植伊斯兰秩序，同时还遭到以什叶派人为主的当地城市

---

① 路透社（Reuters），1997 年 5 月 30 日。

居民的强烈反抗,这促使马利克的乌兹别克人突然转向反塔联盟。然而,马利克将军及其支持者乌兹别克人对塔利班运动培植伊斯兰秩序"幡然悔悟"的说法不大能说服人。

塔利班在阿富汗活动的三年中,他们的意图及法律已为大部分阿富汗人所熟知。也许,马利克领导的乌兹别克人早就很好地考虑过他们将同什么样的人打交道。何况,塔利班已做好了为乌兹别克民警部队保留某些权利的准备,而马扎里沙里夫什叶派的命运也不可能让乌兹别克领导人感到特别的不安。总之,根据叛乱行动的规模以及巴基斯坦、沙特阿拉伯和阿联酋对塔利班运动的承认来判断,对阿·马利克的所有条件和保证是早已谈妥了的。我们还记得,稍后,也就是1998年和2000年,塔利班是非常愿意将权力授予倒戈的各地战地指挥官的。显然,阿富汗乌兹别克人在短短几天之内两次急剧改变阵线,与其说是上述原因造成的,倒不如说是同乌兹别克斯坦、俄罗斯和伊朗给他们施加了强大压力并答应给他们提供一定的保障有关。

问题在于,莫斯科和德黑兰对阿·马利克的叛乱颇感意外。乌兹别克族倒戈塔利班运动意味着同俄罗斯保持密切关系的拉巴尼/马苏德塔吉克族阿富汗伊斯兰社会党和亲伊朗的阿富汗伊斯兰统一党地位的急剧恶化。在阿富汗北方诸省,居优势地位的是阿·马利克领导的乌兹别克民警部队;如果塔利班控制了这些省份的话,那么它就有可能封锁哈扎拉贾特山区的阿富汗伊斯兰统一党什叶派哈扎拉人,以及潘杰希尔峡谷和通向喀布尔要冲的阿赫迈德·沙·马苏德的塔吉克人。

反塔联盟丧失了最为重要的武器、弹药和粮食供应交通线,另外,它在阿富汗北方还得同组织训练有素的乌兹别克部队战斗。然而,莫斯科和德黑兰不准备放弃对反塔联盟的支持政策,因此,他们还得采取严格的措施以求消除因乌兹别克军队倒戈塔利班运动而造成的负面影响。

塔什干官方的处境最为复杂。有一个非常重要的问题是,乌兹别克斯坦是否知道阿富汗伊斯兰民族运动中这次有计划的政变呢?众所周知,在整个90年代,杜斯图姆将军同塔什干都保持着最为紧密的关系,因此说,旨在反对他的政变同时也就意味着将给乌兹别克领导人带来不快。然而,从理论上来讲,当时也不能排除乌兹别克斯坦同塔利班运动的强大支持者,如巴基斯坦、美国、土耳其、沙特阿拉伯等国秘密签订协议的可能性。在这样一种情况下,就地区安全体系问题而言,阿富汗伊斯兰民族运动内部的政变给塔什干在自己伙伴面前保住面子提供了一次机会,当然这主要指的是在俄罗斯面前。后来,尤其是1998年8月,事情的发展进程使人们有理由相信,这种观点有其存在的充分依据。

原则上讲,1997年5月马利克将军的叛乱有利于乌兹别克斯坦。这主要是因为,阿富汗北方乌兹别克社团作为国内最强大政治力量塔利班运动同盟者的这种特殊地位得以保存下来。诚然如此,但是仍然还有一个在乌兹别克斯坦边境附近建立"纯伊斯兰教"支持者激进运动政权的问题,这有可能给这个中亚国家的内部局势稳定带来潜在的威胁。但是,塔什干有邻国土库曼斯坦的先例,从1994年起塔利班就控制了前者同阿富汗接壤的边界。事实上,问题不在塔利班,而在控制这个组织的那些人,这其中尤其指的是巴基斯坦。而伊斯兰堡是完全有能力给塔什干提供必需的保证的。

如果假定塔什干知道已发生的事件的话,那么就很好理解阿·马利克第二次政变及其在马扎里沙里夫进攻塔利班的原因。从能够在如此短的时间内影响乌兹别克族将军如此迅速地改变自己观点的强大力量中,自然可以排除在背后支持塔利班运动并且因第二次叛乱而招致明显间接损失的那些国家,如巴基斯坦、美国、阿联酋、沙特阿拉伯和土耳其。

乌兹别克斯坦是唯一一个能够对阿·马利克的地位构成现实影响的力量。乌兹别克斯坦采取这样一步,也许是同俄罗斯进行协商的结果,当然,也不排除俄罗斯对它施加了压力。例如,莫斯科可以要求塔什干根据1992年集体安全条约承担自己的条约义务并要求其践约。另外,俄罗斯手中也许还掌握着直接和间接影响乌兹别克领导人的工具。因此,塔什干知道不知道阿·马利克准备政变并不重要,重要的是1997年5月的时候乌兹别克斯坦无论如何还不敢冒反对莫斯科利益的险。不管怎样说,莫斯科在短短几天之内就对迅速发展着的事态作出了反应。5月19日,它得知阿·杜斯图姆被免职;5月27日,马扎里沙里夫就发动了反塔战斗。

我们可以推测这种压力以及给阿·马利克的保证到底有多大,但结果还是很明确:马扎里沙里夫的塔利班被歼灭了。另外,塔利班运动的几位高层领导,其中包括外交部长毛拉·果乌斯、民航部长莫乌拉维·阿赫特·穆罕默德·曼苏尔、塔利班北方军司令毛拉·阿卜杜尔·拉兹扎克以及央行行长都在马扎里沙里夫被俘虏了。总之,在马扎里沙里夫歼灭战中,共有2000名塔利班战士被俘。

塔利班运动总指挥部立即从喀布尔向北方调了一支兵力达3000人的新远征军,但是这支远征军却在萨朗山口被阿·马苏德的军队堵住了。

站在塔利班运动的立场上看,它在马扎里沙里夫的事态发展中遭受了沉痛的打击。塔利班人员和军事装备损失惨重,几位有影响力的运动领导人被俘。我们必须指出的是,自1992年纳吉布拉政权垮台之后,在阿富汗整个内战期间,事实上还没有一个军事政治派别在如此短的时间内招致如此大规模的失败。除了塔利班运动之外,对阿富汗任何一个军事政治派别来说,像这样的失败都可能是致命的。

然而，尽管塔利班在北方遭受了大规模的失败，但是反塔联盟并未成功利用这种形势，也没有取得战争的转折。联盟的战略处境客观上更为恶化。塔利班在马扎里沙里夫被歼灭后，阿·马苏德马上向喀布尔方向发动了进攻。尽管这次进攻非常成功，但仍然是局部性的。在通向喀布尔的要冲地带，塔利班成功地阻止了阿·马苏德部队的进攻。就像1996年秋天一样，双方在萨朗山口和喀布尔之间的两个关键战略城市——扎巴尔—乌斯—希拉支和恰里卡尔展开了阵地战。

塔利班部队还成功地守住了马扎里沙里夫以西具有重要战略地位的省份巴德吉斯，该省在阿·马利克第一次政变后被塔利班所控制。塔利班和反塔联盟部队之间的新战线从巴德吉斯和法利亚布省之间穿过。

由于马利克将军的两次叛乱，塔利班突击队于1997年5月在国家北方被歼灭，这无疑影响到了塔利班部队的战斗力。除了在马扎里沙里夫阵亡和被俘的几千人之外，阿·马苏德还将近3000名塔利班战士封锁在了北方的萨朗山口之外。正是这部分军队日后的行动给后来的战争带来了最惨痛的后果。

毫无疑问，在1997年的阿富汗条件下，塔利班运动在马扎里沙里夫歼灭战中损失了3000名训练有素的战士。除塔利班之外，对阿富汗任何一个军事政治派别来说，这也许都是无法挽回的损失。而且，还有3000名士兵被封锁在敌人的领土上，在同主力部队隔绝的情况下，歼灭他们也就只是一个时间问题。

然而，令人惊讶的是，到1997年的时候，尽管塔利班运动可以调配超过阿富汗三分之二领土的人力物力资源，但是在马扎里沙里夫的战斗中败北后，它依然主要得到来自巴基斯坦领土上的支持。据伊斯兰堡消息称，1997年5—6月，来自巴基斯坦西北边境省伊斯兰学校的志愿者源源不断地加入到了塔利班一方的战斗中。① 正是那些来自巴基斯坦的普什图族志愿者减少了塔利班在北方5月毁灭性失败中的损失。

然而，巴基斯坦的帮助不仅减轻了失败带来的后果，同时也保住了重要的战略地位。出人意料的是，被阿·马苏德部队阻挡在萨朗山口一边的塔利班分队发挥了重要的作用。5月31日，总数达3000人的塔利班部队被围困在北方城市普勒胡姆里。② 毫无疑问，在同主力部队和供应基地隔绝的情况下，塔利班的这支部队必定将在极短的时间内被反塔联盟的优势兵力歼灭。然而，反塔联盟部队把塔利班从普勒胡姆里驱逐出去之后，并未在其退守的北方巴格兰省领土

---

① 路透社（Reuters），1997年5月31日。
② 路透社（Reuters），1997年5月31日。

上追击他们,他们把解除塔利班武装的希望寄托在了该省的地方战地指挥官身上。就这样,军事政治形势又一次发生了急剧变化。

问题出在了阿富汗北方反塔联盟极其混乱的组织性上。该联盟不仅有团结了阿富汗民族和宗教少数,如塔吉克、哈扎拉、乌兹别克和伊斯玛仪派代表组成的组织,而且还有许许多多的普什图组织;后者主要包括传统普什图领导人领导的反苏穆斯林游击队各党派,其中最有名的是古·希克马蒂亚尔、阿·赛亚夫、尤·哈里斯、赛·盖拉尼和阿富汗前总统穆贾迪迪。他们中的每一位都拥有效忠自己的战地指挥官,当然这些战地指挥官主要也是普什图人。

我们在上边已经提到,实际上所有的阿富汗政治组织都反对塔利班运动,甚至连普什图组织也不例外。塔利班运动的普什图领导人被认为是对阿富汗国家传统社会组织原则和传统上层权力的威胁。这是因为,在许多方面塔利班将其政治运动的小团体利益(在很大程度上还包括全体普什图族的利益)置于普什图传统上层的利益之上。因此,在许多方面普什图族有影响力的政治家总是极力反对塔利班运动。

1996年秋,塔利班占领阿富汗大部分领土,包括国家首都喀布尔。之后,北方普什图战地指挥官们便归附了反塔联盟。塔利班占领喀布尔到1997年5月阿·马利克叛乱期间,加入北方联盟的大部分普什图人都持观望战术,尽量不参与塔利班同宗教和民族少数部队之间的积极军事行动。

阿·马苏德的塔吉克人、哈利利的哈扎拉人和阿·杜斯图姆的乌兹别克人在前线开展着积极的军事行动,这给北部敌后诸省,如昆都士和巴格兰的战地指挥官(主要是普什图人)在各自控制的领土上保持高度自治提供了机会,同时还避免了卷入积极的军事行动。从某种程度上讲,阿富汗北部继续保持着1992年纳吉布拉政权垮台后确立起来的社会组织模式,而且它们往往建立在战地指挥官控制的许多"半封建"自治领地基础之上。从另一方面来讲,1996年到1997年上半年,北方普什图人还没有支持塔利班运动的任何客观理由。第一,从地理条件来看,这事实上也是不现实的,因为阿富汗北方领土同塔利班运动控制的其他地区是互相隔绝的;第二,从军事方面看,阿富汗民族和宗教少数的武装部队在北方占有绝对优势;最后,如上所述,普什图主要政党和运动的政治利益总体上都具有反塔性质。

然而,马扎里沙里夫事件之后,形势却发生了急剧变化。塔利班被毁的后果之一是,北方内战具有鲜明的民族性。这一点再次被阿·马利克的乌兹别克人和卡·哈利利的哈扎拉人枪决近2000名马扎里沙里夫塔利班俘虏的事实所证实。5月25日从南部进入马扎里沙里夫的塔利班远征军战士大部分是普什图族。被俘普什图人的大规模死亡应该说给普什图战地指挥官们造成了负面影响。

在这种复杂情势下,塔利班运动中一支主要由普什图人组成的大部队开进了北方领土巴格兰省。结果,整个阿富汗北方,其中包括巴格兰省的普什图战地指挥官们,都不得不在塔利班运动的普什图族(首次出现在地理隔绝的阿富汗北方)和民族与宗教少数组织的政治同盟者之间作出选择。

例如,巴格兰省的地方普什图人拒绝采取反对塔利班的军事行动。巴什尔·巴格拉尼就是这样一位来自古·希克马蒂亚尔党派的普什图族战地指挥官,1997年6月反塔联盟代表直接指控他对其控制的巴格兰省的塔利班进行了支持。① 由于巴·巴格拉尼的姑息纵容,塔利班部队没有遇到任何反抗便穿过巴格兰省挺进了北方的昆都士省和塔卢坎市。

接下来,1997年6月间,有许多主要来自古·希克马蒂亚尔、尤·哈里斯和穆贾迪迪党派的其他地方战地指挥官归附了塔利班运动。这不仅让孤立无援的塔利班部队在北方诸省的围困中得以坚持下来,而且还给其控制塔卢坎城和巴格兰、昆都士省的大部分领土以机会。6月中旬,也就是塔利班在北方马扎里沙里夫被摧毁后整整两周的时间,它依靠北方普什图人的部队增强了力量,并迫使"阿富汗总统"布·拉巴尼放弃了自己的临时首都塔卢坎。布·拉巴尼将自己的官邸迁往马扎里沙里夫。还需要补充一点,6月底,有位普什图地方战地指挥官阿利弗·汗倒戈了塔利班运动,他将昆都士省大部和昆都士市交由后者控制。② 就这样,在地方普什图人的支持下,这支同主力部队失去联系被隔离在阿富汗北方的塔利班小部队,在反塔联盟的后方纵深处开辟了"第二战线"。

结果,1997年6月,塔利班在阿富汗北方诸省的敌后纵深地带攫取了战略基地,这使得它可以从后方威胁反塔联盟各派力量间的交通联系和主要基地。塔利班占领了昆都士市机场,这对其战略基地的巩固具有关键意义,它给塔利班运动同自己北方分队建立空中联系提供了可能。

阿富汗事态再次出现的意外转折创造了军事政治新形势。尽管塔利班在马扎里沙里夫吃了败仗,但是,从战略计划看,它在1997年夏天的状况要比5月前的光明得多。然而,从巴基斯坦方面看,情况则另当别论。

我们必须指出的是,1997年5月的时候,伊斯兰堡非常确信马利克将军叛乱引发的事态发展对自己是有利的。但是,在另外一种情况下,巴基斯坦领导人也许不会在外交上承认塔利班,因为如果反塔联盟一直保持存在的话,那么这种承认就会对伊斯兰堡和中亚新独立国家、俄罗斯的关系造成严重影响。

---

① 路透社(Reuters),1997年6月22日。
② 路透社(Reuters),1997年6月28日。

结果,5月份发生了马扎里沙里夫的戏剧性事件,巴基斯坦陷入了两难境地。在阿·马利克第一次政变的时候,伊斯兰堡通过承认塔利班运动非常明确地表达了自己的政治利益。然而,除了沙特阿拉伯和阿联酋之外,世界上没有谁再承认塔利班运动。紧接着,阿·马利克发动了第二次政变,上述三国失去了国际社会舆论的支持。

所以,假如没有发生第二次政变,那么巴基斯坦及其盟友就可以指望它们在阿富汗问题上的立场必定将随着时间的推移而得到国际社会的承认,而且非常重要的是,也许连俄罗斯、伊朗和中亚各国都不能对这种决定置之不理。否则,陷入政治隔绝之中的也许就将是它们了。因为,1997年夏天,塔利班普什图人和阿富汗乌兹别克人结成了同盟,所以这也许不可避免地意味着拉巴尼/马苏德的塔吉克人和卡·哈利利的哈扎拉人组织将结束它们在阿富汗政治舞台上的政治边缘身份,而这就会使俄罗斯和伊朗无法再继续推行其在阿富汗的以往政策。

然而,阿·马利克的第二次政变显然让伊斯兰堡感到措手不及。尽管塔利班在北方创造了重要战略基地,但是这都无法弥补巴基斯坦5月份在马扎里沙里夫遭受的政治损失。因为这急剧地降低了巴基斯坦耍政治手腕的机会。非常清楚的一点是,1997年6月事变之前,巴基斯坦无需为塔利班的胜利付出任何代价。伊斯兰堡需要塔利班取得有效而迅速的胜利,因为这会让它在地区安全体系中保持主人翁地位;另外,这还会给中亚国家、俄罗斯和伊朗造成塔利班运动胜利不可避免的既成事实;同时,如果这些国家继续支持反塔联盟的话,那么它们将会付出巨大的政治代价。这样一来,俄罗斯、伊朗和中亚国家也许一定会走向和解之路,这尤其关乎中亚各国。如果塔利班同乌兹别克人结盟后在阿富汗取得胜利,那么中亚国家也许将不得不同塔利班运动坐下来谈判。在这种情况下,对中亚国家而言,作为控制塔利班的政治力量巴基斯坦客观上将在保证地区安全体系方面顶替俄罗斯的位置。如果阿·马利克不发动第二次政变的话,那么这种剧本在1997年5—6月间就完全可能上演。

对伊斯兰堡来说,走出复杂形势的唯一可能是通过各种手段确保国际社会承认塔利班运动为阿富汗合法政府,并以此支持巴基斯坦的立场。这种情况只有在塔利班彻底控制了全国领土之后才会出现。然而,夏天,也就是阿·马苏德的军队开赴喀布尔大门的时候,塔利班要在短时间内取得彻底胜利并不现实。因此,对伊斯兰堡而言,这一时期更为迫切的策略任务就是恢复同中亚新独立国家、伊朗和俄罗斯的关系,以此消除5月事变带来的不利影响。

1997年5月,塔利班彻底控制阿富汗全境的计划落空后,阿富汗事件的发展给巴基斯坦带来了不良影响。鉴于此,1997年夏,伊斯兰堡官方加强了外交主动,力图消除这种不利影响。客观地讲,如果阿富汗军事冲突持续不断,那么这对巴基斯坦也没有什么好处。这是因为多年以来伊斯兰堡一直支持塔利班运动,所以这使得它陷入了同中亚新独立国家、伊朗和俄罗斯等国家集团的大规模地区角逐中;这些国家在该地区既有影响又有利害关系,同时事实上它们还支持着阿富汗北方反塔联盟。而这就不可能给其解决外交政策中最重要的战略任务——打通通向北方、中亚地区的运输走廊以机会。

巴基斯坦首先将外交主动转向伊朗。德黑兰官方一直站在最坚定的反塔立场上。非但如此,马扎里沙里夫 5 月事变进一步表明了伊朗在阿富汗事件中的新作用。还有,1997 年 6 月初,德黑兰在阿富汗西部边境实行了经济封锁。当时,包括外交部副部长阿拉耶德金·勃罗哲尔蒂在内的伊朗官方人士,在阿富汗北部诸省领土上会晤了亲伊朗党派伊斯兰统一党的什叶派哈扎拉领导卡·哈利利。另外,同年夏天,德黑兰出现了要求伊朗领土上的难民(约 140 万人)返回阿富汗的呼声。难民应返回布·拉巴尼总统领导的"阿富汗政府"控制下的领土。①但是,由于伊朗同反塔派别控制的省份没有共同边境,所以有人提议经土库曼斯坦领土把难民迁返那里。显然,德黑兰的意图加强了阿富汗反对派对抗的能力,同时也巩固了前者在阿富汗的地位。

1997 年,伊朗的积极活动成为诱发阿富汗事件的一个新政治因素。就这样,巴基斯坦又有了一个公开的政治对手。阿·马利克政变之后,伊朗开始在阿富汗亲伊朗党派伊斯兰统一党的什叶派哈扎拉人反塔联盟中发挥重要作用,所以巴基斯坦不得不考虑这一点。毫无疑问,马扎里沙里夫事变之后,伊朗对阿富汗局势的影响极大地增强了,因为忠诚于德黑兰的什叶派哈扎拉部队在摧毁塔利班运动军队方面发挥了主要作用。随着马扎里沙里夫行动的失败,局势的发展开始对伊斯兰堡变得极为不利,因此,对巴基斯坦来说,德黑兰的观点便具有最为重要的意义。

1997 年 6 月底,阿富汗前总统希布加图尔·穆贾迪迪带着和平使命沿巴基斯坦—伊朗—阿富汗北方一线对伊朗进行了非正式访问。希·穆贾迪迪在德黑兰会见了伊朗外交部长阿里·阿科巴尔·维拉亚提,在此他们就阿富汗停火和交换俘虏问题进行了谈判。② 众所周知,此前不久,也就是在马扎里沙里夫 5 月事件期间,穆贾迪迪从反塔联盟行列倒向了塔利班运动一方。希·穆贾迪迪行程的目的是为了弄清各方立场,同时试图调整同伊朗及北方反塔联盟的关系。阿富汗前总统是一位温和的政治家,出身普什图族,是阿富汗传统上层的代表,他极力支持塔利班运动对因战争而分裂的阿富汗秩序进行调整。在这一点上,

① 路透社(Reuters),1997 年 7 月 8 日。
② 路透社(Reuters),1997 年 7 月 1 日。

希·穆贾迪迪可以在对抗各方之间扮演中间人角色。

7月初,也就是希·穆贾迪迪访问伊朗后不几日,巴基斯坦总理纳瓦兹·沙里夫和外交部长戈哈尔·艾尤布·汗便率领外交代表团飞抵伊朗。可以确信的是,巴基斯坦代表团在德黑兰讨论了伊斯兰堡6月份提出的有关调解阿富汗局势的计划。巴基斯坦建议在伊斯兰堡举行由阿富汗五个邻国——伊朗、巴基斯坦、土库曼斯坦、乌兹别克斯坦和塔吉克斯坦参加的会议,美国和俄罗斯也可以在联合国的监督下参加。

在德黑兰谈判中,双方没有达成什么具体的协议。伊朗没有给巴基斯坦就阿富汗问题在伊斯兰堡举行由联合国、美国和俄罗斯监督下进行对话的建议以明确的答复。由于伊朗一直是从里海地区到公海这条有效运输走廊的觊觎者之一,所以,非常明显,它从一开始就考虑到应该先了解俄罗斯和中亚新独立国家的看法,毫无疑问的是,它不会破坏同它们的关系。因此,继巴基斯坦外交部长戈哈尔·艾尤布·汗离开德黑兰前往阿拉木图访问之后,伊朗副外长阿巴斯·马列吉也迅速前往哈萨克斯坦首都进行访问。初一看,马列吉这次出访的基本议题是讨论里海的地位问题,但是伊朗客人的主要目的首先是想弄清楚阿拉木图官方对阿富汗问题的立场,以及由于巴基斯坦的新倡议而可能出现的变化。

接着,戈哈尔·艾尤布·汗离开阿拉木图对莫斯科进行了为期四天的访问。1997年7月11日,也就是戈哈尔·艾尤布·汗从莫斯科返回后,伊斯兰堡官方代表宣布,俄罗斯和巴基斯坦关系中的不理解期业已结束。① 此前3天,即7月8日,巴基斯坦外交部高层人士伊甫提哈尔·穆尔谢德同塔利班运动领导人在阿富汗南方城市坎大哈举行了会晤,并呼吁他们接受伊斯兰堡关于举行阿富汗和平谈判的尝试。② 塔利班同意了反塔联盟提出的设想,先创建一个政策委员会以组建阿富汗政府,但是它却否定了反对派关于喀布尔非军事化的要求。照例,塔利班提出了开始进行谈判的先决条件,释放5月份在马扎里沙里夫被俘的塔利班战俘。

最后,德黑兰官方接受了在伊斯兰堡举行和谈的想法。但是,和谈只有在维持实际原状以及给反对派辖下的领土以广泛自治的条件下才有可能进行。自然,这客观上有利于伊朗,因为这事实上有利于暂时中止阿富汗不稳定的军事政治状况。然而,反塔联盟领导人不止一次地宣布,塔利班应该把分权作为和解的必需条件。

但是,阿富汗事实上的分裂根本无法让塔利班运动一方满意,因为这同他们

---

① 路透社(Reuters),1997年7月11日。

② 路透社(Reuters),1997年7月8日。

宣扬的通过原初穆斯林社团"纯伊斯兰教"思想统一阿富汗社会和组建阿富汗社会的原则相矛盾。然而,很明显,如果塔利班得不到巴基斯坦的支持,包括军事援助的话,那么它无法战胜自己的对手。

1997年夏,巴基斯坦及其受庇护者塔利班激进伊斯兰运动组织在阿富汗的政治目标上首次出现了不和谐现象。塔利班既没有成功控制整个阿富汗领土,同时也没有完成巴基斯坦对外政策的主要任务——打通通向中亚的运输走廊。因此,伊斯兰堡表示准备寻求解决阿富汗问题的新途径。

然而,在遭受马扎里沙里夫的五月失败之后,亲巴基斯坦"傀儡"组织塔利班却转变为首次能够在现代阿富汗历史上团结国内几乎所有普什图组织的独立自主的一支政治力量。尤·哈里斯和希·穆贾迪迪这些有影响力的普什图领导人都归附了塔利班,巴格兰和昆都士等北方诸省的普什图人也加入到了塔利班远征队,他们得到巴基斯坦普什图人的支持。不管怎么说,塔利班运动成为普什图人在阿富汗实现复辟的现实领导人却正是由1997年5月份马扎里沙里夫的败绩促成的。

在遭受马扎里沙里夫失败之后,塔利班运动的作用和独立自主性不断得到加强,其领导人表示出了坚决不同北方反塔联盟和解的愿望,这事实上拒绝了伊斯兰堡在1997年夏天所作的外交努力。在对局势的评价上,巴基斯坦和塔利班运动之间出现了分歧。自然,巴基斯坦在地缘政治方面的优先选择对塔利班运动没有多大的意义。如果说马扎里沙里夫事件之后巴基斯坦致力于消除因其当局支持和承认塔利班行动而带来的消极影响的话,那么塔利班则更多考虑到的是它在马扎里沙里夫遭受的巨大损失和如何实施报复。

当然,在维持原状的原则上进行和解,对中亚国家可能尤为有利。无疑,除了企图重建阿富汗统一国家的塔利班之外,这种解决阿富汗问题的途径事实上可以满足以不同方式卷入冲突的所有各方,然而,在此不能过高估计巴基斯坦和塔利班利益中出现的矛盾。1997年夏天,巴基斯坦仰仗塔利班,就像塔利班仰仗巴基斯坦一样。

因此,尽管伊斯兰堡表达了和解的愿望,但十分明显,如果巴基斯坦不能在最短期限内借助和谈打通它如此渴望通向中亚的运输走廊的话,那么伊斯兰堡无疑还是会走上其业已习惯的急速加强塔利班运动军事能力的道路。另外,尽管阿·马苏德部队对喀布尔具有威胁,但就塔利班的军事战略地位而言,1997年秋天的情况无论如何要比同年5月的情况好。1997年6—7月,阿·马苏德部队向喀布尔方向发动了决定性进攻①,再加上马扎里沙里夫的失败行动,塔利班损失了大量优秀士兵。尽管如此,塔利班还是成功地坚守住了阿富汗首都以北的阵地;另外,塔利班运动部队还保留了阿富汗西部省份巴德吉斯的主要阵地,这些阵地是它在5月份马利克将军叛乱期间占领的;此外,它们还攫取了北方省份昆都士地区的重要战略据点。

这样,因1997年5月马利克将军的两次叛乱而引发的情势,导致了阿富汗总体状况的急剧改变。塔利班运动同阿富汗乌兹别克人结为同盟以求彻底战胜反塔联盟并将阿富汗置于自己控制之下,但是它没有成功。由于马利克发动了第二次叛乱,从而导致构成反塔联盟的军事政治派别恢复了统一。但是,塔利班却成功地控制了阿富汗北方的一系列重要战略地区,并因此而对反塔联盟阵地造成了长期的压力。

然而,由于马扎里沙里夫事件的爆发,阿富汗内部的对抗性质发生了相当大的变化。首先,民族因素明显有所加强。当塔利班部队出现在阿富汗北方诸省时,当地普什图人大批倒向塔利班运动一方,这就说明,阿富汗内战更加明显地具有民族间冲突的性质。

大多数观察者注意到了1997年夏秋阿富汗内部对抗不断增长的民族性质。就事情本质而论,马扎里沙里夫事件发生之后,塔利班现实地成为普什图人反对民族与宗教少数军事政治派别、复兴其在阿富汗传统社会中的主导地位,以及恢复阿富汗国家完整而斗争的领军者。

对当地普什图战地指挥官而言,普什图人的复辟思想要比效忠或归附某个军事政治派别更具吸引力。因此,巴格兰省的巴什尔·巴格兰尼和昆都士省的阿弗里·汗等地方战地指挥官倒向了塔利班运动;尽管如此,但是他们所属军事政治派别的领导人,诸如古·希克马蒂亚尔和阿·赛亚夫等仍然同北方反塔联盟保持着紧密的联系。

然而,我们必须指出的是,这一点的确发生在塔利班被重创于马扎里沙里夫和阿·马苏德开始向喀布尔方向成功挺进后的几周内。尽管有人说塔利班的军事成功是因为它贿赂了当地战地指挥官,但是仅以此点来解释地方战地指挥官倒戈塔利班,理由尚显不足。1997年夏天的时候,最为现实的问题是,塔利班"纯伊斯兰教"支持者运动提出了本质上具有新水平的普什图民族主义问题。

特别具有代表性的形势是,阿·赛亚夫领导的阿富汗圣战者伊斯兰联盟一位著名的战地指挥官阿里夫·汗归附了塔利班运动。白沙瓦穆斯林游击队联盟

---

① 1997年7月20日,阿·马苏德的军队转入总攻并占领了通向喀布尔重要战略通道上的城市恰里卡尔和巴格拉姆空军基地。

是瓦哈比派思想的拥护者。在整个反苏战争年代，沙特阿拉伯一直向该军事政治派别进行有针对性的军事和物质援助。① 然而，阿·赛亚夫的党派是一个反塔派别的积极参加者。

阿·赛亚夫本人的府邸就位于塔卢坎市布·拉巴尼总统府旁边。自1994年始，赛亚夫的瓦哈比派就同经常被指责为"瓦哈比派"的塔利班作斗争。在这样一种情况下，赛亚夫首先表现出的不是阿富汗瓦哈比派的领导人，而是利益受到塔利班"纯伊斯兰教"支持者运动威胁的传统阿富汗上层的代表。因此，赛亚夫瓦哈比派的战地指挥官阿里夫·汗于1997年7月倒向塔利班运动并不能被看做是思想上的统一。在塔利班抓捕他的威胁到来的时候，这种统一并没有妨碍赛亚夫本人同布·拉巴尼一道放弃塔卢坎。② 更为可能的是，阿里夫·汗倒戈塔利班取决于这样一些原因，那就是在阿富汗内部对抗中北方其他普什图人的民族性也得到了加强。7月9日联合国秘书长科菲·安南指出，阿富汗冲突具有比较鲜明的民族性。③

1997年夏，随着普什图人开始倒戈塔利班运动，反塔联盟内部在力量配置方面也发生了严重的变化。马扎里沙里夫事件和乌兹别克社团的多年领袖阿·杜斯图姆将军逃亡土耳其，这削弱了阿富汗乌兹别克人在北方联盟框架内的整体地位。在马扎里沙里夫摧毁塔利班的战斗中，来自阿富汗伊斯兰统一党亲伊朗的什叶派哈扎拉人发挥了决定性的作用。1997年5月事件之后，什叶派哈扎拉人明显提高了自己在反塔联盟关键城市马扎里沙里夫的地位。

如果说在阿·杜斯图姆将军时期乌兹别克社团独立控制着阿富汗北部和马扎里沙里夫的话，那么1997年夏在马利克将军统治下它就不得不同反塔联盟的其他组织为了扩大势力范围而角逐，这首先表现在同阿富汗伊斯兰统一党的什叶派哈扎拉人进行的斗争上。

同样，在马扎里沙里夫5月事件之后，乌兹别克社团的地位被削弱，北方反塔联盟统一体系内部也因此而出现了其他紧张状态。由于马利克将军的两次叛乱，阿富汗乌兹别克人实际上已失去了他们自80年代中期以来在阿富汗所占据的地位。

马扎里沙里夫5月事件后，阿富汗内部的力量配置发生了整体变化，这使得有必要对反塔联盟的战术任务进行修正。1997年夏，普什图人，包括传统普什

---

① B. R. 鲁宾：《塔吉克斯坦：从一个苏维埃共和国转变为俄罗斯人—乌兹别克人的保护国》，《中亚和世界》，纽约1994年版，第217－218页。(Rubin B. R. Tajikistan: From Soviet Republic to Russian-Uzbek Protectorate. Central Asia & the World. New York. 1994. P. 217－218.)

② 路透社(Reuters)，1997年7月2日。

③ 路透社(Reuters)，1997年7月9日。

图上层的一些著名活动家,如穆贾迪迪和哈里斯开始倒戈塔利班运动,这种趋势对反塔联盟极为不利。各方冲突中的民族性质进一步尖锐起来,这有可能导致北方民族与宗教少数军事政治派别与阿富汗普什图联合力量相冲突,因此这不但将减少反塔联盟在军事上获胜的机会,而且还会降低地理上被隔绝的阿富汗北方坚持战略防御的可能性。

而且,由于塔利班运动和北方诸省,如昆都士和巴格兰地方普什图人控制并创建了战略基地,阿富汗北方战略防御线的完整性遂遭到了破坏。该战略基地分布在阿·马苏德军队的后方。同时,来自昆都士的塔利班也可以对反塔联盟通向塔吉克斯坦和乌兹别克斯坦的主要交通线造成威胁。

除此之外,由于马利克将军的两次叛乱,乌兹别克社团的地位被削弱,这导致长期以阿·杜斯图姆将军的权力为代表的北方诸省统一权力中心被削弱。直至 1997 年 5 月,还没有人对阿·杜斯图姆将军在阿富汗北方的优势地位产生过怀疑。而阿·杜斯图姆的继任者马利克将军的权力则是在 1997 年夏由什叶派哈扎拉人在马扎里沙里夫争取到的。阿·杜斯图姆将军从政治舞台上消失了,乌兹别克社团的权力亦因此而被削弱;于是在北方反塔联盟内部为势力而斗争的条件下,许多昔日依靠阿·杜斯图姆将军的地方战地指挥官们的独立性得到了提高。马利克将军成为乌兹别克多年领导人阿·杜斯图姆的不等价代替者。

在这样一些条件下,反塔联盟所面临的任务就是,在 1997 年夏相当复杂的政治形势中明确其行动路线。

问题也就在于,在北方军事政治派别中谁将负责维持北方反塔联盟的统一。1996 年 9 月 24 日,喀布尔垮台;10 月 4 日,中亚主要国家和俄罗斯总理举行了最高级别的会晤,在此之后,军事强大且组织严明的阿·杜斯图姆派别在反塔联盟中占据了优势地位。然而,阿·杜斯图姆坚持消极的战略防御原则,不想超越其所控制的领土边界,例如,在帮助阿·马苏德占领首都喀布尔方面就是这样。自然,整个反塔联盟也就只得被迫遵循由最高国防委员会领导人阿·杜斯图姆将军领导的这个北方最为重要的军事政治派别的政策。我们还记得,阿富汗最高国防委员会创建于 1996 年秋,参加者是所有集中于阿富汗北方的反塔组织,统归阿·杜斯图姆将军控制。

但是,阿·杜斯图姆将军终究未能利用自己派别强大的军事力量完成摧毁塔利班运动的主要战略任务,而他所奉行的北方战略防御方针又分明注定要失败。在这样一种情况下,塔利班无疑拥有战略主动权,况且它比北方反塔联盟更有组织性和统一性。因此,塔利班向反塔联盟阵地有计划的压力迟早会产生效果。

1997 年夏,反塔联盟面临两个相互关联的任务。一方面,必须确定最近期的行动策略;另一方面,随着阿富汗国内冲突中民族因素的上升,必须尝试消除不利于反塔联盟发展的局势。

因此,确定反塔联盟的行动策略主要表现在选择主要的打击方向。显然,在马扎里沙里夫5月事件之后,阿富汗北方反塔联盟的消极防御无法在同塔利班运动的对峙中取得成功。另外,军事指挥官个人和整个军事政治派别是否忠诚于反塔联盟也成为尤为迫切的问题。

我们必须指出的是,杜斯图姆将军垮台后,集合了阿富汗塔吉克人的拉巴尼/马苏德派别掌握了反塔联盟的政治主动权,也就是说,由该派来负责确定反塔联盟的行动策略。拉巴尼/马苏德组织只有两条可能的行动方案。

第一,竭力清除塔利班及其北方普什图盟友控制的昆都士省进攻基地,并以此恢复阿富汗北方战略防御体系的完整,也就是夺取其在马扎里沙里夫5月叛乱前占领的阵地。

第二,竭力争取对塔利班斗争的决定性胜利并因此而迫使其签订和约。塔利班同反塔联盟签订任何形式的和约都不可避免将巩固包括拉巴尼/马苏德组织占领的北方领土的特殊地位,同时还可以保证宗教与民族少数军事政治派别在阿富汗政治体系中的地位。要达此目的需取得决定性的胜利,首当其冲应先占领国家首都喀布尔。

客观地讲,对拉巴尼/马苏德组织而言,第二种方案看起来似乎更合乎实际。5月份乌兹别克社团发动叛乱,紧接着部分普什图人开始倒戈塔利班运动,这已经证明了阿富汗北方战略防御政策是无效的。因此,即使阿·马苏德的军队能够成功清除塔利班运动在昆都士省的进攻基地,这也只不过意味着他回到了1997年5月前的原有阵地,即恢复了原状,而这确确实实仍然无法让反塔联盟彻底解决问题。一旦阿·马苏德的军队发起对昆都士省塔利班战略基地的进攻,那么他就必须得进入北方普什图战地指挥官们控制的领土,然而,考虑到阿富汗战争的现实情况,这无疑只会增强他们的对抗。最后,这有可能引发忠诚于希克马蒂亚尔、赛亚夫等等组织的北方其他普什图人倒戈塔利班运动,而这又可能从本质上恶化反塔联盟的总体战略状况。因此,该方案显然不利于拉巴尼/马苏德组织。

1997年夏天的时候,他们的任务就是遏制塔利班军事行动的战略主动。但明显的是,在无组织状况下,反塔联盟没有能力采取积极行动。因此,在开始任何一次反塔行动之前都必须得要求提高反塔联盟的组织水平。另外,还必须得把5—6月份反塔联盟内部力量配置中发生的那些变化固定下来。8月12日,该联盟体系内进行了内部重组。

代之以最高国防委员会,即昔日的反塔联盟最高管理机关,形成了直属现任总统布·拉巴尼的新型"阿富汗政府",这是非常合乎逻辑的一个步骤。与以杜斯图姆将军为主席的最高国防委员会不同,拉巴尼的"阿富汗政府"得到国际社会的承认,并在联合国占有阿富汗席位。马利克将军担任外交部长,同杜斯图姆时代相比这意味着乌兹别克人在北方反塔联盟中的作用已明显下降。阿·马苏德任国防部长;阿卜杜尔·拉希姆·加弗尔扎伊任总理,此人出身普什图族,是拉巴尼/马苏德阿富汗伊斯兰促进会有名的政治家;阿富汗伊斯兰统一党什叶派哈扎拉人领袖卡·哈利利任副总统。

喀布尔的观察家们指出:"新行政当局负有对塔利班运动作出有效选择的使命。"①在这方面,为了淡化阿富汗内部冲突中普什图因素的作用,故特别重视对总理一职的任命。普什图人加弗尔扎伊曾长期担任拉巴尼"政府"派驻联合国的阿富汗代表,有广泛的国际联系。除此之外,委任他出任总理是为了安抚反塔派别中的普什图族,同时也证明了拉巴尼/马苏德组织在反塔利班联盟内部的作用上升了。

具有象征意义的是,"阿富汗政府"重组的会晤是在萨朗山口地区进行的,这里实际上是一个"中立"区,它位于反塔联盟最重要的三个党派共同管辖区。无论是对反塔联盟军队控制的不同地区之间的交通往来,还是对北方诸省的防御来说,这个地区都具有重要的战略意义。另外,萨朗山口还是直通喀布尔的捷径,它也是反塔联盟在1997年夏天的一个主要夺取目标。

可以说,1997年夏末的时候,反塔联盟便确定了近期行动的优先次序,它将赌注押在了联盟在南线的积极努力上。当8月中旬的会议召开之时,阿·马苏德的部队已开进到了喀布尔以北20公里的地方。

值得注意的是,在反塔联盟成员中,拉巴尼/马苏德派别的优势地位使得其军队在反塔行动中发挥了主要作用。无论是马利克的乌兹别克人还是哈利利的什叶派哈扎拉人,都继续坚持战略防御政策,不愿超越各自控制的领土边界。因此,在很多方面,拉巴尼/马苏德党派的军队不得不通过自身组织的力量解决反塔联盟的共同战略问题。

如果承认反塔联盟三个党派的军事力量在1997年5—6月事件后基本相当的话,那么新"阿富汗政府"国防部长阿·马苏德在夏季进攻中就只能使用反塔联盟大约1/3的现有力量。西部法利亚布省和哈扎拉贾特山区的乌兹别克人和什叶派哈扎拉人军队坚持消极防御,同时也限制了塔利班在北方昆都士省被隔绝飞地向反塔联盟主要交通运输线施加压力。

根据协商结果,1997年8月20日,效忠阿·马苏德的部队开始向喀布尔发动了进攻,但以失败告终。次日,即8月21日,刚刚于此前一周当选为"阿富汗

---

① 路透社(Reuters),1997年8月13日。

政府"总理的阿卜杜尔·拉希姆·加弗尔扎伊在哈扎拉贾特山区的空难中丧生。① 加弗尔扎伊的死亡给反塔联盟的计划以沉重打击。

反塔联盟三个主要党派——乌兹别克人的阿富汗伊斯兰民族运动、什叶派哈扎拉人的阿富汗伊斯兰统一党和布·拉巴尼及阿·马苏德塔吉克人的阿富汗伊斯兰促进会,都无法再从自己的队伍中推举出普什图出身的政治家。加弗尔扎伊遇难后,反塔联盟遂失去了哪怕在形式上保持其全阿地位的最后机会。民族割据原则最终在阿富汗冲突内部确定了下来。

但是,阿·马苏德的部队沿着两个战略方向迅速展开了反塔主动军事行动。当阿·马苏德的部队在喀布尔近郊积极活动时,其军队同样展开了对东部库纳尔省塔利班阵地的进攻;8月30日,他们成功地夺取了该省省会阿斯玛尔。阿斯玛尔距离南部大城市贾拉拉巴德110公里,它位于"连接阿富汗和巴基斯坦白沙瓦省的唯一一条公路干线上,塔利班运动从这里获得武器和弹药"②。战斗同样在距贾拉拉巴德约40公里的达拉—努尔小城地区展开。夺取阿斯玛尔后,阿·马苏德的部队部分地截断了塔利班运动同巴基斯坦的联系,切断了塔利班的主要交通运输线。

塔利班的北方进攻

1997年夏,反塔联盟军队在喀布尔方向和阿富汗东南地区展开了积极的军事行动,这明显地表明巴基斯坦旨在消除5—6月份事件后果的外交努力以失败告终了。不仅如此,反塔联盟,还有其靠山俄罗斯和伊朗利用有利形势加强了自己在阿富汗的地位。

例如,1997年6月27日,塔吉克斯坦总统埃·拉赫莫诺夫率领政府代表团同赛义德·阿卜杜洛·努里为首的塔吉克联合反对派代表团在莫斯科签署了关于调解塔吉克斯坦国内冲突的协定。参加协定签署的有俄罗斯总统鲍·叶利钦和伊朗外交部长卡玛尔·哈拉兹。③ 非常明显,在迫使塔吉克斯坦冲突各方趋向和解的过程中,莫斯科和德黑兰发挥了主要作用;前者支持埃·拉赫莫诺夫政府,后者直接制约塔吉克联合反对派。"至于谈到伊朗的立场,它在整个和解期间经历了非常明显的变化:起初,当经常出访塔吉克斯坦的伊朗高层代表团看到'年轻人梦想创建伊斯兰国家'时,德黑兰在杜尚别便有了一幅心意的图景,但是后来,伊

---

① 路透社(Reuters),1997年8月21日。
② 俄罗斯信息通讯社–新闻社(РИА-НОВОСТИ),1997年8月30日。
③ 什林·阿基纳:《塔吉克斯坦:分解还是和解?》,第55页。

朗却在解决塔吉克各派的冲突中发挥了积极的作用。"①塔吉克敌对各方之间和约的签署非常及时。塔吉克斯坦的和解事实上为阿富汗反塔联盟提供了战略后方保证。1997 年夏,在俄罗斯和伊朗不能绝对确信乌兹别克斯坦在中亚全局和阿富汗局部问题上的政策是否会发生变化的情况下,这就显得更为现实。

因此,对伊斯兰堡来说,明显的是,无论是反塔联盟还是支持它的俄罗斯和伊朗,都不会在巴基斯坦提出的条件基础上就阿富汗和解问题达成妥协。我们不能不指出的是,巴基斯坦不仅仅在对中亚国家、俄罗斯和伊朗的外交努力方面遭到了严重失败,它在伊斯兰世界也未能得到预先支持。9 月 8 日,伊斯兰会议组织秘书长阿泽德金·拉拉基在吉达港(沙特阿拉伯)宣布,不邀请阿富汗参加计划于 1997 年 12 月在德黑兰举行的伊斯兰高层会议。② 这听起来像是对巴基斯坦政策的宣判。它所有的努力都化为了乌有。

尽管此时塔利班运动临时执政委员会主席穆罕默德·拉巴尼率领代表团在沙特阿拉伯同沙特官员以及联合国秘书长特使拉赫达尔·伊卜拉希姆进行了谈判,但是这都无济于事。③ 谈判中讨论到了阿富汗各派的调解问题。另外,塔利班运动最高领导人的确还提出了有关国际承认的问题。1997 年 5 月 26 日,沙特阿拉伯已经承认塔利班运动为阿富汗合法政府,作为这样一个国家,毫无疑问,它试图对联合国和伊斯兰会议组织的立场施加影响。然而,这种尝试无果而终,布·拉巴尼的"阿富汗政府"仍然像以前一样占据着阿富汗在联合国的席位。1997 年伊斯兰会议组织的立场主要取决于德黑兰的观点,因为伊斯兰国家首脑例会拟于同年 12 月在德黑兰召开。

5 月事件之后,阿富汗的形势发生了改变,美国对相关各方的立场进行了了解。1997 年 8 月底,美国常驻联合国代表比尔·理查德逊对中亚新独立国家进行了巡访。8 月 18—19 日,他同乌兹别克斯坦总统伊斯拉姆·卡里莫夫、外交部首脑阿卜杜拉吉兹·卡米洛夫、国防部长鲁斯塔姆·阿赫莫多夫在塔什干举行了会谈。根据国际文传电讯社的消息,整个会谈的主题都围绕地区安全问题展开,其中也包括阿富汗、塔吉克斯坦和塔吉克—阿富汗边境形势。④在阿富汗对抗各派任何一方无外援就无法取得对另一方的决定性优势的情况下,围绕阿富汗各派冲突展开的积极外交活动就反映了所有相关各国寻找出路以求摆脱复杂地缘政治环境的企图。5 月份的马扎里沙里夫事件明显表明,塔利班运动的任何重大行动都会立即激发反塔联盟加强努力。

---

① Э. 拉赫马图尔拉耶夫:《联合国调和塔吉克斯坦争端》,第 118 页。
② 俄罗斯信息电信社 – 塔斯社(ИТАР-ТАСС),1997 年 9 月 8 日。
③ 俄罗斯信息电信社 – 塔斯社(ИТАР-ТАСС),1997 年 9 月 7 日。
④ 国际文传电讯社(Interfax),1997 年 8 月 19 日。

1997 年夏,阿富汗形势在一定意义上已陷入了地缘政治死胡同。尽管阿富汗国内出现了一定的平衡,但是这种平衡并不稳定,因此要寄希望于快速解决阿富汗冲突是不可能的,与此相关,也就不可能打通中亚到巴基斯坦的运输走廊。不管是塔利班运动还是反塔联盟,都无法用自己的力量取得内战胜利。因此,外界对一方的过分支持就会引起外界对另一方的类似支持。

1997 年 8 月底,阿·马苏德的部队在阿富汗东部发起进攻,他们占领了白沙瓦至喀布尔重要战略公路上的城市阿斯玛尔,喀布尔和贾拉拉巴德近郊的战斗表明了反塔联盟从塔利班手中重新夺回战略主动权的意图。尽管阿·马苏德的军队未能夺取喀布尔,但是他们在夏季取得的成绩明显表明,在塔利班控制的领土上采取积极军事行动的战术要比北方诸省的消极战略防御有效得多。而反塔联盟增加有效行动则必然导致塔利班采取相应的行动加以化解,因此,塔利班运动紧接着便会十分自然地实施相应步骤。

1997 年 9 月初,阿富汗军事行动出现了短暂的停顿。国内的不稳定平衡再次被打破。自 6 月份便被隔绝在阿富汗北方的塔利班部队开始从先前被占领的昆都士省战略基地向马扎里沙里夫方向进攻。9 月 8 日,塔利班占领了萨曼甘省的塔什库尔干城,该城距马扎里沙里夫约 50 公里。观察家们指出,塔什库尔干陷落的主要原因是,许多地方战地指挥官投诚了塔利班运动。① 9 月 9 日,塔利班夺取了距马扎里沙里夫约 8 公里的一个机场。

与此同时,城内正在进行着残酷的战斗。② 尽管没有关于马扎里沙里夫内部冲突性质的明确声明,但是很明显,参加城内军事行动的只有阿富汗乌兹别克人马利克将军和阿富汗伊斯兰统一党的什叶派哈扎拉人军队。这次冲突的结果是,乌兹别克领导人马利克放弃了马扎里沙里夫,向西退到 175 公里外的希比尔甘城。这样,什叶派哈扎拉人开始成为城中的主要力量。③ 总之,塔利班运动部队借助倒戈的地方战地指挥官成功地包围和封锁了马扎里沙里夫。

为了向北方盟友提供援助并干扰塔利班夺取马扎里沙里夫,阿·马苏德的部队从南部的塔哈尔省向昆都士省的塔利班战略基地发动进攻。④ 然而,阿·马苏德的军事力量很有限。尽管他保住了喀布尔近郊以及拉格曼和库纳尔东部两省的反塔阵线,但是很明显他已无力为北方的军事行动再额外调遣重要兵力。

这种形势对反塔联盟是很危险的。阿·马苏德最后的所有成功及其成果丧失殆尽。毫无疑问,这种结局主要是由反塔联盟组织的不稳定性造成的。由于

---

① 俄罗斯信息电信社 – 塔斯社(ИТАР-ТАСС),1997 年 9 月 8 日。
② 俄罗斯信息电信社 – 塔斯社(ИТАР-ТАСС),1997 年 9 月 9 日。
③ 路透社(Reuters),1997 年 9 月 10 日。
④ 路透社(Reuters),1997 年 9 月 11 日。

5月份马扎里沙里夫事件爆发,阿富汗北方力量配置发生了变化,这促发了什叶派哈扎拉人和乌兹别克人之间的利益冲突。哈扎拉人在马扎里沙里夫地区占据了优势,这的确让乌兹别克人非常不满意,因为这个地区多年来一直被乌兹别克社团所控制。然而,哈扎拉人——塔利班运动的主要对手——有很多理由对乌兹别克人的忠诚表示怀疑。

在阿富汗内部冲突中,民族因素发挥着重要作用,该因素已具有决定性的意义。1997年9月,马扎里沙里夫周围和萨曼甘、巴尔赫省的普什图战地指挥官开始成批地倒戈塔利班运动。在阿富汗北方9月份的一系列事件中,普什图民族主义因素在塔利班运动中得到了现实的体现。

然而,塔利班对马扎里沙里夫的包围拖延了下来。不管哪一方都不能取得对另一方的绝对优势。什叶派哈扎拉人自身无法突破对该城的封锁,塔利班运动和当地普什图军队也没有足够的力量攻下马扎里沙里夫。我们注意到,塔利班只有通过昆都士市的飞机场来加强和保障被隔绝在北方的分队,然而显然这不足以巩固它已取得的成果。

但是,在马扎里沙里夫,来自反塔联盟一方能够同塔利班进行现实对抗的也就只有阿富汗伊斯兰统一党的什叶派哈扎拉人部队。在马利克将军离开马扎里沙里夫之后,乌兹别克民警部队事实上也就中止了同塔利班运动部队之间的主动军事行动。

因此,9月12日,当阿·杜斯图姆将军,这位于1997年5月被阿·马利克推翻的乌兹别克社团前领导人出现在阿富汗的时候,真可谓正逢其时。根据土耳其的信息,阿·杜斯图姆是9月10日离开该国的①,也就是塔利班向马扎里沙里夫进发以及什叶派哈扎拉人与乌兹别克人在城中开始冲突的次日。在以上冲突中,阿·马利克将军离开了马扎里沙里夫,这样,阿·杜斯图姆将军就少了一位对乌兹别克社团权力的竞争者。

的确,阿富汗乌兹别克社团期待着阿·杜斯图姆的到来。毫无疑问,马利克将军没有能力维持阿·杜斯图姆时代阿富汗乌兹别克人在北方反塔联盟中拥有的那种作用和影响。因此,在阿·马利克的短期统治期间,乌兹别克社团在北方反塔联盟,甚至在整个阿富汗国内的地位急剧下降。

阿·杜斯图姆在阿富汗很快便有了支持者。9月15日的时候,阿·杜斯图姆将军的支持者和马利克将军的拥护者之间就已在马扎里沙里夫发生了冲突。② 也就是说,在阿富汗内战中,阿富汗领土上最团结最有凝聚力的乌兹别克

---

① 路透社(Reuters),1997年9月11日。

② 俄罗斯信息通讯社－新闻社(РИА-НОВОСТИ),1997年9月15日。

社团首次出现了内部冲突。

然而,尽管阿·杜斯图姆返回了阿富汗,但是形势依旧复杂。9月17日,塔利班攻占了乌兹别克—阿富汗边境城市海拉通。观察家们指出,塔利班攻城期间,马扎里沙里夫一片混乱。在阿·杜斯图姆拥护者的压力下,阿·马利克的支持者放弃该城并退往西部法利亚布省。① 当乌兹别克社团在马扎里沙里夫为澄清关系而战的时候,塔利班于9月底重新占领了马扎里沙里夫机场并要求守城者缴械投降。此外,在巴尔赫省北部地区通向马扎里沙里夫的要冲地带,塔利班和杜斯图姆的军队正在展开激烈的战斗。

塔利班于9月底至10月初在北方的进攻无疑恶化了反塔联盟的军事战略处境。这主要同塔利班占领阿富汗—乌兹别克边界城市海拉通有关系。控制了海拉通实际上就意味着封锁了反对派控制的领土,因为反塔联盟的主要交通线正好从海拉通通过。况且,我们必须要指出的是,塔利班在占领马扎里沙里夫机场之后,反对派不仅失去了阿富汗领土上的空军基地,而且还丧失了通过空中通道获得必要物资的条件。塔利班发表观点说,反对派的空军隐藏在塔吉克斯坦领土上的库利亚布市地区,该观点立即遭到杜尚别官方的驳斥。塔利班断言,在他们占领马扎里沙里夫机场后,有5架反对派军用飞机受命飞往塔吉克斯坦领土上的库利亚布机场。②

然而,根据文传电讯社的消息,塔利班占领海拉通之后,反对派控制领土上的粮食供应问题便明显尖锐起来。即使不考虑紧张战斗所必需的弹药供给,仅仅失去来自中亚新独立国家和伊朗最起码的粮食和燃料供应,就有可能使效忠反塔派别的武装力量和居民丧失反抗能力,而在冬季来临之前这是一个非常迫切的问题。此外,我们应该指出的是,自5月份以来,北方激战持续不断,双方各有胜负,而这无疑会影响到这些地区的农业产生。因此,这极大地限制了阿富汗北方的主要居民,如塔吉克人、乌兹别克人和哈扎拉人入冬前的粮食储备。

因此,10月初业已出现的形势表明,反塔联盟自身能否存在下去,前途未卜。如果塔利班占领马扎里沙里夫,或者只是继续对它进行包围,或者对其所控制的领土实际保持封锁,那么,即使阿·马苏德的军队长期实行对抗,其前途依然很渺茫。因此,反塔派别不仅要保卫城市,而且还须打退塔利班并收回海拉通,以求突破塔利班对所有领土的总封锁。

无疑,这种转折发生在1997年10月4日。根据当时阿富汗伊斯兰统一党什叶派哈拉发言人提供的消息,阿·杜斯图姆将军率领4000～5000人的阿富

① 路透社(Reuters),1997年9月20日。
② 路透社(Reuters),1997年9月13日。

汗乌兹别克部队入城,在其协助下马扎里沙里夫的包围被解除。乌兹别克人和什叶派哈扎拉人共同努力攻占了马扎里沙里夫以西的贾拉—依—詹吉要塞,此前,该要塞被效忠于塔利班运动的当地普什图人所控制。① 之后,在对塔利班运动阵地发起的进攻中,海拉通、塔什库尔干等城市被占领。

在5月份马利克将军的叛乱中,杜斯图姆将军失去了对阿富汗乌兹别克人的控制。事实上,在回国后,他最终恢复了对阿富汗乌兹别克人的领导。为此,他明确要求在9月12日和10月4日期间休战。因为,阿·马利克的乌兹别克人和什叶派之间在马扎里沙里夫开始发生冲突后,9月12日是他离开土耳其启程归国的日子,而10月4日则是他荣归该城的日子。

阿·杜斯图姆将军归国,乌兹别克军队出现在前线,这又一次改变了阿富汗北方的力量配置。塔利班无力大规模支援自己的北方分队。被隔绝在北方的塔利班和当地普什图人分队仅有一条交通线——昆都士市机场。塔利班空运的能力总归是极其有限的,而且,塔利班欲利用反塔派别乌兹别克人和什叶派人之间的分歧而为他所用的尝试,最终也以失败告终。在围攻马扎里沙里夫失败后,塔利班事实上返回到了昆都士省的原有阵地。但是,从这里它依然可以继续从后方威胁喀布尔近郊的阿·马苏德军队,以及马扎里沙里夫的阿·杜斯图姆和什叶派哈扎拉人。

塔利班在阿富汗北方发动的秋季进攻,是1997年塔利班为夺取最后胜利和控制全国领土进行的第二次重大尝试。尽管北方塔利班部队同主力部队相互隔绝,但是由于北方普什图部队大批倒戈塔利班,所以这使得它有了从昆都士省被隔绝的战略基地发起进攻并将北方反塔联盟孤立起来的可能。

通过动员自己一切可能的力量,反塔联盟最终成功地恢复了国家北方力量配置的原状。但是,塔利班秋季向马扎里沙里夫发动的进攻,对阿富汗内部冲突的总体局势产生了实质影响。

第一,反塔联盟组织的不稳固性暴露无遗。例如,表现突出的有1997年9—10月马扎里沙里夫什叶派哈扎拉人和阿·马利克的乌兹别克人,以及乌兹别克社团内部杜斯图姆将军和马利克将军支持者之间的冲突等。在这样一种情况下,该组织的不稳固性和内部分歧削弱了反塔联盟的整体地位,增加了塔利班运动给该组织施加压力的机会。因此,在很大程度上,正是由于来自塔利班的压力和反塔联盟军队内部的分歧导致了反塔联盟在前线的军事失利,如1997年秋在马扎里沙里夫近郊的失败,而这又一次加剧了北方反塔联盟部分战地指挥官的投降情绪。

---

① 路透社(Reuters),1997年10月4日。

第二,随着阿·杜斯图姆将军的流亡归国,昔日阿富汗乌兹别克社团的民族完整性被摧毁。阿富汗北方的乌兹别克人首次在内战中出现了内部的军事冲突。如果考虑到1997年5月之前乌兹别克社团是以阿·杜斯图姆将军控制下的北方六省为稳定基础的话,那么乌兹别克人内部出现的权力真空将不能不影响到北方反塔联盟的稳固性。

第三,很明显,不管是马苏德还是什叶派哈扎拉人,都无法完全补偿乌兹别克社团在国家北方失去的影响。对于反塔联盟的命运来说,在马扎里沙里夫近郊的最危急关头,无论是什叶派哈扎拉人还是阿·马苏德的塔吉克人,都没有能够将自己的队伍加强到可以摧毁已突破到马扎里沙里夫的塔利班人的那种程度。毫无疑问,不管是什叶派哈扎拉人还是阿·马苏德,都不想削弱自己在同塔利班对峙的其他关键据点——喀布尔近郊、阿富汗东部、库纳尔省和通向哈扎拉贾特要冲等地的阵地。

对于哈扎拉人和拉巴尼/马苏德的塔吉克人来说,马扎里沙里夫周围的北方诸省不属于他们的直接势力范围,这一点非常重要。1997年9—10月,事态的发展迫使反塔联盟必须采取主动行动,因为它对反塔联盟的主要交通线构成了威胁。但是,哈扎拉人和拉巴尼/马苏德的塔吉克人却把保卫自己的直接势力范围放在了首要位置。这一事实再次表明,哈扎拉人,还有拉巴尼/马苏德的塔吉克人,基本上都是坚持局部利益的。客观地讲,这迅速降低了阿富汗少数民族军事政治派别在阿富汗内部政治斗争中夺取共同战略优势的机会。

总之,马扎里沙里夫近郊的秋季事件表明,反塔联盟没有能力独立自主地同组织良好的塔利班运动相对抗。况且,在这种条件下,随着1997年9—10月事态的发展,塔利班运动最终统领了阿富汗普什图人为恢复阿富汗中央集权国家而进行的斗争。

反塔联盟是由传统普什图上层代表政治组织与少数民族军事政治派别构成的成分驳杂的一个联盟,事实上,整个1997年,该联盟对国内局势的军事和政治影响力渐趋下降。然而,塔利班运动的能力却主要因普什图民族主义因素的积极拓展、内部组织所具有的优势以及巴基斯坦的支持而稳步上升。

在1997年秋天事件的重要结果中,必须注意的是阿富汗乌兹别克社团的新状况。阿富汗乌兹别克社团人口总计约150万,它长期在阿富汗事件中发挥着决定性作用。在很多方面,这同乌兹别克社团民族的高度团结、拥有一位出色而强有力的领导人杜斯图姆将军以及同独立的乌兹别克斯坦相邻相关。阿富汗乌兹别克人非常团结。在阿富汗分裂的状况下,这一事实具有特别重要的意义。

乌兹别克人在阿富汗北方具有非常显著的影响。许多由普什图人、土库曼人、伊斯玛仪派组成的各种组织和地方自卫队就生活在杜斯图姆将军和乌兹别克社团的直接势力范围之内,这些组织和自卫队,以及喀布尔前亲共政权支持者都效忠于乌兹别克人。阿·杜斯图姆将军实际上在阿富汗北方的自身控辖地区建立了一个团结着不同派别的准国家体系。

阿富汗乌兹别克社团具有和谐统一和团结一心的力量,这是阿·杜斯图姆将军在阿富汗北方六省领土上创建的准国家联合体得以稳定并在军事政治上优越于敌对组织的基础。

然而,我们必须指出的是,阿·杜斯图姆的联合体还无需经受来自外部的巨大压力。自1992年春纳吉布拉政权垮台以来,阿富汗出现的局势总体上有利于阿·杜斯图姆将军控制的北方诸省保持事实上的独立。尽管阿·杜斯图姆也加盟了阿富汗各种各样的军事政治派别联盟,并参加了反对自己临时敌人(古·希克马蒂亚尔、阿·马苏德、哈扎拉人)的军事行动,但是这些敌对党派对阿富汗现存的分裂问题持有共同观点。大部分领导人,其中包括布·拉巴尼的"阿富汗政府",只满足于控制现有的势力范围。

然而,在1997年的事态发展中,由于5月份马利克将军的两次叛乱,以及马扎里沙里夫于秋季被困时阿·杜斯图姆将军返回阿富汗政治舞台,昔日乌兹别克社团高度的民族团结遭到了破坏。众所周知,少数民族的民族团结有其相反的一面,即在事态发展不利时会受到株连。随着塔利班运动越来越明确地团结普什图利益并加强对反塔联盟阵地的压力,少数民族可能的军事失败以及民族多数——阿富汗普什图人必然的镇压便变得越来越现实。

这种可能招致镇压的前景,确实让相当一部分的阿富汗乌兹别克社团感到不满。随着塔利班运动压力的不断增强,部分阿富汗乌兹别克人开始寻求同普什图人的妥协。这最终导致昔日团结一心的乌兹别克社团突现了裂缝。马利克将军发动第一次叛乱后,乌兹别克人便试图归附现实的胜利,他们想以塔利班运动盟友的身份保持自己在阿富汗北方的领导地位。然而,就是这个马利克,他的第二次叛乱则明显地削弱了乌兹别克社团在国家北方的地位。

乌兹别克社团的摇摆不定和公认领导阿·杜斯图姆将军逃亡国外的事实,整体上削弱了乌兹别克社团在阿富汗北方的影响。昔日曾效忠阿·杜斯图姆将军的各类政治组织及地方战地指挥官开始表现出了更强烈的独立自主的愿望。在马利克将军发动两次叛乱之后,乌兹别克社团已无法维持其在阿富汗北方的昔日霸权。事实上,在阿·杜斯图姆将军的昔日控辖区内逐渐出现了权力真空。这也就是说,1997年夏天的时候,昔日阿富汗最强大的阿·杜斯图姆将军军事政治派别急速丧失了昔日的影响。

最终,这导致了1997年9—10月马扎里沙里夫周边事件的爆发。在这些事件过程中,阿·杜斯图姆将军恢复了对乌兹别克社团的领导权。然而,这位昔日阿富汗北方强大的统治者仅从马利克将军那里继承到了一些先前影响的残余。乌兹别克社团分裂了，它丧失了对阿富汗北方的霸权，昔日效忠阿·杜斯图姆将军的北方普什图人都已倒戈塔利班运动，而在1997年整个夏秋的北方紧张军事行动中，阿·杜斯图姆政权的军事和物质资源被消耗殆尽。另外，什叶派哈扎拉人最后还控制了阿·杜斯图姆前首府马扎里沙里夫城。

就这样，1997年事件给日后事态的发展产生了最直接的影响，这主要表现在代表着阿富汗乌兹别克人利益最强大的军事政治派别的地位最后被削弱了。事实上，自1978年以来，随着各类事件的发展，阿富汗乌兹别克少数民族得以创建北方"准国家联合体"并在阿富汗内政中发挥了重要作用，然而1997年却最终结束了现代阿富汗历史上的这样一个阶段。

直至1997年为止，阿富汗乌兹别克人联合体一直在其所控制的六个北方省领土上执行着阿富汗国家的许多功能，包括发展正规军、教育、工业和实行国家管理等。自1992年以来，主要国际代表机构常驻马扎里沙里夫。总体而言，也就只有阿富汗北方保存了一些现代化的成果。有些异议认为，尽管阿·杜斯图姆的乌兹别克人与其他阿富汗军事政治派别相比拥有绝对的军事和组织优势，但是他们居然未能拿定主意利用已积累起来的潜能反对1994年出现的全阿政权觊觎者塔利班运动。

毫无疑问，阿富汗北方乌兹别克人"准国家联合体"自身内部存在的矛盾对此产生了影响。由于各种形势的共同作用，阿·杜斯图姆将军领导的乌兹别克社团执行着整个阿富汗国家的许多功能。但是，由于乌兹别克社团人口数量有限（约占阿富汗人口的10%），所以这使得它无法谋求全国政权，所有这些将注定阿富汗北方的乌兹别克人只能进行战略防御。正是基于这一点，阿·杜斯图姆将军强大的军队也就无法超越自己的控辖领土。

从表面上看，1997年秋天的时候，反塔联盟在杜斯图姆将军返回阿富汗之后恢复了自己的先前阵地[①]，但是阿·杜斯图姆本人仍然面临着在乌兹别克社团中为自己恢复失去的影响，和在整个阿富汗北方为乌兹别克社团恢复昔日的影响而进行长期斗争的任务。总而言之，乌兹别克社团的地位在其昔日势力范围内削弱了，这导致杜斯图姆将军的昔日控辖地日后成为统一的反塔联盟的一个薄弱环节，而这又将直接影响到事态的进一步发展。

---

① 1997年秋天，阿·马利克和阿·杜斯图姆为了和解，阿·马利克兄弟之子——戈尔·帕赫拉旺娶了阿·杜斯图姆之女为妻，而阿·杜斯图姆之子则娶戈尔·帕赫拉旺之女为妻。资料来源：《阿富汗简明地理手册》，莫斯科2002年版，第15页。

第六章 根本转变？

根本转变之年

在阿富汗冲突史上，1997 年的疾风暴雨以平局而终。塔利班运动未能完成既定的任务，尽管我们必须得承认 1997 年 5 月时候的塔利班，当然还有巴基斯坦距离全面成功已为时不远。然而，反塔联盟及其支持者俄罗斯、伊朗和中亚国家通过自己的努力成功遏止了塔利班的一切军事胜利和巴基斯坦的外交努力。就这样，阿富汗问题的最终解决很自然便再次拖延到了下一年，即 1998 年的春天。众所周知，阿富汗传统上在冬天是不进行军事行动的。

所以，在 1997—1998 年冬天出现了一段休战期。这就为各方对业已形成的力量配置进行评估提供了机会，同时也给卷入阿富汗冲突的各国根据其利益确定未来形势的发展提供了可能。

1997 年 12 月，也就是伊斯兰会议组织成员国举行例行峰会以求解决多年冲突问题期间，各类重要事件也在不断开展。这次峰会是弄清各方对阿富汗冲突立场的一次非常合适的机会。何况，在 1997 年 5 月承认塔利班运动为阿富汗合法政府的三个国家（巴基斯坦、沙特阿拉伯、阿拉伯联合酋长国）都将参加这次峰会。峰会在伊朗首都德黑兰举行，而该国同俄罗斯和中亚国家又是一道支持阿富汗反塔联盟的。

大家很快就会明白，伊朗被赋予举行伊斯兰国家首脑代表会议的权利也就意味着德黑兰将最大限度地利用这次峰会为己服务。[①] 在峰会中讨论的重要问题有，阿富汗各派的对抗以及德黑兰在伊斯兰世界和地区政治中的普遍作用问题等。阿富汗问题给德黑兰加强其在该地区的影响提供了绝好的机会，这其中

---

① 例如，土耳其总统苏莱曼·德米雷尔被迫放弃了这次在德黑兰举行的伊斯兰会议组织大会。从表面上看，这是由大会其他成员国反对土耳其和以色列共结战略同盟引发的。（资料来源：《身处欧亚之间的土耳其》，莫斯科 2001 年版，第 256 页。）然而，毫无疑问的是，伊朗不能不利用这次便利的机会以贬低土耳其——美国在该地区的主要战略同盟。

也包括它在确定中亚自然资源输往世界市场运输方向问题上的影响。

在德黑兰峰会会场外,同时还在紧张进行着旨在解决许多地区问题和矛盾的双边非正式谈判。例如,伊朗精神领袖阿亚图拉·阿里·哈梅内伊和沙特阿拉伯亲王阿布达尔举行了会晤,双方在会谈中还讨论了各自在阿富汗问题上的立场。然而,在德黑兰大会期间,没有通过一项有关阿富汗的重要决议,原则上讲这种决议不可能出现。因为非常明显,无论是伊朗,还是巴基斯坦,抑或是沙特阿拉伯,仍然坚持各自原有的立场。而这实际上意味着,1998 年的阿富汗仍然不可避免会发生战争。

然而,最令人好奇的是,就在伊朗首都峰会期间,美国助理国务卿卡尔·因德福特同伊朗、中国、巴基斯坦、土库曼斯坦、乌兹别克斯坦、塔吉克斯坦和俄罗斯大使在纽约就阿富汗调解问题进行了谈判。阿富汗的邻六国,以及美国和俄罗斯一致同意创建"6 + 2"联络小组,负责向塔利班运动和反塔联盟施压,以迫使它们组建联合政府。

"6 + 2"小组的创建实际上是试图让阿富汗的邻国达成利益妥协,以求找到一条可以让相关各方都能接受的解决阿富汗问题的途径。对美国来说,这是极其重要而又具有决定性意义的一步,因为,在 1979 年伊朗伊斯兰革命胜利后,这还是华盛顿和德黑兰第一次携手努力解决具体的外交政策问题——阿富汗问题。这一步骤非常鲜明地表明,阿富汗政治舞台上有影响力的博弈者开始出现了这样一种共识,那就是光靠战争手段无法打开阿富汗局势的死结。

我们应该对华盛顿的这一步骤予以特别关注,因为这是美国在阿富汗问题上立场发生变化的第一个征兆。紧接下来 1998 年发生的事件让我们联想到,1997 年年底因德福特所倡导的谈判活动绝不是偶然的。

1998 年夏,阿富汗发生了重大事件。7 月份,国内的军事政治状况再次急剧变化。7 月 12 日,塔利班军队占领了马扎里沙里夫以西的法利亚布省及其省会迈马纳。① 塔利班运动如此迅速地占领迈马纳和整个法利亚布省,只能说明一个问题,那就是当地战地指挥官已经开始大批倒戈塔利班运动了,这给统一的乌兹别克社团和反塔联盟阵地以最沉重的打击。

由于乌兹别克社团中的一部分倒向了另一个政治阵营,阿富汗乌兹别克人的民族团结首次遭到了破坏。此前,在自己社团内,阿富汗乌兹别克人表现出了强有力的民族团结精神。例如,在 1992 年 4 月的时候,乌兹别克人在阿·杜斯

---

① 在今天的阿富汗领土上,法利亚布省和迈马纳市是乌兹别克人生活的历史中心之一。19 世纪末,这里曾出现过一个独立的乌兹别克公国迈马纳。乌兹别克社团领导人马利克将军就出生在该城。1997 年 5 月,正是在此地,他开始了反对阿富汗乌兹别克人传统领袖杜斯图姆将军的起事。

图姆将军的统率下拒绝支持纳吉布拉政府。类似情况还发生在 1997 年 5 月,当时已经处于马利克将军领导下的乌兹别克社团一开始就倒向了塔利班运动,但是三天之后他们又返回了反塔联盟。甚至在 1997 年秋季的乌兹别克社团内部冲突中,杜斯图姆和马利克的支持者也没有超出同一个政治纲领的界限,两位将军及其支持者仍然都是反塔联盟的成员。

1998 年夏,部分阿富汗乌兹别克人倒戈塔利班运动,这意味着乌兹别克社团其他成员将不得不表明自身对塔利班运动或者对反塔联盟前景的立场。

1998 年 8 月初,乌兹别克社团中的诸多摇摆不定多半已经结束。1998 年 8 月 2—4 日,塔利班部队占领了朱兹詹省和主要生活着乌兹别克居民的巴尔赫省。阿·杜斯图姆将军的故乡希比尔甘城也被塔利班控制。8 月初,阿富汗乌兹别克社团实际上已投降了塔利班运动,而这预示着反塔联盟必遭失败的命运。乌兹别克人倒戈塔利班后,反塔联盟的最终溃败也就只是一个时间问题,反塔联盟所有军事政治力量的配置亦将危如累卵。

8 月中旬,塔利班占领了马扎里沙里夫城;8 月 25 日,他们又占领了萨朗山口以西的巴格兰省,该省主要生活着伊斯玛仪派①的支持者。如果没有反塔联盟的支持,伊斯玛仪派就不能或不想维护自己的地方自治。因此,乌兹别克人的投降注定了伊斯玛仪派的溃败。结果,昔日在反塔利班联盟中发挥关键作用的什叶派哈扎拉人未能在巴米扬省坚持到底。1998 年 9 月初,塔利班运动部队占领了巴米扬。

这是一次彻底毁灭。实际上,到 10 月份的时候,阿富汗仅剩下唯一一支有组织力量的反塔运动,那就是阿·马苏德的部队。9 月份,塔利班挺进到乌兹别克斯坦边境和塔吉克—阿富汗边境的许多地方。这样,塔利班运动事实上已将阿富汗领土完全置于自己的掌控之下。

在 1998 年夏天到初秋的事态发展中,反塔联盟实际上已不存在。在 1996 年秋天的极盛时期,它曾作为一个有影响力的联盟,团结了阿富汗所有的反塔军事政治派别,但是现在它却经历了毁灭性的打击。总之,阿富汗北方的准国家联合体体系崩溃了。苏联解体后,该体系曾作为该地区中亚新独立国家的缓冲带和安全体系的重要组成部分而存在。

到底发生了什么呢? 为什么阿富汗整个反塔政治体系突然间在 1998 年夏

① 伊斯玛仪派——伊斯玛仪派是伊斯兰教什叶派的一个宗派,在阿富汗领土上受纳杰里家族的控制。在 20 世纪 80 年代的阿富汗民主共和国时期,伊斯玛仪派师团控制着巴格兰省和海拉通—喀布尔道路。纳吉布拉被推翻后,伊斯玛仪派成为阿富汗伊斯兰民族运动成员。伊斯玛仪派一直是阿富汗领土上最支持宗教与少数民族自治的派别之一,这使得他们成为塔利班运动和普什图人恢复阿富汗中央集权国家意愿的反对者。

季的几个月内就崩溃了呢？而且在当时条件极其恶劣的情况下，它经受住了1996年秋天和1997年5—9月份的政治危机。重要的是，1998年的时候，反塔联盟还形成了一个外援体系。换句话说，反塔联盟出现了一个强大的后方，这个后方就是由俄罗斯、伊朗和中亚国家共同结成的同盟。不仅如此，1997年夏天的时候，俄罗斯和伊朗在反塔联盟后方中亚进一步稳定了自己的立场，它们迫使塔吉克斯坦敌对各方走向了和解。除此之外，大家都清楚的是，无论是莫斯科，还是德黑兰，谁都没有改变自己关于塔利班必定取胜的看法。自然，可以预料的是，俄罗斯和德黑兰将帮助反塔联盟采取任何必要的努力以化解塔利班运动的任何可能行动。

但是，事实终归是事实。反塔联盟溃败了，这只能有一层意思，那就是，1998年夏，支持塔利班运动的力量最终找到了绕过阿富汗政治状况死胡同的途径。为此，必须要把塔利班运动胜利的事实摆到俄罗斯和伊朗面前，以求让莫斯科和德黑兰放弃干涉局势和寻求化解反对它们在阿富汗利益的行动的途径。自然，这还必须得考虑到塔利班及其庇护者在1996年秋天攻占喀布尔时和1997年在马扎里沙里夫5月事件中的不成功经验。

1996—1997年阿富汗事件的主要教训是，阿富汗军事成功的政治关键在中亚。中亚国家本身就是一系列国家，诸如俄罗斯、伊朗、美国、土耳其、巴基斯坦及其他国家为了对其施加影响而斗争的客体，而最为重要的另一方面是，它们同时还是在阿富汗推行各种政策重要的主体。

如果说阿富汗是把锁，而进入中亚地区则必须得打开这把锁的话，那么中亚国家本身就是打开这把锁的钥匙。但从地理上讲，如果没有中亚国家的支持和默许，俄罗斯和伊朗无法在阿富汗推行有效政策。然而，莫斯科和德黑兰通过对中亚各国执政当局施加政治压力，千方百计反对巴基斯坦、沙特阿拉伯以及亲近它们的美国、土耳其帮助塔利班运动在阿富汗获胜。

对莫斯科而言，这种说法尤为公正。至少，俄罗斯两次非常成功地利用了自己在中亚国家的势力资源，干扰了塔利班及其庇护者在阿富汗夺取决定性的胜利。第一次是1996年秋天，当时莫斯科说服中亚国家采取坚决的反塔立场；第二次是1997年5月，这次则由于乌兹别克人阿·马利克将军的第二次叛乱而保证了事态的意外巨变。

我们必须指出的是，从1996—1997年阿富汗战争中获得的唯一经验是，要帮助塔利班运动取得成功就必须化解俄罗斯对中亚国家的影响。在这种情况下，那也许就只有清除莫斯科，自然也包括德黑兰在阿富汗北方推行支持反塔联盟政策的条件才行。为了达到这个目的，至少也得把中亚地区的两个国家从俄罗斯的势力范围内拉出去，而这两个国家就是乌兹别克斯坦和吉尔吉斯斯坦。

这里一切都非常简单。自 1996 年秋,也就是自塔利班占领喀布尔以来,土库曼斯坦就采取了亲塔利班的立场,它一直期待着阿富汗战争的结束,以便开始实现自己通往巴基斯坦的输气管道建设计划。而在塔吉克斯坦,形势完全处于俄罗斯和伊朗的共同控制之下,也就是说 1997—1998 年塔吉克敌对各方达成了和解。在所有中亚国家中,塔吉克斯坦距离阿富汗最远,因此它的立场对于结束阿富汗冲突没有实质意义。而乌兹别克斯坦和吉尔吉斯斯坦的立场则事关重大,因为很多事情还得仰赖于它们的政策。

这两国领土和土库曼斯坦领土实际上隔开了俄罗斯和伊朗对阿富汗的影响。如果塔什干和比什凯克在支持反塔联盟问题上拒绝同莫斯科和德黑兰采取共同行动的话,那么俄罗斯和伊朗就很难保证反塔联盟立场的稳定。

这里需要指出的是,自 1996 年始到 1998 年底这一时期,阿富汗冲突有一个非常重要的特征:任何一个支持阿富汗对抗各方的国家既想避免直接卷入阿富汗事件,同时还想隐蔽自己在解决阿富汗冲突中的利益诉求。因此,外界各种力量通过各种非正式渠道在阿富汗建立起了对自己庇护者的支持体系。所以,对俄罗斯和伊朗而言,同塔什干和比什凯克政府保持友好关系便显得非常重要。如果没有乌兹别克斯坦和吉尔吉斯斯坦稳固的后方和交通运输线,那么连塔吉克斯坦国内强大的俄罗斯驻军[①]也会被隔绝孤立起来。

然而,毫无疑问的是,只有乌兹别克斯坦领导人才能对形势产生关键影响。塔什干的的确确是中亚最重要的博弈者,而且重要的是,同中亚其他国家不同,该博弈者极力想玩自己的牌。对于这一点,乌兹别克斯坦有相当多的条件。最重要的是,塔什干有自己的地区安全梦想;另外,它还控制着推行这种政策的重要工具。而这个最重要的工具就是,它可以影响阿富汗北方的乌兹别克社团。因此,在保证地区安全问题上,乌兹别克斯坦对俄罗斯的依赖程度就非常小,莫斯科关于地区国家安全将受到威胁的夸夸其谈也就不会对塔什干产生什么影响。但是,莫斯科有其他办法对乌兹别克斯坦领导施加影响。有一次,也就是在1997 年 5 月的马扎里沙里夫事件中,为了让乌兹别克族将军马利克改变立场,俄罗斯的确给乌兹别克斯坦施加了压力。

然而,塔什干从未隐藏过自己对俄罗斯在该地区位居优势的不满。例如,

---

① 1998 年时,塔吉克斯坦领土上的俄罗斯驻军是中亚最强大的军事力量之一。俄罗斯驻军由两部分组成——一部分是人数达 2 万人的边防军,另一部分是约有 7000 人的 201 摩托化射击师(其中军官超过 1500 名),配备有 4 个战术导弹发射装置、约 200 辆坦克、470 辆装甲战斗车、200 门大炮和迫击炮、18座火箭齐射装置,以及反坦克装置、高射弹炮装置。另外,还有一支塔吉克斯坦政府军,人数达 1.1 万人,配备有 200 辆左右的水陆两用装甲运输车、35 辆坦克、200 多门大炮和迫击炮。塔吉克联合反对派部队约有 8000 人。资料来源:B. M. 扎伊琴科:《塔吉克斯坦共和国军事领域的社会控制》,《新独立国家军事领域的国会控制》,政治与国际研究中心,莫斯科 1998 年版,第 231-232 页。

1996 年 5 月 9 日,伊斯拉姆·卡里莫夫在同土耳其总统苏莱曼·德米雷尔签订《永久友好条约》的同时,就 3 月 29 日白俄罗斯、哈萨克斯坦、吉尔吉斯斯坦和俄罗斯签署的《一体化条约》以及 4 月 2 日俄罗斯和白俄罗斯签署的《同盟条约》发表了声明。卡里莫夫将两个同盟评价为"莫斯科掠夺南部国家和永远将它们置于贫穷之中的帘幕"①。卡里莫夫如此自信的原因何在,大家都很清楚。那就是,在联合国讨论有关美国对古巴实行禁运(1996 年 11 月 12 日)的决议投票中,只有三个国家表示支持这种禁运,即乌兹别克斯坦同美国和以色列站在了一起。一年后,乌兹别克斯坦总统公开表示支持美国对伊朗实行禁运,在中亚国家领导人中这是唯一的。② 在这样一种状况下,令人费解的就只有一件事:在这样一些形势下,为什么塔什干在 1996 年和 1997 年的时候没有支持塔利班的行动呢?

但是,1998 年夏天的时候,形势已变得非常明朗。8 月 4 日,乌兹别克—俄罗斯代表在塔什干举行了谈判,参加谈判的有乌兹别克斯坦国防部长图尔苏诺夫、俄罗斯国防部第一副部长兼总参谋长科瓦什宁、乌兹别克斯坦外交部长卡米洛夫和俄罗斯外交部第一副部长帕斯图霍夫。这次谈判结束后向外界发表了重复声明,各方可以"根据 1992 年 5 月 15 日的集体安全条约,采取必要措施以巩固自己的外部边界"③。然而,非常明显的是,俄罗斯代表在 8 月 4 日感兴趣的是乌兹别克斯坦对近期的阿富汗事件持什么立场。

正好是在 8 月 2—4 日的三日内,阿富汗又有两个主要以乌兹别克居民为主的省份——朱兹詹和巴尔赫被塔利班控制。而在接下来的 1998 年 8—9 月事件中,由于整个反塔联盟实际上已被摧毁,所以非常明显,能够对阿富汗形势的发展施加决定性影响的也就只有乌兹别克斯坦。显然,8 月 4 日,俄罗斯军方和外交界高层代表未能说服塔什干必须在阿富汗采取一致行动。也许,乌兹别克斯坦代表倒是极力劝说莫斯科不要采取支持反塔联盟的单独行动。

对莫斯科和德黑兰来说,尽管塔什干的决定有些出乎意料,但是这种决定总归还是有预兆的。如果没有乌兹别克斯坦的支持的话,反塔联盟要维持其存在实际上是不现实的。因此,很明显,1998 年 8—9 月,莫斯科冷静地估计了形势并作出了集中力量保卫拉巴尼/马苏德派别阵地的决定。1998 年秋天的一些主要事件正是围绕着这个派别,也就是塔利班运动最后一个重要敌人展开的。

俄罗斯和伊朗采取各种手段极力不让塔利班摧毁阿·马苏德的军队。对俄

---

① 《大陆》(КонтиненТ[Алматы]),阿拉木图,2002 年,第 20(82)期。

② 《大陆》(КонтиненТ[Алматы]),阿拉木图,2002 年,第 20(82)期。

③ 国际文传电讯社(Интерфакс),1998 年 8 月 5 日。

罗斯来说,这尤为重要。1998 年秋,由于政治形势发生了新的变化,同伊朗相比,俄罗斯在中亚的地位变得更加脆弱,因为俄罗斯在塔吉克斯坦的驻军必须得仰赖穿越乌兹别克斯坦和吉尔吉斯斯坦领土的交通线。如果阿·马苏德被摧毁了的话,那么莫斯科在中亚的影响程度将急剧下降。非但如此,如果万一阿·马苏德失败,那么莫斯科也许就真的无法保持自己在塔吉克斯坦的地位了。因为阿·马苏德的毁灭也就意味着将有大量难民及其军中士兵逃往塔吉克斯坦领土,同时也就意味着阿富汗冲突将在塔吉克斯坦领土上得到延续,到那时,俄罗斯军队就不得不直接卷入其中。

除此之外,如果阿·马苏德的部队继续在塔吉克斯坦边界附近的阿富汗诸省,以及潘杰希尔峡谷和喀布尔附近坚守自己的阵地的话,那么塔利班的胜利,以及旨在反对俄罗斯和伊朗利益的地区地缘政治新形势都将无法最终确定下来。问题甚至不在于阿·马苏德控制的领土,而在于拉巴尼/马苏德派别享有国际承认并在联合国占有阿富汗一席之地。

毫无疑问,在 1998 年秋天阿富汗业已出现的那种军事政治状况下,阿·马苏德派别和俄罗斯在塔吉克斯坦的驻军客观上彼此互相依赖。如果没有阿·马苏德的军队在阿富汗北方同塔利班斗争的话,俄罗斯在塔吉克斯坦的强大驻军也许就只能保证莫斯科在这一个国家产生影响,而这没有任何实际意义。如果阿·马苏德的军队继续在阿富汗保持存在的话,那么俄罗斯的影响就可以作为中亚地区安全体系的一个重要因素而保留下来。总之,1998 年秋天的时候,有关阿·马苏德的问题不仅成为塔利班运动及其外部支持力量解决阿富汗冲突的关键,同时也是俄罗斯能否在中亚地区保持全面存在的关键。

正好在决定阿·马苏德命运的时候,也就是阿富汗北方军事行动正炽烈之际,爆发了所谓的"奥什事件"。9 月 9 日,吉尔吉斯斯坦国家安全部成员在费尔干纳谷地吉尔吉斯斯坦一边的奥什车站截获了一列装有武器、弹药和粮食等的军用列车,同时还公布了截获这趟列车的事实。到达奥什的 16 节车厢所装载的货物原本打算沿帕米尔大道经由卡车转运塔吉克斯坦巴达赫尚山区,而后再运往阿富汗北部,据估计是给阿·马苏德军队准备的。① 就这样,吉尔吉斯斯坦政府实际上把给阿富汗阿·马苏德军队输送武器和弹药的渠道向国际舆论曝了光。

由于吉尔吉斯斯坦的这一事件,俄罗斯和伊朗政府被迫出来证明自己的清白。大家都很清楚,被吉尔吉斯斯坦截留的武器只能说是俄罗斯或伊朗的手脚。自然,我们也就可以推测,这条经奥什、帕米尔大道,先到塔吉克巴达赫尚,再到

---

① 《消息报》(Известия),1998 年 10 月 15 日。

阿富汗巴达赫尚的武器弹药运输路线无疑早已存在,吉尔吉斯官方人士突然将此"曝光"多半同比什凯克对阿富汗问题所持观点的改变有关系。比什凯克的意图是完全透明的。如果向阿·马苏德输送武器,尤其是弹药的唯一一条通道被堵死了的话,那么其部队就无法长期坚持反塔立场。

由此人们不禁要问:在莫斯科和德黑兰试图保护阿富汗阿·马苏德派别以求确保其在中亚利益的时候,比什凯克官方人士能够独立作出一个促使自己同这两个国家对抗的决议吗?这个问题的答案只有一个,比什凯克当然无法作出这样的决定。

我们可以推测,1998年夏秋之际,乌兹别克斯坦和吉尔吉斯斯坦的行动在主要方面是一致的,它们都在为保证塔利班在阿富汗获胜这一战术目的而努力。因此,它们的战略目标就非常明显,那就是将俄罗斯从中亚排挤出去。但是这已经不属于乌兹别克斯坦或吉尔吉斯斯坦的政策任务。它们只有一个比较简单的目的,那就是获得外部支持以解决自己的迫切问题。

这里还产生了另外一个有关塔利班运动给中亚国家世俗政权带来威胁的问题。可不可以说,这种威胁在1998年成为了现实呢?或者它在1996—1997年就已成为现实,而在1998年夏天则失去了其迫切性呢?遗憾的是,这只是一些修辞性的问句。俄罗斯发表声明认为塔利班具有威胁性,而巴基斯坦、美国、沙特阿拉伯、土耳其和阿联酋则在不同时间表示没有这种威胁,所有这些都首先是为了掩盖这些国家在中亚地区的政治利益。例如,我们还记得,自1995年,也就是塔利班运动的部队开赴土库曼—阿富汗边境之时起,俄罗斯边防军就同塔利班做了邻居,俄罗斯对待塔利班的态度非常平静。

众所周知的一点是,1998年的时候乌兹别克斯坦和吉尔吉斯斯坦没有看清塔利班运动可能在阿富汗获胜后的一些大问题。这只能有一种解释,它们得到了有关的保证。这些保证只能有一种表达形式——塔利班运动的进攻热潮将被阻止在中亚边界,这就好比1995年土库曼边境当时的状况。只有巴基斯坦,也可能还有美国会作出这种许诺。我们已经指出,中亚战略重地形势的不稳定不符合这些国家的利益。

当时有许多这样的说法,那就是激进的塔利班将很有可能向北方,如布哈拉、撒马尔罕甚至更远的地区发动猛烈攻击。事实上,如果塔利班不适宜地加强其军事力量的话,那么就不可能发动这种进攻,进一步讲,如果没有巴基斯坦的同意的话,那么它要加强军事力量也就不现实。

1998年夏秋之际,乌兹别克斯坦和吉尔吉斯斯坦在中亚以及塔利班运动和巴基斯坦在阿富汗北方的一切努力,都不足以帮助塔利班取得彻底胜利。俄罗斯和伊朗为了拯救阿·马苏德也作出了巨大的努力。当然,形势依然非常复杂。

　　由于乌兹别克斯坦和吉尔吉斯斯坦方面封锁了阿·马苏德的武器弹药运输通道，所以解决这一问题就得靠俄罗斯驻塔吉克斯坦的军事储备。另外，伊朗也活跃了起来。伊朗以塔利班占领马扎里沙里夫时杀死10名伊朗外交官和伊斯兰共和国新闻社记者为借口，于1998年9—10月间，在靠近阿富汗边境地区进行了一系列大规模军事演习。参加军演的士兵人数达到了20万—27万人，几乎占了伊朗军队和伊斯兰革命卫队总数的三分之一。9月15日，阿亚图拉·哈梅内伊进行了全军总动员。与此同时，伊朗持传统右派观点的新闻媒体掀起了一场旨在培训居民准备参加同阿富汗战争的运动。[①] 伊朗的军事演习令塔利班深感不安，在北方战斗最紧要的关头，塔利班部分军队被调往阿富汗—伊朗边境。塔利班领导人向伊朗发表了严正的威胁声明，如果伊朗发动军事进攻，塔利班将组织伊朗逊尼派起来反对德黑兰政府。[②] 毫无疑问，从总体上看，以上所述所有因素在阿·马苏德最终成功地坚守自己阵地方面发挥了作用。

　　然而，由于乌兹别克斯坦和吉尔吉斯斯坦的政策发生了变化，1998年中亚形势迅速复杂起来。中亚内部的力量平衡遭到了破坏，我们知道，1992年和约（集体安全条约）签订后，俄罗斯和乌兹别克斯坦随后就塔吉克斯坦内战采取了调解行动，中亚内部的这种力量平衡遂得已确定下来。哈萨克斯坦始终没有卷入阿富汗事件，但是它南部的中亚则在1998年底分裂为两派。一派是乌兹别克斯坦、吉尔吉斯斯坦和土库曼斯坦；另一派总共只有一个国家，那就是塔吉克斯坦，它得到俄罗斯和伊朗的支持。这两派间的关系相当紧张，但更糟糕的是另外一件事。中亚边界内的敌对各方为了达到政治目的开始采取极端手段。这产生了深远的影响。

　　第一个警报信号是塔吉克人马·胡多伊别尔德耶夫上校发起的叛乱活

　　① 威尔弗雷德·布齐塔：《谁统治伊朗——伊斯兰共和国的政权结构》，华盛顿2000年版，第147页。（Wilfred Buchta. Who rules Iran. The structure of Power in the Islamic Republic. Washington. 2000. P. 147.）

　　② 威尔弗雷德·布齐塔：《谁统治伊朗——伊斯兰共和国的政权结构》，华盛顿2000年版，第103页。（Wilfred Buchta. Who rules Iran. The structure of Power in the Islamic Republic. Washington. 2000. P. 103.）

动。① 1998 年 11 月初,该上校率部队从乌兹别克斯坦领土攻入费尔干纳谷地塔吉克斯坦北部的列宁纳布德省,控制了忽毡和塔吉克斯坦南部分界山口。11 月 6 日,政府武装力量在塔吉克联合反对派部队的支持下转入反攻。10 日,马·胡多伊别尔德耶夫被摧毁。12 日,塔吉克斯坦外交部发表声明,谴责筹划和组织马·胡多伊别尔德耶夫这次攻击行动的共犯。作为对这次声明的回应,11 月 13 日,乌兹别克斯坦外交部反驳指出,自己的国家没有参与"胡多伊别尔德耶夫的冒险行动"。② 然而,事实终归是事实。叛乱上校就是从乌兹别克斯坦领土攻入列宁纳巴德省的,而且也是从那里退出去的。我们将再次关注乌兹别克和塔吉克双方就此问题发表的动听之词。后面我们还将回到这个问题上。

然而,形势在继续复杂化。11 月 30 日,在为来访的吉尔吉斯斯坦总统阿斯卡尔·阿卡耶夫举行的记者招待会上,乌兹别克斯坦总统伊斯拉姆·卡里莫夫就俄罗斯名下的一些特殊部门和塔吉克斯坦发表了几项措词严厉的声明。③ 12 月 4 日,有消息报道称,塔吉克斯坦经乌兹别克斯坦同外界联系的公路实际上被封闭。④ 如果总体考察 1998 年下半年发生在中亚的一些事件,那么我们就可以得出这样的结论,塔什干有意识地走上了同俄罗斯和塔吉克斯坦恶化关系的道路。

问题不在于乌兹别克斯坦改变了政治取向。在政治上,这是常有的事。众所周知,在政治上,没有永恒的同盟,只有永恒的利益。问题还在于另外一方面,即乌兹别克斯坦是一个太过优秀和负责任的实践者。这使得塔什干没有认清,当时,即 1998 年阿富汗局势发生的急剧变化。

而事实是,1998 年 8 月 20 日美国导弹袭击了乌萨马·本·拉登分布在阿富汗领土上的恐怖主义组织营地。美国发动袭击后,沙特阿拉伯,作为承认塔利班运动三国之一的沙特阿拉伯,很快便于 1999 年 5 月从阿富汗召回了自己的代表。与此同时,美国尤诺卡尔公司适时地放弃了铺设土库曼斯坦到巴基斯坦的

---

① 马赫穆德·胡多伊尔德耶夫上校,其血统中有一半是乌兹别克族血统,是一位塔吉克斯坦人民阵线战地指挥官。1992 年,他在内战中得到乌兹别克斯坦的支持,控制了库尔尔－秋别和吐尔逊扎德,同时还控制了吐尔逊扎德铝业联合体,成为塔吉克斯坦国防部快速反应部队司令。1997 年 6 月,在俄罗斯和伊朗发起的塔吉克斯坦民族和解过程中,他起来反对拉赫莫诺夫政府。8 月 11 日,在加弗尔·米尔佐耶夫将军率领的总统卫队和苏赫罗布·卡塞莫夫将军领导的内务部特种部队发起的进攻中,他被摧毁。他带领自己的手下逃往乌兹别克斯坦。(资料来源:埃·拉赫马图尔拉耶夫:《联合国调和塔吉克斯坦争端》,莫斯科 2001 年版,第 123 页。)也许,反对马·胡多伊尔德耶夫的行动同必须从塔吉克斯坦的关键地区清除亲乌兹别克势力有关。我们还记得,1997 年 5—6 月阿富汗北方发生的戏剧性事件,乌兹别克人在那些事件中扮演了多种角色。

② Э·拉赫马图尔拉耶夫:《联合国调和塔吉克斯坦争端》,第 134－135 页。

③ 《消息报》(Известия),1998 年 12 月 2 日。

④ 《消息报》(Известия),1998 年 12 月 4 日。

输气管道计划。

也就是说,在阿富汗最接近解决其政治联合任务的最困难时刻,华盛顿改变了自己的方针？自 1994 年秋天始,这种任务就提到了阿富汗的议事日程,而且该任务在客观上应该能够促进美国和巴基斯坦在该地区达到其战略目的。最重要的是,我们应该弄清楚,这是怎么回事？

毫无疑问,1998 年 8 月 20 日美国导弹袭击阿富汗营地的直接借口是美国驻坦桑尼亚和肯尼亚大使馆遭到了炸弹袭击,人们怀疑,沙特阿拉伯大富翁乌萨马·本·拉登是这起事件的始作俑者。美国打击阿富汗并未达到自己的目的,但是这次打击却成为美国改变该地区政策的一个特殊征兆。

那么,在对待塔利班运动前景方面,华盛顿开始改变政策的原因到底是什么呢？后来在 2000 年 12 月,塔利班的这种前景促使美国联合俄罗斯共同向联合国安理会提交了关于制裁塔利班的决议草案。我们早先已经指出,自 1994 年始,在巴基斯坦的支持下塔利班运动就一直致力于打通通向中亚的这个重要战略运输走廊,从总体上看,这是符合美国的政治利益的。首先,对华盛顿来说,打通通向中亚的这条运输走廊至关重要,因为这样一来它就可以避开俄罗斯和伊朗领土。当时,美国和巴基斯坦想利用塔利班运动打通这条经阿富汗通往中亚的运输走廊,在这一问题上,他们的利益总体上是一致的。然而,要达到预期的目的却并不那么简单。从 1994 年一直到 1998 年夏,通过武力解决阿富汗问题的一系列尝试均以失败告终。

尽管塔利班取得了巨大的军事成功,但它最终还是没有在全阿富汗领土范围内取得根本胜利。相反,它的挑衅行为却激发了俄罗斯、伊朗和中亚国家对反塔联盟军事行动的支持。在这样一种形势下,让华盛顿最感不安的是,如果墨守成规只能解决打通通向中亚运输走廊这样一个局部战术任务的话,那么这只会导致除土库曼斯坦之外的所有中亚国家同俄罗斯和伊朗结成一个政治同盟。尽管这种结盟没有被赋予具体的形式,但是,从 1996 年秋天开始,在阿富汗问题上,中亚四个国家——哈萨克斯坦、乌兹别克斯坦、塔吉克斯坦和吉尔吉斯斯坦同俄罗斯和伊朗形成了共同战略利益。

对美国来说,这是极为不利的,从政策观点出发,地区事件发展的处理途径应该是多种多样的。俄罗斯、伊朗和中亚国家在保证地区安全问题上采取了协调一致的行动,这不完全符合美国旨在加强其在中亚诸共和国地位的努力。对尚未完全稳固下来的中亚各国来说,安全具有不可置疑的优先次序。尽管土耳其、巴基斯坦和美国的代表竭尽全力大作宣传,以求让中亚国家上层相信,塔利班运动不会对它们的利益构成威胁,但是这都无济于事。

1996 年和 1998 年的力量配置就这样形成了,正是阿富汗持续不断的冲突促进了俄罗斯、伊朗和中亚国家业已形成的联盟。塔利班及其支持者巴基斯坦给反塔联盟施加的压力愈大,莫斯科、德黑兰、阿拉木图、塔什干、比什凯克和杜尚别的立场就愈接近。

在已有形势下,事件的进一步发展客观上有两种可能的战术途径。第一种就是,塔利班为了达到最后的胜利目标继续施加军事压力,并以此给中亚国家造成必须承认塔利班运动的既成事实;第二种就是,想方设法分裂反塔联盟,在支持反塔联盟的国家中找到薄弱环节,以减轻执行第一种途径的负担。如果我们关注一下1998年8—9月份的事件的话,那么给我们留下的一个鲜明影响是,这两种途径都已实现。但是重要的问题是,它们是通过谁实现的呢?

美军导弹袭击阿富汗和美国尤诺卡尔公司放弃在阿富汗的计划,所有这些都同沙特阿拉伯对待塔利班运动的外交行动相吻合。沙特从阿富汗召回了自己的大使。由此可以得出结论,阿富汗塔利班运动在1998年夏末最终取得彻底胜利已不符合美国及其亲近盟友的利益。因此,这里就只剩下一种地区政治力量,即巴基斯坦,它继续对塔利班运动获胜的方针感兴趣,同时继续向塔利班提供物质援助。

毋庸置疑,美国改变立场的借口是很清楚的,那就是塔利班不愿出卖乌萨马·本·拉登,以及塔利班对待妇女的暴政、对待现代文明成果的那种中世纪政策等等。然而,从某种程度上讲,所有这些事实在90年代中期塔利班登上阿富汗政治舞台时就已存在。美国如此快速地改变自己对待塔利班的鲜明立场,应该说有更深层次的原因。

我们认为,1998年美国改变对塔利班运动立场的主要原因是,华盛顿担心该地区的总体稳定。2000年12月,也就是过了两年,这种担心最终导致它同莫斯科亲近并联合俄罗斯提出了追加制裁塔利班的倡议。

非常确切的是,华盛顿担心中亚地区会出现新版“多米诺骨牌效应”,也就是说,如果塔利班运动在阿富汗一旦取得胜利并由此将“纯伊斯兰教”思想扩展到中亚的话,那么中亚国家现有的政治和社会经济体系将很有可能像多米诺骨牌一样倒塌。

按照这种推理,我们可以推测,因中亚政权不稳定而引发的崩溃或崩溃威胁以及其内部的大量问题都只有一种可能,那就是加强中亚社会生活中的盲目崇拜和极端倾向。非但如此,这可能导致中亚新独立国家出现政治混乱,而尤其危险的是,在这样一种形势下,阿富汗20年战争积聚的潜在危机将有可能扩展到中亚国家领土上。因此,阿富汗的混乱也许会蔓延到新的领土并在那里引发难以预料的政治局势。另外,如果一旦“多米诺骨牌效应”发生,这在客观上将有助于中国、伊朗和俄罗斯加强自己在该区的地位,这些国家将有可能担负起整顿秩序的责任。

在这样一种形势下,只有相对独立自主的中亚国家保持稳定和发展才符合美国的利益,任何一种不稳定客观上都将加强俄罗斯、伊朗和中国的地位和影响。2000 年底,美国著名的中亚问题专家马尔塔·奥尔科特在俄罗斯出版的卡内基基金杂志《反对》(Pro et Contra)上撰文指出:"阿富汗被战争和混乱笼罩,中亚安全就会受到威胁。美国和俄罗斯应该考虑考虑,如何在解决阿富汗冲突中实现其共同的战略利益。两国都感觉不能接受所有中亚国家来分享阿富汗事务的现有状况。"①在这段美国著名政治理论家的引文中明确地提出了美国和俄罗斯进行利益妥协的理由,这使得联合国安理会于 2000 年 12 月通过决议成为可能。然而,美国立场的原则性改变主要还是在 1998 年 8 月,当时塔利班运动及其支持者巴基斯坦近乎采取极端行动解决阿富汗内战为己谋利。

也就是在这一时期,美国和巴基斯坦在阿富汗问题上的观点开始逐渐出现分歧。华盛顿看待中亚周边地区的形势总归是从美国的战略利益和政治力量的总体配置考虑的。在美国的地区战略利益体系中,阿富汗不会被置于创建古阿姆(格鲁吉亚、乌克兰、乌兹别克、阿塞拜疆和摩尔多瓦)政治联合体或铺设"巴库—杰伊汉"管道那样重要的位置。如果说阿富汗形势发展中破坏性的开端会给其全球战略目标制造问题的话,那么华盛顿就完全可以修正自己在阿富汗方面的政策。

另外一方面的事情就是巴基斯坦。地方局部利益在该国行动中继续占据着优势地位,在巴基斯坦确保塔利班运动控制整个阿富汗领土的地区政策中,地方局部利益仍然被视为完成其政策任务的重要措施。这也许可以完成一个二者合一的任务——打通通向中亚对巴基斯坦经济具有重要意义的运输走廊,同时在阿富汗确立伊斯兰堡可以接受的主导政治制度。

因此,1998 年的主要结局是,从这时起,巴基斯坦在阿富汗实际上已经开始独立行事了。与此同时,中亚四国、俄罗斯和伊朗的非正式政治联盟分裂了。我们知道,该联盟是 1996 年 10 月由上述国家组成的,其目的就是为了支持反塔联盟对抗塔利班运动。这样,在地区政策中很快便出现了几个独立发展的向量。在这些向量中,乌兹别克斯坦的立场尤为突出,它在维护地区安全方面具有关键作用。

由于阿富汗冲突的发展,中亚的新地缘政治状况实质上降低了俄罗斯在该

---

①　马尔塔·Б.奥尔科特:《美国的中亚政策思考》,《赞成与反对》(莫斯科),2000 年,第 3 期,第 5 卷,第 168 页。(Марта Б. Олкотт. Размышления о политике США в Центральной Азии. Pro et Contra [Москва]. 2000. № 3. Т. 5. С. 168.)

地区的影响,这堪称是1998年的重要结果之一。塔吉克斯坦的俄罗斯驻军被隔绝在中亚这个小国边界线之内。然而,该驻军所有的陆路交通线都要从乌兹别克斯坦和吉尔吉斯斯坦领土通过,因此在阿富汗冲突发展的新地缘政治形势下,这就意味着俄罗斯维持其在中亚存在的依赖关系增强了。因此,在外部形势变化的情况下,俄罗斯在该地区的影响由优势地位转向了从属地位。由于中亚和阿富汗周边地缘政治形势的改变,俄罗斯的机会大大减少了。

经受考验

这样一来,尽管俄罗斯和伊朗于1998年秋共同努力帮助阿·马苏德保持其地位,但是中亚和阿富汗的总体形势很明显已不利于莫斯科和德黑兰。非但如此,1999年初,俄罗斯在中亚的不利因素开始不断增多。1999年春,乌兹别克斯坦退出了1992年塔什干集体安全条约。我们不能不提到这样一个事实,这件事就发生在塔利班运动实际控制了阿富汗北方所有居住着乌兹别克族和昔日被乌兹别克将军杜斯图姆和马利克控辖的领土之后。当然,对那种认为乌兹别克斯坦从一开始就改变了对塔利班运动的立场或阿富汗乌兹别克人从一开始就大批倒向塔利班的观点也可提出异议。然而,非常明确的是,这是同一回事。

1998年夏秋,中亚各种政治力量配置的改变增加了地区安全体系的不稳定性。问题指的是,塔利班有可能全面摧毁反塔联盟军队并将他们推向塔吉克斯坦领土。然而,这可不可以认为是塔什干和比什凯克政策的成功呢?很明显,不是的。如果难民和反塔联盟武装部队在塔利班军队的压力下进入塔吉克斯坦领土的话,那么这就有可能引起连锁反应,最终引发总体局势的不稳定。例如,塔吉克斯坦知名研究人员奥里莫夫指出:"阿富汗北方诸省大量塔吉克人被驱逐到塔吉克斯坦领土的威胁有可能引起北方(塔吉克斯坦——作者注)的急剧分裂,并在今天的塔吉克斯坦中南部土地上形成填补阿富汗北方的新塔吉克国家。"①而这也许就意味着,塔吉克斯坦共和国的一部分有可能变成阿富汗冲突地带,而卷入这种冲突的将包括从阿富汗领土上被驱逐的这些所有塔吉克人。

如果说塔利班在1998年秋的确能够完全控制全阿富汗领土的话,那么这种脚本就完全有可能发生。无疑,在这一点上,乌兹别克斯坦和吉尔吉斯斯坦在对待阿富汗冲突上的立场变化,尤其是阿富汗乌兹别克人倒戈塔利班运动,也许都会对它有所帮助。俄罗斯和伊朗是实现这些计划的唯一严重障碍。

---

① M. 奥里莫夫、C. 奥里莫娃:《费尔干纳与塔吉克斯坦之间的忽毡》,《欧亚通报》(莫斯科),1998年,第1~2期。(Олимов М. Олимова С. Худжанд: между Ферганой и Таджикистаном. Вестник Евразии[Москва]. 1998. № 1~2.)

自然,在这种危机形势下,对俄罗斯和伊朗来说,在阿富汗北方哪怕部分地保住其反对塔利班运动的阵地都是极为重要的。因为,这将有助于它们在整个地区的总体力量配置中保持战略优势地位。1998年秋,伊朗有组织地向伊朗—阿富汗边界的塔利班施加压力,在伊朗的这种间接帮助下,俄罗斯甚至在乌兹别克斯坦和吉尔吉斯斯坦的实际封锁下成功地保住了阿·马苏德在阿富汗北方的阵地。

最终,阿·马苏德不仅坚守住了北方塔哈尔和巴达赫尚两省的阵地,而且还保住了通向喀布尔要冲以及帕尔万和卡皮萨诸省。伊朗在这方面发挥了重要作用,它于1998年秋在伊阿边界附近进行了大规模正规军和伊斯兰革命卫队军演,牵制了塔利班运动的部分力量。至于谈到俄罗斯,那么它的主要作用也可能就是它在1998年秋向阿赫玛德·沙赫·马苏德的军队提供了必要的资源。我们还记得,奥什事件之后,马苏德昔日的物资供应通道被切断了。

然而,尽管俄罗斯和伊朗总体上成功地改善了局势,但是它们在该地区的战略地位却急剧恶化,这一点尤其表现在俄罗斯身上。1998年,俄罗斯边防军从吉尔吉斯斯坦撤出。也就是说,俄罗斯在中亚地区的存在仅限于塔吉克斯坦境内。由于塔吉克斯坦的俄罗斯驻军要仰赖穿越乌兹别克斯坦和吉尔吉斯斯坦的交通线,所以俄罗斯在中亚的地位非常脆弱。拉巴尼/马苏德反塔军事政治派别在阿富汗领土上的继续存在,成为俄罗斯在中亚地区保持现实影响力的唯一重要理由。只要阿·马苏德继续坚守塔吉克斯坦边境附近阿富汗诸省以及潘杰希尔峡谷和喀布尔附近的阵地,那么该地区的新地缘政治形势就不能认为是巩固了下来。尽管1998年底拉巴尼/马苏德控制着不到10%的阿富汗领土,但是布·拉巴尼"政府"仍然按惯例享有国际承认并在联合国占有阿富汗席位。

就这样,1999年初的时候,中亚地区和阿富汗又陷入了惯常的困境。然而,我们必须指出的是,它根本不同于1996年和1997年的形势。最重要的是,1999年,除了塔吉克斯坦及保持中立的哈萨克斯坦之外,反塔联盟及其支持者俄罗斯和伊朗在中亚已不再有盟友,自然,也就不再有巩固的后方。土库曼斯坦、乌兹别克斯坦和吉尔吉斯斯坦领土形成的宽带把塔吉克斯坦领土同俄罗斯和伊朗割裂开来,就这样,塔吉克斯坦变成了俄罗斯在中亚的一个孤立战略基地。

非常清楚的是,1998年秋,俄罗斯和伊朗通过巨大努力在中亚和阿富汗取得了不稳定的战略平衡,但是这种平衡不会持续太久。较之1996年秋和1997年春的局势,我们可以非常清楚地看到,1999年的形势发生了急剧变化。当此之时,俄罗斯和伊朗处在必须采取措施为自己营造较好状况的处境中。巴基斯坦于1996年和1997年就处于类似的境地中。我们必须指出的是,无论是对1999年的俄罗斯和伊朗,还是对前些年的巴基斯坦来说,最为重要的是要避免武装直接介入阿富汗事件。这是地区大国在地区战略角逐中维护其利益时采取任何可能措施的最重要条件。

这一点最令人好奇，我们还得重新回到伊朗对塔利班在1998年秋成功的反应。1998年9—10月间，伊朗持续进行军事演习，整个这段时间伊朗和塔利班运动之间的关系变得异常紧张。就在引发阿富汗塔利班发动攻击的危机时期，伊朗在沙特阿拉伯、阿联酋及联合国特使拉赫达尔·易卜拉欣的调解下缓和了伊朗—阿富汗边境的紧张气氛。这事发生在1998年10月中旬，当此之时，阿·马苏德的部队成功地阻止了塔利班并夺回许多先前被其占领的领土。"为了避免自身卷入阿富汗冲突，德黑兰选择了花费较少且在政治上少冒引发战争威胁风险的战略，即举行谈判。"①然而，我们必须要承认，伊朗采取的这些措施具有非常性质，并且同1998年8—9月间形成的非常局势有关。

1997年和1998年，我们能够观察到塔利班的支持者，主要是巴基斯坦秘密外交力量的结果。这指的是，1997年5月，乌兹别克族将军马利克发动了叛乱；1998年夏秋之际，乌兹别克斯坦和吉尔吉斯斯坦在对待俄罗斯在中亚的存在问题上立场发生了急剧变化。当时已经非常明显，解决阿富汗问题和在地区为自己树立优势地位的关键是中亚，具体地说，就是直接取决于中亚新独立国家的政策。这主要关系到乌兹别克斯坦，无论在地理上还是在政治上，它都独领地区优势。就在1998年，兹·布热津斯基出版了一本书，书中强调指出："乌兹别克斯坦事实上是中亚地区发挥领导作用的主要候选者。"②兹·布热津斯基在同一本书中强调："阿塞拜疆、乌兹别克斯坦和（该地区以外的）乌克兰是美国应该给予最强大地缘政治支持的国家，这三个国家都处在地缘政治的中心。"③最重要的是，谁将在中亚地区占据优势地位，那它就得确实依靠塔什干的立场。

由此我们可以得出结论，对俄罗斯和伊朗而言，总体恢复自己在中亚地位的唯一途径是，千方百计让乌兹别克斯坦和吉尔吉斯斯坦改变对阿富汗冲突的政策。在此我们必须指出，俄罗斯和伊朗没有任何可以说服塔什干和比什凯克在1999年改变自己立场的客观依据。最为重要的是，莫斯科和德黑兰向乌兹别克斯坦和吉尔吉斯斯坦提供不了任何帮助，尤其是这些国家非常需要的财政援助。另外，1999年的时候，塔什干和比什凯克已不再担心来自塔利班的威胁。非但如此，在新形势下，它们根本看不到对自己国家有什么威胁。然而，大家都清楚，任何时候都没有十分把握的事情。

① 威尔弗雷德·布齐塔：《谁统治伊朗——伊斯兰共和国的政权结构》，第148页。
② 3.布热津斯基：《大棋局》，第157页。
③ 3.布热津斯基：《大棋局》，第179页。

　　所谓的巴特肯事件就发生在 1999 年夏天的复杂条件下。"乌兹别克斯坦伊斯兰运动（乌伊运）"突然在中亚政治舞台上活跃起来，其战斗队员在朱玛·纳曼干尼（朱玛波伊·霍扎耶夫）的领导下进攻吉尔吉斯山区并控制了奥什省的几个村庄。新闻媒体有说法认为，乌伊运战斗队员极力想向费尔干纳谷地的乌兹别克领土突破并在那里起事反对卡里莫夫政权。

　　显然，吉尔吉斯感到有些措手不及。吉尔吉斯军队和安全力量对战斗队员的这种突然袭击毫无准备。但是，最令比什凯克感到意外的是，这些战斗队员来自塔吉克斯坦领土。我们发现，马·胡多伊别尔德耶夫上校的部队于 1998 年 11 月攻击塔吉克斯坦列宁纳巴德省时的情况正好"倒着"重复了。当时，马·胡多伊别尔德耶夫上校的部队从乌兹别克斯坦领土挺进到塔吉克领土并由此返回那里。杜尚别指责塔什干支持马·胡多伊别尔德耶夫上校的战斗队员，塔什干对此答复指出自己没有参与这一事件并且一无所知。相反，1999 年夏塔什干和比什凯克都已证实，朱·纳曼干尼的战斗队员只来自塔吉克斯坦领土，而且杜尚别宣称自己未参与其行动。然而，马·胡多伊别尔德耶夫上校在塔吉克斯坦的行动和朱·纳曼干尼在吉尔吉斯的行动有本质的区别。这种区别是，乌伊运战斗队员在吉尔吉斯的行动不是一次性行动，其行动从 1999 年 7 月 31 日一直持续到 10 月 25 日，而这是需要认真准备和来自外界的支持的。

　　由于这一事件，乌兹别克斯坦总统伊斯拉姆·卡里莫夫于 2000 年夏对杜尚别官方作出了回应，其回应声明特别有趣："如果塔吉克斯坦进一步坚持己见，不承认并说出恐怖主义是从塔吉克斯坦领土入侵乌兹别克和吉尔吉斯土地的话，那么我们将被迫公布俘虏的正式口供及其他证据。塔吉克斯坦当局否认国际恐怖主义以该共和国山区——哲尔格塔尔、塔维尔达尔地区以及加尔姆和马特琴地带为基地的事实，至少是不严肃的。还需要哪些事实以便让埃莫马里·拉赫莫诺夫为首的塔吉克斯坦领导人作出官方承认，恐怖主义以其领土为基地，而且他需要援助以便消灭他们及其中心。在此，我向你们保证，不仅乌兹别克斯坦，而且还有中亚其他国家，都会给塔吉克斯坦提供这种援助。"①我们可以很合理地推测，1999 年和 2000 年朱·纳曼干尼战斗队员在吉尔吉斯和乌兹别克斯坦的行动，以及 1998 年 11 月马·胡多伊别尔德耶夫上校在塔吉克斯坦列宁纳巴德的行动，都是同类性质的事件并且都致力于追求非常具体的政治目的。

　　朱·纳曼干尼的目的非常明确。这位乌兹别克战地指挥官的行动明确地向乌兹别克斯坦和吉尔吉斯斯坦示威，不过它们在这些激进战斗队小组的行动面前是脆弱的。此年，也就是 2000 年，战斗队员已经进攻到了乌兹别克斯坦领土

---

　　① http://www.centrasia.ru

上。在对这些正在发生的事件的评论中,有一篇关于 2000 年 8 月初乌伊运战斗队员进攻苏尔汉河省的评述非常典型,这篇评述发表在俄罗斯国防部《红星报》上。"一些观察家认为,正在发生的事件迫使乌兹别克斯坦军事政治领导人重新回到共和国重返集体安全条约成员国的问题上来。我们还记得,去年 5 月塔什干没有拖延便加入了它。但是,吉尔吉斯极端分子的正式表示,好像使得它对已作出的决定有些懊悔。但是不管怎么说,就是从去年秋天开始,乌兹别克斯坦返回了独联体国家军事合作框架,积极参与了'友谊南盾'演习,恢复了自己驻独联体成员国军事合作协调总部代表处的活动,并且于一个月后确确实实在独联体联合防空体系框架内接任了联合军事值勤。下一步合乎逻辑的步骤应该是,塔什干将发表重返集体安全条约的官方声明。我们强调,这完全合乎逻辑。因为经验明确表明,同恐怖主义作斗争只有共同合作。"①这段引文非常透彻地分析了莫斯科对塔什干官方的某些政策建议。该文迫切建议乌兹别克斯坦重返以俄罗斯为首的地区安全体系,而且这应该可以帮助塔什干解决它的一些问题。

但是,在乌伊运战斗队员的整个历史上,最为重要的是,他们是从塔吉克斯坦领土蔓延到乌兹别克斯坦和吉尔吉斯领土上的。然而,这个事实经常遭到塔吉克政府的驳斥。塔吉克《日光报》主编多多仲·阿托乌拉耶夫发表在俄罗斯《商业家》上的观点非常有趣:"杜尚别关于战斗队员是从阿富汗领土进入乌兹别克斯坦的观点,可笑。乌兹别克斯坦的苏尔汉河省接壤的是塔吉克斯坦。而朱马·纳曼干尼的乌兹别克伊斯兰运动本身事实上成立于 1998 年,它的建立是对胡多伊别尔德耶夫上校攻击塔吉克斯坦的一种回应(杜尚别指责其组织中有乌兹别克当局插手)。当时塔吉克斯坦总统埃莫马里·拉赫莫诺夫召集了一次会议,会议决定在国家南部向反对伊斯拉姆·卡里莫夫的不妥协者提供基地。当时朱马·纳曼干尼是出入任何一个办公室的常客,为运送其支持者而调运大客车和飞机。他们的装备比正规军士兵的精良。"②不管怎样,乌兹别克斯坦伊斯兰运动战斗部队从塔吉克斯坦领土发动攻击的事实谈得还是比较多,同时也顾及了俄罗斯在该共和国政治生活中发挥的作用。

尽管如此,毫无疑问,杜尚别还是想为自己辩白。例如,2000 年 8 月 29 日,也就是朱·纳曼干尼战斗队员再次向吉尔吉斯和乌兹别克斯坦发起进攻高潮之际,塔吉克斯坦安全会议副秘书长努拉里朔·纳扎罗夫声称,几位吉尔吉斯官方人士关于来自塔吉克斯坦领土的新恐怖小组"在最近两天对巴特肯省的突击中占有一席之地"的声明,纯粹是虚假的舆论报道。据他讲,塔吉克斯坦强力机构

---

① 《红星报》(Красная звезда[Москва]),莫斯科,2000 年 8 月 9 日。
② 《商业家》(Коммерсант[Москва]),莫斯科,2000 年 8 月 12 日。

掌握着这样一些资料,对吉尔吉斯铁路闭塞(信号)所的攻击是来自吉尔吉斯斯坦南部边境村镇扎尔达拉,这里有恐怖分子的基地,自去年秋天开始其主力就集中在这里。与此同时,塔吉克特种部队发言人指出,"我们不止一次及时地向自己的吉尔吉斯同事通报了这一点",然而,遗憾的是,他们"对我们的信号不予理睬"。① 在这份声明中,杜尚别试图强调,朱·纳曼干尼自1999年开始便在吉尔吉斯斯坦活动,因此说,这就是吉尔吉斯斯坦和乌兹别克斯坦的内政。然而,实施总归是事实,朱·纳曼干尼的战斗队员除了从塔吉克斯坦抵达乌兹别克斯坦和吉尔吉斯斯坦外,别无他路。

很好理解的是,来自塔吉克斯坦的乌兹别克伊斯兰运动战斗队员装备精良且有系统,这一事实本身不能不令塔什干和比什凯克感到不安。非但如此,两年来,这些激进的战斗队员一直威胁着乌兹别克斯坦和吉尔吉斯斯坦的安全,两国事实上都无法确定谁为这些激进战斗队员的行动负责。但是,如果无法确定是谁的责任,那么要弄清楚谁能够促进"纳曼干尼问题"的解决就不是一件非常容易的事。在中亚安全体系中,也许能够担当得起整顿秩序责任的唯一力量就是俄罗斯。而且,最突出的是,在1998年夏之前,俄罗斯完全可以胜任地区安全保障功能。然而,在1998年夏秋事件之后,乌兹别克斯坦和吉尔吉斯斯坦开始自行其是,最终出现了"纳曼干尼战斗队员问题"。

就这样,2000年8月20日,哈萨克斯坦、吉尔吉斯斯坦、塔吉克斯坦和乌兹别克斯坦参加了所谓的比什凯克峰会,各成员国当着俄罗斯联邦总统全权代表的面发表了一项极为有趣的声明。声明中说:"我们认为有必要在集体安全会议大会上认真讨论中亚现有局势,紧急拟定调解局势的措施,其中主要包括加强中亚南翼边界并消除边界地区的恐怖主义。考虑到塔吉克—阿富汗边界业已出现的紧张状况,各方确信将采取适宜的补充措施以巩固之,因为这是独联体国家的南部边界。"②在这份文件中,有趣的是,中亚国家建议俄罗斯加入2000年4月21日签订的联合打击恐怖主义、政治和宗教极端主义、跨国家有组织犯罪及其他威胁稳定和安全的地区条约。接着,中亚国家,主要是乌兹别克斯坦和吉尔吉斯斯坦以书面公开形式发表声明,如果没有俄罗斯的参与,解决战斗队员问题是不可能的。"1999—2000年,吉尔吉斯斯坦、乌兹别克斯坦和塔吉克斯坦边境地区非法武装部队行动的活跃促使俄罗斯加强了在中亚的军事政治作用,同时也促使乌兹别克斯坦改变了立场。"③

---

① http://www.eurasia.org.ru, 2000年8月29日。

② http://www.eurasia.org.ru, 2000年8月21日。

③ 《大陆》(КонтиненТ[Алматы]),阿拉木图,2003年,第2期。

事实上可以说,比什凯克峰会是恢复 1998 夏秋之前那种地区安全体系的第一步。这意味着,乌兹别克斯坦和吉尔吉斯斯坦从 1999—2000 年的悲惨经历中得出了相应的结论,并同意承认俄罗斯在中亚地区安全体系保障中的作用。那几天,有关这方面的吉尔吉斯斯坦资料宣称:"吉尔吉斯斯坦,已经可以说,受到了战斗队员的定期攻击,但是它现在得到了最邻近军事政治同盟强有力的安全保障。"①把这种外交辞令翻译过来就是,俄罗斯已经成功地克服了不利形势并恢复了自己在中亚的影响。

也就是说,事实上指的就是,接近 2000 年夏天的时候,中亚安全体系局势重新又发生了急剧的变化。俄罗斯成功地重新回到了与其政治影响水平相适应的昔日地区安全责任。在很大程度上,这是由乌兹别克斯坦和吉尔吉斯斯坦的安全受到现实威胁促成的。我们知道,1999 年和 2000 年,随着朱·纳曼干尼战斗队员在乌兹别克斯坦和吉尔吉斯斯坦领土上展开活动,这些国家的安全遂受到了现实的威胁。

然而,我们不能不指出的是,俄罗斯恢复了在中亚的影响,从某种程度上讲这是莫斯科和华盛顿利益妥协的结果。在比什凯克峰会前不久,即 8 月 1—2日,俄美关于阿富汗工作小组在华盛顿举行了一次不是特别示人的首次会晤,会晤中通过了一项联合声明,声明表达了几个有趣的结论,其中最重要的是,莫斯科和华盛顿将来也许有可能采取联合和非常积极的努力从根本上改变阿富汗的状况。

然而,特别引人注意的是联合声明的结尾部分,其中包括:"双方指出必须在法律框架内采取外交、权利保护和其他措施以达到对抗来自阿富汗的国际恐怖主义威胁目的,同时为该国在广泛基础上组建政府创造条件。"②该声明明确地反映了俄美就阿富汗问题可能进行协商的基础之基础。美国和俄罗斯联合行动的主要目的实际上是组建一个可以顾及阿富汗不同军事政治派别利益的新联合政府,利益的妥协被鲜明地表现出来。

此前我们就"多米诺骨牌效应"波及中亚各国局势的威胁问题进行了详细探讨。1999 年的巴特肯(吉尔吉斯斯坦)事件和 2000 年的乌兹别克斯坦苏尔汉河省事件明确表明,地区形势的不稳定威胁越发现实。无论谁支持乌兹别克斯坦伊斯兰运动,其行为都表明了中亚国家军事和政治结构的脆弱。非但如此,乌兹别克斯坦和吉尔吉斯斯坦恶劣的经济状况促使了内部政治反对派的扩散,而

---

① C.苏斯罗娃:《2000 年巴特肯事件日志》,《局部冲突是否会演变成为地区战争?》(汇编),比什凯克:妇女政策研究所 2001 年版,第 59 页。(Суслова С. Дневник Баткенских событий 2000 г. В сб. Не перерастет ли локальный конфликт в региональную войну? Бишкек: IWPR. 2001. С. 59.)

② 《独立报》(Независимая газета [Москва]),莫斯科,2000 年 8 月 5 日。

这些反对派中的相当部分持极端政治观点。在这方面,美国同俄罗斯就阿富汗问题达成利益妥协,可以使它们想办法减少持续不断的阿富汗冲突因素对中亚,主要是对乌兹别克斯坦的负面影响。

这客观上也是美国对中亚政策的战略任务之一,因为乌兹别克斯坦在政治力量和地区利益的任何排序中,其地位都非同小可。2000年的状况明显表明,乌兹别克斯坦在地区安全中的位置非常关键。

然而,美国和俄罗斯就阿富汗问题达成协议,其目的就是为了遏制塔利班运动的政治积极性,这引起了塔利班政治领导的严重不安。2000年8月15日,塔利班被迫发表声明反驳联合国阿富汗问题顾问弗朗西斯克·温德雷尔。据他讲,塔利班开始进攻"北方联盟",当时得到了"巴基斯坦的支持"。① 8月21日,也就是比什凯克峰会后的次日,塔利班就向中亚国家发布了广播讲话。"中亚一些国家的混乱是这些国家领导人推行欺骗政策的结果,他们为了达到自己的政治目的而对其他国家横加指责。昨天(8月20日),中亚四国——塔吉克斯坦、吉尔吉斯斯坦、乌兹别克斯坦、哈萨克斯坦总统和俄罗斯总统特使、俄罗斯安全会议秘书长谢尔盖·伊万诺夫在吉尔吉斯斯坦首都比什凯克举行会晤,在其声明中他们再次宣布政治和军事支持阿富汗伊斯兰国家的反对者,同时还宣称要让阿富汗伊斯兰国家为他们各自国家出现的无序和问题负责。"②我们知道,自1998年之后,中亚首次重新出现了受俄罗斯庇护的反塔联盟,这份声明表明塔利班运动对这一事件备感失望。毫无疑问,对塔利班来说,最让它感到失望的还是乌兹别克斯坦和吉尔吉斯斯坦加入了这一阵线。而且在这里,在声明中,塔利班就发生在中亚的"无序和问题"审视了中亚名下的掩盖了真相的威胁。显然,塔利班指的是1999—2000年朱·纳曼干尼的战斗队员在吉尔吉斯斯坦和乌兹别克斯坦的行动。

因此,地区政治形势重新发生了变化。但是,2000年的时候这种形势进一步朝哪个方向发展,一点都不清楚。但是,美国和俄罗斯在利益妥协上明显的被迫性这一事实却再次使形势复杂起来。由于莫斯科和华盛顿在中亚周边地区存在着为争取势力范围的地缘政治斗争,所以它们之间的基本体系对抗仍将持续不变。

另外,我们必须指出的是,巴基斯坦的立场仍然发挥着作用,它继续向塔利班运动提供着直接和间接的支持。非但如此,2000年夏秋之际,塔利班为了自身利益通过军事方式解决冲突的希望似乎已迫在眉睫。还有一件事,通过最后

---

① 国际文传电讯社(Интерфакс),2000年8月15日。

② 国际文传电讯社(Интерфакс),2000年8月22日。

努力,塔利班为了自身利益还是能够解决阿富汗问题的。在这种复杂形势下,塔利班运动发起了新一轮的军事进攻,在 2000 年 9 月初的进攻中,阿·马苏德的部队被迫放弃了塔卢坎市以及巴格兰和塔哈尔省部分地区。

在新一轮进攻中,塔利班距离彻底战胜反塔联盟已近在咫尺。尽管塔利班运动的进攻看起来非常突然,但是我们要考虑到美国和俄罗斯在 8 月份已达成的协议,而且这份协议后来还得到中亚国家,包括乌兹别克斯坦的支持。自然而然,这引起了莫斯科和华盛顿相应的反应。2000 年 9 月 2—3 日,也就是塔利班开始发动最近一次进攻的日子,美国南亚事务副国务卿卡尔·因德尔福特就塔利班在阿富汗政府中的作用表示了遗憾,他指出,塔利班的政策是导致从伊朗到克什米尔整个中亚和南亚地区不稳定的原因。在 9 月 2—3 日《美国之音》的一期《我们在线》访谈节目中,因德尔福特宣称,不排除可以说服塔利班开始寻求和平解决的可能性,作为证据他提供了"这样一个事实,他们正在开始失去国内的支持"。他继续指出,阿富汗人民全面反对塔利班培植的秩序。关于这一点说的是,阿富汗人不愿意支持由阿富汗北方地区政府推行的军事行动。① 与此同时,俄罗斯外交部严厉谴责塔利班在阿富汗国内的新一轮军事进攻。② 而 9 月 13 日俄罗斯联邦国防部长伊戈尔·谢尔盖耶夫表示,确信自阿富汗北方塔哈尔省省会塔卢坎市被塔利班及其庇护者巴基斯坦控制以来,阿富汗北方联盟军事领导人阿·马苏德就一直为"收复失地而竭尽全力"。谢尔盖耶夫元帅强调指出:"塔卢坎——这是一个重大损失,但是我想,马苏德本人可以对付得了它。"③在 2000 年夏天形成的新政治形势下,塔利班运动军发动的 9 月进攻只符合巴基斯坦一个国家的利益。

最有可能的是,随着俄罗斯、美国和中亚国家在立场方面进行的协调,这一过程将迫使伊斯兰堡开始修正自己对阿富汗的政策。然而,对巴基斯坦而言,其他国家对待阿富汗问题立场的接近则意味着伊斯兰堡将逐渐陷入孤立。相应的,巴基斯坦在 90 年代推行的所有政策就会受到质疑。结果,伊斯兰堡就只得放弃同时打通中亚运输走廊并控制阿富汗政府的机会。然而,对巴基斯坦而言,如果没有喀布尔的这个政府,运输走廊将失去相当的吸引力。

塔利班运动发动的 9 月进攻得到了巴基斯坦的支持,这一点可以通过以下事实得到证实:实际上在塔利班占领塔卢坎之后,巴基斯坦情报局局长马赫姆德将军便迅速赶往莫斯科,在那里他同俄罗斯联邦安全局局长帕特鲁舍夫和国防

---

① http://www.usinfo.state.gov
② 《消息报》(Известия[Москва]),莫斯科,2000 年 9 月 8 日。
③ 《俄罗斯杂志》(Русский журнал[Москва]),莫斯科,2000 年 9 月 13 日。

部长谢尔盖耶夫举行了会谈。在 2000 年 9 月 18 日俄罗斯《新闻时报》的访谈中,巴基斯坦驻俄罗斯大使伊甫提哈尔·穆尔谢德,也就是巴基斯坦前外交部副部长和阿富汗协调特使,回答道:"马赫姆德将军的会晤富有成效并证实了我们的期望:俄罗斯的外交政策可能是切合实际的。我可以就谈判内容说几句:就阿富汗调解问题而言,俄巴关系基本达到了完全相互理解。在此,我们不是竞争者,而是伙伴。马赫姆德将军的访问有助于双方增强相互理解,非但如此,最近几天俄巴还要举行一次其他级别的会晤。我们两国有许多共同利益。俄罗斯致力于多极世界,巴基斯坦同样如此。俄罗斯希望,国际社会不要采取未经联合国安理会同意的军事行动,巴基斯坦同样反对单边军事行动。我们和你们在所有问题,首先在阿富汗危机问题上是百分之百的伙伴,在这个问题上,俄罗斯现实主义外交政策可以发挥决定性的作用。"①非常明确,塔利班向马苏德阵地发动的突然攻击和塔利班运动在阿富汗大获全胜的前景给莫斯科留下了不良印象,巴基斯坦是想消除莫斯科的这种不良印象。除此之外,巴基斯坦代表选择前往莫斯科同时也明确地表明,巴基斯坦想通过非官方级别说服莫斯科不要向北方反塔联盟提供紧急军事援助。

我们应该关注巴基斯坦大使在接受访谈时的这段谈话。他指出,俄罗斯反对未经联合国安理会同意就采取军事行动,巴基斯坦同样也支持这个立场。这是对莫斯科发出的严正姿态。巴基斯坦大使无疑是在暗示,1999 年北约国家未经安理会同意发动了对南斯拉夫的行动。因此,我们可以得出结论,巴基斯坦和美国的关系变得复杂起来,而且伊斯兰堡想让莫斯科明白这一点。1998 年 8 月,美国驻肯尼亚和坦桑尼亚大使馆被炸,紧接着美国对乌萨马·本·拉登在苏丹和阿富汗的基地实施了打击,因此说,巴美关系的复杂化多半同这一时段之后美国改变对阿富汗冲突的政策有关。

但是,塔利班的顺利进攻令中亚国家领导人不能不深思。塔什干官方再次动摇了起来。2000 年 9 月 25 日,也就是比什凯克峰会后一个月之际,乌兹别克斯坦总统伊·卡里莫夫宣布,"解决阿富汗问题的方针正在发生变化"而且"对待塔利班的强硬立场正在缓和"。伊·卡里莫夫确信:"为解决阿富汗问题而创建的俄美委员会同样也在变化,但是,遗憾的是,我们很少能够知道那里在讨论些什么问题,有些什么变化,但是无论如何有开始就必定有结果。因此我给你们谈这些只有一个意思:考虑到塔利班运动的立场,你们将在最近有望得到解决阿富汗问题的一些变化。"②与此同时,美国驻欧洲武装力量总司令四星上将托

---

① 《新闻时报》(Время новостей[Москва]),莫斯科,2000 年 9 月 18 日。
② 《新闻时报》(Время новостей[Москва]),莫斯科,2000 年 9 月 25 日。

米·弗莱克斯访问了中亚。他会晤了吉尔吉斯斯坦总统阿卡耶夫,他们在会谈中讨论了中亚局势。

2000 年 11 月,耶鲁大学刊登了一份非常有趣的材料,资料中引用了一则关于美国对中亚形势变化的原因及可能出现的反应的有趣观点。"在最近短短的几个月内,乌兹别克斯坦总统伊斯拉姆·卡里莫夫对塔利班运动的评价从'地区宗教狂和极端主义的主要发源地'转变为'为地区和平而斗争的伙伴'。"为什么卡里莫夫要在如此短的时间内对塔利班运动的态度发生如此戏剧性的改变呢?简言之,因为他认为:"塔利班是实现其未来梦想的两个威胁中较小的一个。另一种威胁则是强有力的,那就是正在不断加强的俄罗斯的存在。美国的反应如何呢?美国的反应既有隐秘的一面,又有公开的一面。在公开场合,它既不谴责,也不支持乌兹别克斯坦政府同塔利班确立和平关系的决定。然而,在非官方场合,它却让卡里莫夫相信,美国有责任维护中亚安全并阻止俄罗斯在该地区的影响。"①无论如何,乌兹别克斯坦政府还是清楚地认识到,亲近塔利班则意味着由此将引发同俄罗斯关系的紧张,这只有在塔什干官方关于安全保障的问题对莫斯科作出政治抉择的情况下才具有政治含义。巴基斯坦本身都未能作出这样的抉择。因此,很清楚,塔什干考虑的是,如何在俄美客观存在的对抗中发挥作用。

另外,它同时还必须得考虑乌兹别克斯坦伊斯兰运动战斗队员的存在这一因素。对塔什干而言,乌伊运的存在这一因素实际上对它的威胁要大于塔利班运动。在俄罗斯《新闻时报》的同一访谈中,卡里莫夫总统坦诚直言。他认为,俄罗斯媒体纷纷炒作,以便预先追踪伊斯兰极端分子入侵乌兹别克斯坦和吉尔吉斯斯坦而引发的局势。他讲道:"所有这些都是为了在中亚制造不信任和慌乱,最为重要的是,这将会给吉尔吉斯斯坦、乌兹别克斯坦,也许还有塔吉克斯坦试图去对抗来自阿富汗北方的威胁带来无助。他说,唯一的挽救方法就是团结,所以乌兹别克斯坦重新加入了它前不久刚退出的独联体集体安全条约。所有这些做法都只有一个目的,那就是让舆论相信有必要让俄罗斯军队进驻这里或创建俄罗斯基地。"②乌兹别克斯坦总统发表这种严正的反俄声明,应该说有充足的理由。

最有可能的是,乌兹别克斯坦之所以如此行动,是因为塔什干得到了影响其立场的新情报。这个情报可能就是美国将乌兹别克斯坦伊斯兰运动列入国外恐

---

① 鲍林·琼斯·龙:《一次危险的平衡行动:卡里莫夫、普京与塔利班》(Pauline Jones Luong. A Dangerous Balancing Act:Kalimov, Putin and the Taliban.),http://www.afghan-politics.org

② 《新闻时报》(Время новостей[Москва]),莫斯科,2000 年 9 月 25 日。

怖主义组织的决定。9 月中旬,华盛顿宣布了这一决定。这个决定的根据是,美国收到了乌兹别克斯坦伊斯兰运动同国际恐怖主义乌萨马·本·拉登保持着密切联系的情报。从这一点来讲,美国作出的这一决定是绝无仅有的。此前在国际恐怖主义"黑名单"上有 28 个组织的名称。事实上,通常它在将这种或那种恐怖主义组织列入这份"黑名单"时要进行例行审理,两年一次。这个要求是国会向国务院提出的。

而这次,据美国国务院反恐斗争协调员迈克尔·希汉讲,美国人决定不再等待,他们把乌兹别克斯坦伊斯兰运动优先划入恐怖主义组织名单。希汉指出,这还是第一次。① 对于这一情报,塔什干评价指出,对乌兹别克斯坦而言,这是美国在关键问题——保证国家安全方面对它的支持。1999—2000 年,塔什干安全受到的威胁主要同乌伊运的行动有关。而且,如果美国以这种或那种方式表示它将在乌伊运问题的解决上支持塔什干的话,那么这就可以让乌兹别克领导人放弃寻求俄罗斯和中亚国家支持的念头。因此,2000 年 9 月底,伊·卡里莫夫实际上便具有否认同年 8 月 25 日比什凯克峰会决议的资本。

最有可能的是,这一点可以通过如下事实得到诠释,俄美关于阿富汗问题工作小组在其框架内一直在寻求也许可以同时取悦俄美的那种解决途径。在乌伊运突然被很快列入恐怖主义组织名单的情况下,伊·卡里莫夫的反俄言论可以看做是华盛顿对俄罗斯施加的压力,其目的就是为了让后者作出让步。很清楚,有关乌伊运的问题最不利于莫斯科。

我们还记得,乌伊运来自塔吉克斯坦领土,从事反对乌兹别克斯坦和吉尔吉斯斯坦的军事行动。但是,塔吉克领导人则暗示认为,乌伊运战斗队员来自塔利班控制的阿富汗领土,其行动是独立自主的。俄罗斯问题分析专家也确信,乌伊运得到"塔吉克联合反对派"前战斗队员的支持,其中包括塔吉克斯坦紧急状态部长米尔佐·吉叶耶夫,根据塔吉克联合反对派的名额他任此职。

然而,在这一时期,莫斯科在塔吉克斯坦的影响非常大。重要的是,德黑兰对塔吉克联合反对派的影响也不小。而且最为重要的是,1997 年正是俄罗斯和伊朗促成了埃莫马里·拉赫莫诺夫的塔吉克斯坦政府同塔吉克联合反对派的和解。除此之外,对乌伊运战斗队员来说,也许最为困难的是从塔利班控制地带通向乌兹别克斯坦的道路,它首先得穿越阿·马苏德占领的领土,而后得穿过由1.6 万名俄罗斯边防军把守的塔吉克—阿富汗边界线,之后,还必须得穿越塔吉克斯坦领土。因此,比什凯克峰会于 8 月 25 日建议俄罗斯加入联合打击恐怖主义、政治和宗教极端主义、跨国家有组织犯罪及其他威胁稳定和安全的地区条

---

① 《独立报》(Независимая газета[Москва]),莫斯科,2000 年 9 月 20 日。

约,这件事具有双重含义。事实上也就意味着,比什凯克和塔什干承认只有俄罗斯才能够解决乌伊运问题,顺理成章,也就只有俄罗斯才可以为乌兹别克斯坦、吉尔吉斯斯坦和整个中亚解决安全问题。

比什凯克峰会给 1998 年秋至 2000 年夏以莫斯科为一方,塔什干和比什凯克为另一方之间的复杂关系划了一个明显的界限。就这样,莫斯科恢复了自己在中亚地区的领导地位。因此,甚至连 9 月份乌兹别克斯坦总统的反俄言论也不再有任何意义。最具典型的是,比什凯克峰会之后便迅速出现了俄罗斯同塔利班寻求联系的迹象。

9 月 26 日,莫斯科突然作出决定派遣俄罗斯总统特使前往巴基斯坦,开始同阿富汗当权的塔利班运动对话。这一对话一直持续到莫斯科为了北方反塔联盟的利益而拒绝同塔利班谈判为止。几天之后,莫斯科突然宣布,将不再向反塔联盟提供军事援助。① 哈萨克斯坦总理卡塞姆热马尔特·托卡耶夫在对巴基斯坦执首贝尔维兹·穆沙拉夫将军访问哈萨克斯坦的总结发言中,谈到了有关承认塔利班运动为阿富汗占优势的重要军事和政治力量的可能性。② 我们发现,这些事实同以上所引用的 9 月 25 日伊·卡里莫夫接受《新闻时报》访谈时发表的声明不谋而合,那就是"考虑到塔利班运动的地位,必须期待最近一段时间在解决阿富汗问题上会出现一定的变化"。

显然,我们可以推测,在俄美关于阿富汗问题工作小组框架内可以达成协议。该协议的一部分也许就是乌兹别克斯坦和吉尔吉斯斯坦正式承认俄罗斯在中亚的作用,也就是比什凯克峰会上的成果。在这种情况下,协议的另一部分也许就是俄罗斯和中亚国家同意正式承认塔利班为阿富汗的优势力量。

这段文字远不是偶然故意引人注意的,对已通过决议的执行是非常形式化的。事实上,塔什干在比什凯克峰会上针对俄罗斯签署了极其诚恳的文件。可是,乌兹别克斯坦总统卡里莫夫在 9 月 25 日接受俄罗斯报纸访谈时,则表示出了极端的反俄情绪。

很清楚,塔什干在对待比什凯克峰会上非常形式化,它更乐意听从来自华盛顿的意见。因此,不值得过分评价俄罗斯和哈萨克斯坦的允诺,卡·托卡耶夫在上述情况下口头表示哈萨克斯坦支持俄罗斯关于塔利班的立场,也就是事实上承认塔利班运动。毫无疑问,即使在俄美工作小组框架内取得丰硕成果之后,俄美两国还是不存在相互信任的基础。

就这样,在当代阿富汗冲突史上,美国、俄罗斯、巴基斯坦、伊朗,同时还有中

---

① http://www.globe.kz

② 《大陆》(КонтиненТ[Алматы]),阿拉木图,2000 年,第 22 期。

亚国家首次就各方都可以接受的解决阿富汗问题的途径进行了探寻。在探寻问题的解决过程中,各方探讨了各种各样最不同的方案。其中许多方案在一年之后都是令人不可思议的,例如,莫斯科曾试图同塔利班运动取得联系的问题等。尽管如此,但是,从另一方面来看,不能排除俄罗斯有借此向北方反塔联盟盟友施加压力的企图。

美国和俄罗斯向自己的保护盟友施加压力,毫无疑问,是阿富汗冲突,当然也包括其他任何冲突调解进程中的重要组成部分。2000 年秋,围绕阿富汗的讨论议题就是有关调解。但是,有关调解的条件问题,相关主要各方都进行了协商。在这里,相关各方指的是美国和俄罗斯;一方有伊朗参加,另一方有巴基斯坦参加。自然,这无法让阿富汗冲突的直接参与者,如北方联盟和塔利班运动感到满意。

例如,我们还记得,在 1997 年的塔吉克斯坦各方冲突调解进程中,杜尚别亲俄政府采取了一系列反对马·胡多伊别尔德耶夫上校和塔吉克斯坦前外交部长雅·萨里莫夫的行动,此前这两人都曾积极参与过反对塔吉克反对派的斗争。同样,就在 1997 年和其后几年,塔吉克政府在"塔吉克联合反对派"的默许下采取了一系列反对不受"塔吉克联合反对派"控制的战地指挥官的行动。因此,阻碍解决重要任务——调解冲突的人物被清除出局。但是,我们必须指出的是,只有那些有影响力的国家才能为制止冲突采取战略决定,这是些既在该地区有自身利益又积极支持各种地方政治运动的国家,同时它们还是些能够在当地实现其利益的国家。

在各方为了自身在阿富汗利益而斗争的过程中,军事力量和秘密外交成为其最重要的依据,在这一段紧张时期之后就很难通过地方对抗的积极参与者来解释清楚,为何保护国的政策取向正在发生变化。我们无法评判,塔利班运动和巴基斯坦之间、巴基斯坦和美国之间的关系究竟是怎么建立起来的,但是,我们却可以据北方联盟和俄罗斯的关系得出几点结论。

根据已有情况判断,2000 年俄罗斯和美国之间的紧张谈判及其表现出来的调解阿富汗冲突的意愿,遇到了来自北方联盟不太友好的反应。非但如此,俄罗斯停止军事援助使得塔卢坎沦陷。而军事援助的停止又是因必须向北方联盟施压引起的,当然,施压则是为了强调它的依附地位并迫使它更加顺从。[①]

因此说,2000 年的最重要结果应该承认为,通过了调解阿富汗冲突的战略决定。这个决定本身已动摇了自 1994 年塔利班运动出现以来当代阿富汗冲突

① 无独有偶,2000 年春,在哈萨克斯坦《大陆》杂志记者前往北方联盟领土的过程中,联盟代表坚持强调他们拥有俄罗斯生产的武器,但却缺少弹药。资料来源:《大陆》,阿拉木图,2001 年,第 8 期。

史上业已形成的地区关系体系。总之,塔利班在 2000 年秋输了战争。下一步那就是技术上的事了。

寻求阿富汗问题的解决

2000 年底,俄美协议初见成效。美国和俄罗斯共同倡议联合国通过了联合国安理会第 1333 号决议,拟加强对塔利班运动的制裁。

第 1333 号决议是 2000 年 12 月 21 日通过的。联合国安理会以 13 票赞成、2 票(中国和马来西亚)弃权通过该决议。根据该协议,禁止向塔利班运动控制的阿富汗领土上的各军事派别出售、提供和输送武器及配套物资、军队装备、军械等;联合国成员国禁止向塔利班运动提供技术援助、培训、派遣各种形式的军事顾问;所有向塔利班运动提供援助的外国军事顾问、军官和军事人员必须撤出塔利班控制的阿富汗领土;同样禁止民航飞越塔利班控制的领土;建议所有联合国成员国关闭塔利班运动的一切办事处和阿富汗阿里亚娜航空公司。该决议在通过之日起 60 天内生效。

我们的第一印象是,尽管我们对有关旨在反对塔利班运动的措施有些怀疑,但是联合国安理会决议的履行还是令人难忘的,既贯彻始终,又坚定不移。所以,这不是偶尔为之。因为,在阿富汗现代政治史上,也许这是俄罗斯和美国第一次就阿富汗问题达成立场一致的统一阵线。莫斯科和华盛顿由此担负起了解决阿富汗问题的责任,当然这个问题是由双方在多年的冷战中促成的。因此,这个事实使双方对解决这一问题持极大的乐观态度。因为,这是上述任何一个国家首次努力不触及对方的利益,自然,也就不会遇到严重的对抗;昔日,要么一国要整顿阿富汗秩序,要么一国就在这种努力的道路上设置障碍,因为在以前这已经不止一次地发生过。

华盛顿和莫斯科在默认阿富汗问题中其他相关各方的情况下坚定行事。例如,中国在安理会投了弃权票。但是,这并不意味着,北京不关心阿富汗冲突的调解。只是对北京来说,即使在这种情况下,在阿富汗冲突中保持中立仍然是最为重要的,从自身的地缘政治观点出发它极力不想破坏同巴基斯坦的关系。另外,联合国的最新决议是由莫斯科和华盛顿倡议的,而这意味着这是它们的政治游戏,北京不想做一个多余的第三者。

欧共体、伊朗和印度的立场也大抵如此,比较审慎。在这里我们常常可以注意到对塔利班实行制裁中的人道主义问题,由于制裁的实施,国际慈善组织的活动出现了减少的威胁,毫无疑问,这将给阿富汗平民百姓带来灾难。巴基斯坦官方代表总是谈到这一点。

　　然而,在这样一种情况下,问题还谈不到联合国的制裁直接决定着政治制度的命运。问题指的是所有相关各方在利益方面达成了协议和塔利班运动有能力站起来反对这种协调一致的压力。很明显结果只有一个,随着决议的通过,塔利班不管怎么说还是陷入了孤立的境地。所以,最为重要的是,联合国安理会决议规定所有国家,至少巴基斯坦要从阿富汗游戏中退出。在这层意义上,决议看起来就非常片面。它规定对塔利班实施制裁,但是并不制裁北方反塔联盟。

　　而这时对谁来说都已十分清楚,巴基斯坦就是塔利班运动最重要的庇护者。例如,决议要求撤出军事顾问和军事人员。塔利班控制领土上唯一可能的外国军人就是巴基斯坦人,这不是秘密。决议要求停止向塔利班运动提供武器、军备和弹药,这又是一个只能涉及巴基斯坦的问题。决议看起来非常之坚决而且要求非常之多,首先是对巴基斯坦的要求最多。那巴基斯坦怎么办呢? 伊斯兰堡如何对待联合国决议的立场呢? 巴基斯坦准备屈从决议,还是伊斯兰堡继续推行其昔日政策并以此反对联合国、国际社会舆论以及美国和俄罗斯呢?

　　最有可能的是,所有的一切早就决定好了。如果不同巴基斯坦协商好的话,那么当时美国和俄罗斯推行反塔决议就没有任何现实意义。巴基斯坦无需特别努力就有能力按原有方式支持塔利班运动,如通过帮助巴基斯坦西北边境省的普什图军队。似乎是,伊斯兰堡官方必须得有官方理由,以使自己首先在国内不要丢脸。执行联合国决议完全可以让巴基斯坦官方领导人保住脸面,这一点很好理解。最重要的是需要了解其他方面的问题:为什么巴基斯坦要迈出这样一步,也就是实际上放弃自塔利班运动在阿富汗政治舞台上出现六年多来一直在阿富汗推行的政策呢?

　　巴基斯坦的状况不能以简单二字概括。它在国家军队的管理上遇到了严重困境,首先表现在经济和意识形态方面。也许,巴基斯坦经历着自己历史上最为复杂的一个时期。在许多方面,这同以下情况有关,即它从英帝国时代继承的世俗社会组织和管理模式逐渐耗尽了自己的潜力。

　　在世俗政权制度发生危机的情况下(军事政变是这种危机的鲜明表现),巴基斯坦追求伊斯兰国家的运动表现得越来越明显,而且这不是宣言性的。我们记得,巴基斯坦还在齐亚·哈克总统时期就是一个伊斯兰国家。因此,这是非常现实的,其基础就是"纯伊斯兰教"原则。巴基斯坦世俗上层不会不明白这一点,经济危机只会加强意识形态危机。因此,巴基斯坦只对那些能够补偿塔利班运动可能带来损失的诱人"糖果"感兴趣。对伊斯兰堡而言,什么东西可以成为这种"糖果"呢? 这包括两个最为重要的方面——掩盖同核武器有关的所有问题和财政援助。显然,问题就在于这两方面。

　　除了借助外援摆脱经济危机之外,伊斯兰堡没有任何别的出路。形势的复杂性还在于,巴基斯坦传统政治上层的威信已经扫地,主要是贿赂丑闻与迫害使前总理、巴基斯坦人民党领袖贝·布托蒙受了严重损失,之后是军队使另一位前总理、穆斯林联盟领袖纳瓦兹·沙里夫名声扫地。这两人中,前者依靠的是信德省的上层,后者代表的是旁遮普省上层的利益。当世俗领袖行贿受贿、威信扫地事件不断发生的时候,那么在经济危机爆发时社会非常容易接受平民化的口号。在巴基斯坦这样的一种情况下,平民化思想就只能是创建一个能够涤除社会腐败恶习和道德沦丧的纯粹伊斯兰国家的思想。

毫无疑问,在这一点上,阿富汗因素发挥着重要作用。当时,建立在巴基斯坦,主要是巴基斯坦西北边境省的伊斯兰学校体系同巴基斯坦激进的伊斯兰组织联系非常紧密,有几万人在这里参加培训。他们在阿富汗领土上的同一性质的延续,也就是他们的体现,即塔利班运动。这里还有一种不为常人所接受的情况。当时,为了实现巴基斯坦打通通向中亚地区运输走廊这样的国家利益,巴基斯坦军方和跨部门情报机关创建了塔利班运动。当时,巴基斯坦并未感受到经济和意识形态方面的严重问题,所有的一切都在其控制之下。如今,阿富汗塔利班运动和巴基斯坦自身的激进伊斯兰组织越来越自以为是,而这就损害了巴基斯坦的国际利益。

我们必须承认的是,在联合国安理会决议通过后,形势看起来对塔利班运动和巴基斯坦极为不利。尽管如此,当然,要详细谈巴基斯坦执行决议对塔利班运动支持的影响还是非常困难的。看起来比较有趣的是这样一则信息,该信息刊登在 2001 年 4 月 9 日的美国《纽约时报》上,可以被看成是情报的走光。根据该报援引联合国总部的资料信息,俄罗斯于近期将在联合国安理会倡议制裁巴基斯坦。① 莫斯科立即对这则信息予以驳斥,然而,信息被刊登出来这一事实本身就颇具象征意义。巴基斯坦是解决塔利班运动问题的关键。这则情报在反塔联盟有计划地开始向塔利班运动采取积极军事行动的前夕曝光,并非偶然。所有的一切都好像是给巴基斯坦发出的一个信号,如果再继续推行暗中支持塔利班的政策,那么将会给伊斯兰堡带来严重后果。

另一方面,对反塔联盟而言,形势变得非常顺利。2001 年 4 月初,应欧洲议会主席尼科尔·方丹的邀请,反塔联盟领袖阿·马苏德前往巴黎和斯特拉斯堡。在那里他会晤了法国外交部长于贝尔·韦德里纳。阿·马苏德在回答欧洲向反塔联盟提供什么样的帮助这一问题时指出,除向巴基斯坦施加压力以迫使其放弃支持塔利班运动之外,他无须任何帮助。② 显然,欧洲对阿·马苏德的关注是

① http://www.vremya.ru, 2001 年 4 月 10 日,第 63 期。
② 《大陆》(Континент[Алматы]),阿拉木图,2001 年,第 8 期。

国际社会在阿富汗国内对塔利班运动进行抉择的一部分。然而,我们不能不指出的是,可能造成阿富汗反塔力量加强的最重要条件是美国和俄罗斯两个关键大国于 2000 年在阿富汗问题上达成的利益妥协。

总之,阿富汗军事政治状况在 2001 年春对反塔联盟极为有利。阿·马苏德从法国返回后,同杜斯图姆将军①和计划在阿富汗西部赫拉特省开辟反塔阵线的伊斯玛依尔汗举行了谈判。2001 年 4 月,这位阿富汗乌兹别克族领袖从伊朗麦什德市回到法扎巴德,他确信有 5000 士兵,同时还有阿富汗北方法利亚布和朱兹詹省乌兹别克居民的支持。② 贾拉拉巴德舒拉会议前主席哈吉·阿赫马德·卡德尔宣布准备解放阿富汗西南的楠格哈尔、拉格曼和库纳尔诸省。③ 在阿富汗中心省份巴米扬,阿富汗伊斯兰统一党的什叶派哈扎拉军队正在开展反对塔利班的顽强战斗。阿·马苏德本人确信,他有 2 万士兵整装待发④,其军队占据喀布尔以北的关键位置并固守着同喀布尔毗连的帕尔万和卡皮萨省。⑤ 可见,军事政治形势有利于反塔联盟,联盟还得到俄罗斯、伊朗和印度的支持。此时,美国和西方主要国家则因各种原因在这一段时间内对塔利班运动持否定态度。

与此同时,中亚在地区安全体系框架内积极组建军事同盟,加入该同盟的有哈萨克斯坦、吉尔吉斯斯坦、俄罗斯和塔吉克斯坦的部队和分队。⑥ 尽管乌兹别克斯坦没有参加集体安全条约机构,但是塔什干抓住时机,放风说要重新迅速改变对待塔利班运动的口气。例如,2001 年 3 月 15 日,布·拉巴尼政府外交部长阿卜杜拉·阿卜杜拉博士访问了塔什干。双方以公开书面形式表示,共同努力对付乌兹别克斯坦伊斯兰运动。⑦ 塔什干同反塔联盟的亲近同样表明了地区政治中的新趋势。

就这样,2001 年上半年,阿富汗及其周边逐渐形成了新的政治形势。阿富汗本身又一次形成了广泛的反塔联盟。另外,联合国通过制裁决议,无疑在某种程度上限制了它从巴基斯坦获取军事和其他帮助的可能性。尽管一切都发生了变化,但是,无论如何,事实总归还是事实。塔利班运动控制着除法扎巴德之外的所有阿富汗城市和大部分领土。

由此给 2001 年议事日程强烈地提出了一个最重要的问题——塔利班在如此复杂的新条件下能否在阿富汗坚守住自己的阵地? 要回答这个问题,必须得

① 杜斯图姆将军在 2001 年春天抵达北方联盟控制的领土之前,侨居伊朗的麦什德市。
② http://www.khabar.kz,2001 年 4 月 16 日。
③ 《独立报》(Независимая газета[Москва]),莫斯科,2001 年 4 月 6 日。
④ 《消息报》(Известия[Москва]),莫斯科,2001 年 3 月 30 日。
⑤ 《大陆》(КонтиненТ[Алматы]),阿拉木图,2001 年,第 8 期。
⑥ 《独立报》(Независимая газета[Москва]),莫斯科,2001 年 4 月 6 日。
⑦ 《莫斯科新闻报》(Московские новости[Москва]),莫斯科,2001 年 3 月 20 日。

努力弄清楚,塔利班在2001年事实上控制着阿富汗的多少领土,真像当时人们说的占领着90%的领土吗?

问题是,阿富汗20年的战争实际上不仅彻底摧垮了一般的基础设施建设,还摧毁了国家管理机构。塔利班运动本身可以说更像一个军事化社团。塔利班的组织结构看上去非常无组织,如运动最高会议——大舒拉在中止了很长一段时间后于2001年召开。像塔利班运动这样的结构可以集中力量解决一些具体问题,但是却无法形成长久系统的政治控制或压力。在塔利班结构直接存在的地方,如坎大哈、喀布尔及其他一些大城市,它的影响就非常明显,但是在农村地区和许多北方领土上,内部自治仍然占主要地位。"塔利班在喀布尔和赫拉特坚持的政策极大地不同于其在其他一些省份和农村推行的政策,这些地方的居民多年来一直自行其是并乐其所居,极少受到外来影响。"①也就是说,塔利班运动政权统治下的阿富汗是由许多普什图部族、地方战地指挥官的小自治领地拼成的"布头被子"②。他们表面上都承认塔利班政权,但事实上个个都是完全独立自主的领主。在国家缺乏管理基础设施的条件下,塔利班无法保证控制每一个村庄、每一个部族。

要证明这一点,最好的力证是,塔利班运动企图粉碎北方联盟军队,但是它组织动员其所控制的国家力量的能力极低。从双方力量看,参加北方战斗的武装人数并不多。据各类观察家的估计,塔利班部队的总人数有2.5—5万人,其中只有极少数直接参加了北方战线。尽管北方联盟的总人口资源根本无法同整个阿富汗国内其他地区相比,但是如果大多数人愿意或者塔利班可以动员国家南部和西部哪怕部分普什图人的话,那么北方联盟的命运也许早就被决定了。阿富汗历史上曾经也发生过类似的事实,如1892年阿富汗阿卜杜拉赫曼埃米尔对哈扎拉贾特山区哈扎拉人叛乱的平息。

当时哈扎拉人起事反对阿富汗政府,而阿富汗政府在正规军的协助下很快就征服了哈扎拉贾特山区。从战略上看,当时的形势同今天的十分相似。哈扎拉人被封锁在山区,完全就像阿赫马德·沙赫·马苏德的处境。但是,当时的阿富汗政府无论如何也想把哈扎拉贾特置于自己的控辖之下。

---

① 彼得·马尔德森:《塔利班:阿富汗的战争与宗教》,莫斯科2002年版,第79页。(Питер Мардсен. Талибан. Война и религия в Афганистане. М. 2002. С. 79.)

② 例如,在1997年5月的马扎里沙里夫败仗之后,塔利班试图在阿富汗东部和巴基斯坦的普什图—吉尔扎伊部族中招募新兵。但是,他们却让塔利班运动付出了难以承受的政治代价。1997年6月,有位来自帕克提亚省、出身吉尔扎伊部族且有影响力的战地指挥官扎拉鲁丁·哈加尼,他从塔利班运动那里得到一大笔钱,在吉尔扎伊人当中招募了3000士兵。然而,前线的实际指挥并不是哈加尼,而是来自坎大哈的塔利班人,两个月后大部分吉尔扎伊士兵便开了小差,哈加尼只留下了300人。资料来源:阿赫迈德·拉什德:《塔利班:中亚伊斯兰教、石油与新博弈》,伦敦2000年版,第59-60页。

考虑到当时没有空军、直升机和重炮的情况下,这就是一个非常艰巨的任务。一支阿富汗军队的力量显然不够。阿卜杜拉赫曼埃米尔在全国发动了总动员。动员得到坎大哈、法拉、赫拉特、萨伊甘、喀布尔、瓦罕、法扎巴德、塔卢坎、哈纳巴德、昆都士、马扎里沙里夫、巴尔赫、巴达赫尚、加兹尼和贾拉拉巴德的响应。赫拉特从商人和房东那里征收全年收入 8.5% 的特殊税,在其他城市同样征收战争税。普什图部族得到许诺可以占有哈扎拉人的土地和战利品。阿富汗政府为反对哈扎拉人总共投入了 40 个正规步兵团、1 万骑兵、100 多门大炮、10 万步兵和 2 万普什图人为主的骑兵民军。战斗异常激烈。例如,在强攻哈扎拉人堡垒乌卢兹甘时,哈扎拉人阵亡 3500 人,阿富汗人阵亡 5000 人。① 阿富汗军队和民军损失惨重,但是通过集中全国力量埃米尔及其军队成功地摧毁了哈扎拉人的反抗。次年,也就是 1893 年,起义被镇压。

对哈扎拉人而言,这是一次巨大的失败。但是对我们而言,教训并不在此。一个世纪前的历史表明,阿富汗,尤其是普什图地区的军事潜力是极高的。无论是英国,还是苏联都对此深信不疑。那么,经过最近 20 年的战争后,我们仅就普什图部族地区坎大哈—贾拉拉巴德的军事潜力也可以作出想象。20 世纪 70 年代末,这里的普什图官方民军,作为阿富汗军队的后备军,估计有士兵 45 万人。② 2001 年的时候,其数量至少不会比这少。然而,参加北方战斗的塔利班运动战士仅仅只有可数的几千人,其中许多还是在北方当地动员入伍的乌兹别克人、塔吉克人和哈扎拉人。"来自坎大哈周围农村的许多普什图人拒绝自己的儿子参加塔利班军队。"③

也许,问题总归还在于塔利班运动。从表面上看,2001 年的时候,塔利班实际控制的领土相当于 19 世纪末阿富汗埃米尔的领土。在这种情况下,尽管一百年来阿富汗人口有了相当大地增长,但是 20 年血腥的战争使得塔利班政权无法同阿富汗埃米尔政权相提并论。当我们谈到管理国家的基础设施的时候,那么问题就不仅仅是通信线路、管理机关、镇压、税收、权威信息渠道等,而在于服从传统体系,有意识地承认和接受国家和政权的高度权威。

在阿富汗,这是普什图人行使宗主权的历史机械论。这些关系充满了相互间的责任而且通常被尊崇为传统。普什图部族同中央政权的关系始终被看做是一种交易。因此,普什图人在自己的事务、喜好和偏好方面始终基本保持着自治

---

① Л. 帖米尔汉诺夫:《哈扎拉人》,莫斯科 1972 年版,第 100 页。(Темирханов Л. Хазарейцы. М. 1972. C. 100.)

② 《阿富汗武装力量史》,莫斯科 1985 年版,第 120 页。(История вооруженных сил Афганистана. М. 1985. C. 120.)

③ 阿赫迈德·拉什德:《塔利班:中亚伊斯兰教、石油与新博弈》,第 60 页。

和独立自主。最有可能的是,可以说,今天大多数普什图部族及团体同塔利班运动之间保持着一种漠不关心的中立关系。巴基斯坦研究者阿赫迈德·拉什德非常生动地指出:"塔利班处于部族结构和国家结构之间,这种部族结构是他们试图忽视掉的,这种国家结构是他们需要的但又是他们拒绝创建的。"①国家制度的缺失导致塔利班在客观上没有一套行之有效的国家管理体系,但是塔利班运动对巴基斯坦的依赖程度向来很高。

很清楚,如果在对塔利班实施制裁且紧接着国际人道主义组织不可避免地中止其活动的情况下,那么普什图人的状况就必定会发生恶化,这原则上会引起其极大的不满。因此,在普什图部族上层和各地方权威领袖协调一致的传统基础上,阿富汗国家重建思想也许会获得额外的动因。到那时,大支尔格会议,即普什图传统大国民会议的思想也许就会成为必需,在这个大会上或许能够决定阿富汗国家的命运。在这种情况下,查希尔·沙阿国王的原有思想(所谓的罗马计划)也许就会得到国内的支持。

到那时,塔利班运动和普什图各部队之间就可能发生利益冲突。如果普什图领袖们支持大支尔格思想的话,那么塔利班运动的政治前途也许就很难料定了。至少,如果没有巴基斯坦的支持,一旦塔利班同普什图领袖们发生冲突,那么它未必就能通过军事手段独立把持住阿富汗政权。如果大支尔格会议提出阿富汗内部妥协条件的话,到那时塔利班要么必须承认支尔格的决定,要么不得不同传统普什图部族民军(所谓的拉什卡尔)交火。

在这种情况下,就不好过低估计前国王查希尔·沙阿的作用。至少,在转折时期,阿富汗传统君主政体是国家复兴的思想旗帜。非但如此,2001年春天的时候,有消息称,查希尔·沙阿国王在美国的积极支持下计划宣布组建流亡政府。与此同时,计划召开有阿富汗知名领袖、政治家和宗教权威参加的大支尔格会议,这些知名人士当时大部分侨居国外。② 客观地讲,只有传统贵族阶层才能成为"纯伊斯兰教"思想支持者,其中包括塔利班运动真正的抗衡者。

然而,毫无疑问,以上所述都只不过是事件在2001年可能发展的理想途径而已。上面我们已经指出过,如果2000年通过了有关调解阿富汗冲突的战略决议的话,那么剩下的就只是技术问题了。第一个"技术"步骤于2000年12月开始着手进行,次年便通过了联合国安理会第1333号决议。然而,形势的进一步发展仍然云雾迷蒙。这里有一个最重要的问题是,国际社会对塔利班运动的封锁到底能有多大成效? 如果国际社会成功地中止了巴基斯坦对塔利班的外援的

---

① 阿赫迈德·拉什德:《塔利班:中亚伊斯兰教、石油与新博弈》,第212页。

② 《消息报》(Известия[Москва]),莫斯科,2001年4月2日。

话,那么它到底还能坚守国家政权多长时间?

在 2001 年初回答这些问题是非常复杂的,这里有几个有利于塔利班运动的极其重要的因素。第一,在阿富汗普什图地区地方领袖保持完全自治的情况下,塔利班运动是最强大的军事政治组织,毋庸讳言,它在国内居优势地位。在普什图人保持完全独立自主和自治的情况下,寻求解决阿富汗普什图人问题的途径,显然不是那么容易的事。

第二,塔利班掌握着重要的思想基地。这保证它能够得到来自巴基斯坦同类政治组织的有效支持。

第三,2001 年国际社会再次将希望寄托在人们熟知的阿富汗军事政治派别领导人身上,这些领导人在反对塔利班战斗中已不止一次无功而返。值得注意的是,其中有几个还都是普什图族人,如哈吉·阿卜杜尔·卡德尔和阿卜杜尔·拉苏尔·赛亚夫,其余的都是阿富汗民族与宗教少数。与此相适应,主要代表阿富汗民族与宗教少数利益的北方联盟开始积极采取军事行动,自然,这就会引起普什图人对抗的增强并促使普什图族团结到塔利班运动周围。

第四,阿富汗被摧毁的国家基础设施为塔利班千方百计、无需花费太大代价长期抵制封锁创造了良好条件。因此,塔利班运动也许只需依靠来自巴基斯坦和土库曼斯坦领土上的走私,其中包括毒品交易所获得的金钱,就足以满足其最低需求。

总之,形势已到了尽头。2001 年年初到年中的时候,形势还不十分明朗,以俄罗斯和美国为首的国际社会在调解阿富汗冲突方面将通过什么方式努力从策略上和"技术上"解决阿富汗问题?事实上,还剩下一条潜在的可能途径,那就是组织直接武装干涉、推翻阿富汗塔利班运动政权、重建阿富汗国家组织。但是如此解决阿富汗问题的风险非常严重,而且令人怀疑的是,即使在成功组建广泛的国际联盟后,美国和俄罗斯会不会这么做。最为重要的是并不存在任何可供军事干涉的客观条件。军事干涉作为解决阿富汗问题的一种手段,如果它的实施不要求美国和俄罗斯有大的付出而且同时还无法带来具体的政治成果的话,那么这种手段将证明是无效的。

但是,即使是在国际社会实施封锁的条件下,2001 年无论如何不存在塔利班运动最近能够离开阿富汗政治舞台的这样一种先决条件。重要的是,巴基斯坦完全有能力在 2001 年和接下来的几年中暗中支持塔利班运动,同样,俄罗斯和伊朗也可以像 1996—2000 年那样,实际上采取一种从外部施压的形式以支持阿富汗北方的阿·马苏德加以对抗。2001 年上半年的时候,没有任何关于可以迅速解决阿富汗问题的影子,说实在的,谁都没有。如果 2001 年不发生美国9·11突发事件的话,阿富汗冲突有成为欧亚政治版图上永恒"黑洞"的危险。

第七章　9·11事件之后

　　2001年9月11日悲剧事件改变了世界政治的一切。但是,这一事件引发的最为严重的后果却强加给了多灾多难的阿富汗。显然,要了解这起事件的本质及其对阿富汗局势的影响是相当复杂的,因为我们必须得分清"良莠"。美国的这起悲剧事件极大地影响了世界政治进程的情绪。从某种程度上讲,在各种不同的措辞背后,这种情绪掩盖了任何政治进程中完全为具体政治利益而斗争的这样一个最重要内容。

　　毫无疑问,9·11事件并未超出2001年9月9日的其他悲剧性事件的范畴。当时,阿·马苏德这位也许是最近十年来阿富汗最具影响力的政治活动家在自己的府邸接受记者采访时,遭到两位乔装成摩洛哥新闻记者的战斗队员的恐怖袭击。当时,阿富汗冲突正在发生急剧转变。如果没有阿·马苏德,北方联盟坚持反对塔利班运动的前景就会变得越来越渺茫。正是阿·马苏德团结了成分复杂的反塔联盟并赋予它必要的坚强和耐性。

　　如果没有阿·马苏德,北方反塔联盟到底能坚持多久就成了一个非常大的问题。但是,正是9月9日使得它变成了修辞性的问语。如果没有阿·马苏德,联盟的命运实际上早就注定了。可以说,塔利班运动充分利用已有条件并控制阿富汗所有剩余领土,指日可待。如果两天后美国并未发生悲剧性事件的话,那么,也许一切都会依此发生。

　　然而,对世界超级大国有伤体面的袭击掩盖了距华盛顿遥远的阿富汗的小事件,它仅仅成了阿富汗战争的偶发小事。非但如此,阿·马苏德遇刺成为"阿尔·凯达"(基地组织)这样的伊斯兰极端组织实现其某种全球阴谋思想的一部分。与此相适应,便油然而生一个非常简单的问题:阿·马苏德遇刺和美国遇袭是不是一个链条上的两个环节?也就是说先打击阿·马苏德,而后攻击美国。这种判断有多大的公正性,我们稍候加以分析。但是,我们很难同意9月9日和9月11日的两起悲剧事件彼此并不相关这样的事实。问题在于这些事件到底是怎样联系到一起的呢?

　　全世界对9月9—11日事件的官方观点相当合乎逻辑。俄罗斯《总结》杂志的观点很典型。"2001年9月9日马苏德遇刺是一天半后袭击纽约摩天大楼的暗号,抑或这仅仅只是一种巧合呢?负责调查阿富汗著名战地指挥官遇刺事件的侦查小组对这一问题基本得出了肯定的回答。事实上,在巴黎、布鲁塞尔和伦敦同时展开的围捕和搜查结果表明,这两起事件就是一个链条上的两个环节。总之这两件事是由奥萨马·本·拉登'阿尔·凯达'组织的一些人暗定的。在向整个文明世界宣战前夕,最后必须在阿富汗清除自己最大的敌人。"①如果从这种旨在反对文明世界的全球阴谋存在的逻辑出发的话,那么一切就都顺理成章了。但是,如果通过对阿富汗形势的分析评价得出9月9日和11日不过是两个日子的巧合问题而已的话,那么情况又将是另外一幅情景。

最为重要的问题是,如果说阿·马苏德遇刺和美国遇袭实际上是一个链条上的两个环节的话,那么为什么一定要让两者同步化呢?如果说恐怖分子的目的的的确确是为了打击美国的话,那么同那位阿富汗战地指挥官阿·马苏德又有什么关系呢?如果说目的是为了借助阿·马苏德的遇刺以保证塔利班运动在阿富汗获胜的话,那么同美国又有何干系呢?也许当时这两起事件之间并没有内在的联系?然而,紧接着发生的一些事件又推翻了这一观点。2001年10月7日,也就是9月11日悲剧事件之后不到一个月,美国就发动了反对塔利班的行动,这鲜明地表明,9月9日和11日事件是彼此紧密相关的。以上我们详细分析探讨了自塔利班运动出现到2001年9月悲剧事件发生期间各大国在阿富汗的利益之争。也许,为了回答这些问题,我们因此还得关注以下一些重要情况。

第一,2001年中期阿富汗各政治派别代表组建了联盟。联盟成员有从伊朗流亡归国的政治领袖,如阿·杜斯图姆、古·希克马蒂亚尔、伊斯玛依尔汗及其他几人。尽管昔日大家都互相为敌,但现如今该联盟使大家团结到了阿·马苏德的周围,团结到了这个能够带领大家同塔利班斗争的卓越人物身边。联盟得到了一些普什图政治领袖,如哈吉·阿赫马德·卡德尔和阿·赛亚夫的支持。尽管塔利班于2001年控制了阿富汗90%的领土,但是该联盟的潜力看上去还是相当强大的。另外,北方联盟还得到俄罗斯和伊朗的支持。而2001年的时候,在很多方面,由于乌伊运战斗队员对乌兹别克斯坦和吉尔吉斯斯坦的进攻,这两个国家也对政策进行了调整。

第二,在俄美工作小组框架内,俄罗斯和美国就阿富汗问题达成了妥协。这两个国家之间的协议是建立在塔利班应该从阿富汗政治舞台上消失这样一种共识基础之上的。为此,它们做出了相应的步骤。其中最为重要的是,俄美联合提请联合国安理会对塔利班实施制裁。制裁于2000年12月21日开始实施。然

---

① 《总结》(Итоги[Москва]),莫斯科,2002年8月19日。

而,只有制裁显然并不能解决塔利班问题。因此,反塔联盟便在 2001 年应运而生,在一定条件下该联盟也许就可以向塔利班运动开战。

第三,还有一个重要的情况,它在当时引出了一个大问题。阿富汗周边正在发生的所有事件有多少符合美国的利益? 2000 年和 2001 年阿富汗发生的所有事件表明,在阿富汗取得主要优势的决不是美国,而是俄罗斯和伊朗;对华盛顿而言,在阿富汗的优势甚至还不如伊朗。事实上,以上所有组成北方联盟骨架的阿富汗政治活动家,如阿·杜斯图姆、古·希克马蒂亚尔、伊斯玛依尔汗,以及在伊朗流亡了一段时间的阿·马苏德和"阿富汗总统"布·拉巴尼同俄罗斯和伊朗都有着悠久而紧密的联系。还有什叶派哈扎拉人领袖卡·哈利利,此人倾向于伊朗,这是一个毋庸置疑的事实。如果北方联盟能够利用俄罗斯和伊朗共同努力为它创造的一切优势战胜塔利班的话,那么莫斯科和德黑兰也许就可以在新阿富汗产生决定性的影响。更不用说,在这种情况下,阿·马苏德也许将成为阿富汗政治舞台上最有影响力和最强有力的人物了。那么,当时华盛顿究竟在此对什么感兴趣呢?

当然,也许可以这么说,保持中亚总体稳定、禁止毒品贸易、解决妇女权利问题、开展反对极端伊斯兰教扩散威胁的斗争等等都符合美国的利益。然而,这些普世人道主义原则远不总是完全符合这个或那个国家的现实利益。你要知道,2001 年的时候,美国甚至因为人权和阿富汗妇女的局部人权问题想从伊朗"火中取栗",但是就连这都非常困难。况且,众所周知,阿富汗的毒品生产和交易实际上是所有政治派别的收入来源。

但是,最为重要的是,2001 年的时候,中亚创建了一个统一的安全体系框架,而其中并没有美国的位置。该体系一方面以俄罗斯和伊朗在阿富汗和整个中亚的共同利益为基础,另一方面则以俄罗斯和中国在中亚的共同利益为基础。2001 年该地区最具影响力的国际组织——上海合作组织成为这两个国家共同的象征。而且,最有特点的是,关于同恐怖主义、分裂主义和极端主义作斗争的所谓《上海宣言》正好就是在 2001 年 6 月 15 日通过的。① 可见,夏天的时候,中亚地区就已经不存在随 1991 年苏联解体而出现的地缘政治真空了。

在中国和伊朗的辅助参与下,地区真空已被返回该地区的俄罗斯填充了。然而,其中前两个国家中的伊朗则主要将力量集中在阿富汗方向。毋庸置疑,美国必定要在中亚保持相当的存在。然而,2001 年的时候,俄罗斯、中国和伊朗在

---

① 《上海合作组织成员国首脑宣言》,《远东问题》(莫斯科),2002 年,第 4 期。(Декларация глав государств – членов Шанхайского организации сотрудничества. Проблемы Дальнего Востока [Москва]. 2002ю № 4.)

保证地区本身及其周边安全这一关键问题上占据了优势地位。这些国家的利益在主要方面是一致的,那就是不让美国渗透到中亚地区,其最终目的就是不让美国给自己的最薄弱点上施加压力。对俄罗斯而言,这个最薄弱点就是俄罗斯—哈萨克斯坦边界线;对中国而言,那就是新疆维吾尔自治区这个有问题的地区;对伊朗而言,问题还要糟糕,这就存在一种可能对它形成全面封锁的威胁。在这种情况下,阿富汗就成为全面平衡所有对抗力量的一个关键点,整个中亚地区地缘政治的普遍问题就可以在这里得到解决。

可见,阿富汗形势对美国而言极为不利。但是,有趣的是,它正好积极参与到了其中。由此,我们就可以得出答复上述问题的两种方案。第一,美国同俄罗斯分享着为中亚地区负责的势力范围。例如,从这种观点出发,莫斯科就应该在阿富汗通过某种方式平衡德黑兰正在不断上升的影响。第二,2000—2001年美国在阿富汗和中亚周边的行动仅仅是其他某些事件的前奏而已。上述两个方案都有严重的局限性。第一种情况是,俄罗斯和美国的相互信任明显尚未达到能够授权俄罗斯在中亚执行美国政策最"隐私"部分的程度;第二种情况是,2001年的时候还很难看出,美国采取什么样的行动才能够让中亚地区的形势迅速变得对自己有利。

然而,美国还有一种与己有利的解决阿富汗问题的可能性,但是这种可能性在2001年只能是一种假设,而且明显无法实现,那就是采取直接军事干涉。但对它而言,没有任何客观条件可以实施这种干涉。即便美国不得不采取行动,问题是它在该地区既没有扩充军队的基地,又缺少可靠的盟友。除此之外,它可能还会冒占领具有反抗国外入侵丰富传统经验的国家的风险。那问题的代价也许就实在太大了。如果它能够迅速而有效地采取行动并在这个国家和中亚拿到除成功以外的大份额红利的话,那么它在阿富汗的行动也许就很有意义。2001年的时候,谁也许都不会正经地谈及这种前景。

"持久自由"行动

这里主要是针对阿富汗和中亚而言,2001年9月11日恐怖主义对美国的袭击急剧改变了事件的发展进程。9月20日,美国总统乔治·布什在国会发表的纲领性讲话中已经向塔利班运动提出了最后的政治通牒,他要求塔利班将乌萨马·本·拉登及"阿尔·凯达"的其他领导人交给美国。"美国总统特别强调指出,这些条件不容协商,不执行这些条件将导致新的强有力的反对伊斯兰极端主义的行动。"①最为有趣的是,当时已经出现了可能针对阿富汗塔利班运动采取行动的计划框架。

在华盛顿作出美国将打击塔利班的决定之后,关于寻求潜在盟友的问题就提上了议事日程。形势变得有点复杂的原因是从海路通向阿富汗的可能性不大,这明显地增加了采取军事行动的复杂性。因此,无论如何,必须得同阿富汗的近邻协调一致,最好是能够合作,让它们开放能够保证对塔利班采取军事行动的领土。对美国来说,尽管伊朗是阿富汗的邻国,但是它实际上立马就被排除在可能的盟友之外了。这样一来就同中亚有了独立的故事。

同阿富汗相邻的三个中亚国家中,塔吉克斯坦和土库曼斯坦由于一系列原因无法扮演美国的盟友角色。在塔吉克斯坦,俄罗斯的地位非常强大,因此,与其说美国不得不同杜尚别协商,毋宁说是不得不同莫斯科协商,而这显然是不合时宜的。土库曼斯坦自1994年开始便同塔利班保持着密切的关系。但这并不是最重要的,华盛顿在选择支持对塔利班采取行动的盟友时并没有考虑将阿什哈巴德作为候选国家,主要原因最有可能是,土库曼斯坦太脆弱。如果一旦阿什哈巴德支持反塔行动,那么土库曼斯坦也许就会遭到塔利班一方的攻击。而土库曼军队是没有能力独立反击整个土库曼—阿富汗边界线上的攻击的,这也许就会导致美国为了保护自己的盟友而必须进行干预。然而,众所周知,美国在中亚采取行动是非常谨慎的。因为,该地区局势每出现一次紧张就会立即招来俄罗斯和伊朗方面的批评,说无法维护中亚安全体系的稳定。对美国来说,情况可能还要糟糕,这有可能导致俄罗斯或伊朗借维护稳定和安全的名义干预事件的发展进程。

因此,在阿富汗的中亚邻国中,唯一能够扮演美国盟友角色的百分百候选国就只有乌兹别克斯坦了。该国符合一切必备条件,第一,塔什干同美国保持着长久稳固的关系。第二,1998年和2001年期间,塔什干同俄罗斯的关系不是那么太好。非但如此,由于乌兹别克斯坦受到乌伊运战斗队员的安全威胁,它在许多方面已被迫承认了俄罗斯在中亚的领袖作用。第三,在地区安全的所有现有机制中,乌兹别克斯坦只加入了上海合作组织。因此,乌兹别克斯坦在行为举止方面要比还是集体安全条约组织成员国的中亚其他国家自由得多。第四,乌兹别克斯坦拥有强大的军队。除此之外,它同阿富汗的边界线不是太长。因此,如果一旦塔利班突然决定进攻乌兹别克斯坦的话,那么美国可以指望塔什干独立坚

---

① A. 费年科:《华盛顿在阿富汗军事行动中的"毁灭战略"》,《中亚和高加索》(瑞典),2002年,第5期。(Фененко А. "Стратегия сокрушения" в афганской операции Вашингтона. Центральная Азия и Кавказ[Швеция]. 2002. № 5.)

守住反塔阵地,如果后者再同意在其领土上建立美国基地那就更好了。

然而,10月初端倪已现,乌兹别克领导人动摇了。问题不是塔什干不想让美国在自己的领土上建立基地,也不是乌兹别克领导人惧怕塔利班。塔什干清楚,如果不顾及俄罗斯、中国和伊朗的意见并征得它们的同意的话,美国在乌兹别克斯坦领土上驻军可能会给乌兹别克斯坦带来严重问题。另外,塔什干原则上还有义务就此问题在上海合作组织框架内征求一下意见。乌兹别克斯坦明白,美国人进驻中亚——这是地区国家间关系体系的重大转变,也是对俄罗斯、中国和伊朗利益的挑衅行为,这也就意味着,对塔什干而言存在着同这些国家恶化关系的一定风险。

10月初,美国国防部长唐·拉姆斯菲尔德访问了乌兹别克斯坦。10月7日,塔什干最后动摇了,双方签署了关于乌兹别克斯坦向美国开放其空军基地供人道主义目的的协议。卡里莫夫总统迅速对其访问作了总结,以如下形式发表了乌兹别克斯坦的官方立场。据他讲:"乌兹别克斯坦向美国空军开放领空,允许美国运输机和直升机在一处军用机场降落并为航空技术专家的活动创造条件。但是,乌兹别克斯坦不允许从其领土上对阿富汗发动炸弹袭击或地面行动。美国军人将只向阿富汗运输人道主义物资并从事搜寻救援工作。"伊斯拉姆·卡里莫夫在声明中单独一条谈道:"其国家不提供完全受制于美国国防部的军事基地。"①所有这些条件对塔什干来说都非常重要,这可以起到防止,主要是来自俄罗斯不良反应的作用。

稍后,10月12日,美国和乌兹别克斯坦发表了关于两国共同打击国际恐怖主义合作联合声明。"如果乌兹别克斯坦共和国出现安全或领土完整威胁",双方一致同意协商采取联合行动。乌兹别克斯坦表示已做好准备向美国开放自己的领空,以及必要的军用和民用基础设施。② 10月12日声明看上去是10月7日协议的发展。这里最为重要的一点是,美国向乌兹别克斯坦提供它所需要的安全保证。显然,美国向乌兹别克斯坦提供的保证和义务是如此之重要,以致塔什干尽自己最大可能参与了反恐行动。

巴基斯坦的情形可能要复杂得多。非常重要的是巴基斯坦作为美国盟友加入了反塔行动。美军可以直接穿越该国领土对塔利班展开军事行动。如果没有巴基斯坦的支持,阿富汗的军事行动就失去了意义。然而,把巴基斯坦领土作为军用仅仅是所有问题的一部分。更为重要的一个事实是,塔利班实际上是巴基斯坦创造的,而且直至2001年秋天为止,这么多年来巴基斯坦一直千方百计支

---

① 《莫斯科新闻时报》(Время МН［Москва］),莫斯科,2001年10月9日。

② 路透社(Reuters),2001年10月13日。

持着它。对于伊斯兰堡而言,塔利班在阿富汗获胜是解决阿富汗问题最好的一条途径。巴基斯坦总统穆沙拉夫在反恐战争开始后的一年半,即2003年2月在接受俄罗斯《消息报》采访时直言不讳地谈到了这一点。① 因此,巴基斯坦同意支持美国从事反恐行动可能仅仅是迫于形势的压力。

伊斯兰堡显然不情愿接受新的游戏规则。对巴基斯坦而言,放弃支持塔利班运动就等于完全否定了自己最近几十年的国家对外政策。阿富汗方针是巴基斯坦的关键政策之一。自1994年起,巴基斯坦竭尽全力就是为了解决阿富汗问题为我所用。可是就在最后胜利唾手可得之际,伊斯兰堡被迫改变了自己在阿富汗的政策。

另外,巴基斯坦领导人不会不清楚的是,伊斯兰堡支持美国反恐激发了国内反政府情绪的高涨,要知道国内激进伊斯兰组织支持者的立场非常强硬②。1999年10月12日发动军事政变上台的军事领导人不会不考虑到巴基斯坦国内政局不稳的威胁。总之,放弃支持塔利班运动和加入美国反塔军事行动对巴基斯坦领导人是一次严峻的挑战。

然而,伊斯兰堡明显不能忽视华盛顿的意见。9·11事件之后,巴基斯坦要在阿富汗推行独立自主的政策是非常危险的。这次的新形势绝对不同于2000年12月21日美国和俄罗斯联合提请联合国安理会通过决议时的形势。那时巴基斯坦可以根据自己的利益暗中抵制联合国安理会的决议,但是2001年9—10月间他却没有这种能耐。剩下的那就只有一条,通过改变自己的对外政策捞取尽可能多的分红,并尽最大努力将维护国家安全局势可能付出的代价降到最低点。

总之,伊斯兰堡从美国及其盟国那儿拿到的红利非常高。2001年10月30日,美国总统乔治·布什签署了一项法令,根据该法令,美国在近两年内全面恢复对巴基斯坦的经济和军事援助。这一事件是取消制裁伊斯兰堡进程中迈出的最新步伐,1999年穆沙拉夫将军发动军事政变并于同年受到制裁。2000年印度和巴基斯坦进行了一系列核试验,之后对它的制裁变得更为严厉。③ 10月份,美国向巴基斯坦提供优惠贷款1亿美元并答应再续贷5亿美元。英国提供了4000万英镑。日本也提高了对伊斯兰堡的援助。就在此期间,它还同国际货币

① 《消息报》(Известия［Москва］),莫斯科,2003年2月4日。
② 2001年10月底,几百名巴基斯坦武装分子占领了国家北方距白沙瓦约210公里的奇帕兹城。激进的亲塔利班举事者佩戴冲锋枪和利剑,他们要求巴基斯坦政府停止支持美国从事反对塔利班的战争。同样,有一组支持塔利班的巴基斯坦人占领了喀喇昆仑公路上的重要据点,这条公路连接着巴基斯坦和中国。资料来源:http://www.ananova.com,2001年10月28日。
③ http://www.lenta.ru,2001年10月31日。

基金组织完成了 5 亿贷款的谈判。西方供血者还许诺不仅提供短期帮助,而且还提供数额不少于 25 亿美元的中期援助。① 总之,巴基斯坦获得的物质和政治资源完全可以抵平它所有可能的付出。但最为重要的是,它们让穆沙拉夫政权在国内政治上层,尤为重要的是在国内军事上层面前保住了脸面。因为,对巴基斯坦上层而言,美国和国际社会实际承认其作为第七个正式核大国的国家新地位②并解除对它的经济封锁至关重要。因此,在国内政治和军事上层保持团结一致的情况下,穆沙拉夫就可以大胆地对巴基斯坦社会和军队中的极端群体采取行动。

2001 年 10 月初,穆沙拉夫将陆军总参谋长的职务无限期延长。当下就在军队高级将领中间进行了清洗。巴基斯坦各部门联合情报局局长马赫穆德·阿赫迈德将军在这次清洗中被撤职,白沙瓦军区司令、普什图族出身的伊赫桑·乌尔—哈克中将顶替了他的职务。陆军副总参谋长姆扎法尔·乌斯玛尼将军辞职。陆军第一副总参谋长穆罕默德·阿吉兹汗将军被调配到参谋长委员会任虚位领导。与此同时,还替换了同阿富汗相邻的俾路支斯坦和西北边境两个重要战略省份的巴基斯坦军区总指挥。在家中分别逮捕了"伊斯兰神学者协会党"领导人毛拉纳·法兹鲁尔·拉赫曼、"巴基斯坦圣贤军"领袖毛拉纳·阿扎姆·塔利克。③ 由于巴基斯坦决定支持美国的反塔行动,所以所有这一切都表明它想采取预防措施以制止国内可能出现的不满。

然而,巴基斯坦还有需要自己解决的严重问题。其中的一个关键问题就是未来的阿富汗政府。如果支持美国行动的原则性问题决定了的话,那就无需再谈这样一些问题了,如巴基斯坦和阿富汗边界线的合法性问题,以及与此密切相关的普什图人问题。由于普什图人立场非常强硬,所以这一问题不能不令巴基斯坦上层感到担忧。如果巴基斯坦放弃支持塔利班运动,如果塔利班从阿富汗政治舞台上消失,那么阿富汗将出现政治真空。因为,国内实际上没有留下在全国范围内有影响力的普什图族政治家。而将希望仅仅寄托在流亡海外的普什图族人身上是危险的,因为阿富汗经过 20 年的内战之后实权主要掌握在各地的战地指挥官手中。因此,伊斯兰堡不会不清楚这样一点:在塔利班失败后,巴基斯坦不可避免将失去对阿富汗局势的控制,而这是巴基斯坦长期对外政策的最重要目标之一。

毫无疑问,巴基斯坦人试图将自己的担忧传达给美国人,而且它的确在那里

① 《独立报》(Независимая газета[Москва]),莫斯科,2001 年 10 月 30 日。

② 继美国、俄罗斯、中国、英国、法国和印度之后,巴基斯坦进行了核试验。据推测,以色列拥有相当数量的核武器储备,但它始终否认这个事实。

③ 《大陆》(КонтиненТ[Алматы]),阿拉木图,2001 年 10 月 24 日,第 20 期。

找到了理解。因为塔利班的消失也许将不可避免地导致阿富汗少数民族组织和领导人开始占据国内政治舞台,而这些组织和领导人同俄罗斯和伊朗有密切关系。很明显,当时就出现了将塔利班温和派纳入阿富汗未来政府的观点。

就这样,谈判和协商的结果是,美国成功地同阿富汗的两个邻国——巴基斯坦和乌兹别克斯坦达成了协议,两国将成为美国开展反塔军事行动的最近后方。

当美国开始军事行动的时候,一种独一无二的形势已经形成,实际上,这次行动并没有一个固定的后方。炸弹攻击主要来自阿拉伯海航空母舰、迪戈加西亚岛航空基地起飞的远程强击航空兵。另外,形势变得还是有点复杂,这是因为在阿富汗开展军事行动的决定便或多或少迅速触及了几个地区大国,如俄罗斯、伊朗、中国的利益。美国决定打击阿富汗,依靠的是乌兹别克斯坦和巴基斯坦,这在该地区开创了新形势。近年来在该地区形成的地区安全体系被置于直接涉及安全问题的一些关键决议之外,这首先涉及的是这样一些地区组织,如上海合作组织和集体安全条约,在这两个组织中发挥主要作用的是俄罗斯(集体安全条约组织和上海合作组织)和中国(上海合作组织)。自然,这引起了莫斯科、北京和德黑兰的明显不满,而德黑兰同美国的关系早就很复杂。

2001 年 10 月 7 日,美国武装力量直接发动了代号为"持久自由"的行动。从停靠在巴基斯坦沿岸航空母舰上起飞的美国飞机、从美国本土升空的远程轰炸机、从潜水艇上发射的有翼导弹开始打击阿富汗本土。行动第一阶段持续到了 10 月 15 日,这一阶段主要摧毁了塔利班的军用基础设施目标。第二阶段从 10 月 15 日延续到 11 月 2 日,这一阶段对塔利班阵地和移动目标实施了空中打击。第三阶段开始于 11 月 2 日并持续到 11 月 15 日,这一阶段美国空军实施了有利于北方联盟的炸弹和导弹打击。11 月 8 日北方联盟军队在阿·杜斯图姆和阿·马苏德的继任者穆·法希姆的指挥下发起进攻并占领了马扎里沙里夫、昆都士、巴格兰,11 月 12 日占领了喀布尔;还有始于 11 月 15 日的第四阶段,这一阶段美军和英军驻扎到阿富汗本土并在阿富汗南方的托拉博拉山区对塔利班运动展开行动。① 这样,随着 11 月 12 日北方联盟军队占领喀布尔和普什图族军队占领坎大哈,这次军事行动的紧要部分遂告一段落。

也就是说,这次行动的整个作战阶段刚好超过了一个月,最后以塔利班运动的军事和政治结构从阿富汗舞台上消失而告终。塔利班运动所有的军事政治基础设施在几天之内便彻底消失了——这是阿富汗战争史上最大的谜团。所有主要事件都发生在 11 月 8 日和 11 月 12 日期间。11 月 8 日,北方联盟军转入反

---

① A.费年科:《华盛顿在阿富汗军事行动中的"毁灭战略"》,《中亚与高加索》(瑞典),2002 年,第5 期。

攻;11月12日,它占领喀布尔和坎大哈。这些天到底发生了什么呢? 为什么塔利班运动如此迅速且没有任何反抗地让出了国家政权呢?

要给该问题找一个没有异议的答案相当困难。但是,既明了又准确的是,这与军事领域无关,问题是在外交层面通过复杂的谈判解决的。美国国务卿克林·鲍威尔在谈及此问题时非常肯定地表达了这个意思。近冬之际应该可以占领喀布尔和坎大哈吧,一位前美国将军在回答这一问题时指出,"这也许还得为联盟的利益着想",但是问题还在讨论阶段,而且这"会让我们的行动相当复杂化"。这种"复杂化"的原因正好在于,巴基斯坦认为在阿富汗没有建成一个由塔利班"温和派"参加的代议政府之前不赞成占领阿富汗首都。① 令人好奇的是,鲍威尔根本没有谈及阿富汗军事行动的构成。一位前将军非常明确地表明了正在发生的事件的最重要本质。塔利班和阿富汗问题的解决不在战场上,而是在调解各方利益的秘密谈判室内。

这会是什么样的一些谈判呢? 很明显,这不是伊斯兰堡同华盛顿的谈判。最有可能的是,这是同俄罗斯、中国,以及某程度上同伊朗的协商,而美国则持模棱两可的态度。它不得不考虑巴基斯坦的意见,因为美国在阿富汗的行动成功与否全取决于它。而巴基斯坦无论如何都不愿接受彻底丧失对阿富汗的控制这一事实。因此,伊斯兰堡坚持将塔利班温和派纳入未来的阿富汗内阁。10月20日左右,阿富汗侨民代表大会在巴基斯坦白沙瓦召开,大会讨论了有关组建阿富汗民族统一政府以代替塔利班政权的问题。② 对巴基斯坦来说,这是极其重要的。美国也准备同意让塔利班温和派加入阿富汗政府。对美国而言,这不是一个太过原则性的问题。然而,最为重要的问题是,俄罗斯、中国和伊朗对此坚决反对。关于塔利班温和派参加阿富汗政府的问题成了解决阿富汗问题的一块绊脚石。在轰炸阿富汗塔利班阵地的整个10月份期间,这个问题一直在积极讨论中。

很清楚,整个军事行动过程并未打通关于阿富汗冲突中政治斗争的所有渠道,在阿富汗及其邻近地区有利害关系的各方都卷入到了在这场冲突中。我们必须要谈的是,从9月11日开始,对俄罗斯、中国和伊朗而言,有关阿富汗事件的整个过程都进行得太过突然。非但如此,他们对美国人坚决推进中亚备感措手不及,而这在2001年夏天的时候还是不可能的事。9月11日之前,我们很难想象的是:事情会发生这样的逆转,美国会军事干涉阿富汗,尤其重要的是美国军事基地会在中亚出现。

① 《专家》(Эксперт[Москва]),莫斯科,2001年10月29日,第40期。
② http://www.caspian.ru,2001年10月26日。

应该承认,美国极其高效地利用了已有条件。甚至可以确信的是,自从2001 年 10 月开始,阿富汗问题解决的战略主动权就转到了美国手中。就这样华盛顿从莫斯科和德黑兰手中接过了主动权。我们知道,9·11 事件之前,正是这些国家占据着在阿富汗推行反塔政策的主导地位,而且同北方反塔联盟及其大多数军事政治派别成员联合起来的国家也正是它们。

在反塔军事行动初期,美国客观上没有固定的行动基地,而且也没有得到三个最有影响力的地区领导人的明确支持。整个 10 月份给人的印象是,美国想极力避开俄罗斯、中国和伊朗在阿富汗开展行动。当时的形势看起来是这样的,华盛顿正在创建由乌兹别克斯坦和巴基斯坦组成的地区政治新联盟。因此,在战胜塔利班之后,阿富汗自然就会成为该联盟的相关链条。至少,这种判断的理由是非常现实的。

然而,要在反塔行动中完全忽视俄罗斯、中国和伊朗又是不可能的。美国试图说服俄罗斯,自己进入中亚的目的不是为了反对莫斯科。10 月 14 日,俄罗斯《消息报》对美国总统国家安全事务助理康多莉扎·赖斯进行了专访,华盛顿首先就俄罗斯最头疼的问题,即车臣问题向莫斯科明确表了态。赖斯指出:"华盛顿对俄罗斯在车臣的反恐行动非常满意。"她认为,俄罗斯不必为美国在中亚国家存在的逐渐加强担心:"我们的政策不旨在反对俄罗斯的利益。我们也没有将俄罗斯从该地区排挤出去的任何设想。"赖斯还讲,美国可能想按照诸如同墨西哥的关系那样的模式,即在互利互惠的经济和政治合作基础上同前苏联中亚各共和国建立关系。① 然而,从莫斯科的观点出发,这种套话是以美国和中亚各共和国之间非常密切的关系为前提的。这种套话明显没有给俄罗斯留以位置,那就更不要说中国和伊朗了。

从莫斯科方面而言,10 月份的时候它对美国进入中亚持比较审慎的态度。10 月 10 日,俄罗斯国防部长谢尔盖·伊万诺夫在国家杜马发言宣布:"俄罗斯不允许西方军用飞机飞越其领土前往阿富汗,也不打算为'阿富汗的任何行动'派遣自己的军队。"②除此之外,"有证据表明,在上个月莫斯科未能成功阻止前苏联各中亚共和国同美国就开放领空并提供后方援助进行单边谈判之后,莫斯科试图加强自己在中亚的军事实力"③。莫斯科缺乏热情只不过是冰山一角。要知道还有伊朗和中国的意见呢。对华盛顿而言,最怕别人指责且需要慎重考虑的形势是,北方联盟最有战斗力的部队,也就是有能力在反塔地面行动中发挥

---

① 《消息报》(Известия[Москва]),莫斯科,2001 年 10 月 14 日。

② 《金融时报》(The Financial Times[London]),伦敦,2001 年 10 月 11 日。

③ 《金融时报》(The Financial Times[London]),伦敦,2001 年 10 月 11 日。

最重要作用的部队,非常亲近的不是莫斯科,而是德黑兰。

10月中旬,在美国空军的支持下,乌兹别克族将军杜斯图姆试图在没有北方联盟其他部队的参与下占领马扎里沙里夫。这次尝试以失败告终,在很大程度上这是因为阿·杜斯图姆手中没有掌握俄罗斯公开提供给北方联盟的武器。如果他在10月份成功占领马扎里沙里夫的话,那么当时就可以在那里召开以查希尔·沙阿国王为首的阿富汗新政府大会。在这种情况下,阿富汗乌兹别克族人自然而然就可以扮演阿富汗北方的主角。除此之外,美国就有充足的理由认为,同塔利班运动有最密切关系的巴基斯坦就可以利用居住在巴基斯坦的普什图部族,获取该国南方的主导权。而为达此目的,就必须得让塔利班温和派获得参与阿富汗新政府的权利。在这种情况,拉巴尼/法希姆将军的塔吉克族部队、卡·哈利利的什叶派哈扎拉人部队和前赫拉特省长伊斯玛依尔汗的军队也许就会在阿富汗陷入某种孤立状态。这样一来,首先就会极大地限制同拉巴尼保持着密切关系的俄罗斯,以及同卡·哈利利和伊斯玛依尔汗有联系的伊朗在阿富汗的能力。

然而,阿·杜斯图姆是2001年春天才回到阿富汗的,所以其资源不足以采取独立军事行动。塔利班成功地粉碎了杜斯图姆将军并把他从马扎里沙里夫击退。在南方,利用有影响力的普什图人反对塔利班的计划也未获成功。其中,这些普什图人中一位叫阿卜杜尔·哈克的还做了俘虏并被塔利班处死。另外,空中打击并未带来如期的结果。因此,关于必须开展地面行动的问题就越来越尖锐地提了出来,显然美国尚未做好采取地面行动的准备。这种行动不同于空中打击,如果没有可靠稳定的基地,战略形势是不允许开展这样的行动的。况且,要开展这种行动,必须得有地区关键国家的明确态度才行。同样重要的是,反塔行动已走得如此之远,如果对美国的威望及其战略利益没有严重损害的话,它是不会收场的。

就这样,已有的战略形势迫使美国和地区大国必须达成利益妥协。何况,美国的主要目标已经达到,它在乌兹别克斯坦和吉尔吉斯斯坦领土上成功建立了基地。因此,美国可以作出让步。但是,让步的作出还得依靠巴基斯坦。美国同意放弃让塔利班温和派进入未来阿富汗政府的想法。对我们来说,重要的是要弄清楚,这个问题为何对俄罗斯、中国和伊朗如此重要?因为在这种情况下,战后阿富汗的政治主动权有可能转向亲近俄罗斯和伊朗的少数民族组织手中。因此,关于解决该地区政治竞争的出路问题也许就只有公开化了。莫斯科、北京和德黑兰清楚,华盛顿在2001年9·11事件背景下迅速推进中亚地区的行动不可能公开背离这一事实。然而,对它们而言,重要的是不让美国人在该地区巩固下来,为此就必须展开争夺地位优势的斗争。

　　最后,在 2001 年 10 月底上海召开的亚太经济合作组织国家峰会上达成了妥协。美国总统布什同俄罗斯总统普京和中国国家主席江泽民在这里进行了会晤。会晤的结果是,中国和俄罗斯领导人基本上支持美国的反塔行动。然而,在峰会上美国的确征询了俄罗斯和中国的意见,谈妥了这种支持的条件。对莫斯科和北京而言,最为重要的是美国承认它们在调解阿富汗问题上的作用及其在这种调解中的利益。很清楚,既然已无所为,而且阿富汗及其周边的新形势也已成为现实,那么就只好适应它了。

　　从上海返回途中普京在杜尚别作了短暂停留,在那里他会见了塔吉克斯坦总统埃·拉赫莫诺夫和阿富汗总统布·拉巴尼。普京在杜尚别宣称,塔利班"因为同国际恐怖主义合作而玷污了自己的名声。我们支持拉巴尼政府的建议,不邀请塔利班进入新政府。我在离开上海之前向美国总统通报了自己的立场,给我留下的印象是美国伙伴理解我"①。俄罗斯总统这份声明的含义非常明了。如果将来阿富汗新政府中没有塔利班温和派的话,那么普什图族就很难推举出有影响力的政治活动家。到那时,由少数民族组成的北方联盟领导人,以及在政治上亲近它且反对塔利班的普什图人将自动主导阿富汗领导权。

　　就在这几日,有位塔吉克国会议员阿卜杜尔罗·哈比波夫在杜尚别直言道:"阿富汗未来政府应该建立在没有塔利班参与的民主原则基础上,同时还要符合国家所有民族的利益。"②因此,我们可以想见美国和俄罗斯之间在上海达成协议的条件。作为俄罗斯、北方联盟,毫无疑问还有伊朗(普京能够代表伊朗的利益同美国进行谈判)对美国在阿富汗行动表示支持的交换,美国理应同意北方联盟在新政府中起决定性作用,而且少数民族要保持自己的自治。

　　美国和俄罗斯之间这种对中国和伊朗利害攸关的妥协性决定实际上意味着,阿富汗将不会再建立一个以普什图族为主的中央集权国家。2001 年 11 月 2 日,俄美联合工作小组在一份声明中正式将杜尚别达成的妥协固定了下来,声明中说,未来阿富汗政府中将没有塔利班代表的席位。签署声明的俄方代表是外交部副部长特鲁布尼科夫,美方代表是副国务卿阿米蒂奇。11 月 3 日,也就是俄美工作小组发表声明的次日,塔吉克斯坦总统埃莫马利·拉赫莫诺夫及美国国防部长唐纳德·拉姆斯菲尔德已经议定,塔吉克斯坦向参加阿富汗反恐行动的美国空军飞机开放领空。非但如此,杜尚别还同意美国使用库利亚布军事基地。之后,唐·拉姆斯菲尔德迅速前往塔什干,再从塔什干前往伊斯兰堡,又从

---

① 《专家》(Эксперт[Москва]),莫斯科,2001 年 10 月 29 日,第 40 期。
② http://www.caspian.ru,2001 年 10 月 26 日。

伊斯兰堡前往印度。① 所发生的这一切都符合逻辑,也非常好理解。

　　俄罗斯总统普京、美国总统布什和中国国家主席江泽民在杜尚别协商后,协议条件便在俄美工作小组的文件中形成了。而后,塔吉克斯坦亲俄领导人遂向美国提供了军事基地,以此降低乌兹别克斯坦和吉尔吉斯斯坦同类基地的意义。此后,美国国防部长拉姆斯菲尔德完成了对地区重要国家的闪电式周游访问,向乌兹别克斯坦和巴基斯坦首脑通报了在上海和杜尚别的协商结果。但是,这一点要让伊斯兰堡来做,的确特别复杂。与此同时,中国国家副主席胡锦涛这几天正好在欧洲出访,他此次访问了英国、法国、西班牙和德国。胡锦涛同欧洲各国国家元首和政府首脑讨论了阿富汗战后重建计划。② 最后,在履行一切手续之后,非常清楚,北方联盟军队收到了开始地面行动的命令。众所周知,这次行动始于 2001 年 11 月 8 日。

　　最令人好奇的是,塔利班阵线在 11 月 8—9 日顷刻间便瓦解了。给人留下的印象是,塔利班完成了这样一个更像要求其自行毁灭的命令。几天之内,他们放弃了所有城市,其中包括首都,并且从阿富汗政治舞台上消失了。问题是,谁给塔利班发布了这样一条命令?我认为,答案只有一个,只有巴基斯坦可以做到这一点。塔利班之所以如此迅速投降的意义,也许就在于把阿富汗南方大型城市的控制权转手地方普什图领导人。伊斯兰堡的出发点是,既然已无所为,那就应该努力保持哪怕自己在阿富汗普什图地区的部分势力也好。塔利班军事政治组织的瓦解,意味着其废墟下将出现传统普什图领导人。到那时,他们同塔利班合不合作,那就已经不重要了。

　　就这样,塔利班运动从阿富汗政治舞台上消失了,阿富汗开始了一个新的历史时期。尽管托拉博拉地区还在战斗,然而始于 1994 年的塔利班运动史在 2001 年 11 月份的时候结束了。总之,2001 年 9—10 月份的事件彻底改变了中亚地区和阿富汗的政治力量配置。而且,我们必须指出的是,中亚发生的变化最为显著。美国军事基地首次出现在这里。尽管俄罗斯、中国和伊朗总体上局部消解了美国挺进其极端重要地区的事实,但是必须承认的是美国在中亚成功地创造了进一步扩张其势力的平台。结果,该地区形成了一种不稳定的政治力量平衡,这些力量之间彼此并不公开敌对,但是美国、俄罗斯、伊朗和中国在中亚的相互利益对抗问题在 2001 年秋天之后开始变得越来越现实。

　　在 2001 年秋天的诸多事件中,俄罗斯是三个地区大国中发挥最积极和直接作用的国家。这是由莫斯科在中亚地区和阿富汗的传统势力决定的。另外,伊

---

① http://www.lenta.ru,2001 年 11 月 5 日。

② 《独立报》(Независимая газета[Москва]),莫斯科,2001 年 11 月 1 日。

朗和美国的复杂关系迫使德黑兰赋予莫斯科同华盛顿打交道的权利。在很大程度上，这同俄罗斯和伊朗当时在阿富汗及中亚地区的策略利益互相吻合有关，也就是说这种利益同大家都不欢迎美国进入该地区相关。俄罗斯、伊朗，以及赞同这种观点的中国，无疑都担心美国人在中亚的巩固将来会导致美国向其极端重要地区施加压力。我再强调一次，这些极端重要地区指的就是中国新疆、俄罗斯—哈萨克斯坦整个边界，以及伊朗同土库曼斯坦边界和里海地区。

阿富汗的断裂

反塔行动的作战阶段结束后，随之政治调解时期便来临了。未来阿富汗国家建设的基本原则是由俄罗斯和美国之间的协议条件决定的；俄罗斯得到伊朗和中国的支持，美国其中也代表着巴基斯坦的利益。结果，阿富汗事实上被分解为各种政治派别、少数民族组织和有影响力的地方领袖们负责的诸多区域。然而，在美国和国际社会的压力下，2001 年 11 月底通过了组建阿富汗团结政府的波恩决议。

在北方联盟占据明显优势地位的情况下召开了代表会议。联盟成员各派别获得了阿富汗政府中最重要的职位，这主要指那些仍然被称之为"潘杰希尔人"的阿·马苏德的昔日战友。阿·马苏德的继任者法希姆将军担任国防部长、尤努斯·卡努尼为内务部长、阿卜杜拉·阿卜杜拉博士为外交部长。前两位是塔吉克族，阿卜杜拉博士是普什图人，但他同时又是北方联盟的代表。而普什图人哈米德·卡尔扎伊则被任命为阿富汗临时行政当局领导人，他是杜兰尼（阿布达利）部族集团波波尔扎伊部族领袖阿卜杜尔·阿哈德·卡尔扎伊之子。[①] 就这样，阿·马苏德的昔日战友占据了阿富汗临时行政当局的关键岗位。而这意味着，他们手中控制着国家建设的所有主要进程，包括军队、安全机关的组建、秩序的维持以及对外方针的确定等等。

另外，北方联盟其他有影响力的领导人则控制了自己的传统控制领地。伊斯玛依尔汗重新成为赫拉特省省长，杜斯图姆将军再次控制了马扎里沙里夫和乌兹别克族占优势的北方诸省，卡·哈利利则控管了哈扎拉贾特山区的巴米扬省。相应地，帕尔万、卡皮萨和巴达赫尚诸省归阿·马苏德的战友们掌控。国家南部和东部形势的发展也大抵如此。地方普什图族领袖将阿富汗南方分解为若干势力范围。

---

① 《阿富汗：简明人物志》，莫斯科 2002 年版，第 128 页。（Афганистан. Краткий биографический справочник. М. 2002. C.128.）

　　我们必须要谈的是,在很大程度上这都是在美国压力下作出的一些决定。华盛顿必须得考虑俄罗斯在阿富汗的利益,而且间接地通过莫斯科也顾及了德黑兰的利益。另外,事件的这种发展途径,使得它在确立阿富汗秩序时省去了巨大的军事和政治付出。每位地方战地指挥官负责各自所属领地秩序,而他们同阿富汗中央政府之间的关系、他们同美国人之间的关系都在双边基础上进行了调解。20年战争毁坏了国家管理的所有基础设施,显然,国内几乎没有解决问题的其他途径。长期军事占领也就是这一途径的唯一必选。然而,这预示着将付出太大的代价,但这又是美国明显想避免的一点。因此,阿富汗这样一个由阿富汗所有最强有力的政治领袖以各种形式参与的中央政府,使得国家有了逐渐走上发展建设道路并在将来确立阿富汗中央集权国家的可能。

　　毫无疑问,2001年之后阿富汗国家建设的最重要问题之一就是,确定阿富汗国家发展的方向问题。我们知道,在很多方面,这是一个在历史上以普什图族为主的民族国家,同时这又是一个组织性极低下的国家。它由一个普什图—杜兰尼(阿布达利)部族国家发展而来,直至1978年,也就是阿富汗社会开始大规模重建试验之年,普什图部族和国家之间的关系随之便变得复杂起来。

　　然而,普什图族在阿富汗国家中的政治和社会地位要高于国内民族与宗教少数的地位。阿富汗的政治主导权在普什图人手中。但是,20年的内战改变了一切。阿富汗民族与宗教少数的政治自觉上升了,最重要的是他们的政治组织水平提高了。总之,要复兴普什图人的昔日民族国家是不大可能了。这个国家也许不得不同民族与宗教少数的民族凝聚力相交锋。而且,在阿富汗悠久的历史上,少数民族的组织和凝聚水平首次明显超过了普什图这个多数民族的组织和凝聚水平。因此,波恩协定只是明确了一个事实:阿富汗的政治形势发生了最彻底的改变。

　　很有意思的是另外一个因素。在阿富汗历史上,普什图族首次在组建上层问题上将主导权让给了少数民族。普什图族上层突然一下子变得也就只有一些国家建设需要的极低层次的干部储备了。在20年的战争中,一部分普什图上层流亡国外;相当部分的前穆斯林游击队领袖,诸如古·希克马蒂亚尔、尤·哈里斯和纳比·莫哈马迪等离开了阿富汗政治舞台;另一部分则由于同塔利班合作而被排除出积极的政治活动。总而言之,阿富汗政权出现了严重的真空。

　　阿富汗领导角色候选人的挑选极好地展示了阿富汗普什图人当中的干部状况。当哈·卡尔扎伊被委以此任时,阿富汗前国王查希尔·沙阿非常有把握地谈了自己的看法。从1973年便开始流亡国外的查希尔·沙阿国王,尤其是其身边的人的确都对重新掌握国家政权非常关心。而且,事实上,君主制度的恢复看上去是解决阿富汗国家建设问题最好的一种方法。另外,君主制度的复兴也许是恢复1978年4月革命前原状最具象征性的一步。然而,阿富汗并未恢复君主制度,相反却组建了临时政府,其领导人自然而然也就是国家总统。那么为什么美国人没有走复兴君主制度的道路呢?或者我们按另一种方式提问:为什么君主制度没有被恢复呢?这是一个非常有趣的问题。

一方面,当然这是少数民族代表们的意思,他们反对恢复原状,自然也就反对恢复君主制度;另一方面,这是普什图族内部矛盾所致。我们知道,杜兰尼大国由普什图阿布达利部族联盟所创,后来该大国成为阿富汗国家,而普什图阿布达利部族联盟则被誉为杜兰尼。1978年前,国家政权始终属于杜兰尼,如果说发生权力变更,那也始终只是从一个杜兰尼部族易手另一个杜兰尼部族而已。最初的时候,权力掌握在波波尔扎伊部族萨多扎伊家族手中;而后,权力转到了巴拉克扎伊部族之手;最后,转向了穆罕默德扎伊部族,查希尔·沙阿就是该部族的代表人物。我们觉得,在内战摧毁了阿富汗的一切基础之后,这个或那个政治家到底属于哪个部族已没有多大差别。然而,事实总归是事实。尽管从1978年开始到1992年结束,所有阿富汗人民民主党领导人手中的权力几易其手,但他们总归仍然还是另外一个普什图大部族联盟——吉尔扎伊部族的代表。

四月革命不止终结了君主制度,还结束了杜兰尼的政治霸权。努·塔拉基、哈·阿敏、巴·卡尔玛尔和纳吉布拉都是普什图吉尔扎伊部族出身。阿富汗反苏时代的穆斯林游击队主要领导人之一古·希克马蒂亚尔就是吉尔扎伊部族人。曾任阿富汗国防部长的"哈利克"派人物塔奈属于吉尔扎伊部族,他于1990年起事反对纳吉布拉。隶属吉尔扎伊部族的还有塔利班运动领导人穆罕默德·奥马尔。因此,哈·卡尔扎伊被委以阿富汗临时行政当局首脑之职便极具象征意义。

这是1978年之后杜兰尼波波尔扎伊部族出身者首次成为国家领导人。我们知道,阿富汗国家奠基人阿赫马德汗就是一位波波尔扎伊部族人。很清楚,以查希尔·沙阿为首的老派流亡人士是支持哈·卡尔扎伊的。哈·卡尔扎伊被提名为候选人的确是杜兰尼部族和吉尔扎伊部族利益妥协的结果。而且,最有可能的是,不赞成恢复君主制度的就是吉尔扎伊部族,因为这意味着即便是象征性的恢复,那也总归恢复的是杜兰尼的政权。何况,君主制度——那也是很久远的事了。然而,任何一位领导人,无论他是临时行政当局首脑还是总统,都不过是暂时的人物而已。显然,对吉尔扎伊而言,重要的是先喘口气。从这一观点出发,哈·卡尔扎伊应该只是个过渡性人物。"而且这是对忽略该国(阿富汗——作者注)依然存在着的'部族因素'角色的一种鲜明预告,其中包括从前几个世纪一直延续着的杜兰尼—吉尔扎伊竞争角色。"①

　　对美国而言,提名哈·卡尔扎伊为候选人,重要的是他得到前国王查希尔·沙阿和老派流亡人士的支持。另外,哈·卡尔扎伊会讲英语,是一位彻底接受了西方文明的人。但是,在阿富汗国内哈·卡尔扎伊并没有有影响的支持。再者,还不能不考虑这样一个事实,截至目前,在阿富汗普什图人当中吉尔扎伊部族的政治积极性发展最高而且还在发展。最近20年,他们的政治积极性明显超过了阿富汗其他普什图人。就像那位古·希克马蒂亚尔,他就曾不止一次地表示反对美国在阿富汗的行动,2002年12月他宣布将通过部署在阿富汗的反塔联盟力量与维护和平者开始展开吉哈德运动。此前,古·希克马蒂亚尔在2002年5月份和9月初就曾发表过类似声明。② 何况,国家被各地权威领袖分解为各自负责的区域,这一事实本身导致阿富汗各省得按传统社会组织体系进行管理。在这种情况下,话题还得转到部族组织形式,这也是普什图族最简单的自我认同形式。今天在阿富汗国家组织面临危机的条件下,这一点看上去是极其合理的。

　　在现时情况下,自我组织和自我认同形式也就是对传统部族组织的一种诉求。在这个意义上,是阿富汗国家组织的危机导致了对部族自我组织的恢复。然而,在1978年革命前,普什图人始终没有完成脱离和毁坏部族关系的进程。非但如此,阿富汗的国家组织原则还促进了社会关系,其中包括部族社会结构的固化。因此,在塔利班运动崩溃和"纯伊斯兰教"社会建设思潮危机之后,阿富汗社会的部分普什图人返回到了传统部族组织形式。由此可以看出,杜兰尼—吉尔扎伊恢复竞争的说法是非常正常的。

　　同样也可以作出这样的假设,阿富汗普什图基本民众返回了传统组织体系,而这却成了1978年前已有阿富汗国家复兴道路上最大的障碍。在关键问题,诸如对国家机关、上层,最为重要的是对组织中再生产体系的控制等等方面,普什图族同少数民族相比没有多大的优势。现在,无论是对整个普什图部族,还是个别普什图部族,少数民族在各方面都可以构成现实的竞争。如果说普什图族的组织水平在20年内急剧降低了的话,那么少数民族的组织水平则明显得到了提高。为了在未来国家中占有一席之地,阿富汗各民族必将展开激烈的竞争,这个事实本身就足以提高各少数民族的组织水平。因此,单就少数民族和普什图族相互之间的组织关系而言,少数民族将作为一个单独的"部族"同普什图族展开竞争。因此,对其而言,这是一个无条件的组织进程。而且,普什图族是不会自

---

　　① B. B. 巴索夫:《东部阿富汗的"部族地带"》,《印度和阿富汗历史及历史编纂学》汇编,莫斯科,2000年,第273页。(Басов В. В. "Зона племен" Восточного Афганистана. В сб. Страницы истории и историографии Индии и Афганистана. М. 2000. С. 273.)

　　② http://www.lenta.ru,2001年12月25日。

愿交出的。

而普什图人当中也缺少一个统一的制度,有的只是为势力范围和太阳下的地盘展开的竞争,但是,没有阿富汗国家及其君主需要的组织原则。可以想见,杜兰尼和吉尔扎伊之间的竞争只会越来越激烈。我们必须指出的是,吉尔扎伊和杜兰尼,这是两个事实上全部生活在阿富汗领土上的普什图部族集团。巴基斯坦领土上没有其同源部族。在所有的阿富汗普什图人中,吉尔扎伊是帕克蒂卡、查布尔和加兹尼各省的主要居民,帕克蒂亚、拉格曼、卢格尔等省也有相当多的吉尔扎伊人。然而,沿阿富汗—巴基斯坦边界线生活着许多所谓的"分化"的普什图部族。尽管"各地普什图部族成分分析表明,'分化'的部族从数量来看并不多,他们通常要么倾向边境东部,要么趋向边境西部。例如,塔尔卡尼人、莫曼德人、阿夫里迪人、瓦奇里人等主要集中于巴基斯坦,而萨菲人、欣瓦里人、胡吉亚尼人等主要分布在阿富汗"[1]。然而,无论什么情况,普什图族圈内的领导权问题将在杜兰尼—吉尔扎伊的矛盾对抗中解决。

现在我们可以将注意力集中到以下事实,在 2001 年 10 月 7 日到 11 月 12 日的军事行动中,塔利班运动在阿富汗进行的唯一一次有效行动就是抓捕并处死了战地指挥官阿卜杜尔·哈克。阿卜杜尔·哈克是哈吉·阿卜杜尔·卡德尔的兄弟,北方联盟领导人之一。他于 10 月份从巴基斯坦转到阿富汗,其目的是为了在普什图族圈内组织反塔行动。稍后,也就是 2002 年,哈吉·阿卜杜尔·卡德尔被打死,当时此人担任阿富汗副总统。从当时的情况看,阿卜杜尔·哈克和哈吉·阿卜杜尔·卡德尔有望成为普什图族圈内的现实政治领导人。他俩一位隶属北方联盟,一位则同美国人保持着密切关系。然而,兄弟俩都出身于楠格哈尔省,该省省会是贾拉拉巴德。哈吉·阿卜杜尔·卡德尔本人在 1992—1996 年期间任贾拉拉巴德舒拉首脑。"楠格哈尔省的居民成分最为复杂。这里有 40 多个普什图部族和近 10 个其他民族。该省最大的普什图集团是莫曼德、欣瓦尔和胡吉亚尼,他们保留着部族组织的某些特征和习惯法。"[2]但是,这里实际上没有吉尔扎伊和杜兰尼。显然,兄弟俩既不属于吉尔扎伊部族,也不属于另外的杜兰尼部族。这里最为有趣的是,兄弟俩被清除出了阿富汗政治舞台,即便这种清除是内部政治斗争的一部分,那也会导致普什图族圈内再也不会出现堪与吉尔扎伊和杜兰尼竞争权力的强有力者。阿卜杜尔·哈克的例子尤具典型性。塔利班想尽一切办法抓捕他,美国的空中支援也没有给他帮上忙。大概,这同当时,也就是 2001 年 10 月份为了在未来阿富汗占有一席之地而已经进行的斗争有

---

① B. B. 巴索夫:《东部阿富汗的"部族地带"》,第 277 页。

② B. B. 巴索夫:《东部阿富汗的"部族地带"》,第 255 页。

关,因为阿卜杜尔·哈克是未来阿富汗领导角色最现实的候选人之一。

今天,杜兰尼出身的哈·卡尔扎伊掌握了政权。出身吉尔扎伊最著名的古·希克马蒂亚尔正在开展着反对卡尔扎伊及和事老的斗争。哈·卡尔扎伊本人备感信心不足,从而不得不主要依靠外国人。故而,大支尔格会议的召开这个事实本身就让人备感好奇,大会是 2002 年 6 月召开的,会上选举哈·卡尔扎伊为阿富汗总统。大支尔格会议——这是普什图人的代表机关,作为解决阿富汗问题的一种手段早就谈到过了。我们可以回想一下前国王查希尔·沙阿的罗马计划。

然而,大支尔格会议这是普什图"部族民主"的传统机关。1747 年,阿富汗国家就是在类似的支尔格会议上宣布成立的。如果还能回想起萨多扎伊家族的阿赫马德汗被推举为所有阿布达利(杜兰尼)部族沙的话,那么了解领导候选人的推举就非常有意思。"诸汗表示同意阿赫马德汗进行统治,这是因为萨多扎伊民众在阿布达利部族中仅占极少数。诸汗知道,在阿赫马德汗统治期间他就不得不考虑他们的意见,而如果一旦他表现出固执己见、独断专行和高傲自大的情绪,那么阿布达利部族就会毫不费力地推翻其政权并将他打倒。"①支尔格会议——它始终是部族利益妥协的结果。综上所述,较之中央集权国家时代,这是一种倒退。阿富汗国王被迫不得不考虑部族的意见,但是部族总归还得仰仗国家和国王。2002 年,在大支尔格会议上,正好相反,"部族"占了上风。只是现在不仅仅只有普什图部族,参加支尔格会议的还有塔吉克、乌兹别克、哈扎拉、伊斯玛依及其他"部族"。哈·卡尔扎伊当选,并不是因为各部族都支持他,只不过是一种为了取悦所有各方的妥协产物而已。在很大程度上,这是因为"诸汗知道,在阿赫马德汗统治期间他不得不考虑他们的意见……"

无论是担任临时行政当局首脑还是国家总统,哈·卡尔扎伊的能力都不是很高。一切实权都掌握在各地领袖手中。利益妥协成为一种占了上风的政治倾向。2002 年 2 月,哈·卡尔扎伊同样宣布,在将来如果战地指挥官威胁到阿富汗局势稳定的情况下拟打算求助外国军事援助。② 2002 年 12 月,已经成为总统的哈·卡尔扎伊签署了一道命令,禁止国内政治领袖领导武装政治派别。正如命令中所言,无论是公民还是军政官员都无权在政治领域和军事领域同时身兼两职。③ 这是对有影响力的地区领袖们的直接攻击。然而,非常大的一个问题是,在这个意义上,总统的命令到底能有多大效果。目前,各地领袖们的能力要

---

① 《杜兰尼强国的形成与崩溃》,第 53 页。(Возникновение и распад Дурранийской державы. С. 53.)

② http://www.smi.ru,2001 年 2 月 24 日。

③ http://www.lenta.ru,2002 年 12 月 16 日。

比国家能力大许多。事实上,在中央机关中各地领袖们拥有非常广泛的权力,这使得他们有可能将资源重新分配,为自己的地区谋利。

形势看起来对阿富汗国家前景非常不妙。国家建设无法克服各地领袖们的影响和权力。另外,各地领袖们的权力常常得到外来援助。最典型的例子是,赫拉特省省长伊斯玛依尔汗和哈扎拉人得到伊朗的直接帮助。伊朗的大部分援助流向了赫拉特和哈扎拉贾特。"部族"政治意识继续在国内占主导地位。随着时间的推移将会在势力范围的边界地带引发冲突,例如,阿·杜斯图姆和塔吉克族将军阿塔的人在马扎里沙里夫、伊斯玛依尔汗和普什图战地指挥官阿马努尔汗的人在赫拉特、南方的贾拉拉巴德地区等等。

2002 年夏,《欧洲时报》刊登了一些阿富汗最大军事政治派别武装力量的资料,非常有趣。这其中谈到了赫拉特省长伊斯玛依尔汗的武装部队,其势力正在向巴德吉斯、法拉赫省和戈尔省的部分地区扩展,其手下士兵达 1.5 万人。从数量上看,什叶派哈扎拉人领袖卡·哈利利是第二大派系,有兵士 1 万名。其治下有巴米扬省,以及戈尔和加兹尼省的部分地区。乌兹别克族人阿·杜斯图姆有7000 名战士,他控制着巴尔赫省部分地区及其首府马扎里沙里夫,还有朱兹詹和法利亚布省。同阿·杜斯图姆争权的是塔吉克族人穆罕默德·阿塔,他有兵众5000 人,控制着马扎里沙里夫的一部分和巴尔赫省。坎大哈控制在其省长普什图族人古尔·阿加·舍尔扎伊手中,有兵丁 1.5 万名。在帕克蒂卡省活动的是当地普什图领袖帕沙·汗·扎德兰。当时,哈吉·阿卜杜尔·卡德尔还在贾拉拉巴德,他有甲兵 2000 人,后被恐怖分子打死。① 无疑,这只是阿富汗力量总体配置的一部分。

毫无疑问,效忠国防部长穆·法希姆的军队是国内最强大的派系,其基础是阿富汗重建军队的一些分队,数量约为 1 万人(75% 是塔吉克族)。除此之外,效忠穆·法希姆的人还控制着阿富汗北方的一系列省份,诸如巴达赫尚、塔哈尔、巴格兰、帕尔万、卡皮萨、昆都士。"该军事派系的大部分指挥人员(其中包括穆·法希姆、其副手阿提库尔拉·巴利亚拉依、空军司令穆罕默德·杜兰尼等)倾向于同俄罗斯合作。许多军官还保持着同伊朗(从 80 年代上半期起)和印度武装机构的往日联系。"②穆·法希姆派系还控制着阿富汗国内安全机构的部队。2002 年 1 月,在穆·法希姆战友、内政部长、塔吉克族人尤努斯·卡努尼的领导下,开始组建阿富汗刑警组织,计划编制 3 万人。在前阿富汗总统布尔汉努丁·拉巴尼的前政府安全部(自 1992 年夏至 2001 年秋由穆·法希姆领导)基

---

① 《欧洲时报》(Time Europe),2002 年 6 月 3 日。

② http://www.agentura.fu,2002 年 12 月 21 日。

础上创建国家侦查和反侦查机构。目前,穆·法希姆周围在侦查领域的主要合作伙伴有俄罗斯、塔吉克斯坦、印度和伊朗的特种部门。[①] 尽管尤·卡努尼于2002 年 6 月将内政部部长职务让给了哈只·穆罕默德·瓦尔达克,但事实上还是他继续控制着内政部,他作为哈·卡尔扎伊的安全顾问,侦查机构直接对他负责,而该机构则由出身潘杰希尔的塔吉克族人穆罕默德·阿列夫控制。[②] 总之,前总统拉巴尼时代的前阿富汗政府强力机构控制着创建新阿富汗类似机构的基本进程,也就是说,控制着国家的总体局势。

我们必须指出的是,从历史上看,阿富汗国家的建设进程实际上等同于军队和安全力量的创建进程。谁控制了强力机构,谁就控制了国家局势。但这还同谁实际控制了军队有实质性的区别。阿富汗埃米尔创建现代化军队始终没有脱离普什图族国家建设的总体轨道。而塔吉克族人创建阿富汗军队则是为了自己的战略目的,那就是对抗普什图人复兴国家的思想。

如果我们来关注一下上述个别派系的武装力量配置的话,那么首先给人留下的印象就是普什图族在其中的代表职位极低。在众多的国内少数民族部队背景上,普什图族军队则显得微不足道。然而,包括了许多省份的所谓"部族地带"则主要居住着普什图人。这些省份有楠格哈尔、卢格尔、查布尔、帕克蒂卡、帕克蒂亚、加兹尼、坎大哈。普什图部族军队在这些地方都是现实的军事力量,这主要包括一些组织良好的吉尔扎伊、贾德兰、萨菲、胡吉亚尼、欣瓦里及其他许多部族。多年来,战争整体上摧毁了他们同阿富汗国家的关系。而且不怎么重要的是,1992—1996 年的拉巴尼政府、1996—2001 年的塔利班运动或 2001 年开始的哈·卡尔扎伊政府代表着国家。

通常人们谈得很多,说这些部族在情感上是亲塔利班的。然而,我们可以相当确信地说,从最简单最可靠的自我认同形式出发,目前他们更多地还是忠实于自己部族的利益。因此,如果说来自"部族地带"的普什图部族在阿富汗国家结构中占据着什么样的地位的话,那么我们可以说这正好就是巴基斯坦"部族区域"的普什图部族所享有的那种地位。作为对巴基斯坦政府补助金以及不干预其生活的一种交换,来自巴基斯坦"部族区域"的普什图人保持着对国家的表面效忠。事实上,巴基斯坦的"部族区域"是一块完全自治的领地。巴基斯坦和阿富汗状况的区别也许就在于,巴基斯坦普什图人的补助金由国家发放。然而,阿富汗普什图人的补助金则由国际社会支付,更具体地说,由美国支付。

普什图部族漠视阿富汗国家的命运,他们将国家建设进程留给了少数民族

① http://www. agentura. fu,2002 年 12 月 21 日。

② 《专家》(Эксперт[Москва]),莫斯科,2003 年,第 13 期。

组织擅自处理,主要是留给聚居在阿富汗北部—东部的塔吉克人,及其他阿富汗波斯语居民,如赫拉特省的赫拉特人、拉格曼省的拉格曼人和巴米扬的哈扎拉人。只有得到美国支持的前阿富汗海外流亡分子才是一支最为重要的力量,他们也许会对按照昔日模式复兴国家感兴趣,但是他们没有现实的军事力量。

鉴于以上所述,遂不自觉地产生了另外一种对本章开头所提问题的答案。这个问题是,2001年11月9日和11日的悲剧事件使阿富汗变成了今日这种状况,它们之间到底有什么联系?这两件事是不是同步发生的,如果是,那是为了什么目的?站在今天的立场看,很明显只有一种情况:如果阿·马苏德活到塔利班运动从阿富汗政治舞台上消失的那一刻的话,那么国内几乎就没有哪一个政治人物堪与他平起平坐。很明显,尽管阿·马苏德的生前战友们控制着军队、民警部队和安全力量,但是他们没有自己的政治领袖。

前总统布·拉巴尼不可能成为这一阶段的这种人物。如果阿·马苏德还活着的话,那么他和他的人在阿富汗政治空间中将占据绝对的优势地位。也许,委任的就不会是哈·卡尔扎伊。而且,在阿富汗采取的所有军事行动也许从根本上就失去了意义,因为形势按这种途径发展具有非常严重的负面作用。如果说各地普什图族领袖都觉得有这样一种刺激因素存在,即塔吉克族人阿·马苏德必将在国内掌权的话,那么要找到对付他们的方法也许也很困难。因为这可能会引起巴基斯坦的坚决反对,更确切地说会遭到那些普什图出身的政界人士的极力反对。阿·马苏德的胜利预示着阿富汗多年以后形势发展的命运,这也就是说亲俄罗斯和亲伊朗力量将夺取国家权力,而且还会得到美国的直接帮助。

然而,阿·马苏德的死亡解决了许多问题,其派系虽然失去了一位超凡绝俗的领袖,不过却保留了政治声望。这一点反映在美国同俄罗斯和伊朗利益的妥协道路上。失去这位领袖,阿富汗的塔吉克族就比较容易达成谅解。因此,对已有形势的发展来说,它不会再出现各种各样的变局。美国可以在阿富汗政治舞台上同俄罗斯和伊朗展开竞争,但重要的并不是竞争这一事实,更为重要的是美国可以在阿富汗政治空间中同伊朗和俄罗斯一起实现自己的利益。今天阿富汗的状况则主要就是伊朗和美国这样一些敌对国利益共存和妥协的直接结果。

但令人最好奇的还是另外一种情况。为何美国要同自己绝对憎恨的敌人伊朗妥协呢?尽管如此,这种妥协在旁观者眼中还是不太明显也不易察觉。如果说美国的目的是要控制阿富汗的话,那么可以断定华盛顿不仅不能实施这种控制,而且也不会太过于追求这种控制。美国在阿富汗的存在诉求极低。那么究竟是怎么回事呢?问题可能在于,对今天的美国而言,阿富汗本身没有什么特殊意义。华盛顿的利益重心转到了中亚,但是在阿富汗必须保持一种相对稳定的政治状况。在这里,为了自身利益,美国、俄罗斯和伊朗都会采取这样或那样的措施致力于保持这种状况。因此,谁控制阿富汗的中央政权并不怎么重要。今日之状况完全能够满足所有相关各方的利益,遭受损害的一方也就只有阿富汗。很明显,复兴昔日的国家实际上是没有什么可能了。

这样,作为一个独立的国家,阿富汗最终在自己的发展道路上倒退了。在1978年四月革命以来的25年当中,国家试图实现一系列具有强大意识形态基础的政治构想。第一是按照苏联模式建设社会主义社会;第二是以塔利班运动的异端邪说创建"伊斯兰国家",企图返回到原初穆斯林社团组织原则。然而,在境外力量的参与下,阿富汗经过长期内战最后又返回到了"部族民主"时代。当然,今天的阿富汗,战争不再,难民返回,但阿富汗症结同昔日一样依然是地区安全最重要的问题之一。

结　尾

总之,阿富汗内战持续了 20 多年,2001—2002 年终于结束了这场内战的尖峰时刻。新的阶段开始了,也就是说,代表各自"部族"利益的阿富汗各类军事政治派系的非公开对抗阶段来临了。值得注意的是,这里所指的不只是传统普什图部族。20 年内战,国内各族群利益体系发生了分离和构建,最明显的就是他们的地位问题和自我组织水平。与此相适应,他们的政治积极性得到了明显的提高。

这种情况在阿富汗历史上尚未出现过。内战的最重要结果就是,国内的力量配置发生了改变。阿富汗昔日最重要的优势力量——阿富汗普什图人只不过变成了一个同其他民族为了权力而斗争的民族而已,这场斗争的参与者有塔吉克人、乌兹别克人、哈扎拉人、伊斯玛仪派、帕沙伊人和波斯语赫拉特人等。与此同时,普什图部族也成为今天阿富汗组织性最低下的一个民族集团。这是内战造成的直接后果,这场内战急剧降低了阿富汗普什图人的政治组织水平。对于大部分阿富汗普什图人,尤其是居住在"部族地带"的普什图人而言,部族团结要比效忠国家重要得多。然而,如今的普什图人实际上已丧失了对国家建设进程的控制。这最终导致今天的阿富汗少数民族成为团结一心、组织良好的民族,当然同他们打交道的则是政治上毫无组织性可言的普什图居民;在这些居民的眼里国家只不过是一个特别空洞的政治概念而已。

结果,今日之阿富汗转变成为一个以民族或宗教特征组织起来的多个独立准国家联合体的聚合体。然而,问题总的来说还不在于此。问题在于,该国尚未明确出现建立统一国家的光明前景。但是,该国将在什么样的基础上推进国家建设进程,这一点是非常明确的。每个民族都将坚守自己目前的地位,而这种地位的最大优势也就是摆脱中央政权保持自治。而且最离奇的是,普什图族竟然要同塔吉克族、乌兹别克族及其他民族一道平起平坐,更确切地说,是如今按阿富汗部族方式组织起来的那部分普什图族。

最重要的问题是,谁能够再在现代阿富汗掌握主动权并担负起建设统一国家的责任。总的来说,问题还在于国家建设的思想本身。统一的阿富汗就是普什图族人的国家——这种古老的阿富汗模式已经不起作用了,因此也就不可能恢复普什图族国家的象征——君主制度。然而,可以想象,阿富汗哪怕以何种形式也无法实现西方式的议会民主制度。塔利班运动时代,它试图在原初伊斯兰社团价值观基础上创建一个阿富汗超民族伊斯兰国家,但是这种尝试以失败而告终。那么剩下的还有什么呢?那就只有保持原状,也就是保持相对稳定的形式。从政治上看,这也就意味着今日之阿富汗也不过就是一个有名无实的国家形式而已。

总的来看,阿富汗冲突的最重要教训是,25 年来这个国家成为推行各种可以想象到的现代东方社会国家建设试验的演练场,这就包括社会主义国家建设、伊斯兰国家建设,以及深刻反映民族国家精神的民族国家及其各类联合体的建设等等。因此,阿富汗经验对任何一个东方国家或社会都极具教益。它们随时可以尝试处理自己国家的类似状况并极力避免错误。

我们必须指出的是,伊斯兰国家中的东方传统国家组织必须得不断适应现代世界条件。原则上讲,现代文明对穆斯林国家和社会的传统组织,尤其是对其上层起到了极大的刺激作用。各个国家在不同时期尝试使用了西方文明的所有优点。在保留传统上层权力和社会组织结构的情况下,有些国家的尝试是在日益发展的现代化基础上进行的。如波斯湾的大多数君主制国家以及文莱和摩洛哥等等国家,以前如此做,现在还是如此做。尽管加速现代化进程有破坏自己社会组织内部平衡的危险,但是另外一些国家仍然还是在千方百计加速现代化的进程。这包括那些在不同时期成功地完成了社会变革的国家,如伊拉克、埃及、叙利亚、社会主义也门,毫无疑问还有阿富汗。但是,对伊斯兰社会内部现代化进程加速的反作用力也突出地表现了出来,其中最典型的例子就是1979 年的伊朗伊斯兰革命。

但是,所有这些尝试可以说没有哪一个成功而终。在今天西方人的理解中,伊斯兰世界和现代文明之间的关系是世界政治进程中的最重要内容。这个问题是极其复杂的,但同时也是非常重要的。这里最为重要的不是波斯湾或里海的石油,而是伊斯兰世界无疑正处在上升阶段这样一个事实,而且挑战西方文明就是对这种上升趋势的简单证明。2003 年 2 月底,美国总统乔治·布什发表了一份极其有趣的声明。他说,不正常的是全人类竟然有五分之一的人,指的是伊斯兰信徒,生活在对西方民主价值观的无知中。把这句话翻译成正常的语言,那就是说美国作为西方世界的舰船司令,它清楚伊斯兰世界的上升将会给它带来什么样的问题。阿富汗是美国直接干涉事态发展的第一个伊斯兰国家。

现在最为重要的是要弄清楚,美国的努力是否能够足以保证同巴基斯坦和阿富汗海外流亡分子保持着密切关系的普什图族担负起推动复兴阿富汗国家的主角。在其他任何一种情况下,几乎将不会再出现仅能为一个民族谋利益的统一的阿富汗中央集权管理体系。

另外,还存在这样一种重要情况。美军的反伊拉克行动给其前对手伊朗带来了严重问题。美军现已在该国东部边境的阿富汗坎大哈省从事活动。如果战后伊拉克出现亲美傀儡政权且美军驻扎伊拉克的话,那么伊朗就会陷入战略包围之中。我们应该还想到,伊朗北方邻国阿塞拜疆也持亲美立场。随着"巴库—杰伊汉"石油管道建设方案的实现,阿塞拜疆的亲美倾向只会进一步加强。

可见,只要开始于2003年3月20日的伊拉克战争一结束,伊朗实际上立马就会陷入全方位的战略包围中。伊朗西部将处于亲美的伊拉克傀儡政权和美国地区盟国土耳其包围之下;北部则是同美国有着悠久关系并支持伊拉克行动的阿塞拜疆;而东部边界,美国已陈兵阿富汗。伊朗目前仅剩下同亚美尼亚和土库曼斯坦接壤的两个陆地边界未受到美国的影响。

2002年底到2003年初,围绕土库曼油气发生的冲突令人非常奇怪。塔利班被摧毁后,建设土库曼斯坦经阿富汗领土到巴基斯坦的油气管道原有建设思想恢复了。2002年底,该思想得到土库曼斯坦总统尼亚佐夫、阿富汗总统卡尔扎伊和巴基斯坦总理米尔·扎法鲁拉·汗·贾迈利的支持。跨阿富汗油气管道也许可以解决许多问题。将巴基斯坦、阿富汗和土库曼斯坦联系在一起的也许不仅有油气管道,而且还有政治关系。这种政治联盟得到美国的支持,它的目的也许只有一个,那就是反对伊朗而且还可以成为美国势力渗透中亚的一条走廊。因此,1994年原有思想有可能得以实现。

就像1994年一样,实现这个思想的最重要障碍是伊斯玛依尔汗控制的赫拉特省。伊朗在赫拉特省的地位极为强大,来自该国的投资主要流向了赫拉特。因此,任何穿越赫拉特省的油气管道建设思想都注定要失败,因为这无疑都会遭到德黑兰的反对。穿越阿富汗的油气管道在伊朗周边遭遇了瓶颈。

2003年初,有理由推测,美国和巴基斯坦成功地找到了对付伊斯玛依尔汗的方法。然而,美国对伊拉克开战后,伊斯玛依尔汗立即予以谴责。在卡尔扎伊总统发表了关于支持美国的喀布尔官方声明的背景下,赫拉特省长的话看来是一种公然行动。显然,这是对尼亚佐夫的暗示。

土库曼斯坦总统根本没有时间也无法等到伊斯玛依尔汗问题的解决。但是,尼亚佐夫却可以评估出邻国伊朗的能力。土库曼斯坦非常需要以气换钱来巩固国内地位,同时还需要外界的政治援助。如果美国无法给予尼亚佐夫这一切的话,那么他就只好作出二者择一的选择了。

正是从这个观点出发,所以值得考察2003年4月10日普京和尼亚佐夫签订协议这一事实。根据协议条件,俄罗斯天然气工业自2004年始在土库曼斯坦年采购天然气50~60亿立方米且逐年递增,到2007年达到600~700亿立方米。从2009年开始至2028年底,土库曼将向俄罗斯独家年出售天然气700~800亿立方米。如果计算一下的话,目前土库曼斯坦的开采量为530亿立方米,而国内需求为120~130亿立方米,那么考虑到其开采量的潜在增长,俄罗斯事实上拟计划收购土库曼的所有天然气。这样一来,跨阿富汗天然气管道几乎就无气可输送了。

因此,可以推测,2001—2002年阿富汗事件仅仅是2003年反伊拉克行动的序幕,而且完全有可能是另外一些事件的前奏,如美国驻俄罗斯大使弗什博于2003年3月20日称,美国将收拾掉所有的所谓"邪恶轴心"国家。根据美国总统布什的声明,除伊拉克之外,又将伊朗和朝鲜列入了该轴心。

可以推测,伊朗领导人正在极力抵消他确信对其利益构成威胁的那些计划。因此,地区的紧张程度只会上升。极有可能的是,阿富汗将再次成为利益斗争的场所,不过这次将是伊朗和美国之间的利益斗争。

2001—2002年给人们制造了一种幻觉,那就是在阿富汗近代史上这个国家的调解首次符合了所有有能力影响地区状况的国家的利益。然而,2003年初的时候形势已非常明朗,围绕阿富汗的地区利益斗争无处实施,它简单地转变到另外一种层面上去了。因此,目前国家分裂为军事政治派别控制的诸多势力范围这样一种状况,也许不能被看做是阿富汗国家复兴的过渡阶段。

这更像不同国家在该地区利益斗争新阶段开始前的力量重组和战略间歇阶段。博弈者仍将是美国、俄罗斯、中国、伊朗和巴基斯坦;问题仍将是,美国极力加强在中亚的实力,以此向俄罗斯、中国和伊朗施压。因此,对中亚国家来说,阿富汗前不久的历史教训最重要的也就是,目前地区各国已经能够成为各种利益冲突的舞台了。

就中亚各国国家建设进程而言可能会出现一些特别重大的问题,随着政治上层不可避免地出现交替更换,这些国家将遭遇极大的紧张阶段。归根结底,中亚国家的政治状况看起来不是太稳固。一方面,随着美国、俄罗斯、中国、伊朗、巴基斯坦及其他一些国家在该地区利益对抗的开始,中亚有可能出现危机;另一方面,中亚各国出现危机有可能挑起争夺地区势力影响的激烈的利益斗争。在这个意义上,近代阿富汗冲突的历史极富教育意义。

自苏联于1991年解体时起,中亚国家便开始了自己的当代历史,各国正在走向这一历史的最复杂时期。也许,对它们而言,保持自身社会生活和组织中已达到的现代化水平是其最重要的任务。阿富汗不久前的经验清楚地表明,国家和社会组织基础的毁坏是何等之迅速。

专有名词俄中文对照

Абудали, пуштуны   阿布达利人,普什图人

Абудул Реззак Мулла   毛拉·阿卜杜尔·列兹扎克

Абудулла Абудулла, министр инос-
транных дел Афганистана   阿卜杜拉·阿卜杜拉,阿富汗外交部长

Абудулладжанов Абудумалик   阿布杜马利克·阿卜杜拉扎诺夫

Абудуррахман-хан, эмир
Афганистана   阿卜杜尔·拉赫曼汗,阿富汗埃米尔

Азам Маулана Тарик   毛拉纳·阿扎姆·塔利克

Азиатско-тихоокеанское экономи-
ческое сотрудничество（АТЭС)   亚太经济合作组织

Айюб Хан Гохар, министр
иностранных дел Пакистана   戈哈尔·艾尤布·汗,巴基斯坦外交部长

Айюб-хан, президент Пакистана   艾尤布汗,巴基斯坦总统

Акаев Аскар, президент Киргизии   阿斯卡尔·阿卡耶夫,吉尔吉斯斯坦总统

Алжир   阿尔及利亚人

Алма-Ата   阿拉木图

Аль-Каида   阿尔－凯达,"基地"组织

Аль Фейсал Турки   图尔基·法伊萨尔

Аманулла-хан, эмир Афганистана   阿曼努拉汗,阿富汗埃米尔

Амин Хафизулла, президент
Афганистана   哈菲祖拉·阿明,阿富汗总统

Амитейдж, Ричард   里查德·阿米蒂奇

Арабский социализм   阿拉伯社会主义

Ареф Хан   阿列夫·汗

Асад Хафез   哈菲兹·阿萨德

Аслам Бег Мирза, генерал   米尔扎·阿斯拉姆·别各,将军

Асмар	阿斯玛尔
Атта Мохаммад	穆罕默德·阿塔
Ахмад-хан, садозай	阿赫马德汗,萨多扎伊人
Бабар Насрулла, министр внутренних дел Пакистана	纳斯鲁拉·巴巴尔,巴基斯坦内务部长
Баглан, провинция	巴格兰省
Баглани Башир	巴什尔·巴格拉尼
Баграм	巴格拉姆
Бадахшан, афганская провинция	阿富汗巴达赫尚省
Бадахшан таджикский	塔吉克巴达赫尚
Бадгис, провинция	巴德吉斯省
Балх, провинция	巴尔赫省
Бамиян, провинция	巴米扬省
Баткенские события	巴特肯事件
Белая революция	白色革命
Беженцы, афганские	阿富汗难民
Бен Ладен Усама	乌萨马·本·拉登
Бжезинский Збигнев	兹比格纽·布热津斯基
Бишкекский саммит	比什凯克峰会
Бонн, конференция	波恩会议
Борджан Мулла	毛拉·波尔詹
Большая игра	大博弈
Брежнев Леонид	列奥尼德·勃列日涅夫
Британская империя	英帝国
Бухара Восточная	东布哈拉
Бухарский эмират	布哈拉埃米尔国
Буш Джордж, президент США	乔治·布什,美国总统
Бхутто Беназир	贝纳吉尔·布托
Вардак Хадж Мохаммад	哈只·穆罕默德·瓦尔达克
Ваххабиты	瓦哈比派
Вахшская долина	瓦赫什谷地
Ведрин Юбер, министр иностранных	于贝尔·韦德里纳,法国外交部长

дел Франции

Велаяти Али Акбар, министр   阿里·阿科巴尔·维拉亚提,伊朗

    иностранных дел Ирана   外交部长

Вендрелл Франсиск   弗朗西斯克·温德雷尔

Высший совет обороны Афганистана   阿富汗最高国防委员会

Газпром   天然气工业

Гарм, группа районов Таджикистана   加尔姆,塔吉克斯坦各地区集团

Гафурзаи Абдур Рахим   阿卜杜尔·拉希姆·加弗尔扎伊

Гельменд, провинция   赫尔曼德省

Герат, провинция   赫拉特省

Герати   赫拉特人

Гейлани Сайед Ахмед   赛纳德·阿赫迈德·盖拉尼

Гильзаи, пуштуны   吉尔扎伊人,普什图人

Гилянская республика   吉朗共和国

Гиндукуш   兴都库什

Говда Деве, премьер-министр Индии   戴维·高达,印度总理

Гоус Мулла, министр иностранных   毛拉·果乌斯,塔利班运动外交部长

    дел движение "Талибан"

Дауд Мохаммад, президент   穆罕默德·达乌德,阿富汗总统

    Афганистана

Демирель Сулейман, президент   苏莱曼·德米雷尔,土耳其总统

    Турции

Джабаль-ус-Сирадж   扎巴尔—乌斯—希拉支

Джала и-Джанги   贾拉—依—詹吉

Джамиат-е Ислами, Исламское   阿富汗伊斯兰促进会(阿富汗伊斯兰

    общество Афганистана (ИОА)   协会,阿富汗伊斯兰社会党)

Джамиат-и-Улема ислам   伊斯兰贤哲会

Джаузджан, провинция   朱兹詹省

Джелалабад   贾拉拉巴德

Джонс Элизабет   伊丽莎白·琼斯

Джумбиш-и Милли, Национальное   阿富汗伊斯兰民族运动

    исламское движение Афганистана

（НИДА）

Договор коллективной безобасности（ДКБ）	集体安全条约
Дустум Абдул Рашид	阿卜杜尔·拉什德·杜斯图姆
Дюранд Мортимер	莫蒂默·杜兰
Дюранда，лилия	杜兰线
Ельцин Борис，президент России	鲍里斯·叶利钦，俄罗斯总统
Заболь，провинция	查布尔省
Задран Паша Хан	帕沙·汗·扎德兰
Захир-шах，бывший эмир Афганистана	查希尔·沙阿，阿富汗前埃米尔
Зиеев Мирзо	米尔佐·吉叶耶夫
Зия-уль-Хак，президент Пакистана	齐亚·哈克，巴基斯坦总统
Ибен Абд аль-Ваххаб Мухаммад	伊本·阿卜杜勒·瓦哈布·穆罕默德
Ибрахими Лахдар	拉赫达尔·伊卜拉希姆
Иванов Сергей，министр обороны России	谢尔盖·伊万诺夫，俄罗斯国防部长
Израиль	以色列
Индерфут Карл	卡尔·因德福特
Индия	印度
Иран	伊朗
Центральная Азия	中亚
Исламская Революция	伊斯兰革命
Россия	俄罗斯
Талибан	塔利班
Ирак	伊拉克
Искандаров Акбаршо，временный президент Таджикистана	阿克巴尔硕·伊斯坎达洛夫，塔吉克斯坦临时总统
Исламабад	伊斯兰堡
Исламская партия возрождения Таджикистана（ИПВТ）	塔吉克斯坦伊斯兰复兴党

Исламский фронт спасения（Алжир） 伊斯兰拯救阵线（阿尔及利亚）

Исламское движение Узбекистана 乌兹别克斯坦伊斯兰运动
　　（ИДУ）

Исмаил-хан Мохаммад 穆罕默德·伊斯玛依尔汗

Исмаилиты 伊斯玛仪派

Кабул 喀布尔

Каддафи Муаммар 穆阿马尔·卡扎菲

Кадир Хаджи Абдул 哈吉·阿卜杜尔·卡德尔

Калайи-Нау 瑙堡

Кандагар 坎大哈

Канси Мир Амал 米尔·阿马尔·坎希

Кануни Юнус, министр внутреннх 尤努斯·卡努尼,阿富汗外交部长
　　дел Афганистана

Каписса, провинция 卡皮萨省

Карачи 卡拉奇

Каримов Ислам, президент 伊斯拉姆·卡里莫夫,乌兹别克
　　Узбекистана 斯坦总统

Карзай Абдул Ахмад 阿卜杜尔·阿哈德·卡尔扎伊

Карзай Хамид 哈米德·卡尔扎伊

Кармаль Бабрак 巴布拉克·卡尔玛尔

Кашмир 克什米尔

Киргизия 吉尔吉斯

Китай 中国

Клинтон Билл, президент США 比尔·克林顿,美国总统

Кызылбаши 克孜尔巴什人

Куляб, область 库里亚布州

Кунар, провинция 库纳尔省

Кундуз, провинция 昆都士省

Курган-Тюбе, область 库尔干－秋别州

Лагман, провинция 拉格曼省

Лашкар 拉什卡尔

Легари Фарук, президент Пакистана 法鲁克·列加利,巴基斯坦总统

Ленинабад（Худжант） 列宁纳巴德(忽毡)

Лойя Джирга 大支尔格会议

Малек Абдул 阿卜杜尔·马利克

Мазари Абдула Али 阿卜杜拉·阿里·马扎里

Мазари-Шариф 马扎里沙里夫

Мазхабы суннитские 逊尼派麻兹哈布

Масуд Ахмад Шах 阿赫迈德·沙·马苏德

Маунтбеттена, план 蒙巴顿方案

Межведомственная разведка 巴基斯坦三军情报局
   Пакистана（ИСИ）

Меймене 迈马纳

Мешхед 麦什德

Мир Вайс, гильзай 米尔·瓦伊斯,吉尔扎伊人

Мир Махмуд, гильзай 米尔·马赫穆德,吉尔扎伊人

Моджадедди Сибгатулла, президент 西卜加图尔·穆贾迪迪,阿富汗总统
   Афганистана

Мохаммади Наби 纳比·穆罕默迪

Муршед Ифтихар 伊甫提哈尔·穆尔谢德

Мусульманская Лига 穆斯林联盟

Мутавакиль Абдул Вакиль, министр 阿卜杜尔·瓦吉尔·穆塔瓦吉尔,
   иностранных дел движения "Тали- 塔利班运动外交部长
   бан"

Муттаки Амир Хан, министр инфо- 阿米尔·汗·穆塔基,塔利班运动情报
   рмации движения "Талибан" 信息部长

Мухаммед, пророк 穆罕默德,先知

Мушарраф Первез, президент 贝尔维兹·穆沙拉夫,巴基斯坦总统
   Пакистана

Набиев Рахмон, президент 拉赫蒙·纳比耶夫,塔吉克斯坦总统
   Таджикистана

Надери Саид Мансур 赛义德·曼苏尔·纳德尔

Надир-шах 纳第尔沙

Надир-хан, минимтр иностранных дел 纳第尔汗,阿富汗外交部长,

Афганистана，эмир Афганистана 阿富汗埃米尔

Наджибулла，президент Афганистана 纳吉布拉，阿富汗总统

Назарбаев Нурсултан，президент 努尔苏尔坦·纳扎尔巴耶夫，
　　Казахстана 哈萨克斯坦总统

Намангани Джума 朱马·纳曼干尼

Нангархар，провинция 楠格哈尔省

Народно-демократическая партия 阿富汗人民民主党
　　Афганистана（НДПА）

Народный фронт Таджикистана 塔吉克斯坦人民阵线

Насер Гамаль Абдель，президент 加麦尔·阿布杜勒·纳赛尔，埃及总统
　　Египта

Ниязов Сапармурат，президент 萨帕尔穆拉特·尼亚佐夫，
　　Туркменстана 土库曼斯坦总统

Нимроз，провинция 尼姆鲁兹省

Нури Саид Абдулло 赛义德·阿卜杜洛·努里

ООН，резолюция 联合国决议

Объединенная таджикская оппозиция 塔吉克联合反对派
　　（ОТО）

Объединенные Арабские Эмираты 阿拉伯联合酋长国

Октябрьский кризис 1973 года 1973 年十月危机

Олкотт Марта Бриль 马尔塔·波里尔·奥尔科特

Омар Мохаммад，Мулла Ахунзада 穆罕默德·奥马尔，毛拉阿洪扎达

Омейяды 倭玛亚王朝

Организация Исламская 伊斯兰会议组织
　　Конференция

Орджоникидзе Серго 谢尔戈·奥尔忠尼启则

Ош，инцидент 奥什事件

Пакистан 巴基斯坦

Пактика，провинция 帕克蒂卡省

Пактия，провинция 帕克蒂亚省

Панджшер，долина 潘杰希尔峡谷

Парван，провинция 帕尔万省

Парчам, фракция НДПА	阿富汗人民民主党旗帜派(帕尔恰姆)
Пауэлл Колин, госсектарь США	克林·鲍威尔,美国国务卿
Пахлаван Расул	拉苏尔·帕赫拉旺
Пенджаб, провинция	旁遮普省
Пехлеви Реза, шах Ирана	列扎·巴列维,伊朗沙赫
Пешаварский альянс	白沙瓦联盟
Попользаи	波波尔扎伊人
Пули-Хумри	普勒胡姆里
Путин Владимир, президент России	弗拉季米尔·普京,俄罗斯总统
Раббани Бурхануддин, президент	布尔汉努丁·拉巴尼,阿富汗总统
Афганистана	
Раббани Мулла Мохаммад	毛拉·穆罕默德·拉巴尼
Райс Кондолиза	康多莉扎·赖斯
Рамсфельд Дональд, минимтр	唐纳德·拉姆斯菲尔德,美国国防部长
обороны США	
Рахман Маулана Фазлур	毛拉纳·法兹鲁尔·拉赫曼
Рахмонов Эмомали, президент	埃莫马利·拉赫莫诺夫,塔吉克斯坦总统
Таджикистана	
Римский план	罗马计划
Ричардсон Билл	比尔·理查德森
Российская империя	俄罗斯帝国
Россия	俄罗斯
Отношения с Туркменистаном	与土库曼斯坦的关系
поставки оружия	武器供应
таджикский конфликт	塔吉克冲突
Рохрабахер Дана	达纳·罗赫拉巴赫
Сайяф Абдул Расул	阿卜杜尔·拉苏尔·赛亚夫
Саланг, перевал	萨朗山口
Саланги, Башир	巴希尔·萨兰吉
Саманган, провинция	萨曼甘省
Сардар Асиф Ахмад Али, министр	萨尔达尔·阿希夫·阿赫马德·阿里,
иностранных дел Пакистана	巴基斯坦外交部长

Саудовская Аравия   沙特阿拉伯

Сафаров Сангак   桑贾克·萨法罗夫

Северо-Западная Пограничная   西北边境省
　провинция

Сергеев Игорь, министр обороны   伊戈尔·谢尔盖耶夫，俄罗斯国防部长
　Россияя

Сефевиды, династия   萨法维王朝（萨非王朝）

Синьцзян, провинция   新疆维吾尔自治区

Синтез духовного и светского начала   伊斯兰教的宗教与世俗结合原则
　в исламе

Спин Булдак   斯宾·布尔达克

СССР   苏联

США   美国

Сурхан-Дарьинская область   苏尔汉河省

Таггард Крис   科里斯·塔加尔德

Таджикистан   塔吉克斯坦

Талибан   塔利班
　история создания   创建史
　политическая структура   政治结构
　связи с Пакистаном   与巴基斯坦的联系

Талукан   塔卢坎

Танай Шах Наваз, генерал   沙赫·纳瓦兹·塔奈，将军

Тараки Нур Мохаммед, президент   努尔·穆罕默德·塔拉基，阿富汗总统
　Афганистана

Тахар, провинция   塔哈尔省

Ташкурган   塔什库尔干

Токаев Касымжомарт, министр   卡塞姆热马尔特·托卡耶夫，
　иностранных дел Казахстана   哈萨克斯坦外交部长

Тора-Бора   托拉博拉

Троцкпй Лев   列夫·托洛茨基

Трубопроводы   管道

Туркестан, афганский   阿富汗突厥斯坦

Туркменистан   土库曼斯坦

Туркмены	土库曼人
Турция	土耳其
Узбекистан	乌兹别克斯坦
Узбеки, афганские	阿富汗乌兹别克人
Усмон Довлат	达夫拉特·乌斯蒙
Урузган	乌卢兹甘
Файзабад	法扎巴德
Фарах, провинция	法拉省
Фарьяб, провинция	法利亚布省
Фахд, король Саудовской Аравии	法赫德,沙特阿拉伯国王
Фахим Кассем Мохаммад, министр обороны Афганистана	默罕默德·卡西姆·法希姆,阿富汗国防部长
Ферганская долина	费尔干纳谷地
Фонтен Николь	尼科尔·方丹
Фрэнкс Томми, генерал	托米·弗莱克斯,将军
Хабибулла-хан, эмир Афганистана	哈比布拉汗,阿富汗埃米尔
Хаггани Джаллалуддин	扎拉鲁丁·哈加尼
Хайратон	海拉通
Хаменеи Али, духовный лидер Ирана	阿里·哈梅内伊,伊朗宗教领袖
Хазарджат	哈扎拉贾特
Хазарейцы	哈扎拉人
Хак Абдул	阿卜杜尔·哈克
Халес Юнус	尤努斯·哈里斯
Халили Карим	卡利姆·哈利利
Хальк, фракция НДПА	阿富汗人民民主党人民派(哈尔克)
Харази Камал, министр иностранных дел Ирана	卡玛尔·哈拉兹,伊朗外交部长
Хекматиар Гульбеддин	古尔布丁·希克马蒂亚尔
Хезбе и-Вахдат, Партия исламского единства Афганистана (ПИЕА)	阿富汗伊斯兰统一党
Хезбе и-Ислами, Исламская партия	阿富汗伊斯兰党

Афганистана（ИПА）

Худайбердыев，Махмуд   马赫穆德·胡多伊别尔德耶夫

Худжаназаров Довлат   达夫拉特·胡扎纳扎罗夫

Хусейн Сададам，президент Ирака   萨达姆·侯赛因，伊拉克总统

Ху Цзиньтао，председатель КНР   胡锦涛，中华人民共和国主席

Цзян Цзэминь，председатель КНР   江泽民，中华人民共和国主席

Шанхайская организация сотрудни-
чества（ШОС）   上海合作组织

Шариф Наваз，премьер-министр
Пакистана   纳瓦兹·沙里夫，巴基斯坦总理

Шах Ахмад，абдали，эмир
Афганистана   阿赫马德沙，阿布达利人，阿富汗埃米尔

Шерзай Гуль   古尔·舍尔扎伊

Шибар   希巴尔

Шиберган   希比尔甘

Шииты   什叶派

Шинданд   信丹德

Шихан Майкл   迈克尔·希汉

Шихмурадов Борис，министр
иностранных дел Туркменистана   鲍里斯·什赫姆拉多夫，土库曼斯坦外交部长

Чарасьяб   恰拉斯亚布

Чарикар   恰里卡尔

Черномырдин Виктор，премьер-
минимтр России   维克多·切尔诺梅尔金，俄罗斯总理

Чиллер Тансу，премьер-минимтр
Турции   唐苏·齐勒，土耳其总理

Эхсанулла-хан   艾赫萨努拉汗

Эхсанулла，мулла   毛拉艾赫萨努拉

Юноакл   尤诺卡尔